CHINA'S
DIPLOMACY

大国外交

王帆◎著

北京联合出版公司
Beijing United Publishing Co.,Ltd.

图书在版编目（CIP）数据

大国外交 / 王帆著. -- 北京 : 北京联合出版公司，2016.4（2020.6重印）

ISBN 978-7-5502-7256-9

Ⅰ. ①大… Ⅱ. ①王… Ⅲ. ①外交史－研究－中国－现代 Ⅳ. ①D829

中国版本图书馆CIP数据核字（2016）第045850号

大国外交

作　　者：王　帆
总 发 行：北京时代华语国际传媒股份有限公司
责任编辑：李　征
特约策划：欧阳勇富
特约编辑：周显亮　孙　赫
装帧设计：红杉林文化
版式设计：胡玉冰
责任校对：周　杨

北京联合出版公司出版
（北京市西城区德外大街83号楼9层　100088）
唐山富达印务有限公司印刷　　新华书店经销
字数347千字　700毫米×1000毫米　1/16　24.5印张
2016年6月第1版　2020年6月第7次印刷
ISBN：978-7-5502-7256-9
定价：48.00元

目　录

第四章　中国与大国关系：新型大国关系

第五章　中国与发展中国家关系

第六章　多边外交与软实力建设

导言　世界期待中国的崛起

虽然一些国际舆论固守成见和偏见，始终对中国的发展抱有怀疑，但事实不断证明，中国的崛起符合历史大势，也契合爱好和平的人们对于人类未来的期待。

从历史上看，苏联的崛起缘于西方资本主义的危机，而美国的崛起缘于欧洲制度性的冲突，即所谓结构冲突。一种新兴力量的崛起往往是原有霸权国和其维护的体系率先出现了问题。美国崛起的感召力之一是结束传统帝国的殖民统治方式，从此美国帝国式的统治不再以占领他国领土为目标，而依靠联盟体系和以美元为中心的国际货币体系等新型方式来实现对世界的领导。

如果说冷战结束是苏联制度性探索出现问题的话，那么冷战后至今的20余年，则展现了美国制度霸权的弊端和美国战略中权力的滥用。

在一超独霸的20年间，美国并没有把世界引向更加繁荣，而因为权力的滥用，自身也陷入了困境。美国的错误在于：其一，以国家恐怖主义应对非国家的恐怖主义，导致反恐扩大化，从而自设困境和自陷困境。其二，美式霸权始终没有解决与他国对立的问题。美国由于自陷困境，又试图继续谋求国家利益最大化，导致美国与多国产生对立状态。其三，美国正在丧失活力。在制度性霸权陷入困境而美国不断出现历史性霸权丧失的恐惧的情况下，美国正变得更加利己自私，从而在提供公共产品上变得小气，比如不断指责他国搭美国便车，而从来不提美国从提供全球公共商品方面获得的红利。美国正变得更加保守而缺乏活力，在国际制度变革与完善的过程中变得畏首畏尾，排他性、小团体、富人俱乐部的思想浓厚。美国在全球的联盟体系基本上是发达国家，具有很强的排他性。G7峰会只限于发达国家，TPP是明显的、排他性的富人俱乐部，美国在东亚战略的实质还是拉帮结派，以阻止他国发展的方式来促进自身发展。只是在中国等新兴国家的不断推动下，美国才开始对G20表现出兴趣，但基本上也是被动的。

在国际平台上，美国提出的新议案正在不断减少，而指责和打压他国的做法却不断增多。美国在国际制度，包括气候变化等问题上，正变得保守被动，缺乏主动进取精神。

美国不再慷慨，不再容易合作，不再具有强烈的使命感，不再具有领导精神和领袖意识。美国正不断丧失作为一个领导者的强大形象。

在美国的衰落中，中国开始崛起。美国的衰落不是因为中国崛起而造成的，而是因为美国自身的错误引发的。

当前国际秩序混乱，赤字上升，埃博拉疾病等一些重大的全球问题无人问津，一些国家过分强调国家利益至上，将重大而迫切的人类共同威胁视为与己无关，而高挂免战牌。反恐越反越恐，大量难民问题的出现在一定程度上是历史旧账的再现。

国际体系越来越难以适应转型了的现实，这个基于二战后现实建立起来的国际体系已经无法真正调动和推动国际社会对于繁荣与发展的需求。二战后的体系虽然经历20世纪70年代等几轮调整，仍然无法满足国际社会变化的现实需求。国际社会越来越期待积极变革的建设性力量的介入。

全球治理困难重重，角色缺位，责任缺位，国际社会急需变革性力量的参与，急需新观念、新举措的落实到位。

显然，中国发挥积极的、建设性的作用正当其时。

中国的崛起方式一开始即强调共赢，这是完全不同于美国垄断式的霸权方式的。合作共赢不追求国家利益最大化，而强调互补式的相对获益，共同致富。中国追求可持续发展，这是谋长远的大智之举。中国一直主张一个国家的繁荣不可能建立于别国贫困的基础之上。亚洲基础设施投资银行立足于从关乎各国民生的根本性问题入手，不追求形式，不搞花架子，不是蜻蜓点水，而是帮助他国谋求长期的、扎实的基础建设。

中国完善和变革国际体制的意愿强烈，观念具有引导性，凭借主动进取精神获得支持和理解。仅 2014 年的北京 APEC 会议，中国即提出 50 多项议案。中国不仅利用主场外交发挥主动作用，在其他国家平台也不断提出和推动新的议案改革。最为重要的是，中国在所有涉及国际体系的主张中都强调开放性，这就与美国的排他性构想形成了鲜明的对比。比之美国的 TPP，中国在倡导亚太自贸区的战略设计上视野更为广阔，思虑更为周全，强调的受益面更为普遍，而且立足于现实，谋划于长远。这一设计也同样不是针对美国的，而是支持和欢迎美国发挥积极作用。

在地区安全的问题上，亚洲新安全观符合亚洲的现实，具有较强的指导意义和现实可行性。这摒弃了传统现实主义权力政治的权力制衡的理念，超越了权力政治的零和博弈观，以合作为基础，以互助为原则。

美国固守的联盟安全体系是二战后的历史遗留产物，美国至今仍在强调其对于国际和平的维护作用，却全然无视这一体系对于地区热点和冲突的助推影响和结构性伤害。这个体系对于美国维护世界霸权有利，美国便不再顾及联盟体系外国家的安全诉求。美国联盟体系对他国安全的损害是明显的，强调局部高于整体，而中国主张大多数国家都能受益的多边的全面的安全结构。

中国不仅主张开放、不排他主义，在国际责任方面也在践行大国义务。中国在联合国维和行动中贡献最大，中国在支持发展中国家发展的过程中，明确表示欢迎搭便车。这不仅是一种气势上的慷慨，更是一种大国的胸怀和责任意识。“一带一路”的构想和实施，金砖国家银行的建立，均不是传统意义的囿于集团或区域性的考量，而是力求更高程度、更大范围的非集团化、跨区域、全球化范围内的共同发展的主张，这不是独占的、垄断性的霸权思维能够揣度的。

中国国家安全战略中没有明确的国别威胁指向，而强调协力共同应对非传统安全威胁。这在国家诞生以来的500多年的现代国际关系史中具有开创性。中国的安全战略是基于发展的，并且是基于共同发展而制定的。从战略上保障不排他，不制造对于他国的威胁。合作共赢而不是零和博弈的理念也贯穿在安全战略之中。中国以非传统安全为重点推进合作。中国的发展是带动一大片的发展。

中华民族复兴的含义是以新型合作方式化解大国间的恶性竞争，避免"修昔底德陷阱"，实现国家间差异化共存，向世界提供更多更大的正能量。

从未来看，如何更好地帮助他国，由第一轮粗放式的走出去走向第二轮精细式的走出去，实现良性互动是中国营造有利的国际环境的基本前提。在国际机构中能否制定出领引性的议题、先进的规则是中国大国软实力能否真正壮大的标志。中国如何转化资源为能力，如何运用能力，如何更好地发挥影响力，是中国特色大国外交成败的关键所在。

基于以上的对比分析，我们可以看出，中国的崛起不是单纯的GDP的崛起，也不是仅仅指实力的壮大，更是推动和倡导新理念、新思想，促进国际体系、国际秩序更为公正合理的发展进程。

如果中华民族的复兴意味着世界进入新的历史发展阶段，那么中华民族的复兴将既造福于中国自身，也造福于周边国家和国际社会，这样的复兴理应得到支持，也值得期待。

第一章

中国特色大国外交的理论思考与理念创新

根据王毅外长的演讲，有中国特色的大国外交之路可以说由一个中心、两个基本点构成。一个中心是指要紧紧围绕国家发展这个中心，为全面建成小康社会营造良好的外部环境。两个基本点是指维护中国在世界上不断延伸的正当权益，互利共赢，共同发展。

换句话说，中国特色大国外交是围绕着中国梦的实现而展开的，具体而言就是坚定捍卫和维护中国的国家利益，以包容互鉴的精神，努力化解国际分歧，勇于担当，承担中国的大国责任，不断推动国际秩序向着更加公正合理的方向发展，在国际社会中实现互利共赢，共同发展，推动建立健康公正的国际秩序，打造命运共同体。

第一节　中国特色大国外交的理论思考

中国历史上曾经长期是世界上最强大的国家之一，但没有留下殖民和侵略他国的记录。

——2016 年 3 月 28 日，习近平在德国科尔伯基金会上的演讲

中国正在积极倡导新的天下观，即从契约型国际社会向保障型和幸福型国际社会的转变。中国正以人类和平安全为目标、以国际社会和谐发展为动力、以科学求实的方式、锐意创新的精神推动现有国际制度的变革与更新，把握未来发展趋势，促进国际政治文明新时代的到来。

分享而不是独霸权力，共赢而不是独占利益，结伴而不是结盟，一体化而不是分割化，强调互联互通而不是分割阻断。

扶弱合强，与发展中国家共同发展。要变以往大国的以大欺小、以强凌弱为扶小合大，变远交近攻为远交近合。

在过去的国际关系演变中，促进自身发展、延缓别人发展是一个基本的竞争法则，也是战略法则，历史上概莫如此。因此，中国提出共赢观念是对人类的一个重大理论贡献。

一、中国是一个什么国家

中国是一个拥有着悠久历史的国家。几千年的历史对于今天的中国人民来说，是一笔宝贵的财富。它是民族精神的源泉，是经验教训的积累，更是国家前进的基础。中国人民自古就将和平作为人类发展的理想世界，在经历过种种历史坎坷之后，更加珍视世界和平。纵览历史与现实，中国深切感受到，和平才是保证国家发展、保证整个人类社会繁荣与进步的最为有效的保障。

实现中国梦需要和平环境。中国梦的实现决定了中国对于和平的选择。

（一）传统文化让我们追求和平

在漫长的历史发展过程中，中国人民创造出了优秀的历史文化。中国的传统文化绵延几千年，历经时间长河的洗礼和陶冶，其思想精髓流传于中国人的血脉，成为民族精神的核心内容。

中国儒家经典之一《大学》在其开篇就阐明了为学立世之根本："大学之道，在明明德，在亲民，在止于至善。"也就是说，中国人所追求的最高目标，在于自身道德修养的完善，在于将这种道德修养普及到整个社会。可以看出，中国自古就是一个重视伦理道德、重视人际关系的国家。

同时，《大学》也为我们指出了一条为学之道，即儒家八条目："格物、致知、诚意、正心、修身、齐家、治国、平天下。"也就是说，自身道德修养的实现并非为学的最终目标，将这种道德观念运用到国家社会生活中去，才是学问的意义所在。

在这种伦理观念的指导之下来看待国家政治生活的时候，就自然而然地产生了"仁政"的主张。所谓"天下归仁"、"为政以德"，正体现出我们对"仁政"的肯定。中国古代的思想家们认为，"仁"是达到国家社会和谐最有效的手段，是理想的政治范式。

不仅对国内要推行“仁政”，在对外上，则应遵从“王道”。“王道”是相对于“霸道”的一个概念，是儒家思想中对于获得权力认同的两种不同方式的表述。“王道”侧重于道德、道义色彩，强调一国在对内对外政策上都应以仁义为主导，通过自身政治清明、经济发展，在各个方面为别国做出表率，率先垂范，从而在精神上、道德上形成强大的感召力，使别国信服，在各国之中树立起强大的道德威信。“霸道”则不看重道德力量，而是用实力说话，凭借自身强大的经济和军事力量，发动征服战争，依靠武力使别国臣服。两种方式，泾渭分明。

如果施行“王道”，将“仁政”扩展到整个人类社会，就能达到中国传统文化所追求的理想世界——“大同世界”，“天下为公”，即不同文明之间的和平共处。值得注意的是，中国政治思想家们所构想出的这种和平共处并非一种简单的整齐划一，而是在强调“和为贵”的同时实行“和而不同”的原则，各种文明都对异己文明怀有包容之心，能尊重并允许其他文明的存在。不同文明相互协调，共同发展，这才是真正的“大同世界”。

在对中国传统文化的基本逻辑进行简单的梳理之后，就会发现，中国传统文化的精髓之一就在于这种开放与包容的文化观，中国文化是一种协调型文化。从文化学的角度来说，不管是哪一个文化传统，在文化的核心层面即心理层面上，所需要面对的基本问题都是一致的，即人与自然的关系，人自身的理智、情感、意志的矛盾与冲突，人际关系，人与社会的关系等。对于这几个问题，中国传统文化所给出的答复是相同的，都是要以协调精神来解决矛盾，最终达到天人之间的和谐，人自身理智与情感之间的和谐，人与人之间的和谐以及人与社会的和谐。

中国的传统文化中具有支撑中华民族向往和平和维护和平的精神支柱。中华民族历来爱好和平，爱好和平是中华民族最深沉的精神追求，是薪火相传的民族精神的精髓。有着5000多年历史的中华文明，始终崇尚和平，和平、和睦、和谐的追求深深植根于中华民族的精神世界之中，深深溶化在中国人民的血脉之中。中国自古就崇尚“以和为贵”、“协和万邦”、“兼爱非攻”等理念和“四海之内皆兄弟也”等思想；中国自古就提出了“国虽大，好战必亡”的箴言，“以和为贵”、“和而不同”、“化干戈为玉帛”、“国泰民安”、“睦邻友邦”、“天下太平”、“天下大同”等理念世代相传。中国历史上曾经长期是世界上最强大的国家之一，但没有留下殖民和侵略他国的记录。[①]

追求“仁”，追求“和”，追求协调，所有这些都是中国传统文化的特点，也是中华民族精神的源泉。在这种文化熏陶之下成长起来的中国人，自然而然地将一个和平的世界视为我们的理想目标，我们愿意与其他民族和其他国家共同生活在这个美丽的地球家园中，并以自己的特色为它增添更加丰富的色彩。

（二）历史经历让我们爱好和平

中国曾经是东方的一个强国，在中国的历史发展中，跟其他民族在其发展过程中一样，经历过各种各样的战争，也有过无数通过和平手段解决与其他民族和国家之间冲突的例子。历史事实表明，战争没有赢家。一场战争的胜者也许会在短期内获益，但这种依靠武力获得的利益不仅“不义”，而且难以长久，最终会带来自身的更大失败。武力与战争只会导致以牙还牙、以暴制暴，只能让双方付出越来越多的代价。只有以德报怨，才能结束冤冤相报的历史循环；只有通过谈判手段，才能实现问题的根本解决。

而近代以来的历史更是让中国人民对于战争的危害有了深切的感受。近代的中国从一个东方强国沦为主权不完整的被侵略国家，从1840年开始，中国经历了大大小小无数战争，从两次鸦片战争到中法战争，从中日甲午战争到日俄战争，从第一次世界大战到第二次世界大战，在一个世纪的时间里，战争的硝烟遍布中国各地，中国人民为此承受了巨大的痛苦。国家主权不断被侵犯，割地赔款让中国受尽屈辱；国家经济满目疮痍，贫穷落后让我们举步维艰。中

① 《习近平在德国科尔伯基金会的演讲（全文）》，2014-03-29，http://www.gov.cn/xinwen/2014-03/29/content_2649512.htm.

国经历过战争的灾难，维护和平是中国人内心的意愿，这个意愿是基于中国近代以来的苦难历史所形成的。近代以来，中国饱受外敌入侵，深受战争侵害之苦，也深知和平之不易。“从1840年鸦片战争到1949年新中国成立的100多年间，中国社会战火频频，兵燹不断，内部战乱和外敌入侵循环发生，给中国人民带来了不堪回首的苦难。仅日本军国主义发动的侵华战争，就造成了中国军民伤亡3500多万人的人间惨剧。这段悲惨的历史，给中国人留下了刻骨铭心的记忆。”[①] 中国深受过战争之害，决不会将自己曾经遭受过的不幸经历强加给其他国家和民族。纵观历史，从根本上看，战争或武力无法带来自身的真正发展，总要招致最终的失败。试图以战争的方式实现发展壮大的目标已经无数次证明是行不通的。

中国人民深刻地体验过战争的痛苦，也因此能更加深刻地理解战争给人类带来的危害，决不希望这样的灾难再次上演。

因此，历史的教训与历史的经验都让中国意识到，战争与武力不可取，在今天的国际社会，只有和平才有希望，只有和平才有繁荣。中国不认同“国强必霸论”，中国是第一个向世界庄严承诺永不扩张、永不称霸的国家。[②] 中国坚定维护自身的主权、安全、发展利益，也支持其他国家，特别是广大发展中国家维护自身的主权、安全、发展利益。中国坚持不干涉别国内政原则，决不强加于人。中国决不走殖民、霸权的老路与死路。

中国坚定不移走和平发展道路，既通过维护世界和平发展自己，又通过自身发展维护世界和平。走和平发展道路，是中国对国际社会关注中国发展走向的回应，更是中国人民对实现自身发展目标的自信和自觉。这种自信和自觉，来源于中华文明的深厚渊源，来源于对实现中国发展目标条件的认知，来源于

---

① 《习近平在德国科尔伯基金会的演讲（全文）》，2014-03-29，http://www.gov.cn/xinwen/2014-03/29/content_2649512.htm.

② 《习近平在纪念中国人民抗日战争暨世界反法西斯战争胜利70周年大会上的讲话》，2015-09-03，http://news.xinhuanet.com/politics/2015-09/03/c_128192341.htm.

对世界发展大势的把握。[①]

（三）国家现状让我们拥护和平

历史给中国带来了丰厚的文化积淀，带来了经验与教训，但同时，历史也在一定程度上给今天的中国带来了各种各样的历史包袱，并造成了各种各样的现实问题。这些现实的问题是中国在其发展过程中必须花费大量精力去解决的，这就决定了在未来一段时间之内，我们的主要关注点仍然会集中在国内的发展上。

中国正实现从弱国向强国、从贫国向相对富裕的大国的转变，但做一个什么样的大国，举世关注。从目前的中国经济影响力、经济发展水平和发展规模来看，中国还是一个年轻的、不够现代化同时也不够国际化的国家。

从综合指数看，从经济上和国际政治影响力上分析一个 GDP 世界第二位的联合国常任理事国还不是大国，那么大国的定义就太狭窄了，但一个人均 GDP 排名 80 多位的国家无论如何又不能算是一个强国和发达国家。因此，中国的自身定位应该是正处于发展上升期的大国。目前世界上这样的国家还有许多，统称为新兴国家发展群。

中国是发展中国家的一员，这个身份不是我们想改变就马上能够改变的，这个身份是中国特殊的历史和客观现实决定的。

中国的发展战略仍受制于国家发展水平，受制于中国发展的历史局限性；中国还处于现代化初期，而世界的一些其他地区已步入后现代社会，我们的思维仍受限于发展局限的问题，因而也面临如何超越时代局限性的难题。虽然中国进行的是社会主义初期阶段的探索，但是以普遍的衡量标准来看，就发展水平而言，还是现代化初期。同时我们也未能避免现代化发展初期的一些发展困境，比如竞争带来的发展不平衡和贫富分化，高成本的发展代价，法制体系有待完善，国际意识不成熟等。从走向强国的道路而言，我们试图探索一条新路，

---

① 《习近平在德国科尔伯基金会的演讲（全文）》，2014-03-29，http://www.gov.cn/xinwen/2014-03/29/content_2649512.htm.

但真正适合于我们或真正可能适合于我们的东西还有待进一步发掘。这种探索的摸索性和不确定性还比较强。

中国现代化发展进程的借鉴和学习阶段几近完成，中国现代化建设的深化进程正在充分展开，新问题不断涌现。因此，现在的中国将只能选择稳健的发展道路，而不会为成为发达国家而急于求成。如果中国急于求成，不仅可能成不了发达国家，即使达到了目的，也可能得而复失。中国更加关注的是可持续发展和人均发展水平、人均生活质量，关注如何使发展成就能够真正落到实处，关注如何使稳定恒常化，这也是13亿中国人和国际社会发展的保证之一。成为发达国家是中国的目标，但是对于何时成为发达国家，中国有决心也有耐心，相信功到自然成。

中国国内问题之多，远非短期内能够解决，一些历史积累问题需要漫长的化解期，比如人口问题、就业问题，始终是一个大问题。中国的人口问题是发达国家所没有的。现在又面临一个新的问题，即老龄化问题，人口红利正在丧失。在迅速地工业化、城镇化、信息化的过程中，也带来许多意想不到的新问题。中国国家疆域广大，人口众多，不同地区的发展严重不平衡。

中国地域广大，不同地区的自然环境、历史因素、人文条件等存在巨大差异，导致不同地区的经济发展水平严重不平衡。中国既有最快速度的高铁工程，也还有处于发展困境之中的边远地区，孩子们不得不每日溜钢索过河上学。而除了地区发展不平衡之外，城乡差距、行业差距等等，都是在我们的发展过程中逐渐暴露出来的问题，都是我们在继续发展的过程中必须要解决的问题。

在相当长时间内，中国仍然是世界上最大的发展中国家，提高13亿多人的生活水平和质量需要我们付出艰苦的努力。中国要聚精会神搞建设，需要两个基本条件，一个是和谐稳定的国内环境，一个是和平安宁的国际环境。中国要实现可持续发展和安全发展，离不开和谐的国内环境和安宁的国际环境。

改革开放30多年，中国经济迅速增长，人民生活水平得到改善。但这种增长与改善在很大程度上是靠对外贸易拉动的，中国自身的内需还没有发挥它应有的作用。我国的投资率高于发达国家平均水平，而消费率却大大低于发达国家甚至是发展水平相当国家的平均水平，投资与消费的增长极不和谐。从现实来看，中国的消费率偏低有其客观必然性，中国所面临的是与以前发达国家经历的发展阶段完全不一样的情况：我们还没有完成工业化就进入信息化，还没有完成市场化就进入国际化，这是世界上任何一个国家都没有经历过的。而目前我们正处于居民消费结构升级的发展阶段，国民储蓄率较高，国内市场潜力巨大。因此，在未来的发展中，我们需要加强内外需的平衡，扩大内需。

这些问题的解决既需要自身努力，也离不开国际合作，但归根结底还需要自身发展壮大。

中国的历史与现状都决定了中国仍然是一个发展中国家，在此情况之下，把主要精力放在国内，不仅是主观的意愿，也是客观环境和历史条件所决定的；为了实现自身和共同的发展，中国也希望与其他渴望发展的国家一道，共同营造一个持续和平的国际环境，为可持续的发展奠定坚实的基础。

中国实现和平发展是战略选择，政策制度围绕这一目标而设计，并在实践中得到不断践行。“中国走和平发展道路，不是权宜之计，更不是外交辞令，而是从历史、现实、未来的客观判断中得出的结论，是思想自信和实践自觉的有机统一。和平发展道路对中国有利，对世界有利，我们想不出有任何理由不坚持这条被实践证明是走得通的道路。”[①]

诚然，和平不是一个国家的事情，和平需要所有国家共同努力。中国努力捍卫和平，也需要所有国家为此共同奋斗。“无论国家大小、强弱、贫富，都应该做和平的维护者和促进者，不能这边搭台，那边拆台，而应该相互补台，好戏连台。”[②]

---

① 《习近平在德国科尔伯基金会的演讲（全文）》，2014-03-29，http://www.gov.cn/xinwen/2014-03/29/content_2649512.htm.

② 习近平：《共同创造亚洲和世界的美好未来——在博鳌亚洲论坛2013年年会上的主旨演讲》，《人民日报》2013年4月8日，第3版。

对于中国来说，走和平发展道路是始终不渝、坚定不移的，但也是有前提、有原则、有底线的，就是决不会放弃我们的正当权益，决不会牺牲国家核心利益。正如习近平同志所指出的："任何外国都不要指望我们会拿自己的核心利益做交易，不要指望我们会吞下损害我国主权、安全、发展利益的苦果。中国走和平发展道路，其他国家也都要走和平发展道路，只有各国都走和平发展道路，各国才能共同发展，国与国才能和平相处。"[①]

中国是一个负责任的大国，中国特色大国外交是和平外交，中国是捍卫国际和平的重要力量。中国再强大一些，世界和平就更有保障一些。中国将继续倡导和严格遵循《联合国宪章》的非战止战的理念，将不断倡导和推进公正合理的国际政治新秩序和新型国际关系，将践行互利共赢、多赢的新理念，以负责任的姿态和切实可行的方式推进人类社会的进步。

二、中国要实现什么目标

简而言之，中国在国内要实现可持续发展条件下的富民强国（中华民族复兴和中国梦），按照中国"十三五"规划的目标，中国将按照"四个全面"的战略布局，坚持创新、协调、绿色、开放、共享发展新理念，努力实现 2020 年全面建成小康社会的宏伟蓝图。未来五年，中国需要经济年均增长保持在 6.5% 以上，2020 年实现 GDP17 万亿，人均 GDP 将达到 1.2 万美元左右，将有 7000 多万人摆脱贫困，13 亿人共享改革成果。而在国际上则要推动国际政治民主化的进程，实现和谐世界的最终目标。

作为一个在全球化进展中发挥影响的国家，中国不再是世界中心，国家也不再是被边缘化、弱化的国家，中国是世界上具有举足轻重影响力的大国之一。中国的对外战略必须置于世界整体形势之中，充分考虑世界整体形势的变化。

---

① 杜正艾：《中国在国际格局中的战略新定位》，2014-11-02，http://cpc.people.com.cn/n/2014/1102/c68742-25957525.html.

中国的大国战略必须关注国际格局的不断变化，对国家间关系尤其是主导性关系的互动也应给予特别的重视。

中国这样的大国正在努力超越模仿和借鉴的历史阶段，积极走向创新与赶超阶段。由顺应时代潮流到引导时代潮流，客观上也要求中国发出自己的声音，扩大话语权，拥有自身影响力。中国改革开放的总设计师邓小平讲，中国再强大一些，世界和平就更有保障一些。中国正在积极倡导新的天下观，即从契约型国际社会向保障型和幸福型国际社会的转变。中国正以人类和平安全为目标，以国际社会和谐发展为动力，以科学求实的方式、锐意创新的精神推动现有国际制度的变革与更新，把握未来发展趋势，促进国际政治文明新时代的到来。发挥后发优势，激发进取精神，强调优势互补，强强联手，强弱共济，共谋发展。以互利互补的方式实现共同发展，以奉献和赈济的精神帮助摆脱发展不平衡和贫困问题。创造机遇，抓住机遇，维护机遇，有所作为，为中华民族复兴和世界文明做出新的贡献。

（一）世界期待中国的大国外交

当今世界，强权政治仍未退出历史舞台，先发优势的国家仍力图以权力政治观主导世界发展的进程。以权力政治主导的大国战略延续了几百年，催生出许多负面效益。伴随着军备竞赛、军事对抗、冲突、危机、战争和威胁的多样性溢出，类型繁多的小型战争、局部战争、热点冲突不断，从未平息。

国际政治的道义原则正经受挑战，国际权威组织的公信度也令人担心。人类的价值观和平等权利正在被割裂，信仰选择正在丧失，文明的多样性正在被单一性所垄断，精神世界在一定程度上被禁锢，这使得许多国家的人民丧失了精神自由。目前的世界国家间的信任在减低，彼此猜疑与对立的情绪在上升，甚至有可能引发新的军事对抗，重建国家间信任与合作的道路任重道远。然而，世界上没有“深刻而恒久”的分歧，如何在差异间进行合作以及如何与多样化的国家共存成为一个紧迫的课题。坚持斡旋、调解的方式解决争端，反对双重和多重标准，量力而行，务实理性。坚持和而不同，坚持国家间关系非意识形态化，寻求持久和平的方案，变军备竞赛为和平竞赛，变威胁为合作机遇，是世界上所有爱好和平的国家面临的共同职责，这些共同职责也是几个世纪以来的历史难题，至今仍未得到根本解决。

世界正在面临转折，处于更加和平抑或更加动荡的分水岭。世界仍充满不确定性，一方面是事情本身存在着不确定性，另一方面是有些看似确定的东西实际上建立于不确定之上。

和平仍是一个问题，发展阻力重重。

由发展带来的新的危机与挑战也在不断增加，新的问题比老的问题更多更严峻。环境问题、流行疾病、恐怖主义问题、能源问题等都是十分紧迫的问题。在全球化这一新的时代浪潮背景下，没有一个国家能够置身事外。作为一个在全球化进程中发挥影响的国家，中国置身其中，面对着机遇与挑战并存的现实。可以说，既无法逃避和推卸自己的历史责任，又必须与其他国家一道正视这些问题，并努力寻求解决途径。中华民族绵延数千年，具有强烈的历史使命感，和为未来负责的时代精神。

（二）中国大国外交的基本构想

按照梁启超先生的说法，中国的身份分为中国之中国、亚洲之中国、世界之中国三个阶段。而这三者其实并不矛盾。中国的身份在不同时期被置于不同的坐标下，而今日，中国更应重视世界之中国的定位。

通过不断的努力，中国取得了举世瞩目的成就，一个国民生产总值位列世界第二，人均生产总值比十年前翻了一番的中国已经进入一个中等国家行列。一个占世界上四分之一人口的国家的稳定与繁荣，就是对世界的重要贡献。中国梦正在催生世界繁荣之梦想。当然中国绝不能满足于此。中国发展模式正在展示其生命力，同时也面临更艰巨的迈向新阶段的挑战。当前的国家间关系普遍处于竞争性相互依存的状态，中国必须更具有全球视野，更加深刻地把握国家间关系的依存性，充分考虑到世界其他地区对中国内部的影响，以及充分重视中国在全球范围的影响力。中国已经是世界整体的有机组成部分，是全球力量格局中不可忽视的一支平衡力量，对全球辐射力、影响力空前上升。

制定大国和平战略意味着中国必须承担相应的大国责任，对于面临的人类共同问题，中国不会仅仅从自身利益出发，也在考虑问题的紧迫性和严峻性，必须兼顾人类整体利益，不推诿自身责任。与世界上所有愿意承担责任的国家一起，共赴使命，共担责任。

中国的大国和平战略有别于历史上任何一个大国的崛起战略。历史上的大国战略多与谋霸或合霸相关，中国已经庄严承诺，决不谋求任何霸权，无论是军事、政治、经济还是文化霸权。中国不会重复以往大国通过大棒外交或金元外交崛起的老路。中国注意到世界的有机联系和整体利益，强化了世界系统论的观念。中国相信，仅靠一国实力，即使拥有再强大的武力，也不能维护世界的永久和平。

但是，在当今世界，仅有和平的愿望也是不够的，还要有和平的意志和贯彻意志的能力，要有主持正义的勇气和胆量，只有这样，和平的事业才能锐不可当。

中国的大国和平战略正试图遵循以下原则，实现人类和平正义的目标：

首先，高扬国际政治道德的旗帜，主张发展的均衡互利与公正平等。高扬道德的旗帜是中国外交的主要任务，捍卫国家间交往的国际道德准则是中国外交的神圣职责。强权不等于公理。中国的和平战略不仅要遵循国际政治的法律原则，也要努力寻求国际政治的正义与公平。在国际政治中努力填补道德真空，以正压邪，促进国际社会合理正义力量的发展，重塑国际政治道德的正统地位。坚持公平与正义，用正当手段追求正当的目标，保持目标与手段的一致。倡导道义外交，坚持自律意识，奉行国际法约束之下的自由，信守条约与承诺，决不以强凌弱和仗势欺人。强调对国际社会的奉献与责任。在国际政治中坚持民主、谦让和克制的精神。中国古代先贤孟子曰，仁者无敌于天下。中国的复兴是一个新兴大国形象的树立过程，和平正义的形象是中国立足于世界民族国家之本。

其次，在推动国际秩序发展问题上，主张和平变革，反对暴力手段解决问题和暴力冲突。积极参与国际制度的构建与共建，强化国际制度建设中的议题设计能力和动员能力，主动谋划包括国际安全秩序、国际贸易和金融秩序在内的未来国际秩序的构想，维护和推动更加有效的国际和平体制的构建，促进国际政治民主与文明的发展。

第三，积极发挥战略协调能力。作为对外战略的重要组成部分，中国的战略协调能力在维护国际秩序的和谐有序方面发挥着特殊的作用。中国外交正越来越突出其协调外交的职能。强化协调能力是提升中国外交影响力的重要步骤。中国外交正在进入新能动外交的阶段。中国对外战略中的战略对话是中国的独创，是一种开放的对话形式，战略伙伴既不针对特定国家，也无特殊选择目标，而是希望同世界上所有国家努力在全球问题上达成更多共识，消除更多误解，承担更大责任。中国愿意与世界上所有国家达成战略共识，结成战略协作伙伴，共保一方平安，共建世界和谐。

第四，坚持差异间共存。反对政治偏见、政治歧视，力主文明间对话交流与自然融合，坚持不同制度良性竞争，共存发展。中国对于世界上所有的国家不存政治偏见，不暗藏报复之心，从不设想以武力征服别国，也不炫耀武力给他国以威慑。尊重别国的特性和历史文化、宗教传统，决不以武力或强制等极端方式输出观念和制度。反对特定国家在任何特定时期推行普世主义政策。

第五，努力支持大国协调机制的构建，同时主张大国在对外政策上完善自律机制和自我监督制度。不做大国争夺的仲裁者，而做国家间合作的践行者和促进者，在大国协调机制中发挥自己的独特影响。大国协调机制需要不同类型的国家和不同观念的国家，从而强化大国协调的代表性和包容性。美国前总统艾森豪威尔在他的就职演说中的讲话应成为大国的行为准则：追求正义而不自以为是，追求团结而不逆来顺受，强大而不自夸，勇讲实话而主持正义。[①]

第六，发挥特殊的桥梁和纽带作用。中国是一个发展中国家，但同时也是一个大国，在大国协调机制中发挥特殊影响的同时，中国也应努力促进发展中国家和发达国家之间的联系与合作，推动南北对话的进一步展开。中国的外交是全方位外交，中国所谋求的是共同发展。

第七，努力维护国际组织的权威。坚持和平手段解决问题，维护联合国的权威，推动联合国的改革，使之超越议事机构层面，成为一个在国际冲突与国际事务管理中有效的平台。

第八，坚持利己与利他原则的有机结合，爱国主义与国际主义的结合。从联系性和整体性看问题，顾大局，识大体。中国的科学发展观与和谐世界观相辅相成。中国的国家观正在拓展，中国不会仅仅狭隘地考虑一己之私，中国深信一个道理，即中国的进步、繁荣与发展是与人类整体的进步、繁荣和发展连在一起的。中国必须在促进自身发展的同时促进人类整体的发展，这样才能维持一个持续繁荣的局面。中华民族复兴的思想基础不是狭隘的民族主义，而是爱国主义与国际主义的结合。一个立志为世界和平与发展做出贡献的民族，必然是一个受到尊重的民族。

总之，中国的大国外交强化理性，更加积极，更多自律和责任，是全方位的综合平衡。

首先是和平性，尚德轻武，尚德克己。不树敌，不结盟，强调整体性，力戒条块分割。其次是民主性，尊重不同意见，共同决定，重王道轻霸道，维护联合国集中原则。第三是防御性。中国不挑事，也不怕事，这就要求中国必须保持足够的后发制人的反制能力。防御性还意味着在国际危机中不钻空子，不挑拨矛盾、利用矛盾，更不制造事端。第四是非强制性。在对待他国的问题上，在对待不文明的态度上，中国决不搞强加于人，强人所难，而是强调相互协商，

① 郑启梅：《美国总统就职演说集》，武汉：武汉测绘科技大学出版社，1991 年，第 263 页。

顺其自然。

中国特色大国战略是和平战略、稳定战略和发展战略的三者合一，也希望以此推动人类和谐的最高目标。

三、何为中国特色大国外交

从新中国成立以来，中国的大国之路经历了复杂的历程：首先是从一边倒走向独立，在国际舞台上成为独立自主的国家，其次是成为安全领域举足轻重的核国家，第三是重返联合国，成为联合国五个常任理事国之一，这三个阶段使中国成为政治和军事大国，但这还只是片面的大国。第四个阶段是改革开放之后中国经济的壮大，使中国成为政治军事和经济大国，这才是一个全面综合性的大国。还有第五阶段，就是成为具有活力和创新力的大国，这才能保证中国具有引领的作用和影响力。这也包括治理现代化和对于国际治理的贡献。我们现在正处于第五阶段。

无论从中国外交的实际行为还是影响看，从党的十八大到今天，中国的大国外交战略基本形成。

在中央外事工作会议上，习近平主席提出中国必须有自己特色的大国外交，使对外工作具备鲜明的中国特色、中国风格、中国气派。中国外交已经站在了一个新的历史起点上，中国与世界的关系正在揭开新的历史篇章。以上介绍的中国理念、中国实践、中国贡献、中国作用，自始至终都贯穿并充满着中国特色。

中国正处于由大国向强国迈进的阶段，形势复杂，矛盾集中，最需要发挥外交智慧，是开展大国外交的关键时刻。

中国特色大国外交的道路探索具有独创性。中国特色大国外交的探索并不容易，国家之间的稳定只能靠相互制衡。

中国式的发展道路已经初见成效：尽管还存在这样那样的不足，但我们毕竟用三十年不到的时间解决了世界上四分之一人口的吃饭问题，下一步还要解决生活质量、贫富不均等问题，这些都是发达国家也没有解决好的历史性难题。这也是我们坚持制度、文化、意识形态的社会主义属性的重要依据。中国特色大国外交既适应社会发展趋势，又要坚持社会主义属性，符合人民群众期待。

未来世界是国际格局不断演变的时期，从历史上看，一个国家支配国际体系的状况是很难长久的。正如英国学派的代表人物巴里·布赞所言，中国在崛起，其他力量也在崛起。这个世界越来越地区化、多节点、非中心化。[①] 在群雄并起的时代，需要更多国家承担应有的独特的责任。世界正由单中心向多中心转变，中国的发展不是重归中心的发展，而是成为推动发展的中心之一。

总体而言，中国特色大国外交就是在落实中国梦的总目标下，落实“两个一百年”目标的实现，努力构建和平、合作、互利共赢的大国外交，推动地区和国际机制的建设，推动公正均衡的国际秩序的发展与完善。

（一）中国特色大国外交特别在何处

党的十八大之后短短两年间，习近平主席、李克强总理先后出访 17 次，足迹遍及五大洲 50 多国，会见外国元首和政府首脑近 500 人次。中国已同世界上 67 个国家、5 个地区组织建立了 72 对不同形式的伙伴关系，用结伴但不结盟的全新实践诠释着中国特色大国外交的理念。

中国要走一条与传统大国不同的强国之路。

与众不同的大国之路究竟怎么走，是一个历史课题。围绕这个历史课题又有两个核心议题摆在中国面前：其一是中国能否超越权力政治的所谓永恒法律的魔咒，其二是中国解决危机推进合作的方式能否真正实现标本兼治。中国特色大国外交就是要用创新与创造来破解这两个百年老题。大国是与众不同的，大国的历史、现实和人文禀赋也存在诸多不同。为什么只能走同一条道路呢？为什么明明知道此路不通还要执迷不悟呢？因此，中国领导人和中国外交必须

① ［英］巴里·布赞：《全球性变革与国际秩序的演变》，《外交评论》2015 年第 6 期，第 14—19 页。

走一条新路，一条前人没有走过的路。其中的关键之一，就是牢牢把握着共同性这个核心，解决好自我与他者的关系问题，不是自我至上，而是国家利益与他国利益的兼顾。只有照顾了别国利益，才能更好地实现自身利益。历史上那些崛起大国以损害别国利益来谋取大国自身利益的做法，已被证明是行不通的。

习主席提出六个坚持。坚持中国共产党领导和中国特色社会主义，坚持我国的发展道路、社会制度、文化传统、价值观念。要坚持独立自主的和平外交方针，同时决不能放弃我们的正当权益，决不能牺牲国家核心利益。要坚持国际关系民主化，坚持和平共处五项原则，坚持国家不分大小、强弱、贫富，都是国际社会平等成员，坚持世界的命运必须由各国人民共同掌握，维护国际公平正义，特别是要为广大发展中国家说话。[①]这六个坚持是中国特色的鲜明特征。

换句话说，中国特色大国外交是中国共产党领导下的中国以符合自身发展道路、价值理念、文化特性为基础的大国之路。这个特色体现了中国人民对于中国发展模式的自信，也体现了中国对于国际社会发展趋势和国际关系现实的深刻认识与把握。中国将继续坚持独立自主和平外交政策。中国的大国外交不是霸权外交，不是侵略外交，不是以强凌弱的外交，正是这一点将中国大国外交与以往帝国主义和传统大国的外交从根本上区别开来。这就要求我们坚持主持公道，伸张正义，践行平等，始终保持道义的制高点。中国的大国外交始终为中国的发展大局服务，也为各国共同发展提供力所能及的服务，与其他国家一道实现发展。中国的大国外交是发展中大国的外交，这一点也决定了中国的外交之路必须是合作的、从弱到强的、强调共赢的大国外交。中国的大国外交是和平外交，这并不是一句口号，而是中国实现发展的必要条件。要发展，必须要维护和平的周边环境和国际环境；要发展，必须致力于与他国的友好互利合作。我们没有高高在上的资本，我们也不做盛气凌人、颐指气使的大国。中国的发展要有带动性，不是只顾自己的发展，而是与他国一起，共同发展。这

① 《中央外事工作会议在京举行，习近平发表重要讲话》，2014-11-30，http://china.cnr.cn/news/201411/t20141130_516925286.shtml.

决定了中国的发展是良性的、正能量的和可持续的。

这里有几点需要强调：首先，中国的大国外交是基于中国作为大国而展开的外交，而不是针对大国的外交。其次，中国的大国外交正在改变原有的以双边为主的外交模式，而更加注重多边，更加重视区域和全球范围的事务，同时也更加重视综合和整体的考量。这包括经济与政治的结合，包括政治与安全的综合，即使是安全本身，也更强调综合安全的理念。其三，中国国际地位的提升和国际身份的转变，要求中国需要具有责任意识和责任能力。“从时空角度来说，中国特色大国外交的特点，在纵向上基于中国在国际体系中地位的变化，在外交上表现为从只集中于国内的‘发展外交’转变为承担更多国际责任；在横向上基于中国在‘发展中国家’、‘社会主义国家’和‘东方文明国家’的三重身份下，走出一条不同于西方的大国外交之路。”①

落实到国家间关系中，要突出共同性、互动性、先进性、协调性：

突出共同性，首先是强调共同的利益。发展是所有国家的第一要务。当前无论是发达国家还是发展中国家，都面临着内部变革与结构转型的重任，虽然发展水平与发展程度各不相同，但发展是共同的目标。而要实现发展，就需要和平与稳定的国际环境，维护和平是所有国家共同的利益与责任。人类生存与发展是所有国家共同的利益。其次是强调共同的威胁。人类面临着大量超越国别的共同威胁，尤其是人类这一整体的共同威胁，非传统安全中的气候变化、全球变暖、资源问题、流行疾病、网络安全等，绝非一国所能应对和解决，共同的威胁要求各国共同应对。第三是共同的责任。基于共同的利益和共同的威胁，所有国家必须齐心合力，在人类共同体和休戚与共的意识的指导下，承担共同但有区别的责任，解决人类面临的共同问题，推动人类社会的完善与进步。

其次就是互动性。所谓合作共赢，是基于国际关系的基本属性之一的互动性。以往一些大国很少考虑互动，而强调单一、单边、为我所用，而中国主张

① 刘雪莲、李晓霞：《中国特色大国外交及其在东亚地区的推进特点》，《东北亚论坛》2015 年第 6 期。

的互动性强调平等与相互尊重，强调利益共享。

突出先进性。面向未来，立意高远，强调观念的先进性和政策实施的创新性。中国是正在发展中的国家，我们的发展是吸取他国发展经验同时保持自身特色的发展。我们要总结探索新的符合自身发展现实和特点的道路，带动、牵引、引领国际体系的公平与公正。在方式上，美国重强制输出，而中国讲示范效应，自我强化，自我完善。因此，中国必须将自身国家建设做好，以公平正义的理念让天下信服。这是权力观的一种转变：不谋求强制，而谋求规制。要靠先进的观念、体制和制度创新设计能力来影响他国，吸引他国，引导他国，组织他国，发挥制度性影响。

一个国家不能基于其他国家和地区的贫穷而发展，在国家间合作中坚持共赢理念，不搞独占的、排他性的获利，而是强调共赢。在过去的国际关系历史中，促进自身发展，延缓别人发展是一个基本的竞争法则，也是战略法则，历史上概莫如此，因此，中国提出共赢观念是对人类的一个重大理论贡献。共赢不是抽象的教条，而是必须落实在行为和政策中的战略指导理念。应倡导亚洲安全观，一个国家的安全不能基于其他国家不安全的基础之上，要实现共同、合作、综合的可持续发展安全，通过相互塑造、良性互动，实现共同发展。

强化协调性。中国要成为建设性的协调者，在所有全球热点问题中发挥自身积极作用。中国要勇于承担历史赋予的历史责任。从中国历史的角度看，中国渴望平等尊重，不甘忍受欺辱，对于历史屈辱记忆犹新。防止民族屈辱再现，是中国领导人的历史情结。中国必须具有力量防止外部入侵与干涉。在这个前提下，中国也需要具有足够的分量来承担国家和国际责任，从而获得国际社会的接受、认同和尊重，以自身的壮大和发展造福人类。中国复兴不是成为霸权，而是成为一支和平的对人类做出重大贡献的积极力量，是一支推动人类进步与发展的力量。努力实现全方位的全面合作，变以往大国的以大欺小、以强凌弱为扶小合大，变远交近攻为远交近合。团结一切可以团结的力量，共同应对人类威胁。“当今世界，中国不可能独善其身，只有世界好，中国才能好。在推动世界经济复苏、政治解决国际和地区热点、应对各种全球性问题和挑战等方面，中国都没有缺席。这是国际社会的希望，也是中国的责任。”[①]

过去30多年里，中国对世界经济增长的贡献率一直处于世界前列。国际金融危机爆发以来，中国的贡献进一步增强，高居全球首位。中国增长这台充满活力和动能的经济发动机，正在带动更多的国家加快发展，从而为人类的和平事业营造更有利的环境，提供更坚实的保障。[②]

（二）如何推进中国特色大国外交

如何推进中国特色大国外交是一个系统工程，需要全面统筹，系统规划，要不断积累和提升与大国外交相配套的大国视野、心理准备和能力建设。

1. 要强调四大重点

（1）要不断树立大国心态。过去二百多年也就是近代以来的中国，多集中思考如何以弱抗强，这就是弱国心态。这种心态一直持续到新中国成立后至改革开放前三十年。而现在需要考虑如何建立自己的强国战略。这不仅需要战略眼光，也需要从弱国心态向大国心态的转变。要有强强对话的信心，也要有强强合作的意愿。

（2）要树立大国权威。遵约守信，言行一致，强调大国责任与正义性。

大国的权威从中国的外交实践中来，从中国的国际地位中来，从中国的先进理念中来，从中国的道义担当中来。换句话说，大国权威与大国风范，既来源于中国物质层面的实力与影响，也与中国的软实力密切相关。

大国权威能否有效树立，还与中国的大国战略规划密切相关。维护好中国和平战略的统领式和持续性，以和平战略为根本性指导，才能够有效推进大国

---

① 《习近平接受〈华尔街日报〉采访》，2015-09-22，http://news.xinhuanet.com/world/2015-09/22/c_1116642032.htm.

② 王毅：《中国是国际和地区秩序的维护者、建设者和贡献者——在第四届世界和平论坛午餐会上的演讲》，2015-06-27，http://www.fmprc.gov.cn/web/ziliao_674904/zyjh_674906/t1276585.shtml.

战略的实施。要强调战略指导的统筹性和贯通性，避免部门间的各自为政，保持清晰一致的执行线路。

（3）要发挥好大国影响力。中国作为大国，要有引领的意愿和能力，要有带动的意愿和决心。

中国特色大国外交的实施目的之一，就是解决好实力转化为国际影响力的问题。

中国的实力如何转化为国际影响力，直接决定着中国发展崛起的模式是否成功。要保证这种国际影响力是正向的、积极的、能够被其他国家所接受的能力，就必须具有先进的理念、合理的手段以及有效的实施。

中国的国际影响力将立足于地区向全球扩展。提升中国的国际影响力尤其要突出引导和组织能力，中国作为大国须有与大国相称的大国视野、气派、责任和引领作用。引领作用是中国大国外交的新特征，既要在国际社会中发挥正能量，也要更好地服务于国家复兴。中国发挥影响的方式是增量，而不是减量，也就是说，不是抵消和对冲原有的力量，而是形成一支新的积极建设性力量。

在国际平台上具有重要话语权，是提升影响力的关键。能够提出创新性和引领性的议案，在核心领域和核心机制中发挥积极作用。伴随对外战略地缘范围的扩大，统筹兼顾，强化地缘影响力的提升。

要想发挥更大的作用和影响，中国还需要更大的组织能力。中国要做组织大国，影响力的发挥有两个要点：其一是大国关系。发挥好大国关系的整体稳定性和协调性的作用。其二是国际平台。利用已有平台，搭建新的平台。利用多边平台，积极参与国际规则创新和完善。

（4）要努力实现大国的思想崛起。

伴随着经济的发展，中国还需要努力实现思想的发展和传播。外交上的理念创新与中国思想的创新联在一起，这是中国不断产生新主张、新举措和新方案的思想源泉。我们不仅要回答中国从何而来，向何而去，还要回答中国能够提供什么样的思想产品和能够得到国际社会公认的文明新成果。软实力的发挥与思想产品的创新和不断涌现密不可分。

2. 要解决好几大关键问题

如何实现中国特色的实力转变？中国没有殖民地和势力范围，不结盟，发展模式与西方传统国家不同，如何实现这种转变？如何被他国所接受？如何实现这种转变而不会遭到强力抵制？

首先是不干涉内政与建设性影响。

不干涉内政，但要发挥大国作用，发挥一个大国的积极的建设性影响。他国事务与中国有密切的关联，相关国家与中国的经济安全关系更加密切，相关国家的稳定与繁荣也与中国的发展密不可分。在国际关系相互依存不断加强的今天，很难事不关己，高高挂起，对待他国事务不能置身事外，做旁观者。对于他国内政中国不干预，不强加于人，但也不能袖手旁观，而应在合理、合法的基础上，通过对方可以接受的方式，加强沟通，分享形势信息，提出建议，提供合理支持，促进务实合作。要坚持正义的道德观，坚持原则底线，不以意识形态画线，但也决不助纣为虐，更不同流合污。

其次是不结盟与合作伙伴关系。

习近平总书记提出了构建新型国际关系的前瞻性倡议，这一国家间的关系原则能够从根本上解决当今国际关系的根源问题。也就是说，要在坚持不结盟原则的前提下广交朋友，形成遍布全球的伙伴关系网络，对话而不对抗，结伴而不结盟。

构建伙伴关系是中国外交的一个特色。以结盟对抗为标志的冷战终结后，我们开始探索走出一条结伴而不结盟的新路。十八大之后短短两年间，我国已同67个国家、5个地区或区域组织建立了72对不同形式、不同程度的伙伴关系，基本覆盖了世界上主要国家和地区。构建全球伙伴关系网络，是对我国成功实践的提炼和概括，使我们的外交思路更有战略高度，更具全球视野。[①]

---

① 《盘点2014：中国外交丰收之年》，2014-12-25，http://world.huanqiu.com/article/2014-12/5292314.html.

大国发展必须有战略依托，英国靠英联邦，美国靠联盟，中国靠什么？

中国大国式的交友之道，仍然坚守不结盟的原则，不搞拉帮结派式的江湖义气，不搞无原则交易，有责任，重道义，讲信用，切实可行。

伙伴关系与军事同盟最大的区别是不设假想敌，不针对第三方，致力于以合作而非对抗的方式，以共赢而非零和的理念处理国与国关系。强调包容性，超越社会制度与意识形态的异同，最大限度地谋求共同利益与共同追求。

在合适的时候，中国应推动发展联盟的构建。二战后，美国即开始构建全球性联盟体系，不仅实现了对一些国家的改造、控制，成功地将昔日敌手变为盟友，同时，将世界上几乎所有发达国家囊括其中。这对于美国战后世界霸权以及冷战后霸权维护都具有重要意义。但是美国传统联盟战略的问题在于排他性极强，且必须承担自动卷入的风险和义务，成本巨大。

整体而言，二战后的美国一直是强强联手，一加一大于二，联盟体系囊括了所有强国。比较而言，中国则是弱弱联手，整个冷战期间主要依靠发展中国家，而与发达国家绝隔，当时主要是数量优势，而没有质量优势。现在的中国对外战略开始既与强国发展关系，也不放弃弱国、小国。

从中国的发展战略而言，需要解决好孤独发展、关键时刻无朋友的问题，又需要避免美式联盟的排他性后果。要达到全方位外交的目标，就必须找到一种新型合作关系模式。而我们的战略伙伴关系缺少义务上的约束，因此，我们应倡导和实施发展联盟的战略。发展联盟立足于发展功能上的合作，在发展的问题上相互协作，互补，共赢，共担风险和责任，共享成果，但又不会导致传统联盟的排他性和对抗性。发展联盟既可以是双边，也可以是多边。发展联盟可以更进一步促进合作，既有战略合作空间，又避免传统联盟的困境，中国的合作范围将进一步扩大。从历史上看美国是强强联手，中国不仅要实现强强合作，也要强调强弱互补，从而真正达到我们的朋友遍天下。这正是发展联盟的深意。

第三是非殖民化与新型区域合作。

近代以来，中国深受半殖民化之害，中国的发展不搞殖民主义，也不搞所谓新殖民主义，更不搞势力范围。中国“不谋求地区事务主导权，不经营势力范围”[①]。

中国要以自身的壮大和发展造福人类。中国复兴不是成为霸权，而是成为一支和平的对人类做出重大贡献的积极力量，一支推动人类进步与发展的力量。中国推动自身与他国发展的方式就是双赢、多赢、共赢，就是推动区域经济一体化和基于地区现实复杂情况下的新型区域合作。从小做起，从基础做起，实现做好做大区域整体，从而实现各方共同受益的目标。从最基础的互联互通和基础设施建设为切入点，采取渐进与自愿的原则，稳步推进，层层深入。既可以轮流坐庄，也可以小马拉大车，不以大国主导，共商共议共建。

总之，特色大国外交需要完成时间和空间拓展的任务，要结合国内发展状态，实现国内发展与区域发展的整合协调，还要实现区域间的连接与深度合作。转型期提升阶段还需解决好反遏制、危机管控、防止战争、应对局部战争等一系列战略性议题，并处理好这几者之间的关系。

要看到变，把握时，突出合，强调联，注重建。要行善立德，立规谋势，顺势塑局。

---

① 《习近平在哈萨克斯坦纳扎尔巴耶夫大学发表重要演讲》，2013-09-08，http://cpc.people.com.cn/n/2013/0908/c64094-22843681.html.

第二节　中国特色大国外交的观念创新

概括而言，中国特色大国外交突出推动以新型发展观、合作观、安全观、竞争观为主导的观念变革。

新型发展观即主张可持续的、共赢的发展，一国发展不可能建立于周边国家贫穷的基础之上。追求更为公正均衡的发展观，改变富国更富，穷国更穷的局面。强调富帮贫，缩小贫富差距。突出新型发展中国家帮助落后发展中国家的模式。通过向发达国家学习、借鉴，实现与更为富有国家的合作，同时也向落后发展中国家慷慨施援，实现与更为贫穷国家的共同致富。

新型安全观强调一国安全不可能建立于周边不安全的基础之上。绝不制造和利用危机谋求私利，从不乘人之危，也不落井下石。守信重义，遵守承诺。

新型竞争观主张一国发展自己不可能以抵制或削弱他国为条件。中国只能在一种新的竞争观之下实现发展，即通过竞争的驱动使自身变得更强，而不是通过恶性竞争抑制或削弱对方。竞争的含义是使自己变得更好，而不是使对方更差。

新型合作观强调一国合作的意愿绝不能强加于别国不愿合作的基础之上，而是基于共识和共同意愿。绝不利用合作谋取一方利益最大化。强调共同受益。

中国特色大国外交从理论上讲是系统全面地回应国际社会的质疑，以整体和配套的理论和战略，解决中国发展道路中的问题。它有一个贯穿始终的思路，即从整体上、从宏观层面破解权力政治学说。新安全观讲的是对安全的认识，实际上是破解牺牲别国安全的零和安全观。新型大国关系，新就新在与过去500年现实主义主导的权力政治观的根本不同。它要解决500年未解之难题：解决大国之间随着实力的变化总是无法避免的冲突和战争。周边外交和发展中国家关系重点在发展，核心在平等，目的在互利共赢。这又与传统大国的殖民观、不平等的霸权观、强权干涉主义形成鲜明区分。

从这里我们可以看到，中国特色大国外交不是领域式地、支离破碎地应付国际社会所面临的挑战与问题，而是立足于以中国特色、新的观念和方式全面系统地解决中国复兴和国际社会繁荣过程中所面临的阻碍与风险，不仅仅是应付与应对，而是立足于从根本上以全新的方式来加以解决。在承担责任的问题上，坚持理性务实，一定要力所能及而非力所不及；在有所作为的问题上，强调有所作为而非为所欲为。

一、当今世界需要观念创新

自15世纪葡萄牙迈出西方大国扩张之路开始，西班牙、荷兰、英国、法国、德国、日本、美国相继踏上争强逐霸的历程。在霸权更迭的过程中，人类社会经历了几多起伏。人类如何摆脱战争的魔咒？如何摆脱历史的宿命？大国又如何避免“其兴也勃，其衰也忽”的周期论？这些问题困扰着几代思想家、理论家、历史学家的头脑，如今摆在了21世纪学人的面前。

（一）大国兴衰的启示

自15世纪以来，大国兴衰500年的历史均没有超越传统政治的怪圈和历史宿命论，每个时代存在每个时代的历史局限性，但500年的历史也展现出其相似性：盛衰的周期性以及战争悲剧的循环反复。

大国兴衰的历史经验表明，对权力的过度贪求带来安全困境，必须实现对权力的国际有效监督与权力自律。以往权力政治的致命缺陷就在于缺乏整体观、均衡观与协调观，认为国家间发展是对立的，竞争与合作无法统一。所谓国际社会的无政府状态与有效约束之间，具有永远无法调和的矛盾。

（二）国际关系的核心命题

国际关系的核心命题仍然围绕战争与和平而展开，以往的历史关注如何消除战争，确保和平，而冷战后的世界应该注重如何以合作与发展的方式保证和平的延续。核心的问题是必须坚定地用非传统方式解决传统问题，而不仅仅是用非传统方式解决非传统问题。问题的解决与对问题的再认识和重新思考密切相关。

从未来世界的发展而言，围绕战争、冲突、权力、国家、合作、发展等国际关系的核心命题应注意到摒弃、转变、协调、提升等诸多环节，最终实现观念的全面更新。

1. 摒弃战争观

战争与利益相关，如果和平方式能够更好地获得收益，战争的动因就会锐减。而树立和平的观念是可行的，树立和平的观念关键在于消除战争观念。战争后果的虚无性导致人们应该对战争动因警醒。以往诉诸战争，是立足于战争可赢，可以战而胜之和取而代之，即强调战争一方能够通过战争胜出，获得取代与支配权。而在核时代，大国之间战争取胜的可能性已经消失，核时代的战争结果已由胜者为王转为两败俱伤。由于战争的巨大毁灭性，它早已不是决策者经常可用的手段，如果它是最后的手段，其实也是自我毁灭的手段。

2. 更新权力观

在权力的认识上，首先应遵循必要论而不是优势论，即权力虽然是一个历史范畴，但在当代国际关系中仍将发挥作用。拥有必要的权力有助于问题的解决，然而权力不是绝对的，权力必须受到有效的制约和限制。同时，权力可以与道德相融，当权力用于人类共同的利益时，可以与道德保持一致，比如人类的反恐行动。

其次，权力观应该更多与责任意识联在一起。权力必须与义务保持平衡，权力的行使必须遵循利他原则。规则与体制不能成为多数人的禁区和少数人的天堂，国际制度应该有针对性地约束和抑制少数获益最大者。

第三，强化大国自律意识。成为一个大国的标准在于对世界和平与发展的贡献，而不单单取决于自身的繁荣与否，大国必须随时牢记自己的责任，在缺乏有效的权力制约的前提下时刻注意权力自律。这对于大国自身的兴亡具有十分重要的作用。国际政治民主化就是中国对这一问题的看法。解决好扩展与内敛、发展与调控的关系是破解大国兴衰历史宿命的难题。渐进的、自律的、和平的发展是每个大国必须遵循的原则。

3. 协调国家观

国家作为国际政治的单位不能强行删除。首先国家是一个历史概念，国家的出现是对历史冲突的一种解决方式。它虽然是一种妥协的产物，但却使领导者明确了行动和管理的范围，界定了责任的意识。

其次，不应忽视国家所形成的管束力。如果以公民社会或民族为单位，或以地理区域为单位，仍然会出现以族群为单位的冲突。边疆既对自身也对他人具有约束力。

第三，从国际政治角度看，国家是一个易于把握的概念。国家是一个放大的人，是一个有一定自律能力、承担责任的相对理性的行为体，是集体利益的集合，在总体上比单独的个人还要有利于合作与交流。它使国际关系更加明确。

第四，在发展如此不平衡的世界里，主张消除国家的人只是希望消除他们不认同或与他们利益相抵触的国家，而实现他们大国家的概念。强求一律消除国家是不可能的，也不具有可操作性。

第五，国际关系的经济边界与政治边界是不同的，但人们总是力求使它们保持一致。

4. 提升合作观

国家通过合作可以实现互利多赢，封闭没有前途，合作已经超越国界，世界正在融合。21世纪的新潮流是合作共赢。

首先，合作具有必然性与迫切性。从500年的历史来看，人类面临的问题从来没有今天这么多，比如环境、能源、流行疾病、恐怖事件、核扩散、宗教冲突等。这些问题对人类的影响从来没有像今天这么大，人类面临的问题也绝非一两个国家可以独立解决，人类需要通力合作才能解决的挑战也从来没有这么多。这些问题得不到有效抑制和解决，人类社会自身将难以发展到新的阶段。

其次，合作不是吞并，而是兼容。合作过程必须尊重差异的存在。尊重文明，尊重文明的多样性，甚至是尊重文明的不同发展阶段，是合作的前提。全球化是一种经济现象或是一种经济模式，而不是大国吞并小国，一国主宰世界的过程。全球化的趋势应该是可兼容的过程。

再次，合作是解决冲突的唯一有效方式。在信息化的时代，世界正在变小，而文明与合作的内涵却在日益丰富，国家利益可以因人类共同利益的增多而扩展。未来社会的一个趋势是，随着共同利益的增多，国家利益将日益融合，冲突与分歧就会减少。冲突与合作实际上有一种零和博弈的关系，合作多一分，冲突就会少一分。

5. 拓宽发展观

中国特色的发展观强调和平是为了发展。发展是和平之基，是中国特色大国外交的中心所在。中国的发展观又是特色大国外交的灵魂。生存是对现状的适应，唯有发展才能改变我们的生存环境和生存水平。世界和平与发展仍是我们时代的主题。

一方面，发展中国家通过自身努力在不断崛起，另一方面，发达国家与发展中国家的发展鸿沟依然存在。发展是解决贫穷问题、解决冲突问题、保障人民基本权益的根本方式。

从历史的教训中可以看出，在未来的社会中，人类需要刷新两观，一为合作观，一为发展观。

发展的问题是一个历史性的课题。500 年来人类不断向前发展，但贫富分化却在拉大，发展不平衡的问题始终约束着发展本身走向新的高度。新的发展观强调，一个国家不可能把自己的发展建立于别国落后的基础上，谋求共同发展才是可持续的道路。在这个过程中，单个国家的发展并不是最重要的，关键在于在自己发展的同时也能带动其他国家的发展。发展的过程就是一个共赢的过程，只有做到这一点，和平与稳定才能得到保障。

全球化时代的国家发展或崛起必然呈现不同的特色，在以往的历史中，全球化从未像今天这样范围广泛和影响深远。全球化背景下的国家崛起不是孤立现象，而是基于这一大背景下的共同、全面地发展。

推而论之，未来中国和平崛起的结果，不是传统意义上的权力的更迭与转换，也不是单一国家的崛起，而是要在中国发展的同时带动一个国家群的兴起，同时不伤害也不损害其他国家的发展。这是以往历史中从未有过的。这是中国和平发展的深刻而广泛的历史意义。不仅与发达国家一起合作共赢，也让发展中国家享受到中国发展的好处，并从中体现中国对世界和平的真正贡献。只有伴随国家群体的共同发展，才能实现单个国家的长久发展。

（三）重视和发挥新观念的力量

伴随着对战争观、发展观、国家观、权力观、合作观认识的转变，人类将会从中体会到观念变革的巨大力量。从历史的发展看，观念的进步至少与物质技术的进步同等重要，因为物质与技术是被观念所驾驭的。同样的东西，观念不同，使用的目标就会不同，所达到的效果也会截然不同。比如核能用于和平，就会造福人类，解决人类的能源问题，而用于非和平的目的，就是人为的大灾害。观念是一种软实力。一个国家的兴盛，不仅在于它的经济和科技生产力，还在于它的观念生产力。

世界在很大程度上由观念支配，而这些观念既包括正确观念，也包括错误观念。英国的一位智者断言，观念对人类生活所具有的支配力量，与其中的错误程度恰好成正比。[①]

从根本上说，中国的发展是要跟别国比观念，比思想，比对于未来的构想与创意，这也是核心竞争力之一。

从观念史的角度看，中国要实现新的发展，必须更新和发展观念。为什么世界史中没有一个古国重新成为一流大国，这是因为西方文明开启了一个全新的人类时代，指望仅仅通过复古、弘扬传统来振兴一个国家恐怕是行不通的。依靠融入来实现复兴也是天真的。当今体制的特点就是西方主导，以西统东，融入在某种程度上是顺应与服从。中国要实现大发展，必须从古代文明中提取精华，从西方文明中吸收养分，同时超越西方文明和现代文明，建立起一个新的未来文明，才可能真正抵达新的发展目标。一个过去 200 年处于贫弱的中国需要面对已经强大 500 年的发达群体，过去 5000 多年的文明也不足以让中国骄傲和放松。我们必须集人类之长，扬自身优势，形成新的观念创新，才能最终实现赶超的目标。

20 世纪以来的国际关系理论以西方理念为主导，以权力政治为基础，形成了强权政治和霸权逻辑。“与中国文化不同，西方多数思想者相信‘人性本恶’。他们认为，人类天性自私，知识、智慧、理性都有局限性，每个政治体都试图用自己的优势压倒别人，从而使国与国之间的关系很容易演变成‘一切人反对一切人’的战争”。[②]虽然也有新自由主义以制度合作为核心的流派和建构主义以价值认同为基本的理论思想，但这些理论均是西方世界观的产物，无论是哲学基础还是思想方法，都没有摆脱西方思想的束缚。西方理论中有其先进的、合理的观念，但也有其局限性。比如物竞天择、适者生存的进化逻辑，权力至上的暴力思想，强调西方价值的主导性、垄断性和排他性，缺少整体性、宏观性和包容性，遵循简单思维等。美国等国继承和发展了权力政治，解决冲

---

① 比尔德：《进步的观念》，转引自时殷弘编《战略二十讲》，天津：天津人民出版社，2007 年，总序，第 4 页。

② 晓岸：《战后七十年之思》，《世界知识》2015 年 4 期，第 26 页。

突的方法是：优势强势，或局部均势；部分至上，集团式的权力政治逻辑，崇尚武力与竞争；实力至上，实力决定一切，虽然近些年又强调软实力、巧实力，但都与权力因素密不可分。“现实主义者认为，人类永远不可能为自己设计出一套终极性、具体化的‘全球解决方案’，但通向持久和平的基本路径和规律仍可被找到。当历史已成为世界的历史，国际政治不一定非得是‘国家寻求权力最大化的斗争’，全球稳定性的希望在于超越权力政治。”[①]

西方理论权力政治观强调优势论和均势论，优势论是以实力强制或胁迫对方，均势论强调相互约束。前者是以自身改变他者，后者强调他者对自身的影响，均没有谈到自我约束。

美国已故学者塞缪尔·亨廷顿曾说：“西方赢得世界靠的不是高人一等的思想、价值观或宗教，而是在应用有组织的暴力手段方面的技高一筹。西方人通常忘记了这一事实，但是非西方人从来就没有忘记。”[②]从未来国际社会的发展看，东西方理念完全可以相互促进与融合，共济互补，这样才能形成文化的新平衡。改变东西方文化不对称的局面，变单一价值主导为价值多元，对于解决国际社会不平等的以强凌弱和人为的暴力灾难，促进积重难返的热点，尤其是东亚热点问题的解决朝着良性化方向发展具有积极的建设性意义；对于东亚的安全合作与稳定，对于东亚未来的一体化进程都有着深远的战略意义。

从现实主义权力政治来解读，发展中国家群的发展和新兴国家的发展必然与现有体制相冲突，必然引发权力转移和权力更迭，必然会引发大国政治的悲剧和国家政治的悲剧。而从国际政治的合作观来看，新兴国家群的发展所带来的国际社会的非西方化进程的向前发展，并不意味着权力关系的根本性转变，并不意味着中国等发展中大国会在不久的将来发挥主导作用，而是意味着国际社会将在一定程度上改变原有的南北发展差距，使更多的国家能够有机会缩短

① 晓岸：《战后七十年之思》，《世界知识》2015年4期，第27页。
② Christopher Layne, “The Global power Shift from West to East”, *National Interest,* No. 119, May/June 2012.

与发达国家的距离，使得国家发展更加均衡，从而带动人类社会整体的发展，形成一个更加有利于国际社会整体发展的结构，使现有秩序更趋合理，而不会出现替代关系。

因此，人类在探索技术进步的同时，不要忘记探索观念的发展。从目前的世界看，人类社会的观念远远是不完善的，甚至是陈旧的，观念的斗争是长期的，观念的较量不仅体现在精神领域，也会出现在现实世界中。观念更新是大有余地的。

由此，以一个新的思路来看待国际社会的变迁，我们可能会得出一些新的观点来：

首先，实力的相对性益发明显。

一个因素变化的影响会因为其他因素的潜在互动而降低或提升，如果忽略放弃其他因素的作用，我们其实很难判定一个因素的真实影响。力量也具有相对性，在相互比较中出现消长，例如，冷战以来，美国整体实力并未下降，某些方面的能力反之还有上升，但美国遭遇的反制力也得到上升，美国不得不应付来自各方的挑战。美国利用其优势主动挑起事端，但其力量被分散化了，从而出现了相对削弱。在一定意义上，不是美国衰落了，而是世界其他力量更强大了；不是美国没有发展，而是其他国家国力上升的速度，比美国发展的速度要快。

其二，国际体制更加稳定，国家的变化影响国际体系的作用在下降。

这表明国际体系有其自身整体性。无论国家实力上升还是下降，其意义均无法与历史以往时期相比。单一国家改变秩序的能力在下降，因为国际社会更加复杂。无论是美国衰落还是中国崛起，其意义均不能与以往时代相提并论，他们各自对于国际社会的作用都在缩小。美国在 1978 年占世界 GDP 总量 27%，2008 年是 26.7%，只下降了 0.3%，但是它影响世界的能力下降了。稳定国际秩序的因素不容忽视。比如制度本身的制约，核恐怖平衡的客观制约，西方社会价值观念和制度的拓展，还有联盟网络的扩大，都在一定程度上超越着或制约着单个国家的作用或兴衰的外溢后果。大国支配资源的能力虽未下降，但支配事件过程和结果的能力下降了。

国家变迁并不一定带来国际体系的变化，国家实力壮大或缩小的意义非比从前。从整体上看，国家的作用在减弱，因而，国家力量的消长对于国际体系的作用大不如前。

其三，均势平衡不能带来真正的稳定。

比如，核竞赛带来了军备平衡，这种平衡可能在一定历史阶段发挥作用，但这种平衡始终是一种不稳定的平衡。因此，从整体上克服相互平衡、相互抵消所谓“系统内耗”的办法就是消除核武器，从普遍削减到全面放弃。

冷战的状态是一个封闭的体系，也是一个平衡的体系，却是一个非进化的体系。而冷战后是一个开放的非平衡状态体系，可能更加无序，却是进化的体系。由于受权力政治的影响确实比较大，人们总是想到用力量制约的方式来限制对方，或者是力量平衡的方式来维持稳定。而实际上非平衡态也不总是不利的，有时候平衡虽然有利于稳定，但不见得有利于发展，未来世界的非平衡态也未必是不好的。

因此，我们不必过分沉迷于国家兴衰，更不能以别国的衰落为代价来促进自己的兴旺。在当前的世界，或许一些人在理论上接受“命运共同体”的概念，在实践中却试图背道而驰。实际上，“一荣俱荣，一损俱损”是人类面临的现实，也是国家间面临的现实。随着人类共同挑战的增多，人类对这一认识的深度也会不断增强，但是人类共同挑战的严峻与人类对这一问题认识的滞后或偏差，已经影响到对于共同危机的解决。

从当前的国际格局来看，在国家层面，应该说处于非平衡的无序状态，国际社会无一国有绝对影响力和绝对权威，国际社会的无政府现象严重。但另一方面，整体性、组织性也在加强，即国家间沟通能力增强，大国间普遍增强了协调能力，国际组织的约束力增大。整体在一定程度上是包容无序的，同时整体在促进有序的产生和发展，没有一国可以超脱于世界的整体变迁之外。世界上多数国家达成的共识是：整体好，各国均受益。应该努力设法维护整体，维护好国际社会的总体稳定。

中国正在探索新的发展道路，在发展进程中的大量实践和新观念的形成可以为中国国际关系理论的发展提供良好的契机。中国学派的形成将使中国的软实力得到充分体现并辐射其影响。具体而言，中国学派的形成将围绕国际主义的合作观、和谐世界的发展观、全球化背景下的国家观、制约与自律的权力观、共存共荣的安全观而展开。

二、中国特色外交的观念创新

近些年，围绕中国特色大国外交的提出，中国外交在观念创新方面取得了突出的进展。中国梦、民族复兴、义利观、新安全观、责任观、国际秩序观、命运共同体等概念的提出，丰富了中国特色大国外交的理念内涵，也推动着中国外交向着更高层次迈进。

（一）中国梦

中国的大国外交与中国梦的实现紧密相伴，中国特色大国外交是中国梦实现的重要方式，也是中国梦的国际含义的体现。换言之，中国特色大国外交的目的是推动中国梦的实现。

那么什么是中国梦呢？简而言之，中国梦就是中华民族的伟大复兴。而中华民族的伟大复兴就是指“两个一百年”的奋斗目标，具体而言就是到2020年实现国内生产总值和城乡居民人均收入比2010年翻一番，全面建成小康社会；到21世纪中叶，建成富强、民主、文明、和谐的社会主义现代化国家，就是国家富强，民族振兴，人民幸福，实现中华民族伟大复兴。[①]

① 2015年11月29日，中共中央总书记习近平带领新一届中央领导集体参观中国国家博物馆“复兴之路”展览时指出：“实现中华民族伟大复兴，就是中华民族近代以来最伟大的梦想！”

中华民族的伟大复兴是一个包含经济、社会、军事、政治、文化和国际地位在内的综合性目标，它要求中国最终成为世界上最强大的国家之一。假设我们实现了“两个一百年”目标，但中国的国际地位没有提升，甚至有所下降，那么就不能认为我们实现了中华民族的伟大复兴。[①]

对于国际社会而言，中国梦是和平梦。“中国人民渴望和平，珍惜和平。中国人民曾经饱受战争的侵害，深知失去和平之苦痛。中国梦的实现过程是造福的过程，是保障和延续和平的过程，而绝不是倒退与动荡。”“中国人民珍惜和平，希望同世界各国一道共谋和平，共护和平，共享和平。”[②]

中国梦是发展之梦。让每个人都平等享有发展的权利，享有自我实现、自我成才的机会，享有分享发展成果的机会，通过发展实现共同致富的目的。

同时，中国梦不只是物质之梦，中国梦不是拜金逐利之梦。中国梦实现的过程不是物质至上、利益至上的过程，中国梦是中华文明焕发勃勃生机的过程。习近平主席在联合国教科文组织的演讲中还特别强调，“实现中国梦，是物质文明和精神文明均衡发展、相互促进的结果”，是物质生活充裕、道德水平升华的大同境界。“中华文明历来把人的精神生活纳入人生和社会理想之中。所以，实现中国梦，是物质文明和精神文明比翼双飞的发展过程。随着中国经济、社会不断发展，中华文明也必将顺应时代发展，焕发出更加蓬勃的生命力。”[③]

中国人民将尽其所能为世界和平与发展做出贡献。中国梦的实现是世界和平之梦的一部分，也是世界实现更加合理发展的组成部分。2015 年，习主席在接受美国《华尔街日报》专访时谈到，人类拥有共同的梦想：世界和平，社会安宁，生活富足。人类的梦想与中国梦的目标是总体一致的。“虽然由于历史

---

① 徐进：《中国外交进入“奋发有为”新常态》，2014-12-11，《中国党政干部论坛》2014 年第 12 期，http://www.cssn.cn/zzx/gjzzx_zzx/201412/t20141211_1438564.shtml.

② 《习近平在中法建交 50 周年纪念大会上的讲话（全文）》，2014-03-28，http://news.xinhuanet.com/world/2014-03/28/c_119982956.htm.

③ 《习近平在联合国教科文组织总部的演讲（全文）》，2014-03-28，http://news.xinhuanet.com/politics/2014-03/28/c_119982831.htm.

文化、发展阶段的不同，中国梦、美国梦以及其他国家人民的梦想内涵不尽相同，实现的具体途径和方式也可能不完全一样。条条大路通罗马。各国人民对梦想的追求，不论有什么异同，都是激励他们顽强奋斗的强大动力。”[①] 虽然在生活富足的理解上，中国梦的实现也只是追赶世界发达国家的先进水平，甚至还达不到发达国家的富足水平，但这对于13亿中国人民而言，已经是巨大的成就。中国实现13亿人的衣食自足，已经是对人类的重大贡献，而“两个一百年”的目标则是更上一层楼，要实现物质和精神的双丰收，要在两个文明的建设中为人类提供更多更好、丰富多彩的成果，这就是艰巨、具体而务实的中国梦的目标。

（二）责任观

要实现中国梦，中国必须承担国际与国内两大责任。中国是一个大国，必将承担相应的大国责任。

修身，齐家，治国，平天下。穷则独善其身，达则兼济天下。中国的天下观虽以自身为中心，但强调的是中心大国的关照和责任，主张天下一统的大情怀。

中国主动承担国际责任是中国国际观的体现，也是国际社会相互依存的现实的客观要求。中国自身内部困难很多，自己的事还忙不过来，为什么还要在国际上承担责任？因为国际上的许多问题按照现有方式没有得到解决，或很难得到解决，或有些国家无意愿解决。全球治理面临许多问题，中国作为有国际影响也受到国际社会期待的大国，不能只是自扫门前雪，不管他人瓦上霜。从国家利益角度看，有许多外患不仅会影响地区的发展，也会影响到中国自己的发展。恐怖主义、能源危机、流行疾病都会影响到中国的发展，中国不再是孤立或封闭于世界的国家，而是与世界连在一起的国家。世界离不开中国，中国

---

① 《习近平接受〈华尔街日报〉采访》，2015–09–22，http://news.xinhuanet.com/world/2015-09/22/c_1116642032.htm.

也离不开世界的发展。中国作为一个大国，要承担一个大国相应的责任，不推责，不卸责，力所能及地帮助他国，实现共同发展。

中国应承担什么样的国际责任？

首先是推动一个更加合理的国际秩序的发展。其次在国际安全领域，与他国一道阻止地区冲突，预防恐怖主义和大规模杀伤性武器扩散。第三，在全球治理领域，推动国际生态与环境的改善，促进国际卫生、救灾等领域国际体系的完善。

中国不仅主张开放、非排他主义，在国际责任方面也在践行大国义务。

在叙利亚问题上，中方坚决反对任何国家、任何人使用化学武器，同时认为只有政治解决才是化解叙利亚危机的正确出路。支持尽快启动销毁叙利亚化武的进程，同时呼吁联合国发挥更大作用，使叙利亚问题重回政治解决的轨道。

在巴以问题上，中方一直负责任地劝和促谈，愿与美方密切配合，推动巴以双方相向而行。

在伊核问题上，中美通过双边渠道和六国机制保持了密切沟通，促使伊核对话出现了实质进展。

中国在联合国维和行动中贡献最大，中国在支持发展中国家发展的过程中，明确表示欢迎搭便车。这不仅是一种气势上的慷慨，更是一种大国的胸怀和责任意识。“一带一路”的构想和实施，金砖国家银行的建立，均不是传统意义的囿于集团或区域性的考量，而是力求更高程度、更大范围的非集团化、跨区域、全球化范围内的共同发展的主张，这不是独占的、垄断性的霸权思维能够揣度的。

习近平主席 2015 年在联合国的发言就是中国责任观的重要体现。中国不仅在发展后帮助别国，在自身发展需要帮助的时候，也在力所能及地帮助他国。

中国还通过自身的经济发展为世界和平与稳定做出了重要贡献。中国奉行独立自主的和平外交政策，愿意为维护世界和平、促进共同发展做出努力。当今世界，中国不可能独善其身，只有世界好，中国才能好。在推动世界经济复苏、政治解决国际和地区热点、应对各种全球性问题和挑战等方面，中国都没有缺席。这是国际社会的希望，也是中国的责任。[①]

据估算，过去30多年里，中国对世界经济增长的贡献率一直处于世界前列。国际金融危机爆发以来，中国的贡献进一步增强，高居全球首位。中国增长这台充满活力和动能的经济发动机，正在带动更多的国家加快发展，从而为人类的和平事业营造更有利的环境，提供更坚实的保障。新中国成立以来，中国累计缔结了23000多项双边条约与协议，加入400多项多边条约，参加了几乎所有政府间国际组织，切实履行应尽的责任与义务。我们加入世界贸易组织，推动WTO各轮谈判，推进各种双多边自贸安排，致力于维护和促进国际贸易自由化体制。[②]

中国在积极援助贫困的发展中国家的工作中表现尤其突出。《中国与非洲的经贸合作》白皮书显示，从2000年至2009年，中国已免除35个非洲国家总计189.6亿元人民币的债务。免除债务使得受援国投资环境得以改善，国家和地区局势也随经济发展趋于稳定。同时，良好的国家形象使中资企业在非洲受到更大的欢迎。[③]

2015年9月26日，习近平在联合国发展峰会上宣布，中国将免除对有关最不发达国家、内陆发展中国家、小岛屿发展中国家截至2015年底到期未还的政府间无息贷款债务。同时，宣布将设立“南南合作援助基金”，首期提供20亿美元。

中国的这项决定获得了国际各界的高度评价，习近平的演讲多次被现场的热烈掌声打断。有外国媒体表示，中国在帮助发展中国家方面已经起到了引领

---

① 《习近平接受〈华尔街日报〉书面采访全文》，2015-09-22，http://finance.sina.com.cn/china/20150922/132123316016.shtml.

② 王毅：《中国是国际和地区秩序的维护者、建设者和贡献者——在第四届世界和平论坛午餐会上的演讲》，2015-06-27，http://www.fmprc.gov.cn/web/ziliao_674904/zyjh_674906/t1276585.shtml.

③ 《党报五大事实驳斥中国免除外债是“穷大方”》，2015-09-28，http://news.sina.com.cn/c/2015-09-28/doc-ifxieyms4145429.shtml.

者的作用。联合国秘书长潘基文也称赞中国的全球领导力得到清晰展现。

当然，在中国免除外债、提供援助的问题上，国内有部分人不理解，认为中国应该优先解决自身的贫穷问题，在这个问题解决之前，中国不应该“穷大方”。

这个观点反映了一些人算小账、视野不够远大的狭隘心理。中国是发展中大国，中国的发展是具有带动作用的，这正是特色大国外交的影响之一。我们不能等到中国成为发达国家之后，才来援助其他国家。我们需要通过自身的带动作用帮助他国一起致富。中国的发展不能一枝独秀，只有通过自身的发展造福他国，造福一方，才能保障自身发展的可持续。一个国家的富裕不可能建立在别国贫穷的基础之上。帮人如帮己，发展中国家获得了更好的发展机遇，也为中国提供了更大的商品市场和投资场所。援助是相互的，一方有难，八方支援，中国受益于国际援助体系，理应对这一良性互动的机制做出自己的贡献。中国是联合国安理会常任理事国之一，也承担着切切实实的国际责任。

中国的援助不附带任何政治条件，不以牺牲他国利益为代价，正是体现了中国作为一个大国的担当和责任。

当然，在承担更多国际责任这一转型过程中，特别需要知识和技术的积累和准备，信心和心理的准备，还要注意能力和意识的培养，从而实现由弱国发展战略向强国发展战略的渐进转变。在承担大国责任的问题上，协调好自身实力和与之相应的国际责任之间的关系是关键，中国主张共同但有区别的责任。

在中国发展壮大的国际进程中，中国已由是否承担国际责任向如何承担国际责任的转型战略转变。承认中国是一个大国，就要敢于和勇于担当，同时又承认自己仍是发展中大国，要讲实事求是，力所能及。

（三）有为观

中国的大国责任观意味着中国要更加积极主动地发挥作用，有所作为。

以习近平同志为总书记的新一届党中央执政以来，在外交领域不断深化改革，锐意进取，使整个中国外交工作面貌一新，成绩斐然。特别是 2013 年 10 月下旬召开的周边外交工作座谈会，标志着中国外交政策有了方向性和原则性调整，甚至是吹响了中国外交全面改革的号角。在这次会议上，习近平总书记提出，要更加奋发有为地推进周边外交，为我国发展争取良好的周边环境，使我国发展更多惠及周边国家，实现共同发展。这标志着中国外交的主基调由此前的“韬光养晦、有所作为”调整为“奋发有为”。从总体目标、工作思路、具体政策等方面看，目前中国外交已经进入了“奋发有为”新常态。[①]

习主席在外事工作会议上称，“要在大政方针不变的前提下有所作为”，因此“韬光养晦”仍是主要战略，但在战术上，中国开始积极进取，奋发有为。[②]中国特色大国外交的新特点就是主动性、建设性和创造性，改变了以往按部就班式的挪步外交，而加快加大了实施的力度与步伐。不仅有构想和创意，更有扎实推进和落实，中国的周边环境和国际形象得到了极大改善。

有为观在中国外交中得到了充分体现。

首先，是大力推进外交理论实践创新。继提出中国梦、坚持贯彻正确义利观、构建中美新型大国关系和亲诚惠容周边外交理念之后，中国 2014 年又相继推出新理念，包括建立以合作共赢为核心的新型国际关系、构建全球伙伴关系网络、构建亚太梦、亚洲安全观，进一步勾勒出中国对当今世界和中国外交的战略思考轮廓。

其次，深化全方位对外交往。十八大以来短短两年间，国家主席习近平、国务院总理李克强先后出访 17 次，足迹遍及五大洲 50 多国，会见外国元首和政府首脑近 500 人次。这些往来为中国对外关系带来重要成果。中国外交的整体布局已全面展开，全球伙伴关系网络基本成形。

---

① 徐进：《中国外交进入“奋发有为”新常态》，2014-12-11，《中国党政干部论坛》2014 年第 12 期，http://www.cssn.cn/zzx/gjzzx_zzx/201412/t20141211_1438564.shtml.

② 刘畅等：《2015，中国外交从布局走向落实》，《环球时报》2015 年 1 月 5 日，第 7 版。

第三，是战略创新，即通过“中国梦”凝聚民心；用大国外交、顶层设计、底线思维展示中国意志，提出中国方略；以金砖国家为依托，通过亲诚惠容的周边外交和“一带一路”的战略，构建中国的海陆伙伴体系；通过新型大国关系稳定周边与主要大国关系；通过新型义利观和命运共同体发展与发展中国家关系。[①]

中国特色大国外交在理念、政策和落实方面体现了很强的协同性和配套性，推动了中国外交迈向新的阶段。

当然，中国外交的主动进取也是政策持续性和积累效应的体现。比如中国与国际体制的关系从适应、顺应到改良完善，再到推动体系内变革，是一脉相承的。

特色外交倡导奋发有为是在一定范围内一定程度上的主动行为，是合情合理合法的作为，强调在正当的国际法权限范围内行事，不是强加于人，更不是为所欲为，不应引发恐惧和恐慌。有所作为与韬光养晦不是割裂的，而是相互联系的。有所作为不等于为所欲为，也绝不会成为为所欲为。有所变、有所不变这两者是辩证统一的，在任何时候都不会为所不能为，而是为所能为，为所应为，为所可为。有所作为，不忘恰如其分。对外战略上讲求稳中求进，一步一个脚印，蹄疾步稳，反对冒进。渐进性发展的总思路没有改变，步幅上有调整，符合形势变化的快节奏。

有为观还体现为不是等待机遇，而是通过自身努力创造机遇，以我为主，后发先至。再有就是促使他国的转变。中国不能一味地适应他国，也要影响和塑造他国，发挥正能量，这也是主动创造机遇的体现。他国也应该接受和适应中国合理合法地拥有国际权利和发挥积极影响的新常态。

新时期中国大国外交与原有外交不是割裂的，而是强调继承中发展。但在新时期突出了主动性、积极性、建设性，是基于理论、制度和道路这三个自信

① 《外交部：2014 年是中国外交全面推进的丰收之年》，2014-12-31，http://politics.people.com.cn/n/2014/1231/c1027-26308910.html.

的基础之上的，也是迈向更大自信的开端。

（四）包容观

开放包容是中国特色大国外交的重要理念，也是中国处理各类矛盾纠纷的有效原则。战争与冲突根源在于人们的思想，对于文明与各类不同事情的看法极大地影响着国与国之间的关系。

中国人的思维方式是一种包含、包容、溶化的思维方式，西方人则是超越、取代、取消的思维方式。用中国学者钱穆的话说："西方人贵分不贵合，中国人讲究和合与同化。"[①] 中华文化博大精深的奥妙之一就是宽容与融合，具有海纳百川的气魄，充分尊重世界文化的多样性，以"海纳百川，有容乃大，和而不同，兼容并蓄"的理念加强文明对话，促进文化和谐。文明多样性是人类社会的基本特征。当今世界有70多亿人口，200多个国家和地区，2500多个民族，5000多种语言。不同民族、不同文明多姿多彩，各有千秋，没有优劣之分，只有特色之别。

"万物并育而不相害，道并行而不相悖。"要尊重文明多样性，推动不同文明交流对话，和平共处，和谐共生，不能唯我独尊、贬低其他文明和民族。人类历史告诉我们，企图建立单一文明的一统天下，只是一种不切实际的幻想。尺有所短，寸有所长，我们要倡导交流互鉴，注重汲取不同国家、不同民族创造的优秀文明成果，取长补短，兼收并蓄，共同绘就人类文明美好画卷。[②]

和，并不等同于一致，不等于"同"，所以孔子说："君子和而不同，小人同而不和。"[③] 君子能够在坚持原则的前提下，协调彼此，但不盲目附和，而小人表面上一致，实际上并不协调。求同存异体现了包容，而且既是适应也

---

① 钱穆：《人生十论》，桂林：广西师范大学出版社，2004年，第118页。

② 《习近平在和平共处五项原则发表60周年纪念大会上的讲话（全文）》，2014-06-28，http://news.xinhuanet.com/world/2014-06/28/c_1111364206.htm.

③ 张燕婴译注：《论语》，北京：中华书局，2006年，第199页。

是包容。“一国两制”也体现了包容，两种不同的东西可以共存与相融。包容有两大前提，首先在于如何处理好差异，其次是强调多样性。求同存异、平等互利是发展友好关系的重要条件，是各国人民的共同追求，也可以说是当代国际关系的基本准则。要重视求同。着眼共同点，扩大共同点，对各方有利的事情先办起来。要善于存异，承认差异，正视差异，在求同与合作中妥善处理差异。我们决不能把差异看成异端，也不能把自己的主张强加于人。事实表明，不能求同存异，老想闹对立，不能平等互利，老想占便宜，世界就不能安宁，自己也会孤立。[①] 中国人在对外关系中始终秉承“强不执弱”、“富不侮贫”的精神，主张“协和万邦”。中国人提倡“海纳百川，有容乃大”，主张吸纳百家优长，兼集八方精义。[②]

包容是和谐的存在前提。和谐讲阴阳调和，琴瑟和谐，阴阳不仅可以共存，而且可以转化。和谐讲求政通人和，在周边国家关系中，人和大于利和。天时不如地利，地利不如人和，而要做到人和，就必须与人为善，与人为伴，和睦相处，相互扶持，不为一己之利，拉帮结派，结党营私，这也就是不结盟的含义。君子衿而不争，群而不党，协和万邦，讲信修睦，善解能容。孔子认为：“和为贵，先王之道，斯为美。”[③] 老子讲：“生而不有，为而不恃，长而不宰。”[④] 在涉及人的关系时，东方文化不强调简单平等，而是强调长幼尊卑，讲百善孝为先，有敬老爱幼的传统。在相处之道中，强调既要做事，又不搞恶性竞争。联合国秘书长潘基文在连任秘书长之时，引用中国古代哲学家老子“天之道，利而不害；圣人之道，为而不争”[⑤] 的名言，强调应将这种不朽的智慧应用到

---

① 李瑞环：《学哲学用哲学》（下），北京：中国人民大学出版社，2005年，第629—630页。

② 《胡锦涛在美国耶鲁大学的演讲（全文）》，2006-04-21，http://politics.people.com.cn/GB/1024/4321339.html.

③ 孔子、孟子：《论语孟子》，北京：北京燕山出版社，2001年，第303页。

④ ［魏］王弼注，楼宇烈校释：《老子道德经注》，北京：中华书局，2011年，第26页。

⑤ ［魏］王弼注，楼宇烈校释：《老子道德经注》，北京：中华书局，2011年，第200页。

今天的工作中，在百家争鸣的思想中，找到行动上的统一性。[①]

中国主张文明互鉴，开放包容。中国先哲老子讲："大邦者下流。"就是说，大国要像居于江河下游那样，拥有容纳天下百川的胸怀。中国愿意以开放包容心态，加强同外界对话和沟通，虚心倾听世界的声音。[②]

鼓励多样化的文化与文明的探索与发展，反对唯我独尊、排斥异己的做法，反对以隔阂、偏见、仇视的心理来看待他国文明。强调学习借鉴他国文明的一切有益成果，"他山之石，可以攻玉"。

当然，文明也需要不断提升与发展，这就需要在各种文明的不断交流与融合中，在不断地学习借鉴中完善提高。中外文明交流互鉴，其中有冲突、矛盾、疑惑、拒绝，但更多是学习、消化、融合、创新。[③]

（五）安全观

中国的安全观是中国特色大国外交的突出亮点。我们的安全观全面，丰富，深刻，务实可行。既有针对传统安全的核安全观，也有针对非传统安全问题的治理观，还有亚洲新安全观等地区安全构想。

安全，关系人们的生存发展和繁衍生息。心理学家马斯洛在需要层次论中把安全视为人在满足生存需要后的第一需要，国际政治学家们则把安全看作是国际关系发展的核心因素，甚至把安全比喻为氧气——你可以不注意它，但不能没有它。

2005年，联合国计划开发署《人类发展报告》指出，人类依旧在战争与安全两条战线上一如既往地努力抗争。"安全"作为人类生存和发展的前提和

---

① 《潘基文连任联合国秘书长，引老子名言发表演说》，2011-06-22，http://news.sina.com.cn/w/2011-06-22/054222683510.shtml.

② 《习近平在德国科尔伯基金会的演讲（全文）》，2014-03-29，http://www.gov.cn/xinwen/2014-03/29/content_2649512.htm.

③ 《习近平在联合国教科文组织总部的演讲（全文）》，2014-03-28，http://news.xinhuanet.com/politics/2014-03/28/c_119982831.htm.

保障，始终是人类共同关注和向往追求的。

1.“安全”概念的基本内涵

《现代汉语词典》对安全的解释是：没有危险，不受威胁，不出事故。

在英语中，安全（security）一词有两层含义：一是指安全的状态，即免于危险，没有恐惧；二是指维护安全，即安全措施与安全机构。

中国学者李瑛认为，所谓安全，“主观上是指不存在担心外来攻击的恐惧感，客观上是指不存在外来攻击的状态或现实，这是安全的一般性概念，具有相对的稳定性”①。

传统意义上研究和关注的是“国家安全”，一般认为，国家安全是国家保卫本国不受攻击、侵略、征服和毁灭的能力。

对于国家来说，它的目标不单在于要造就一种安全的现状，还要造就一种安全的心态。一个国家没有安全的现状是不安全的，而没有安全的心态也是不安全的。

2. 安全观念的转变：从集体安全到合作安全

在第一次世界大战之后，集体安全的概念日益突出，具体实践为国际联盟。集体安全的基础是以众对一的观念。加入某个集体安全体系的国家在保持他们对外关系高度自主权的同时，承诺参加联盟来共同对付任何可能的入侵者，其实质仍是联盟与均势，有时又成了强权政治的代名词。

20世纪80年代，已故瑞典首相奥洛夫·帕尔梅主持的“裁军和安全问题独立委员会”的报告中，首次详细提出了“共同安全”的概念。该委员会在拟就的《共同安全：生存蓝图》报告中指出，共同安全是基于这样一种认识，即安全的最佳保证是通过合作而非相互竞争的强权政治来获得。共同安全强调取信于潜在对手的重要性，根据帕尔梅的观点，“一国不能通过牺牲别国来取得安全”，“不能通过与对手抗衡而只能是通过与对手合作”来获得安全。

---

① 李瑛：《多极化时代的安全观：从国家安全到世界安全》，《世界经济与政治》1998年第5期。

与欧洲的共同安全相比较，在亚太地区比较流行的是综合安全观念。该术语最初是由日本的大平正芳政府在20世纪70年代正式提出来的，同时深获东南亚国家，特别是印尼、马来西亚和新加坡的支持。综合安全的核心前提是，必须以整体的方式来考虑安全，包括危及国家整体利益的军事威胁与非军事威胁。合作安全强调包容性，即包容不同观点和威胁人类的相关议题，其次是强调对话与磋商，第三是强调联合行动。

"人的安全"概念的提出，是因为长期以来人们都是从狭义的角度去解释安全的含义。传统上，安全的对象，即什么需要保证安全，一直是指民族国家，安全所关注的是保卫领土、推进民族利益或国家的核心价值观等。用于获得安全的主要手段，是通过维持军事力量。"人的安全"概念的倡议者认为，对国家安全的强调牺牲了人的安全。因此，"人的安全"概念的支持者认为："安全概念亟待在两个基本方面进行改变：一是从绝对地强调领土安全改为更强调人的安全，二是从通过军备谋求安全改为通过持续发展谋求安全。"他们认为，保护人民安全的目标是使人民远离可能的恐惧，并获得免于被剥夺实际物质资料的自由。

人类的发展如果缺乏体面的生活、工作、收入和稳定的社会结构，其结果将是人的不安全。确保人类持续发展，有助于确保人的安全。

尽管没有确切的统计，但已有一些国家的政府接受了"人的安全"概念。

3. 全球化时代安全问题的突显与变化

冷战结束，两极对抗的局面虽然退出了历史舞台，但全球化时代人类面临的安全威胁不是减少了，而是增加了；人类应对安全的能力不是增强了，而是在一定程度上降低了。冷战后，国家间的冲突战争明显减少了，但国家内部冲突却大幅度增加，同时，源于一国内部经济、民族、宗教、环境等因素带来的安全威胁日益突显。全球经济风险、气候变化、环境污染、恐怖主义、大规模传染性疾病的流行，对全人类造成的破坏性或毁灭性是史无前例的。1997年亚洲金融危机，2001年美国的"9·11"恐怖袭击，2003年"非典型性肺炎"

（SARS）大规模爆发，2004 年东南亚地区爆发的禽流感，2011 年日本福岛地震引发核电站泄漏事件，如梦魇般至今萦绕在人们的心头。在这些影响人类生存和发展的特殊威胁和挑战面前，应对和解决这一系列的全球问题，任何单个国家均无法面对。2003 年“非典型性肺炎”（SARS）大规模爆发并引起全球性恐慌以来，人类安全的重要性就更为世人所重视，各种国际性的反击流行性传染病的联合行动也日益增多，从 2003 年中国与东南亚地区的联合抗击 SARS 行动，到 2004 年东南亚地区的联合抗击禽流感等，人们看到的是越来越多的国际性合作和日益重要的人类安全问题。

全球化时代人类相互依存程度的加深，使安全的内涵拓展至诸如经济安全、政治安全、社会安全、生态安全、文化安全、科技安全等被称为“非传统安全”的范畴。“非传统安全”一词的含义，可表述为由非政治和非军事因素所引发、直接影响甚至威胁本国和别国乃至地区与全球发展、稳定和安全的跨国性问题以及与此相应的一种新安全观和新的安全研究领域。与传统安全不同，非传统安全的主体由国家向下延伸至微观层次的个人，向上扩展到体系层次的人类社会；安全的内涵和关注的对象既包括国家安全，也包含个体安全、集体安全、社区安全、地区安全、全球安全、人类安全等，突出了“人的安全”的重要性。非传统安全与传统安全既相互交织也有区别，最为关键的，是不能以传统安全方式处理和解决非传统安全问题。

新的安全形势要求人们对传统安全观进行审视和反思。旧有的安全观必须发生以下三方面的转变：从完全强调国家安全到更多地重视人的安全，从经由武力实现安全到通过人类发展达致安全，从关注领土安全到关切粮食、就业及环境的安全。

4. 着眼于应对安全威胁的“新安全观”

新安全观是指中国在 20 世纪 90 年代中后期提出的有关安全问题的基本态度和观念，是中国在维护其安全的实践中所形成的关于自身安全利益、安全目标、安全环境和安全手段等问题的系统化、理论化认识，有时也泛指冷战结束前后，国际上兴起的有别于传统“零和”安全困境和冷战思维的一些安全观念，如共同安全、相互安全、合作安全和综合安全观等。

中国最早在1996年酝酿提出新安全观。1999年3月，时任中国国家主席江泽民在日内瓦裁军谈判会议上发表《推动裁军进程，维护国际安全》的讲话，第一次全面阐述了以互信、互利、平等、合作为核心的新安全观，明确提出以军事联盟为基础、以加强军备为手段的旧的安全观无助于保障国际和平，更不能营造世界持久和平，必须建立适应时代需要的新安全观，并积极探索维护和平与安全的新途径。

新的安全观不仅应该将安全的指涉对象从国家拓展到人本身，而且也应该涵盖人在社会各个层面，包括经济、健康、人身、政治、环境等方面的全方位的安全。新的安全形势要求世界各国建立一种积极、合作、务实的相互联系的新框架，人类共同面临的安全威胁把世界各国紧密地联系在一起。新形势下的安全观不仅应该具有鲜明的综合性、共同性、合作性、整体性的优势，将国际社会所倡导的共同安全、综合安全、合作安全、全球安全、非传统安全等诸多新理念包容在内，而且应该将其整合成为一个富有意义的集大成的概念，成为传统安全与非传统安全的核心。

5. 中国内政、外交突显以人为本的“人的安全”

实际上，“人的安全”与中国政府所倡导的“以人为本”“和谐社会”和“和谐世界”等新理念本质上是相通的。它们的深刻含义在安全方面本身就蕴涵实现多主体的安全和各领域的安全，追求的是个体人的安全、国家的安全、地区的安全和整个国际社会的安全。和谐世界就是“人的安全”广义概念的具体体现，一个和谐的世界是人人感到安全的世界。构建和谐世界，尤其需要各国通力合作，应对全球性“人的安全”问题；采取建设性姿态化解矛盾与冲突，以促进人类社会的持久和平与共同发展。作为“和谐世界”重要基石的和谐社会建设，则更直接体现了对“人的安全”的关注。和谐社会的指导原则是“以人为本”理念指导下的科学发展观，坚持以尊重人的价值和满足人的需要为出发点和落脚点。可以说，两者的价值取向都强调“以人为本”。在外交实践中，保障中国海外公民的合法权益和人身安全，“外交为民”已成为外交工作的新理念和宗旨，中国为此专门成立了领事保护应急机制，在接连发生的伊拉克和巴基斯坦人质事件、阿富汗和约旦恐怖袭击事件以及所罗门群岛和东帝汶骚乱事件中，秉持“以人为本”精神的中国外交对“人的安全”的高度重视，使国人得到了最大程度的救助。在 2013 年利比亚危机中，中国开展了人类历史上空前规模的撤侨活动，最大限度地保护了中国侨民的安全。伴随着恐怖主义、毒品走私、跨国犯罪、传染性疾病等的肆虐，在应对这些“人的安全”的严峻挑战过程中，中国对国家主权逐渐有了新的认识，开始越来越深地融入国际社会，积极参与和开展国际合作。中国在国际社会解决东帝汶和其他国家人道主义危机的问题上持支持立场，在国际人道主义援助行动中扮演了积极的角色。以维和行动为例，仅 1998—2004 年的 7 年间，中国就参与了在阿富汗、东帝汶、非洲、海地和巴尔干等地的 7 次维和行动。此外，中国还向遭遇海啸的东南亚国家、发生地震的巴基斯坦和印尼、受飓风袭击的美国等其他遭受自然灾害的国家及时提供了大批包括资金、物资、人员在内的援助，展示了中国在保障“人的安全”方面良好的大国风范和负责任的国际形象。

6. 核安全观与网络安全观

核安全也是全球性课题。实现普遍核安全，需要各国携手努力，需要吸引更多国家加入国际核安全进程，争取实现核安全进程全球化。首先，要加强交流，互鉴共享，有关多边机制和倡议要统筹协调，协同努力，争取做到即使不在同一起跑线上起跑，也不让一个伙伴掉队。

在核安全问题上，中国不断重申反对核扩散和维护地区和全球稳定的大国责任，同时也强调应对各种核安全挑战，和平利用核能。正如习主席在 2014 年荷兰海牙核安全观峰会上的讲话中所说，坚持理性、协调、并进的核安全观，把核安全进程纳入健康持续发展的轨道。他强调指出，要坚持发展与安全并重的原则，秉持为发展求安全、以安全促发展的理念，让发展和安全两个目标有机融合。

第二，要坚持权利和义务并重。各国要切实履行核安全国际法律文书规定的义务，全面执行联合国安理会有关决议，巩固和发展现有核安全法律框架，为国际核安全努力提供制度保障和普遍遵循的指导原则。中国呼吁更多国家积极考虑批准《核材料实物保护公约》及其修订案、《制止核恐怖主义行为国际公约》。

在强调各国履行有关国际义务的同时，也要尊重各国根据本国国情采取最适合自己的核安全政策和举措的权利，尊重各国保护核安全敏感信息的权利，坚持公平原则，本着务实精神，积极稳妥推进国际核安全进程。

第三，自主和协作并重，以互利共赢为途径寻求普遍核安全。核安全首先是国家课题，首要责任应该由各国政府承担。各国政府要知责任，负责任，强化核安全意识，培育核安全文化，加强机制建设，提升技术水平。这既是对自己负责，也是对世界负责。

第四，治标和治本并重，以消除根源为目标，全面推进核安全努力。核安全涉及不同层面，既包括实施科学有效管理，发展先进安全核能技术，也包括妥善应对核恐怖主义和核扩散。完善核安全政策举措，发展现代化和低风险的核能技术，坚持核材料供需平衡，加强防扩散出口控制，深化打击核恐怖主义的国际合作，是消除核安全隐患和核扩散风险的直接和有效途径。

治标还要治本。只有营造和平稳定的国际环境，发展和谐友善的国家关系，开展和睦开放的文明交流，才能从根源上解决核恐怖主义和核扩散问题，实现核能的持久安全和发展。[①]

网络安全是一个新议题，中国高度关注，并且一直致力于营造一个和平安全合作的网络空间。中国是网络安全的坚定维护者，却也是黑客攻击的受害国。国际社会一些不明真相的人指责中国是网络安全的破坏者，而实际上中国作为

---

① 《习近平在荷兰海牙核安全峰会上的讲话（全文）》，2014-03-25，http://news.xinhuanet.com/politics/2014-03/25/c_126310117.htm.

发展中国家，受到网络攻击的损害比一些发达国家更为严重。“中方一贯坚决反对任何破坏网络秩序、危害网络安全的行为。事实上，中国也是黑客等网络攻击的受害者。维护网络安全，不能相互指责，而是要开展合作”，“不断推进全球网络规则的制定和网络安全的保障”。①

中方在网络安全问题上坚持反对一切形式的网络犯罪行为，无论是网络商业窃密，还是对政府网站的攻击行为，都应该根据法律和相关国际公约予以打击。中国主张与国际社会一道依法治理网络犯罪，并主张通过合作对话来解决网络安全所涉及的问题，共同构建和平、安全、开放、合作的网络空间。

在网络化时代，要有互联网思维，要坚决遵守网络安全规则。

7. 亚洲安全观

在2014年的亚信峰会上，习近平主席提出了亚洲新安全观。在亚信峰会上，习近平主席倡导共同、综合、合作、可持续的亚洲安全观，有关内容为各方所接受并写入《上海宣言》。亚洲安全观的提出，是我国总体安全观的对外延伸，进一步丰富了总体安全观的基本内涵，扩大了中国安全理念的国际影响，为维护亚洲乃至世界的安全稳定提供了新的思路和理念。②

所谓共同，强调三个方面的内容：首先是共同拥有安全的权利，就是要尊重和保障每一个国家的安全。安全应该是普遍的，各国都有平等参与国际和地区安全事务的权利，也都有维护国际和地区安全的责任。虽然各国大小、贫富、强弱很不相同，但各方都共同拥有安全的权利，各国的安全利益是相互交融、安危与共的。其次是安全应该是普遍的。不能一个国家安全而其他国家不安全，一部分国家安全而另一部分国家不安全，更不能牺牲别国安全谋求自身所谓绝对安全。其三是安全应该是平等的。各国都有平等参与地区安全事务的权利，

① 《为了中美友好合作，为了世界和平发展——外交部长王毅在第十四届“蓝厅论坛”发表主旨演讲》2015-09-16，http://news.gmw.cn/2015-09/17/content_17067529.htm.

② 《王毅出席2014年国际形势与中国外交研讨会开幕式并发表演讲》，《环球时报》2014年12月25日，第15版。

也都有维护地区安全的责任。任何国家都不应该谋求垄断地区安全事务，侵害其他国家正当权益。其四是安全应该是包容的。恪守尊重主权、独立和领土完整、互不干涉内政等国际关系基本准则，尊重各国自主选择的社会制度和发展道路，尊重并照顾各方合理安全关切。强化针对第三方的军事同盟不利于维护地区共同安全。“面对错综复杂的国际安全威胁，单打独斗不行，迷信武力更不行，合作安全、集体安全、共同安全才是解决问题的正确选择。”[①]

所谓综合，就是要统筹维护传统领域和非传统领域安全。多管齐下，综合施策，协调推进地区安全治理。既要着力解决当前突出的地区安全问题，又要统筹谋划如何应对各类潜在的安全威胁，避免头痛医头，脚痛医脚。

所谓合作，就是要通过对话合作，促进各国和本地区安全。通过坦诚深入的对话沟通，增进战略互信，减少相互猜疑，求同化异，和睦相处。要着眼各国共同安全利益，从低敏感领域入手，积极培育合作应对安全挑战的意识，不断扩大合作领域，创新合作方式，以合作谋和平，以合作促安全。要坚持以和平方式解决争端，反对动辄使用武力或以武力相威胁，反对为一己之私挑起事端，激化矛盾，反对以邻为壑，损人利己。

所谓可持续，就是要发展和安全并重，以实现持久安全。发展是安全的基础，安全是发展的条件。对亚洲大多数国家来说，发展就是最大安全，也是解决地区安全问题的“总钥匙”。[②]

亚洲安全观是立足于亚洲现存的历史与现实问题而提出的，但同时也有助于国际安全问题的解决和安全机制的推进。

亚洲安全观把安全建立在共赢而非零和、共享而非对抗的基础之上，探索出一条促进各国彻底摆脱安全困境的历史性新路，共谋长治久安之道。亚洲安

---

① 《习近平在莫斯科国际关系学院的演讲（全文）》，2013-03-24，http://news.xinhuanet.com/2013-03/24/c_124495576_4.htm.

② 习近平：《积极树立亚洲安全观，共创安全合作新局面——在亚洲相互协作与信任措施会议第四次峰会上的讲话》，2014-05-21，http://news.xinhuanet.com/world/2014-05/21/c_126528981.htm.

全观之“新”，首先在于其超越冷战思维，摒弃以对抗求安全的思想。中国主张在互利、互信的基础上，建立超越意识形态和社会制度的合作关系，以合作的方式谋求共同利益和解决冲突。这种新观念的提出，是适应国际形势发展和变化的产物。

其次，亚洲安全观对于地区安全结构有着清醒的认识。

由于历史的复杂原因，这一地区的安全机制是不完善、不全面的，比如联盟体系只是一些国家结盟来针对另一些国家，而更多的国家没有安全机制的保障。为了避免新冷战，多数国家并不选择结成另外的联盟而与传统联盟对抗，但它们的安全诉求并没有得到尊重和重视。这就是我们面临的东亚地区的安全现实。

所以亚洲安全观要两轮驱动：经济共赢合作，安全共建共享，这就需要亚洲安全观和新安全机制的构建。这里亚洲意识的觉醒、亚洲价值观的体现、亚洲治理模式的探索是必不可少的。亚洲必须具有亚洲的发展现实，基于亚洲人的观念共识，基于利益共同体和命运共同体的切身体验、感悟和认识，基于普遍的、渐进的、自愿的意愿，形成更具有时代和地域特点的、更具有包容性和兼容性的地区秩序。“亚洲的事情归根结底要靠亚洲人民来办，亚洲的问题归根结底要靠亚洲人民来处理，亚洲的安全归根结底要靠亚洲人民来维护。亚洲人民有能力有智慧通过加强合作来实现亚洲和平稳定。”[①]

其三，亚洲安全观就是强调共同安全。共同安全就是要认识到安全的综合性复杂性，传统安全与非传统安全相交织以及安全领域的相互影响。恐怖主义、流行疾病、自然灾难等自然威胁与人为的传统威胁都在影响着人类，只强调传统安全而忽略非传统安全不是完整的安全观。

其四，亚洲安全观立足于未来的可持续安全和发展安全。就是要从根本上

① 习近平：《积极树立亚洲安全观，共创安全合作新局面——在亚洲相互协作与信任措施会议第四次峰会上的讲话》，2014-05-21，http://news.xinhuanet.com/world/2014-05/21/c_126528981.htm.

摆脱零和竞争，采取非对抗的方式，就是要改变传统的安全机制。联盟体系是过时的落伍的冷战产物，冷战结束已经几十年了，这一体系还赖在全球安全体系中，这是很不合理的，很不合适的。当然这一过程还要持续一段时间，通过并行共存一段时间后再实现置换。

落实亚洲安全观，要落地生根，从总体上提升亚洲地区的安全水平。亚洲尚未形成包含整个地区的地区安全机制，要坚持开放包容，推动一体化的趋势。要以上海组织和东盟合作安全机制为龙头，带动地区安全机制的最终成形。

中国借助亚信这个平台，高高擎起安全合作这面旗帜，着眼构建开放包容的亚洲安全新架构，摒弃把自己的安全建立在别人的不安全之上的旧思维，标志着中国愿意更加建设性地参与亚洲安全事务，更加积极主动地提供公共安全产品[①]。

总之，在亚洲安全的构建过程中，中国要高举非传统安全合作大旗、一体化大旗、反冷战大旗，营造非传统安全合作的氛围，继续通过非传统安全促进合作，甚至是促进非传统安全合作。还要致力于解决冷战结构，推动亚洲冷战结构的改变，在安全领域提出新的安全合作方向，推动双边联盟结构向多边安全机制转变。虽然无法短时期内实现，但仍要持之以恒加以推动，主动营造新安全，抵消传统联盟的负面影响，推动发展联盟。利用热点问题解决促进新的安全机制的建立。

（六）国际秩序观

中国的国际秩序观是基于中国与其他国家一起倡导的和平共处五项原则的精神发展起来的。和平共处五项原则作为一个开放包容的国际法原则，集中体现了主权、正义、民主、法治的价值观。

1954年，以“互相尊重主权和领土完整，互不侵犯，互不干涉内政，平等互利，

① 《外交部长：2014，中国特色大国外交风生水起》，2014-12-31，http://www.chinanews.com/gn/2014/12-31/6929045.shtml.

和平共处”为内容的和平共处五项原则，作为处理中国与印度和缅甸相互关系的准则，分别写入中印、中缅《联合声明》。60多年来，由三国共同倡导的和平共处五项原则，不仅成为中国奉行独立自主和平外交政策的基础，而且也被世界上大多数国家接受，成为规范国际关系的重要准则。

五项原则原本是双边协议，但在一开始周恩来总理就指出，它对于国家间关系具有重要普遍的指导意义。五项原则可以说是对现代外交和国际关系的重大理论和政策的贡献。和平共处五项原则完全符合《联合国宪章》所倡导的宗旨、原则与精神，不仅丰富和发展了国际法，也是新中国对现代国际法发展的重大贡献。

五项原则是中国外交的精髓，也是新中国外交的魂，换句话说，要想理解中国外交，必须理解五项基本原则。五项原则在万隆会议中集中体现为一句话——求同存异，随后又提出了万隆会议十原则。可以说五项原则自公布后，在随后的日内瓦会议、万隆会议等一系列国际多边平台上得到了落实和推广，受到普遍赞誉，打破了对中国的压制和封锁，开创了中国外交新局面。五项原则也得到多数国家的普遍认同。值得关注的是，这一普遍认同不是强制性认同，而是国家自发的认同。“和平共处五项原则精辟体现了新型国际关系的本质特征，是一个相互联系、相辅相成、不可分割的统一体，适用于各种社会制度、发展水平、体量规模国家之间的关系。”[①]

五项原则回答了在充满差异的社会中，在文明多元化的现实里，在国家间不同利益的诉求下，如何共存。回答了在矛盾冲突多发频发的世界里，如何解决国家间的矛盾。

五项原则体现了东方智慧。东方智慧强调正确看待自我与他者的关系，强调平等相待，而不是高高在上，强加于人。这就是五项原则中的相互尊重，由此延伸出与此相关的中国式的利他主义、以德服人等。中国外交强调以共赢来减少冲突，以协调来强化和谐，也是五项基本原则精神的体现。

---

① 《习近平在和平共处五项原则发表60周年纪念大会上的讲话（全文）》，2014-06-28，http://news.xinhuanet.com/world/2014-06/28/c_1111364206.htm.

而不干涉内政则是讲恰如其分、适可而止。中国文化讲“度”，“适可而止”“过犹不及”是中国的重要古训。中国文化是讲节制和恰如其分的，过犹不及，贪婪使人失去节制。这对于处理国际关系的敏感热点问题是很有启示的。

而互利共赢的核心是如何处理人与己的关系。国际政治的本质就是对“自身”“他者”（其他国家）及其自身和他者之间关系的思考。智慧之道在于不能仅考虑自己而不考虑他人，更为重要的是，要在考虑自身利益时，想到他人的利益。西方理论也讲互利，但实践上还是更多强调自己的国家利益。中国人特别重视利己与利他的相对平衡对于可持续发展的深刻意义。

利他思想发展的中国合作观，像“薄来厚往”“少取多予”等都是大智慧，是谋长远之举。

利他思想使得我们特别强调相互依存、相互塑造、相互合作、相互帮持、相互映衬、相得益彰。在利他思想中，还有一种观点值得关注，那就是成全，所谓成人之美。这是中国重要的济世思想。成人之美，而不是乘人之危，从国际安全的角度来阐述，那就是共同安全，顾及他国的安全。中国的价值观特别强调互动性，强调关照、中庸、恰当、包容、周全，这些理念都体现在五项基本原则之中。五项基本原则已经成为处理和解决国际关系问题和冲突的金科玉律。在国际关系现实和冲突中，凡是遵循这一原则，国家间关系就处于友好合作的状态，而凡是违反这些原则，国家间关系就会出现问题、矛盾、冲突，甚至是重大危机。

五项原则是维护公平、公正的国际秩序的法则，是不可分割而互相作用的统一整体。和平共处是目的，互相尊重主权和领土完整是前提，互不侵犯、互不干涉内政是维护主权和独立的必要条件，平等互利是政治、经济关系的基础。

五项原则第一个特点是“互”字。五项原则有四个“互”字，这是重要特点，强调权利与责任的互动、对等和一致，强调共同的责任与义务，而不是单方面的要求，或仅仅是要求某一个国家改变，而是相互具有责任。而在此之前，我们从未看到如此强调互动的条约。许多协议有许多不平等的要求，一方受益而另一方付出，一方承担责任而另一方可以不承担。“互”字还有相互尊重的含义，尊重主权与领土完整也应该是相互的。我们尊重别国的主权与领土完整，但也希望别国尊重中国的领土完整。

五项原则突出一个“共”字，共存共处，共同发展。倡导共同的家园，倡导命运共同体的概念。命运共同体强调同舟共济，休戚与共。

同一个梦想，也就是和平之梦，需要共同应对人类共同的威胁，也就是非国别的非传统安全威胁。人类面临的共同威胁远远大于国家间彼此的那些威胁，发展的问题远远比单纯的生存安全问题更为紧迫严重，因此，亚洲安全观提出了可持续发展、发展和安全并重的理念。

中国外交强调建立战略伙伴但不结盟，突出的还是协力应对共同安全问题。中国的战略伙伴关系找不到一方反对另一方的特征，没有排他性，不针对特定的第三方。这些伙伴既是合作者，也是竞争者，成为历史上国家间尤其是大国间的一种新型关系。积极倡导共建、共赢、共享、共荣的理念，努力化解恶性冲突事件，推动大国关系和各类国家间关系向着和谐、和睦、协作的方向发展。在当今时代，非联盟合作远比联盟合作重要得多。

五项原则的重要意义在于它强调“共”，同时告诉我们如何进行共处。

首先体现的是和平共处。中国外交体现的和平性包括非强制、非暴力的原则在当代国际关系实践中得到了充分体现。

其次体现的是差异间共处共存，而不是强求一律。世界是多样化的，文明是多元化的，不可能强求一律。

第三是共同发展条件下的共处，也就是倡导新发展观：可持续发展，努力促进共同繁荣。

五项原则还强调一个“和”字，和平，合作，和谐。讲和谐就是坚持求同存异、和而不同。无数事例已经表明，将本国制度与文明强加于他国之上的行为，必然引发野蛮侵略与血腥冲突。只有坚持“和而不同”，才能破解文明冲突，才能真正实现互不侵犯与互不干涉内政，才能真正做到对他国主权和领土完整的尊重，才能真正以和平方式解决问题。协调、谈判、讲理，不能无理取闹，不能仗势欺人，既不能利用别国的和平诚意，更不能把别国的和平意愿视为软弱可欺。中国近些年特别注重协调外交的发展，尤其是突出协调能力的提升，在诸多国际问题中提出新主张、新理念、新方式，在多边国际舞台发挥了突出的作用。

这个“和”字还包含着强调新文明观、新秩序观：民主协调，包容互鉴，照顾彼此重大关切。它体现了国际处理问题的协调外交的思想，也是国际政治民主化的体现。“和”字强调的协调性，促成了当今协商协调外交的发展。

五项原则还倡导一个“平”字。和平共处五项原则的最大意义在于尊重主权平等，而主权是影响世界和平与稳定的重要因素。

历史上大国经常欺负小国，五项原则的提出使主权平等得到尊重，各国享有平等的权利，大国不应将自己的意愿强加于小国。尊重一个“平”字，就是平等、自主、自立，尊重别国的独立自主、道路选择、制度选择，不干涉别国内政。在自我与他者的关系中，强调平等相待，而不是将自我凌驾于他者之上。这一主张是基于发展中国家共同的不幸的不平等经历而来，也只能由发展中国家提出。它强调的尊重，体现在不同制度的国家之间就是尊重彼此差异，不干预别国的政治和道路选择，不强加于人。平等相待，不以强凌弱，不以大欺小，当然也反对小国操纵和利用大国矛盾。尤其是强调国家无论大小都是平等的，都享有共同的和平等的国家权利，都有庄严地决定国际社会发展走向的选择权。这一原则尤其适用于当今现实，适用于发达国家与发展中国家，适用于大国与小国之间。“和平共处五项原则的精髓，就是所有国家主权一律平等，反对任何国家垄断国际事务。这为广大发展中国家捍卫国家主权和独立提供了强大思想武器，成为发展中国家团结合作、联合自强的旗帜，加深了广大发展中国家相互理解和信任，促进了南南合作，也推动了南北关系改善和发展。”[①]

---

① 《习近平在和平共处五项原则发表60周年纪念大会上的讲话（全文）》，2014-06-28，http://news.xinhuanet.com/world/2014-06/28/c_1111364206.htm.

相互尊重体现了非强制。强人所难、强加于人的做法是不得人心的。相互尊重的内涵是十分丰富的，还体现为对不同文明和文化多样性的尊重理解与包容，以相互依存、相互融合、良性互动来化解对立竞争。

归纳起来，五项原则在新时期可以理解为新五观：新安全观、义利观、发展观、文明观和秩序观。

在五项原则基础上，王毅外长将中国的国际秩序观概括为：第一，要和平，不要冲突；第二，要合作，不要对立；第三，要公平，不要强权；第四，要共赢，不要零和。①

从根本上说，中国的国际秩序观可以浓缩为两化：即国际关系民主化和国际关系法治化。

国际关系民主化强调世界的命运必须由各国人民共同掌握，世界上的事情应该由各国政府和人民共同商量来办。推动各方在国际关系中遵守国际法和公认的国际关系基本原则，用统一适用的规则来明是非，促和平，谋发展。适用法律不能有双重标准，应该共同维护国际法和国际秩序的权威性和严肃性，各国都应该依法行使权利，反对歪曲国际法，反对以“法治”之名行侵害他国正当权益、破坏和平稳定之实。②

概括而言，中国特色大国外交突出推动以新型发展观、安全观、竞争观为主导的观念变革。新型发展观即主张可持续的共赢的发展，一国发展不可能建立于周边贫穷的基础之上。追求更为公正均衡的发展观，改变富国更富、穷国更穷的局面。强调富帮贫，缩小贫富差距，突出新型发展中国家帮助落后发展中国家的模式。通过向发达国家学习借鉴，实现与更为富有国家的合作，同时也向落后发展中国家慷慨施援，实现与更为贫穷国家的共同致富。新型安全观

---

① 《外长王毅谈 21 世纪国际关系的“四要”“四不要”》，2015-02-24，http://www.chinanews.com/gj/2015/02-24/7075433.shtml.

② 《习近平在和平共处五项原则发表 60 周年纪念大会上的讲话（全文）》，2014-06-28，http://news.xinhuanet.com/world/2014-06/28/c_1111364206.htm.

即强调一国安全不可能建立于周边不安全的基础之上。新型竞争观主张一国发展自己不可能以抵制或削弱他国为条件。中国只能在一种新的竞争观之下实现发展，即通过竞争的驱动使自身变得更强，而不是通过恶性竞争抑制或削弱对方。竞争的含义是自己变得更好，而不是使对方更差。

总体而言，中国特色大国外交就是在中国梦中华民族复兴的总目标下，落实“两个一百年”目标的实现，努力构建和平、合作、互利共赢的大国外交，推动地区和国际机制的建设，推动公正均衡的国际秩序的发展与完善；构建新型大国伙伴关系和协作伙伴关系，发展软实力，在包容互鉴的精神指导下，大力弘扬多样化文明共同生长，推动人类思想的灿烂繁荣；勇于承担大国责任，为世界的繁荣与稳定做出重大贡献。正如中国外长王毅所言：“中国将同各国一道，为国际关系探索新理念。中国将同各国一道，为世界和平注入新动力。中国将同各国一道，为全球发展描绘蓝图。”[①]

---

① 《王毅谈习近平主席美国和联合国之行的重要意义》，2015-09-16，http://news.china.com.cn/world/2015-09/16/content_36604997_3.htm.

第三节　中国特色大国外交的战略思维转变

中国特色大国外交是中国外交战略的新开局，也是中国外交战略思维转变的重要体现。中国外交战略思维历经改革开放几代领导人的不断调整、发展、充实与提升，现在已经日益呈现出与大国外交相互适应的新特征。

一、三代领导人战略观的转变

改革开放以来中国几代领导人的战略思考值得深入研究与总结。

邓小平时期基于对于国际形势总体的战略判断，确认世界大战打不起来，提出和平与发展替代战争与革命的主张，提出“改革开放”的大政方针和“韬光养晦，有所作为”的战略方针，推动中国的改革跨出时代性步伐。

江泽民时期初期面对来自外部世界的压力，沉着应对，变被动为主动，稳定了包括中美关系在内的大国关系和周边局势，提出了中国外交战略的一系列新构想。

胡锦涛时期重点强调解决中国与世界的关系。这一时期是中国实力高速上升期，中国的改革进入新阶段，对外战略也进入新阶段。这一时期是具体实施战略阶段。胡主席是参加区域组织活动最多的领导人，也是就人类共同关心的重大问题，比如环保、能源、粮食、金融改革甚至是森林等问题发表演讲最多的中国领导人。另一个突出的特点是，这一时期提升了中国特色的价值观外交，提出了和谐世界、亚洲精神和上合精神。

习近平主席时期比较突出中国特色的大国战略构建。这一时期中国有了更多的战略资源，战略性问题更加复杂，挑战更多，海外利益保护需求不断提升，客观上要求中国需要更为广阔的战略视野和布局，在能力上也具有在更大的战略空间运用的条件，这就需要强化把战略资源转入战略能力的部署，需要更多战略规划和战略协调、战略统筹，抢占新的战略制高点，把握战略机遇。

二、中国战略思维转变与调整的必要性

中国外交需要有创新性思维和创新性思考，在大变动的世界形势之中打破陈规，打破现有国际社会的思维定式，进行创造性发展和提升。只有如此，才能为中国特色大国外交战略奠定坚实的基础。

三、改革开放以来中国战略思维的转变

改革开放之前，中国对外战略有两大判断：第一，中国可以完全自力更生，可以自主而封闭地发展自己。当时对于世界的看法不是整体的，是分割的，中国虽然也追求全球一片红，但面对现实，还是提出了三个世界划分的理论。直到中国改革开放，融入国际体制之后，才逐渐形成了全球整体观的认识。第二是战争观。相信战争迫在眉睫，战争不可避免，准备战争和预防战争是第一要务。应对战争威胁始终成为占据决策者的核心决策议题。“深挖洞，广积粮”，做好被外敌入侵后陷入人民战争的汪洋大海的准备。中国直到改革开放，才确认了和平与发展的理念，中国的时代观改变了，战争与革命转为和平与发展。主要依据是核大战打不起来，世界大战打不起来，并在新的形势判断下坚决地实施了经济改革。

改革开放以来，中国的时代观实现了从战争与革命到和平与发展的转变，从准备世界大战和世界革命到捍卫世界和平，对国际社会的认知由弱国心态向

健康大国心态的转变。改革开放之初，中国有了新观念，现在要进一步更新观念，中国正实现从弱国走向强国的复兴之路。观念的提升与转变对于强国之路是至关重要的。特别需要推进两个转变：一是从弱国思维到强国思维的转变，二是从策略思维到战略思维的转变。[①]

而要实现从策略思维到战略思维的转变，就必须从根本上改变一些既有的不当的观念，尝试从复杂系统思维的角度来看待和分析问题。

从改革开放的历程来看，我们的外交学会了用整体观看世界，将中国视为整体的重要组成部分，不再以意识形态划界，不再分裂看世界，强调世界的多样化和系统化。

强调了联系性思维。顺应全球化和相互依存的现实，提出了和平发展的战略，推动了世界一体化全球化的进展。

发展了进化观的思维。创造性地提出合作共赢的新发展观，强调可持续发展与共同发展的科学发展观，而不是把自己的发展建立于对他国殖民掠夺的基础上，正在探索一条新型的大国发展之路，摆脱前500年来帝国发展的老路。

推动了世界的良性互动。改革开放的每个成就都伴随着观念的扬弃与转变和理念的创新而实现的，热点问题的解决都伴随着理念转变，比如“一国两制”到“多国共治”，强调的是中西合璧。其实“一国两制”“搁置争议，共同开发”“合作共赢”强调的是优势互补、良性互动以及尊重事物演化的阶段性变化等。

所有这一切都与复杂系统思维倡导的整体观、联系性、互动观、正确的演化观等联在一起。

当今动荡变幻的世界里，我们不能被现象所困扰，一定要看清世界的发展趋势和事物发展的本质。坚持谋合作之局，发展之局，共赢之局，使中国真正成为一个新型的有益于世界和平的强国和大国。为达到这个目标，我们需要打

① 赵可金：《应塑造强国外交思维》，《环球时报》2011年11月25日，第15版。

破陈规，打破现有思维定式和思维局限，需要有创新性思维和创新性思考，对国际事务的变化与演化进行新的梳理和综合分析。

在形势日益复杂的今天，要多做系统的分析，基于全球政治的系统来考察和分析事物。维护国家安全要增强认识复杂、适应复杂、运用复杂的能力。我们面临的安全形势可能更为复杂，对于控制复杂的局势，简单化、单线条的思维方式是难以奏效的。

长期以来，西方人看世界注重两个方面：一是看权力消长，二是以东西方划分来看世界的变化。这两种思维导致当今世界权力争夺仍然难以停歇，同时也使得东西方之间的发展差距和历史矛盾始终难以得到缓解。

在未来的发展中，中国外交应该以联系的思维来破解权力之争，以整体的思维来破解人为分割。重视事物相对性、相关性、相互性，强调事物的复杂性、整体性、不确定性，将局部与整体、确定性与不确定性置于一个分析框架之下。

复杂系统思维作为一个思维方法，有助于我们对于国际形势的认识和理解，也有助于我们更好地认清中国所面临的国际环境以及中国外交的任务。

1. 整体思维和全局思维

在研究国际政治时，不能孤立地分析一个国家的内外政策，而必须将其置于国际政治这一整体框架之中，否则就会陷入部分至上的误区。同样，一个国家制定对外政策时仅仅依据于一国内政的需要，也会由于整体观的缺失而出现政策或战略的失误。

在全球化时代，由国家作为重要组成部分的国际系统必然走向不断开放，这种开放性加深了相互联系、相互碰撞与互动，改变了割裂看待问题的视角。在当今时代，各国外交均强调了全方位，多数国家均改变了小范围外交的做法，而谋求大外交的思路。系统互动在加强，在相互依存的时代，每一国面对事件时均有多种选择，最终决定不仅取决于自己，也取决于相关方。

从另一个角度说，国家如果与外界社会割裂，在国际社会中处于孤立状态，不与其他国家互动与交往，也就不再是国际体系中的有机组成成员和有效成员了。体系外国家与体系内国家的最大不同在于，一个体系外国家可能会谋求乱中取胜，而体系内的国家则谋求稳中求益。对于中国和世界上多数国家而言，靠挑起与别国的对立而获益的阶段事实上已经结束了。

在一定程度上，国家既为国，也为“非国”，附属于国际体系的整体。

在当今时代，有些问题的解决涉及多数国家，涉及许多领域，必须以系统整体观才能加以解决，必须突破学科界限，强调学科综合。近几年全球治理趋势的发展正是这一思想的体现。在全球化的背景下，能源、环境、自然灾害和流行疾病等问题的解决必须有赖于全球治理和全球合作。

在分析形势时，要特别注意总体趋势和宏观趋势的把握。

当前国际形势发展的鲜明特征，可以用“变革”和“合作”来形容。在国际金融危机后，世界经济在曲折中艰难复苏，世界大变革、大调整、大发展的趋势不断深入，世界经济治理机制的改革也在不断向前推进，新兴经济体在迅速崛起，世界力量的对比正在向着渐趋均衡的方向发展。

国际形势从总体上正在出现历史性的深刻变化，一超独大、西强东弱的局面正处于前所未有的转变过程之中。虽然西强东弱总体格局未变，但是政治上西缓东紧，经济上北冷南热，有人形容为冰火两重天。发展的天平开始由西向东倾斜，西方垄断世界事务的局面开始改观，西方中心开始动摇，世界的发展开始向公平与均衡转变。中国经济在2010年第二季度GDP总量超过日本，成为全球第二大经济体，使得国际战略力量对比开始出现有利于发展中国家的势头。这是中国经济发展中一件具有标志性的大事，也是中国经济发展的一个里程碑。中国自身的发展和进步，带动中国在国际舞台上地位和影响力的不断上升。其他发展中大国经济也在发展，形成金融危机大背景下的发展中国家群体性崛起的势头。这是世界形势的一大特点。改革不合理不公正的国际政治经济秩序，已出现难得的有利时机。

多边合作有新的景象。G20成为国际政治新事物和新现象，从历史发展的视角来看，这是一个重大变化的开始。应该说在合作领域最大的亮点就是G20。G20这里面基本上是发展中国家的力量和发达国家的力量各占一半，还包括国际货币基金组织（IMF）、世界银行也做了机制上的一些调整，发展中国家的份额和投票权分别提升5%和3%，所以这些变化都是很大的。G20已经开始从危机应对向长期治理机制转变。

通过20国集团，新兴国家历史性地成为国际经济治理的主要角色之一。

同时我们也要看到，随着发展中国家群体性发展，在国际社会中的一些深层次的矛盾也开始呈现。比如经济发展形势开始朝着有利于发展中国家均衡转变，这一转变触及或影响到一些发达国家的既有利益，触及了有利于发达国家的并不合理的经济和政治秩序，全球治理问题在新的条件下展开，发达国家与发展中国家如何进行新一轮合作成为难题与挑战，体现为发展中国家与发达国家的发展权之争。美国学者约瑟夫·奈认为，世界权力中心正在出现两个转移：一个是国家间的权力由西方向东方转移，另一个是权力扩散，即掌握权力的角色由国家向非国家主体扩散。对于第一个转移，美国认为中国在2030年前不可能超过美国，美国支持中国在全球治理中发挥作用；对于第二个转移，权力向非国家主体，比如恐怖主义的转移，将可能带来更大的危险。他同时认为美国不可能围堵中国，在中美相互依存的今天，中美不会出现冷战局面[①]。这是美国学者的个人见解，但权力对比出现变化可能带来的影响确实是值得未来长期观察和思考的问题。从整体上看，2010年以来出现的亚太局势变化与国际力量对比出现的变化密切相关。

然而，从系统的角度出发，我们发现东亚以及世界范围内的各种选择方式和选择道路的探索在某些领域和某些过程中正在呈现出殊途同归的效果。

东亚合作正探索着一条符合系统运行的良性开放方式的新路，这一探索虽然充满曲折，过程漫长，但作用积极。

---

① 2010年12月，美国知名学者约瑟夫·奈在中央党校与美国阿斯平研究所联合举办的中欧美学术论坛，发表了一个题为“全球治理：挑战与展望”的讲话。

东北亚安全机制建设也是系统观的体现。超越联盟体系的排他律，超越联盟中的狭窄界限，强调更大范围更高层次的合作，这就为摆脱狭窄的联盟政治的恶性循环闯出了一条新路。无论结果如何，其开放性的尝试必将带来新的可能性。

我们要从系统整体上把握实力对比变化，国际体制的演变，金融危机的深刻影响，中东变局对全球局势、对美国的亚太战略的深远影响，大国战略调整等重大的全局性、前瞻性问题。只有这样，我们才能更紧密也更有针对性地制定相关战略。

2. 联系思维与综合思维

我们说事物是相互联系的，但并不是简单地联系在一起，而是复杂联系。

联系性强调小问题可能会引发大后果，旧的问题解决的过程本身就带来了新的问题，解决当前问题的同时又带来一个未来的问题甚至可能引起新的问题。比如一些专家希望通过生物燃料来解决石油危机问题，而这一做法目前并没有带来这一问题的根本解决，反而引发了粮食价格上升。粮食危机又带来与粮食生产相关的磷的短缺，传统的水资源问题也变得更为严重起来。这些问题的出现通过线性单因果分析是难以解读的。

所有这些问题都需要系统观来加以解决，不然就会削足适履，疲于应付，因为影响问题解决的因素错综复杂地交织在一起。

从联系性上把握形势还要求我们注意时间段上的联系。有些事情的发生根源在于几年前事件的缘起。比如2010年金融危机引发的中美贸易纠纷和对中国人民币施压的事件，根源始于2008年的金融危机。奥巴马的亚洲再平衡战略也不是2010年临时提出的，而是缘自小布什或更早的克林顿时期，在奥巴马上任前和上任后的第一年就已经开始部署和实施。美国在中东推动茉莉花革命，实际上也可以看作是小布什政府以来美国对中东实现重构计划的一个延续。

一些矛盾复杂交织，比如传统安全问题与非传统安全相联系，发展权问题与气候变化、能源问题、粮食问题相联系。

基于联系性的思考，我们还要充分考虑到互动效应。冷战后世界一个重要的变化是国家间关系呈现出更强的复合性和辩证性，这是我们应该善加利用的地方。也就是说，国家间关系很难恢复到冷战时期那样的冷对抗，总是既合作又竞争，甚至是合作与竞争平行发展，相互影响，要充分重视与其他国家的相互作用，注意政策间的相互影响、反馈和制约。在合作的过程中不能相向而行，在面对大量复杂交叉的问题时，不能自行其是，必须充分认识中国与外部世界关系自改革开放以来的根本性变化。中国与外部世界关系发生了深刻的变化。20世纪90年代，中国经济占世界经济2%，而如今已经占到10%，增长了8个百分点，对世界的冲击很大。中国与外部世界的互动成为不可忽略的因素。中国与外部世界的互动的加强，要求中国避免单纯从意识形态和地缘政治的角度衡量国内外战略环境，制定外交政策，而是要通过融入国际社会，依靠合作和对话来维护和实现中国的国家利益。

在国际形势日趋复杂的今天，要强化联系思维：一是发现新的联系，二是建立新的组合。

由于联系性的存在，国家间关系更多地转向功能性问题，比如反恐、核不扩散、环保、能源、食品安全等。因此，无论国家间是否存在矛盾，都必须进行合作，更多的超越分歧的功能性联盟将会出现。在东亚或全球范围，美国的一个联盟战略把所有与中国相关的热点都包括进来了，我们至今还没有一个能够全面与之抗衡的战略设计。说到底，美国的平衡战略仍是以联盟战略为基础的。联盟战略是联系的、网状的、合力的、强调局部整体的大战略思路，我们正以一系列小多边机制的建设来化解或覆盖其安全范围。但小多边虽有灵活性，却缺少契约性，因此功能性的联盟有助于化解多边机制约束性差的不足。

从联系的观点出发，不能仅仅从中美关系或中日关系这些双边关系来看问题，这样将可能把中国的思维限定于东亚的局部之内，而应该从国际体系的视角来看待中国的变化。同时还要辩证地分析和看待一些问题，比如美日同盟与中国为敌对中国不利，但美日联盟在一定程度上抑制日本对中国还有有利的一面。与此同时，中国以联系的思路来发展对美关系，从经济相互依存的角度来发展中美关系。中美之间的共同利益不断增多，两个国家在许多问题上虽然有竞争，但依存度也在不断上升，可以说两国在某种程度上已经捆绑在一起，形成了利益共同体，“同舟共济”正在成为现实。这样的局面显然有助于解决霸权国与新兴大国之间的冲突问题，出现守成国与新兴大国之间合作共处的新的可能性。而且在未来的中美合作中，不对称相互依存正向着均衡相互依存转变，美国越来越多受到中国的影响，将形成相互影响、相互塑造的局面。

我们要更多寻求本质的联系性，找到现象间的贯穿因素，深层次地把握事物发展的关键因素，多元化思维，以合作观、共赢观、发展观来处理大国之间的复杂关系。

当今世界各种因素的联系性普遍增强了，不发生联系的国家已经很少，这就要求我们进行相关性和联系性的思考，从事物普遍联系和互相影响的高度看问题。

3. 发展趋势与世界的进化

当前的金融危机引发了一些新的热议话题：世界权力结构是否会重组？世界政治格局是否将重塑？老牌帝国与新兴发展中国家是否会出现权力转移？像中国这样快速上升的国家是否将重执世界之牛耳？……

国际关系演变过程中的新因素，尤其是中国因素不容忽略。我们应从这个角度来看发展中国家群的发展。在这一发展进程和变革之中，中国的天下观、和谐观以及东方的协作、自律、整体观念将重新焕发生命力，推动人类社会的整体发展。

当前中国与西方的关系是一种历史的呈现，一个百年前被欺侮的国家开始呈现出一种新的形态，而且没有完全按照西方的劝诫行事却取得了进步。中国与西方的碰撞绝非简单的碰撞，而是一种复杂的现象，必须从复杂的系统理论加以把握。

对于社会系统而言，这是一种自然现象，中国不可能游离于冲突之外，中国必然要在冲突中发展，只是需要调节和适应这一冲突。何况，在西方主观的意愿偏见之下，完全避免冲突是不可能的，关键是应对之策。因为这是一种伴随几十年甚至更加漫长的冲突，当然涉及利益，但也可能更多是观念世界的产物，绝不可轻视。西方世界在冷战结束后，认为西方制度已经赢得胜利，在制度之争中更加妄自尊大。然而，由于2008年出现的金融危机，又使西方国家产生了历史恐惧感。因为它带来更大的危机将可能导致西方占优、西方主导的世界贸易和世界经济体系的变革，显然，未来的新兴国家和传统大国的冲突将可能是一场具有深刻历史意义的冲突。

对于中国的对外政策而言，要强化对反馈机制的敏感性和变化性。系统的变化离不开反馈，注重不断变化过程中的反馈机制的政策调整，围绕长期目标的政策，政策适用与调整能力将发挥越来越大的作用。

从演化观的角度看，对于整体趋势也即全球化趋势的认识和把握顺应决定着一个国家的未来。对此我们必须特别注意两点：

首先，不能过分迷信某个规律或永恒的定律，不能用千篇一律的模式或原理来解释或预测现实和未来。世界是不断变化的，对确定事物的认识在一定程度上是为了有助于我们对于不确定事物的认识和防范。因为规律无非是偶然变数的一个参照系而已。

其二，注意政策的渐进性。理智或比较成熟的政策都是避免激进的，这对于维持内政和外交的平衡至关重要，稳健、均衡、不断适应变化的政策才能够最大限度地避免风险和不确定性。可持续发展战略是系统观的重要体现。

世界正处于缓慢的嬗变之中，人类必须不断超越简单因果律思维，克服冤冤相报，以德报怨开拓新局，化敌为友谋取新势。

这一切都取决于我们对过程的引导、控制和把握。处理得当，危机变机遇，化被动为主动；处理失当，机遇得而复失，引发更大的问题。

4. 中国外交与宏观思维

中国外交若无系统思维，则很难有大手笔和影响长远的战略。在冷战时期，中国由于错失对当时和未来可能趋势的判断而丧失了发展机遇，在新的世纪里，如果中国对自身和人类所可能面临的问题严重性缺乏充分的超前的认识，我们将再次错失良机。

中国外交需要有创新性思维和创新性思考。既然世界处于大变动之中，我们需要打破陈规，打破现有思维定式和思维局限，对国际事务进行重新梳理。

中国需要促成世界改变分割的想法，中国自身也应改变局部划分至上的观念。因此，中国应将关注点更多投入到人类共同问题及中国所能发挥的作用上，而不是仅仅局限于一国问题；坚持国家利益与人类利益的一致性，而不是追求国家利益绝对化，在重大国际问题上采取主动的、负责任的立场。诚然，在强调全球利益时，不能忘记国家利益，要避免戈氏新思维的问题，但人类利益与国家利益可以共同得到发展，尤其当中国的国家利益日益全球化的时候，这两者可以更好地相互协调。

中国若希望在人类历史上发挥更大作用，尽更大责任，推动和谐世界发展，必须更多从国际体系层面思考问题，应更多从全球体系层面思考问题，而不是停留于国家体系——中国缺乏全球视野的研究也与此相关。只有推进全球体系迈向新的阶段，才能有利于人类，也有利于中国自身的发展。中国应借全球化之潮，并在全球化进程中发挥更大影响力，通过解决全球性问题的过程来展示和传播影响力。

中国要有放眼未来的视野，与长远之趋势相吻合，在地区内讲一体化，在全球范围内讲全球化，才能居时代前列，以后发优势，谋长远之未来。西方当前的困境是其思维局限性所致，西方社会仍然拒绝从整体看问题，而是仍从分割状态看问题。中国如果能够用整体观念看待世界上发生的问题，并据此制定对外战略，将首先能够取观念之先。

国际秩序与中国密切相关，中国的整体观必须随之强化。中国外交不能只关注双边或者是多边，不能只关注一两个国家的动态，更要关注整个体系的运行；不能仅仅关注某个国家阶段性的表现，而要关注其在系统运行过程中的持续性。

中国的改革已经经过了30多年学习借鉴，未来30年必然会有所突破创新。未来的中国外交必须坚持相对主义，反对绝对主义，坚持辩证法，反对单一化。中国外交在立意上将会更为高远，可能在一定程度上超越地区主义，走向全球主义。

总之，未来的中国外交应强调：一、整体论。不讲以西统东，还是以东统西，消除东西人为樊篱。二、融入论。强调联系性和相关性。三、和而不同。主张多元化发展。四、有机论。国际因素影响不可回避，也无法分割，这是开放进程的一部分。

四、战略思维转变与战略规划

在新时期，中国领导人最强调整体谋划、顺势而为，以辩证思维分析面临的机遇与挑战，以非零和思维取代零和思维，以合作共赢观超越传统权力政治思想，以敏锐的意识分析判断发展大势，以宽广的全球视野来谋划中国特色大国外交，以周密部署来制定政策，以务实的心态推动中国外交稳步向前发展。无论是新型大国关系，还是周边区域合作，无论是“一带一路”，还是命运共同体，无不体现了以习主席为代表的新时期中国领导人的大局观、辩证观、系统观以及新的更具有全球影响的地缘战略观。

（一）整体观与统筹规划

中国历来重视地区和全球稳定对于国家发展的重要意义，强调地区和全球的整体合作意义和合作影响力，中国外交的全方位特征越来越明显。全球视野，全球布局，全球影响力，正逐渐形成中国的大棋局和中国特色的地缘战略观，由近及远，由陆向海，由边缘向中心。

中国自古以来即有强调整体宏观思维的传统，孟子云：大而化之，谓之圣。

1. 以整体观规划中国外交与中国传统文化一脉相承。东西方文化首先表现为两种不同的思维方式。中国的数千年历史，使得中国具备了一个其他大国很少有的大历史观，善于从宏观的角度来看问题，也往往能够从长远的角度来考虑长远的问题，因此，在处理问题时也更有耐心。[1]

与西方从个人主义出发点不同，中国还特别强调集体主义方式，个人利益要与整体利益相互协调，讲合作、协作、更大利益高于更小利益，协作应对问题。中国的多边外交缘于中国的集体主义，相关各方都要平等参与，不搞交易，与之相关的是中国提倡的国际政治民主化。

中国传统文化中有四海一家的思想。当前，国际格局更加复杂，重大危机具有全局性影响。整体性要求人类寻求更大的联合，因为整体的威胁远远大于局部的威胁。人类面临的共同挑战也越来越多。自然生态政治和全球政治生态的分量上升，许多问题已经超出了国别政治。中国政府提出扩大利益共同点、构建利益共同体是远见之举。《中国共产党第十八次全国代表大会报告》提出，人类只有一个地球，各国共处一个世界，进一步强化了人类命运共同体、利益共同体的概念。[2]

多边共治与中国传统思维理念也是相吻合的，中国传统思维“更着重事物彼此之间的关系，而不是归结于组成它们的基本材料”。中国哲学强调事物之间的相互关联、相互作用，认为事物绝不可能孤立存在。这是一种有机观念。有机观念强调的整体框架下的联系思维对于丰富和拓展多边外交和多边治理具有重要指导意义。

中国传统文化主张在处理问题时要有登高望远的心境和超前的意识。孔子讲“登东山而小鲁，登泰山而小天下”，中国外交理论是和平合作理论，是把

① 郑永年：《当代中国外交的文化地缘环境》，《联合早报》2012 年 2 月 7 日，http://www.zaobao.com/forum/expert/zheng-yong-nian/story20120207-56818.

② 《十八大报告（全文）》，2012-11-19，http://www.xj.xinhuanet.com/2012-11/19/c_113722546.htm.

人类共同威胁置于首位，而不是把别国或他国威胁置于首位的政策和理论的逻辑起点。中国政策的层次是全局的、高远的、多层次的。中国外交战略不树国别敌手，不把国别层次的威胁放在首位，这是中国和平发展战略与一些国家的根本不同。中国一直强调非传统安全威胁是当今世界的首要威胁，也是人类必须共同合作加以应对的威胁，正是在这一迫切的更为危险的威胁面前，国与国之间必须协同为一个共同的整体之中。而对于共同威胁的应对和处理，中国也是强调标本兼治，而不是外科手术式的“头痛医头，脚痛医脚”。

2. 整体观与大战略制定密切相关。整体观对于中国的大战略制定意义重大。整体观所倡导的总体视野、统筹兼顾、综合协调，正是大战略制定必不可少的思维要求。

中国的外交战略必须从综合整体的角度加以谋划，重长放远，克服仅仅重视短期效益或见效快的局部行为的做法，纠偏促全，强化整体的均衡的发展。单方面的大国不是中国的强国目标。在发展的规划中既要有所侧重，要有牵头的领域，也要注意保持合理的均衡发展，保持系统效应的有效呈现。中国的崛起是规模崛起，是有规模效应和系统效应的。任何从单一因素来理解中国崛起意义的尝试都是不全面的。中国的崛起不仅仅是经济崛起，而是包括政治、文化、科技、军事等在内的综合崛起，是综合国力的崛起，而综合国力，是国际竞争力的关键。

中国外交必须为国家未来的全面、均衡发展做出更多贡献。谋划在先，苦练内功，统筹资源，协调局部是关键。中国外交应充分调动积极性，运用好中国特有的举国体制优势。中国外交战略决策如何更好地实现统筹兼顾，已经成为迫切的时代课题。

转型期的中国大国外交战略尤其需要注重从整体观看问题，避免囿于局部思维的局限。在全球化时代，中国作为一个大国，不仅对一个国家负有责任，同时也在更大范围内负有责任。转型期的中国外交也是树立中国全球战略的过程。未来的中国外交战略应更加强调全球性，战略设计要特别注意全方位覆盖。

改革开放的历史是中国融入世界的历史。融入世界的进程拓展了中国的发展空间，也强化了中国对于世界整体的责任。改革开放以后，中国外交的一个重要的转变是学会了用整体观看世界，不再以意识形态划界，不再分裂看世界。中国已经成为世界发展趋势的主要变量。相互依存和中国融入国际体制改变了中国与世界的关系，中国不可能置身事外。世界的整体稳定有利于中国的发展。中国必须树立起全球一盘棋的整体观念，全方位外交与多元外交并举，从战略和长远高度谋划全球治理、体制改革，加强对国际格局调整、国际力量对比、国际体系变革、国际战略态势、国际思潮演变等重大问题的研究，深化对国际关系发展规律以及中国与外部世界互动规律的认识，这是中国外交战略把握好未来的关键。中国外交需要顶层设计，而顶层设计的新的时代要求就是中国外交必须置于全球视野之下，必须以全球大势作为制定中国外交政策的基本依据。要以全球战略布局的视角来认知周边布局，以全球利益的视角来分析中国利益，更加重视地区和全球稳定对于国家发展的重要意义，强调地区和全球的整体合作意义和合作影响力。必须以人类的共同利益来凝聚人心，必须谋划在国际组织中发挥更大的影响力，在全球视野下确立中国的发展地位和责任意识。

针对越来越多的全球和地区性共同威胁，中国必须加强对跨国事务的主动介入、预先谋划，主动提出和规划跨国事务管理的议题，并制定可行的并且能够被各国接受的新准则。在共同开发的问题上，也应该提出更多有利于中国、有利于共赢的主张。中国外交不仅立足于本国利益，而且从全球角度参与解决问题，显然有助于提高中国在国际社会的影响力。

同时，要有以地区发展推动全球发展的自觉意识。中国必须努力推动区域内和区域间的联合以及国家间的联系，以达到部分之和大于整体的效果，必须下大力气推动国际社会摆脱局部与整体对立的局面。

整体观更加重视东西共治，群体性发展。中国的发展不是孤立的，一枝独秀既不是中国的发展战略，也不符合中国未来发展的实际需要。中国的发展不是孤立现象，而是属于发展群体现象的一部分。因此，中国必须将自身发展融入一个更大的发展中群体之中，在群体效应中更好地发展自身，也通过自身努力促进发展中群体的整体规模的壮大。

即使是一些大国之间的双边关系也具有整体效应，比如中美关系全球性战略影响一直在增强，早已不再是双边问题。虽然中美关系具有地区和全球意义，但不能以一组双边关系来评判全球性事务，否则就会“一叶障目，不见泰山”。应该把中美关系融入中国外交战略全局之中，以全球视野下的国际格局变迁为主线，注重对更符合世界发展潮流的整体性趋势的把握，更多地参与全球性多边平台的活动，比如努力营造发展中国家群参与的 G20 平台。

再有，无论是以发展中国家群崛起为标志的非西方进程，还是以传统西方国家主导的拒绝和抵制新兴国家平等分享国际社会发展收益的再西方化进程，都不再只是国家行为体独家主导，而变成国家行为体与非国家行为体共同、广泛和深入参与的互动进程。国际社会的变化是整体的变化，而不再单纯取决于几个国家的变化。单纯以国家来论格局早已不符合客观现实需要。美国相对衰落的过程是国际社会无政府状态更为盛行的过程，中国在这一过程中如何加强整体谋划便显得尤为关键。冷眼旁观、置身事外显然不符合中国的全球融合战略，火上浇油、落井下石与中国的合作战略更是水火不容。如何更好地在新型大国关系的构建中用好大国协调从而实现同舟共济、共度时艰，已经成为中国战略决策者宏观谋划发展大局的重要课题。

从整体观的角度出发，我们还需要对牵一发而动全身的系统效果和系统整体运行风险给予更多关注。维护国际体系的总体稳定是一方面，防止系统失灵和系统崩溃同样不容忽视。从国际社会的深度相互依存的现实来看，后者的风险在提升。尽管当前的国际体系转型的和平性有保障，国际体系的改革也以渐进的制度改革方式完成，但我们要清楚地认识到，国际体系具有自身的系统效应和自身运行方式，国际体系作为一种由众多行为体紧密耦合而成的体系，具有复杂性和不可预测性。国际体系的复杂性和人的有限理性，决定了人类在错综复杂的问题面前很难找到完美的合理方法并将之有效地付诸实践，反而有可能产生不可预料的破坏性效果，引发更多的问题或使问题恶化，造成国际组织失灵局面，出现国际关系宏观调控中的“系统失灵”（它是内在的，而不是由失误引起的）现象。

在此情况下，世界各国，尤其是世界大国，都负有维持国际体系和平、稳定转型的重大责任，要促进和维护国际体系的有利因素，减少系统风险并制定危机预案。为此我们需要，第一，强化责任和分责意识，共担责任和风险。不能仅仅考虑一国利益最大化而忽视协调利益；第二是规范国际组织活动手段和范围，对于实施效果和方式进行客观评估；第三是限制国际组织中的国家自主行为，避免各国自行其是，尊重和把握国际组织自身的系统性规律。当今国际体系处于转型期，国际体系本身具有的复杂性和不可预测性时刻提醒我们要谨防国际体系的“失灵”，强调国家的责任意识和责任能力。

显然，整体观对于应对人类共同风险具有重大意义。

3. 从中国的战略规划而言，强化整体性思维，对于谋划新的地区战略和跨地区战略也具有新的重要的时代意义。

近些年，中国外交囿于防御战略的考虑，内敛有余，伸展不足，紧紧围绕小周边做文章，战略格局受到很大限制。应打破原有地理划界，确立和拓展大周边概念。这个大周边既应包括欧亚一体的构想，也要覆盖跨太平洋合作的理念。要有一个更大的战略合作区域，将中东、中亚、南亚、南太和太平洋沿岸国家纳入大周边的范围。像澳新、中亚、中东直到土耳其等，都应该包括进来，而且要在与小周边相关区域合作的基础上，建立更大的战略合作区域。我们既要积极参加已有的跨太平洋组织 APEC，也要筹划 RCEP 等组织，还要谋求新的太平洋合作机制。

中国破解军事围堵的关键是建立起跨太平洋的多边机构，实现与拉美国家的跨洋合作，建立起跨洋安全合作机制，以连接的方式形成一个更大的大周边多边合作机制，并以此合作机制化解美国主导的传统联盟的围堵。西面将巴基斯坦和伊朗纳入上合组织，东面形成类似上合组织的跨太平洋组织。

在现有的亚太战略中，也需要以全局角度寻求战略突破。虽然近十年来，中国以经济促政治合作，以非传统安全促传统安全，以相互依存化解对立，以多边安全化解双边联盟，以制度建设强化信任，应该是一个综合性结合得较好同时也得到了实践证明的有效战略，但随着美国等外部因素的重返或介入，热点被激活，已有的局面也遭到了一定程度的破坏，可以说从安全上形成了战略僵局：从军事上被美国主导的联盟包围；中国实力不对称增长形成的与周边国家的潜在结构性冲突；不得不面对不断升级的主权危机；中国对外经济依存度高，维护出海口运输线十分重要；一些国家试图在中国周边不断打入楔子。

在如此众多复杂问题面前，更需要有全局思维和整体思维，从更大层面寻求破局之道。从全球战略层面来维护地区稳定，从全球范围内谋求更多战略支撑和战略依托，才能获取更多战略空间和战略筹码。同时还要坚定不移地深化相互依存的合作大局。

在地区层面努力维护台海和平稳定大局，并进一步推进互信合作局面，这是一个千秋大局。努力强化与俄罗斯关系，在政治安全合作与经济合作方面有所突破。努力化解中日关系困局——中日关系取得突破，东亚地区格局将会出现重要改观。从战略上看，中日关系发展关乎地区稳定大局和中国的全球战略意义，必须克服情绪化的反应，以经略周边大局的思维来处理中日关系。

努力维护中美关系稳定。中美关系对于地区局势具有重大影响和牵动作用，也是限制地区危局失控的关键。在一些诸如朝核、海权争端问题上，强化和推进大国合作。

总之，化解美国战略围堵的关键是发展与美国的战略合作关系，构建多边安全机制。东亚的地区热点问题解决需要结合大国战略合作、厘清历史纠纷、注重共赢开发等多元综合的方案才能根本性解决。

解决东亚热点问题也需要强化整体思维和整体部署。东亚的一系列热点看似各自独立，其实都是存在密切联系的整体，美国因素贯穿其中，各个热点问题彼此影响。从历史上看，朝鲜战争影响到中国的两岸统一。朝核问题涉及中美关系等相关国家关系，还涉及核不扩散和地区稳定。钓鱼岛问题和南海问题不仅涉及中国与周边一些国家，也涉及台海两岸共同的领海权益。这些热点都是相互联系，相互影响，相互制约的，必须从整体上加以把握。朝鲜半岛中朝鲜的走向具有系统效应，如果听任朝鲜发生突变，不符合地区稳定大局，也不符合中国利益，中国应以各种方式劝导朝鲜走经济改革发展之路。

面对复杂的、相互影响的局势，中国外交战略必须从整体性和联系性的视角出发，以联系打破分割，以整体化解对立，以互利共赢制约恶性竞争。以新兴发展中国家群体为主要合作平台，强化多边制度建设和大国协调机制的建设。在新型大国关系和大小国家关系等国家关系构建方面探索出新路。

无论是全球战略还是地区战略，都必须强调整体性，强调整体性就是要善于将各种因素进行有机组合和调度，而不是局限于一时一事的具体环节或仅仅限于被动反应式的应对。要有整体的、长远的建设方案，将地区间和地区内的共同问题置于国家间问题之上。从地区发展大计出发，仍要继续推动符合本地区特色的东亚一体化建设。欧盟一体化的前景虽然不明，但欧洲一体化的进程至少解决了过去 300 年间欧洲的武力纷争和百年世仇问题，使欧洲国际关系进入了一个新的时代。一体化仍是人类发展的方向之一，东亚一体化和东亚共同体仍是未来东亚区域整体发展的方向。

从整体与局部相结合的思路看，我们既要关注国家发展战略的局部意义，又要发掘那些牵动全局、纲举目张的因素或事件对于地区和全球整体的意义。

中国外交战略规划必须尝试从全球战略视野来分析国际形势和国家间关系。从未来国际形势的发展看，中国外交将具有越来越强的系统性，需要应对的是复杂的系统工程。只有如此，才能减少利益主体之间分割与分离，极大地提升系统效率。

总之，未来的外交战略规划要有大国气质，大国气质的体现之一就是要有宽阔的视野，在全球视野的指引下，在国际上解决好国家与全球体系的关系。

在国内，发挥举国体制的优势，解决好国内各支撑部门之间的关系和有机联系，从整体出发，探索具有全球影响的未来大手笔和推动对人类发展有益的宏韬伟略。

（二）演化观与战略规划

正确的演化观对于有效判断未来发展趋势，提早规划与预防，减少不确定性具有重要的意义。

1. 要树立正确的演化观

首先，反对循环观，坚持进化观。一些人坚持循环观，但多数情况下虽然形势会出现相似性，但性质已不同。在国际关系理论中，现实主义权力政治坚持国际关系发展演变的循环观，认为权力争斗是一条永恒的主线，而自由主义和建构主义则相信人是可以教化的，通过有效的制度安排，人类社会可以趋于完善。显然，中国的对外战略需要坚持进化论的思想，并以此为指南，制定我们的对外政策，而不能陷于权力政治的窠臼。

其次，演化是动态的过程，没有静止不动的事物，没有永恒的法则，必须放弃刻舟求剑的想法，既要坚守原则和把握规律，更要知变，求变。

演化观的重要启示在于我们必须坚持事物变化发展的动态观念，因此，不要试图回到以往曾经有过的状态，不要试图重复以前的历史过程，以前有过并不能成为未来再度出现的理由，历史进程可以借鉴，但无法复制。

演化是追求和谐的过程。东方哲学认为“和谐”或“和”“中和”是东方文化的精髓。和谐思想在中国传统文化中内容极为丰富，意义极为重要。中国哲学认为，和谐是事物生成和发展的基本条件，和谐是事物运行的正常状态和终极目标。所谓和谐，就是多样性的有机统一。①

而和谐的重要法则就是利他，利他才能和谐。只有做到共赢与利他，才能

---

① 黄金南等著：《系统哲学》，北京：东方出版社，1992 年，第 21 页。

有利于事物朝着进化的方向发展。利他是进化的有效法则。

中国外交战略理念中的互利共赢、多予少取、薄来厚往等理念是大智慧，是谋长远之举。中国人讲糊涂是福，这是讲不计较，不抱怨，谋的是大局，谋的是整体，也体现了韬光养晦的深邃。以德报怨，以德服人，仁者无敌，化解积怨，化敌为友，体现的是胸怀广阔，境界高远。内修而远人，内敛而克制，完善自己而影响他人，展现的是东方的孔德之容，体现的是东方哲学严谨自律的思想，也是利他原则的充分体现。

利他还体现为包容。尊重和接受他国的选择，不强加于人，平等相待，平等相商，各国的历史背景、发展水平、地缘特点均有很多差异，强求一律不符合历史发展观和进化观，也是不现实的。只有更多包容和理解，才能达到彼此的谅解，才能带来互信，才能保障共同一致抵御危机和风险的行为。这一切对于推动和促进世界的和谐进化都具有重要意义。

演化还注重关系与过程。关系含有感性，但又是感性与理性的综合，这是与西方哲学的不同。关系性不仅仅是精神层面的情感认同，还有物质层面的交换关系、协调关系。它的巨大影响在于其理论的展开和对中国外交实践的指导意义和外交案例的深入分析。我们必须在外交实践中融入感性与理性相结合的内容，而不可能像一些国家那样单纯强调精确算计、唯利是图。注重关系中的情感与利益的结合，实际上体现了具体而不是抽象的理念，展现的是东方哲学的演化观，也是东方的软实力观。

2. 演化观与战略规划

事物处于不断的发展变化之中，且变化变幻复杂，出人意料，这就需要我们树立科学的演化观、发展观，尊重演化规律，促进积极变化，增强适应力，正确把握反馈。多谋善断，把握主动，做好战略预测，防患于未然，储备中国方案，强化顶层设计。在不确定的未来面前保持稳定、可持续的政策，使战略的推进不因为现象的变化而丧失。

（1）谋长远

要有足够的勇气和非凡的远见，更重要的是要有那种着眼未来的魄力，有足够的耐性以及坚持向前的信念。

中国如要保持外交战略的主动，就必须站得更高，想得更大，看得更远。“中国的外交要求全球视野，高屋建瓴，中国变大，地球变小，并要求提升中国的国际战略定位，加强战略设计的前瞻性、系统性。”①

要有足够的战略储备。针对未来，要有先手棋，注重长远规划，强化形势预判力。要有预判、预见和预案，凡事预则立，效果成倍放大，而不预则会十分被动。诚然，不确定条件下的预判难度极大，再周密的安排也可能出现百密一疏的情况，但充分的预防可以减少风险的代价则是确定无疑的。

预判能力就是出色的预见能力和敏锐的捕捉能力。古诗云，“众里寻他千百度，那人却在灯火阑珊处”，突然或意外的发现其实也建立于长期积累的过程之中。

一些企业和跨国公司运用情景分析法来分析和把握未来，下先手棋，预做防范，规避风险，为后来的发展谋得重要的商机。人们分析美国 20 世纪的战略时看到，“20 世纪中，美国没有近忧，只有远虑，于是便以占绝对优势的实力登上世界舞台”②。而中国近忧不断，一些国家也不断使得中国眼前的困难和挑战增多，这就影响了中国的远虑思考，无法将更多精力放在前瞻性和有远见的战略中来。因此，在战略设计中尤其需要避免眼前问题对于长远问题思考的障碍，致力于将两者有效结合起来。立足于当前又能够思虑到未来的战略，是最为可靠和踏实的战略。

---

① 崔立如：《关于中国国际战略的若干思考》，《现代国际关系》2011 年第 11 期，第 2 页。

② ［美］罗伯特 · A · 帕斯特编：《世纪之旅：七大国百年外交风云》，胡利平译，上海：上海人民出版社，2001 年，第 351 页。

（2）促变化

由于形势演变的要求，我们要主动求变，主动介入与谋划："一个健全的战略是积极主动而非消极反应式的……这意味着在政府中培育长远的眼界——研究大趋势，预见可能性"，而"没有长远的眼界到头来就只是应付事态，而不是塑造事态"。[①] 中国的战略应是塑造战略，包括灵活反应，重塑战略。中国的战略核心将是融合重塑，立足于构建新的战略组合，不断抓住时机求变求新。比如2012年以来日本国内右翼势力日益猖獗，中国及时推动中韩共同应对日本右倾化，同时在战略层面要求美国与中国共同管控日本军国主义倾向，就是灵活把握时机的有效之举。

中国的塑造能力还包括影响他国、感召他国的能力，影响他国改变错误政策的方式与方法的探索也应该列为中国未来的宏观战略规划之中。这也是非结盟制衡战略之一。

善抓机遇、善用时机始终是战略中具有关键意义的因素。

一些时候，成功靠的不是就事论事地解决问题，而是看是否能够利用机会推动有利的变化。问题的解决不可能一劳永逸，问题永远是阶段性的，我们需要把握的就是使得问题的解决朝着有利的方向发展，这就需要创造机会，把握机会。

当然，这需要有一贯的明确的方向性目标，还要有机会来临时能够顺势而上的心理、思想、政策和物质的积累准备。

善抓机遇，捕捉机会比解决问题更为重要，预防问题比解决问题更为重要。

未来的中国在成长的过程中，高举什么旗帜，以什么样的方式成为大国，成为大国后走向什么方向，是关乎中国成为什么样的大国的原则性问题。在全球化的大潮中推动国际社会发展的公平、正义、有序应该是我们的大方向，以

---

① David M.Abshire, *United State Global Policy:Toward an Agile Strategy*, in Boren and Perkins eds, Preparing America's Foreign Policy for the 21st Century, (Norman: University of Oklahoma Press,1999), pp.333–334.

和平方式解决国际热点危机是我们安全战略的法则，推动国际关系的进化，促进非传统安全领域的合作是重点。

具体而言，中国的外交战略要充分利用全球化潮流，顺势而为，巧于化解矛盾和危机，善于化危为机。但要避免不合时宜或不必要地卷入他国纷争和本国与其他大国的纷争。不承担过分的责任，也不推卸责任。将承担责任与善抓机遇组合起来，勇于承担地区安全责任，主动承担非传统安全责任。

过去是战争并成为战争赢家是最终胜利者，未来是利用危机并且最终最早化解危机的国家成为赢家。哪个国家能够率先克服危机，在议题设计和规则制定能力表现出色就会在竞争中脱颖而出。在崛起过程中化解权力冲突，关键是在全球政治格局中处理好各类复杂关系。

除了善用机遇之外，还要善于转化。善于转化是一种大智慧，行动包含着复杂性，亦即随机性、偶然性、首创性、决断、对突变和转化的意识。[①]

把握动态，把握事物发展的阶段性，把握变化的临界点和契机。要按照自己的节奏走，敏锐捕捉战机、时机和先机，用好战略机遇期，争取延长战略机遇期，但也要在一定程度上超越战略机遇期，不为所谓战略机遇期所累，也就是说不可因机遇期而仓促上马，草率行动，负累过重，盲目行动，急躁冒进。诚然，也不可错失良机，而是要把握好时机促进变化。

要充分注意到渐进与突变的关系。“乘隙插足，扼其主机，渐之进也。”[②]不能强调渐进而错失巨变的良机，也不能单纯强调突变而忽视渐进性。把握好临界点和变化，循序渐进，顺势而为。

临界点和转折时期的中美关系十分敏感易变，中国必须坚持长线思维，巧于应对，善于应对，利益捆绑，避其锋芒，尽可能走平行发展的道路，避免零

---

① ［法］埃德加·莫兰：《复杂性思想导论》，陈一壮译，上海：华东师范大学出版社，2008 年，第 85 页。

② 普颖华、华名良主编：《奇谋妙计——36 计》，北京：中国物资出版社，1994 年，第 139 页。

和领域的冲突。

从发展的角度看，对于新兴力量给予足够重视。我们的战略应重点在这一领域和平台布局。在复杂多变的国际形势下，在国际力量转型的敏感时期，把握和利用好与新兴发展中国家群的合作契机具有重大战略意义。新兴发展中国家群具有新的、上升的发展势头，可以调动许多推动进化的因素、新的技术和新的理念，而且可以推动新的国家合作模式和合作模式的发展。2013 年年初，习近平主席首度出访，即到新兴国家之一南非出席金砖国家峰会，并宣布建立金砖国家开发银行，显然是具有战略意义的大手笔。

（3）善于应变

我们下先手棋，防患于未然，所谓“兵来将挡，水来土掩”，也就是要对不确定性有多种准备，对不同的情况有不同的准备。健全的战略都有替代方案，即当最初的构想出现麻烦和问题时，很快能够推出新的方案加以弥补和递进。孙子指出，“智之虑必杂于利害，杂于利而务可信也，杂于害而患可解也”，“用兵之法，无恃其不来，恃吾有以待也，无恃其不攻，恃吾有所不可攻也”。[①] 孙子也强调利害可以相互转化，祸福相倚，利时看害，害时看利，有备无患。

而从事物演进的特点来看，时常会出现不确定的小概率事件打破原有的发展轨迹，最大可能的发展趋势并不总是能够顺利进展的，甚至并不一定会出现。必须对于多样化的变化趋势有多手准备。

这就要求我们必须在战略规则中对于多种可能性给予足够的重视，即使这一可能性并不具有最大发生可能也不能轻视它，也不能因其发生可能概率低而忽略它。对于许多事物的预测更是如此。比如美国在预测选举时的盖洛普民意测验，很多时候并不是最后真正的结果，它只是揭示了一种可能性而已，仅仅据此制定政策是存在可能性风险的。

因而一定要有多种预案和替代方案。我们预测问题时，不要用简单线性思

① 普颖华、华名良主编：《百战百胜——孙子兵法》，北京：中国物资出版社，1994 年，第 101 页。

维，相信一个原因只能带来一个结果，相信一种趋势只能趋向于一种结局。影响结果的不仅仅是原因，也包括过程，过程中的多种因素的互动是十分关键的。要依赖事态发展的变化进程。再有要充分考虑到偶然性和偶然因素。在发展变化的过程中，最有可能发生的事件却不一定必然发生。世界的变化充满了不确定性，不确定性与偶然相伴，未来的走向也可能充满变数。这就要求我们充分考虑到各种复杂因素和偶然因素。虽然我们不能穷尽所有的偶然因素，但我们至少需要考虑到尽可能多的人为因素、不确定因素、干扰性因素，因为我们面临的十分深刻的背景在于世界的复杂程度及其大大增强的复杂性。在这一背景下，也许确定一件事情是否会发生的重要性远不如充分思考这件事情究竟会有多少种可能性更为重要，准备多种预案远比准备一份详细的预案更为可靠。

单纯以一种方式应对多样的复杂可能性是不可靠的。所谓“以不变应万变”是系统层面的问题，而在体系内部，则需要多样化的方案。“历史表明，不可能只有一种战略理论，对每个时期来说都正确。”①

对于中国而言，形势越是复杂，越要谋长远，越要抓大放小。鉴于形势变化的不确定性和可能出现的多种结果，中国必须要有多手准备，多种应对预案，也要有替代战略。凡事预则立，不预则废，预案要早要好要全，更要有底线思维，预案设计要考虑到最为不利的情况。战略规划除了充分评估有利因素之外，也要对可能出现的负面因素给予足够关注，并为此制定预案。必须有多种选项，从而避免对手压缩我们的选项。

同时也要防止未加重视的小事演化为难以把握的大事。

在全球转型的大变革时代，在多种趋势错综交织的形势背景下，中国外交战略设计的创新求进的主动思维将具有开创性的意义，敏锐把握变化趋势，预做研判，未雨绸缪，周密布局，想前人之未想，做前人未做之事，抢占战略制高点，谋发展之先机，持发展之牛角，实现凤凰涅槃之梦想。

---

① 李桐：《现当代西方大战略理论探究》，北京：世界知识出版社，2010 年，第 111 页。

总之，面对复杂形势一方面既要有多种方案，多手准备，另一方面更加需要综合协调，这对于外交决策提出了新的要求。

还要注意变通。

中国文化讲灵活性与妥协性。中国的传统讲因人而异，因事而异，不可照搬与攀比。中国哲学讲变则通，通则融，化被动为主动，化压力为动力，化批评为激励，对于危机强调变危险为机遇。一方面讲以不变应万变，另一方面应对方式随形势而变，顺应与变通，不做逆时代潮流之举。

改革开放后，中国在东亚践行和平战略，根据东亚的现实情况和历史背景，在东北亚合作暂时出现困难、难以打开局面时，努力推进东盟主导的“10+3”合作，东亚合作的局面为之一变。在冷战后美国不断强化其亚太同盟的过程中，我们没有以联盟战略相抗衡，不仅仍然坚持不结盟，还以全方位外交思路建立一系列战略协作伙伴关系，保持了地区和大国关系稳定。

（三）辩证观与战略理念调整

东西方都有辩证法，中国以《易经》为代表的辩证法与黑格尔的辩证法都认为世界及事物都有两面性，但黑格尔的辩证法强调世界本质是冲突，中国的辩证法强调互补而不是冲突。简言之，西方辩证法是冲突辩证法，而中国辩证法是互补辩证法[①]，而且东方人更擅长使用互补辩证法来分析问题。

中国对外战略思想中充满了辩证法。践行权责共担、义利并举的新做法，追求各美其美、美人之美、美美与共的新前景。注重辩证统一，强调竞合共存。在国家间关系强调合作与竞争相统一。不否认竞争，强调竞争与合作于一身，竞争不排斥合作，还要让竞争促进合作。还有军事上的以武止戈。强化自身国防能力是为了军事上的慑止，是更具有进取性的防御战略。军事上仍以反应、防御为主，对主权和国家利益的维护并不意味着中国外交变得更为强硬。

① 秦亚青：《中国文化及其对外交决策的影响》，《国际问题研究》2011年第5期，第27页。

在对外战略规划中强调平衡性，注重软实力和硬实力的平衡，强调远虑与近忧的平衡，强调稳中求进。

1. 中庸之道

事物是相互依赖、相互制约的，而且是可以相互转化的。事物存在非此非彼、可此可彼的状态，很难明确区分或使这种区分恒常化。事物是可此可彼的，而不是泾渭分明的。有些事可以泾渭分明，但有些事不能。事情都有正反两面，相辅相成，缺一不可。事情也是可以转化的，昨天的敌人可以成为今天的朋友。国家间关系中存在非敌非友的状态，多数国家都是既竞争又合作。道路有多条，可以并行不悖。不讲简单因果，不分青红皂白，不执着于线性思维，而注重复杂思维，有所为，有所不为。辩证思想与中国的中庸之道相关，中庸讲：万物并育而不相害，道并行而不相悖。孔子把不偏不倚、守常不变作为一种最高的道德，用中庸之法处理国与国关系，就是把握不偏不倚，持中道。中者，天下之正道，天下之大本也；庸者，天下之定理，中立而不依，无过无不及，合于度的要求，恰到好处，这就是最完善的办法。中庸提倡通过人与人、国与国之间的相互体谅和宽容来实现和平。①

东方理念讲，走的不是一条路并不一定是敌人，而西方讲他人即地狱。中国文化讲与人为善，他人非地狱，他人也非真理，判断问题时不先分对错，而是调和不同观点，讲各有千秋，互有对错。归根结底，强调复杂和辩证思维而非简单思维，决不搞强加于人，强求一律。不讲非此即彼，不讲非黑即白，讲中庸，既黑又白，可白可黑，取决于改变，为变化预留了更大的空间，相信过程具有可塑性。正是基于这样的思维才有了第三条道路，才有了渐进，才有了热点问题的软处理思路。敌友是可变的，矛盾是可转化的，以经济和谈判的方式解决问题，而不是简单的战胜方式。

正是东方的辩证思维，才导致了在解决问题时的非博弈思维。如果假定人

① 叶自成：《春秋战国时期的中国外交思想》，香港：香港社会科学出版社有限公司，2003 年版，第 153–156 页。

性善与恶的区分，然后做出判断，就会有合作与竞争的鲜明区分。比如人性恶，则冲突是永恒的，或人性善，则合作可以成为主流。

东方文化虽然承认善恶分野，但也强调人性或善或恶，可善可恶，取决于教育与环境的变化，因此，不搞武断的、简单的定性。这就与美国等国热衷给他国“贴标签”的做法有了明显的不同。

同时，这种文化也反映在中国的军事发展上。对于2012年9月以来的钓鱼岛争端，中国采取了一系列反制措施，这并非是中国改变了对于领土争端的原有立场，而正是为了阻止由日本引发的争端升级滑向失控的局面，以包括军事力量在内的综合影响力来慑止有可能的军事冲突，仍然是原则坚定、政策灵活的体现。此外，中国只有当了解到其他国家会以何种方式、使用何种武器来威胁自己的时候，才会去发展某种武器，制定某种军事战略。中国很少有主动的，类似于美国的“先发制人”的战略。①

从中西文化战略的差异看，西方的战略逻辑是零和博弈，是“你死我活”和“你得我失”，而东方的逻辑并非是零和博弈，它强调相对收益，讲究总量平衡，从长远看，是得失相抵的。因此，比较而言，中国在眼前利益和长远利益之间，更有一种从容感，相信眼前所失并非长远所失。其实“一国两制”“搁置争议，共同开发”都体现了规避风险与冲突、营造长远和平格局的大思路。

中国的战略伙伴关系找不到一方反对另一方的特征，没有排他性，不针对特定的第三方。这些伙伴既是合作者，也是竞争者，成为历史上国家间尤其是大国间的一种新型关系。这种关系试图化解恶性冲突事件。

2. 博弈与互动

西方思维喜欢冲突与较量，而东方思维讲互动。中国的外交战略不是争胜，不是你得我失，而是共赢，谋求良性互动；不是单讲施加影响力，而是讲相互影响，强调合作性影响。合作性影响是指相互影响，是指部分之和大于整体，

① 郑永年：《当代中国外交的文化地缘环境》，《联合早报》2012年2月7日，http://www.zaobao.com/forum/expert/zheng-yong-nian/story20120207-56818.

是相互借力。东方思维更倡导反博弈思维。博弈思维是一种简单思维，逻辑分析明确，无法看清和说明事件的复杂。而合作的逻辑复杂。反博弈思维是一种复杂思维，要求人们从多角度、多侧面、多元互动等方面考虑问题。近百年来，人们深受博弈思维之害，总是想着对弈、对抗、较量、胜负、竞争——共赢就属于反博弈思维。多边猎鹿博弈更适合当今世界。我们必须充分利用辩证性，强调两面性。这是东方思维对于事物认识的法宝，不要一味谋求制胜之道，而是寻求良性互动与互促。中国承认竞争，这种竞争的方式是使自己变得更好，而不是削弱对方。这种竞争是使自己变得更好的同时，也促进着对方优势的发挥和激发。

中国特色大国外交战略是在和平的条件下运用和平的方式实现和平的目标，不再是传统的胜负博弈，而是共赢的竞争合作。中国对外大战略正在形成，大战略的基本特征就是整合。

当今的国家间关系是竞争与合作并存的关系。只有处理好竞争与合作的关系，才能够实现互利共赢的目标。当革命与战争这个主题让位于和平与发展之后，战略实施方式不是战而胜之，也不是不战而胜，而是竞争中的合作。

和平发展战略需要推动合作，防范冲突。和平发展战略的关键实际上是解决好冲突与竞争的问题。这里特别需要强调的是竞争但非对抗的国际关系，不能否定竞争性，缺少竞争性不符合市场经济的现实，否定竞争不符合国家间关系的现实，也不符合唯物主义历史观。而否定合作不符合中国的发展战略。竞争可以带来冲突，合作可以减少冲突。但合作不能消除冲突，也可能带来新的冲突，有竞争即有冲突。坚持竞争不可惧的态度，勇于迎接竞争的挑战，关键是如何化解竞争可能带来的负面影响。新型国家关系是新型竞争与合作的关系，是竞争性相互依存关系。我们反对放任自流、无节制的恶性竞争，而是要把握竞争，引导竞争，善用竞争，把竞争引向可控的促进发展的方向。既竞争又合作，不使竞争演变为恶性竞争，化恶性竞争为良性竞争，以良性竞争化解冲突，积极倡导良性竞争。良性竞争的关键是相互促进，你追我赶，良性竞争的目的是更快更高更强，而不是相互抵制，相互抵消，相互诋毁，相互冲突，也不是相互替代，非此即彼，这里的关键是摒弃零和博弈。这样才能在竞争中实现不断升级的合作，使合作走向新的阶段。中美新型大国关系就是要处理好竞争与合作的关系，化恶性竞争为良性竞争，化竞为合，化恶为善。中美之间要强化与竞争对手国家的战略互信，强化与重要的战略国家的战略协作。

在古典均势中遵循一个原则，即“敌人的敌人是我的朋友”，这应该转变为“我的敌人很可能成为明天的朋友”，而且是通过和平手段。这一思想正在影响国家的对外决策，因此，在当今时代，非联盟合作远比联盟合作更为重要。

“搁置争议，共同开发”也是辩证思维的体现：对于分歧，过多争执、以胜负论归属于双方无益。这就是搁置争议的深刻东方涵意。一时找不到好的解决办法，则暂时缓冲或去寻找竞争之外的新路径。虽然“搁争共开”在能源危机的背景下出现了新的形势，但中国在这一问题上的总的原则仍然是努力寻找新的合作方式，而不是通过简单的武力冲突导致两败俱伤，即使一时找不到解决问题的好办法，也要避免迫不及待的单边行为。中国外交中强调的求同存异、中国政治中提出的一国两制也都是辩证思维。

以德报怨也是化解西方传统博弈思维的良方，以德报怨，化敌为友。在中国漫长的历史演变中，也有一脉支流为江湖文化，江湖恩怨，冤冤相报，世仇相继，难以了结。而主流东方文化则相信，冤冤相报，两败俱伤，且难以了结，于是总结出冤家宜解不宜结，谁先迈出以德报怨这一步就显得十分重要。中国未以冷战的方式回应美国的冷战遏制，也是一种负责任的大德表现。

循序渐进，中庸平和，水到渠成，不冒进，避免不择手段、饥不择食，不破坏可能解决问题的基本前提和气氛，不伤和气，这正是东方思维中的辩证思维。

对于中国外交而言，随着中国实力和国际影响力的壮大，中国具有了深化发展外交战略的基础和本钱，强化战略规划和设计也正当其时。我们必须充分借鉴复杂系统思维等创新思维方法，努力做到“观念先行，规划周密，预做研判，反应及时，反馈准确，针对性强”，才能够科学地制定和实施中国外交战略。

观念属于文化，战略观念转变是战略文化发展变化的必然反应。为了解决中国存在的挑战，破解发展难题，必须深入研究新情况、新问题，谋求观念变革与创新。

第二章

中国特色大国外交的战略规划与选择

中国特色大国外交需要从根本上解决长治久安、可持续发展的问题，需要从整体上谋划和构建和平发展战略的结构与布局，这就需要针对国际形势的不断变化，顺势而为，统筹兼顾，有针对，重预判，巧设计，强实施，尽可能以较小的代价，在尽可能短的时间内完成每一阶段的战略目标。

第一节　转型期国际形势的特点

习近平强调，中国要发展，必须顺应世界发展潮流。要充分估计国际格局发展演变的复杂性，更要看到世界多极化向前推进的态势不会改变。要充分估计世界经济调整的曲折性，更要看到经济全球化进程不会改变。要充分估计国际矛盾和斗争的尖锐性，更要看到和平与发展的时代主题不会改变。要充分估计国际秩序之争的长期性，更要看到国际体系变革方向不会改变。要充分估计我国周边环境中的不确定性，更要看到亚太地区总体繁荣稳定的态势不会改变。

习近平强调，要树立世界眼光，把握时代脉搏，要把当今世界的风云变幻看准、看清、看透，从林林总总的表象中发现本质，尤其要认清长远趋势。

伴随着国际格局的转型，中国外交伴随国际格局和自身实力的变化也处于战略转型的进程中。那么，战略转型期的特点是什么？中国的外交转型战略目标、任务有什么变化？如何更好地规划转型期的中国外交战略？这都是本章希望探讨的问题。

党的十八大文件提出国际格局处于转型期之中。所谓转型期，是指国际格局出现了结构性变化之后，始终没有相对定型和固化，而是一直处于不断变化与调整之中。旧的力量平衡被打破，国际力量对比处于不断的变化调整之中，而新的相对稳定的格局尚未形成。世界继续向着不确定的方向发展。国际格局处于复杂演变之中，出现大动荡、大调整、大变革的特征。从时代划分来看，由冷战后时代继续向后冷战时期转变。时代正处于历史转型期，国际关系正在经历二战结束以来最深刻的转变。①

转型期一般而言具有以下特点：第一个特点是时间跨度较长。阶段性变化虽然周期缩短，但结构性变化仍然处于波动起伏之中。在分析形势时，转型期可能持续的时间跨度是值得思考的问题。虽然转型期也具有暂时性，但这个暂时性具有历史含义，也就是说并不是一两年的时间跨度，而可能持续更长时间，但其时间长度是多少，何为时间拐点和节点，都尚无定论。

从冷战结束以来，出现了几次大的形势转变：其一是冷战结束时的大变局到 20 世纪末。其二是 2001 年出现的“9·11”事件导致国际安全形势大变，反恐成为时代主题，大国安全协调得到提升。其三是 2008 年的金融危机至今。2008 年出现的金融危机具有全球影响，而且金融动荡、体系变革、力量对比调整相交织，反映了世界格局和国际形势的加速演变。2008 年到 2010 年又是一个变化。中国实力大幅上升，金砖国家和新兴发展中国家群在国际政治格局中的影响扩大，美国将其全球战略重点转向亚太。

从时间上分析，1989 年到 2001 年为 12 年，而 2001 年到 2008 年则为 7 年，2008 年到 2012 年这个时间节点则是 4 年，具有比较重大影响的突发事件爆发的周期比之 20 世纪约 30 年为一周期的变化周期，时间在不断缩短，呈现出不均衡的周期变化。

转型期第二个特点是大国关系趋势性紧张。从历史上看，转型期通常伴随着大国关系紧张和热点升温，但是随着时代的不同，随着相互依存和核恐怖平衡力量的两大制约，大国关系也显现出不同的表现形式。比如从当今形势来看，虽然中美关系在一定程度上趋于紧张，但并非失控，总体而言，大国关系协调

---

① 崔立如：《关于中国国际战略的若干思考》，《现代国际关系》2011 年第 11 期，第 1 页。

还是保持了良好的态势。

从历史上看，转型期必然会带来大国关系趋势性紧张，增加战略互信构建的难度，这也是中国提出推进新型大国关系的战略意义。

当然，大国关系的紧张程度却会随着不同地区的不同争夺而不同，比如说这些争夺是否涉及大国的核心利益。涉及某些大国核心利益的争夺必然会加剧大国关系的紧张，但是如果并非核心利益的争夺，则情况会有所不同，比如涉及重大利益（例如能源利益）的争夺带来的大国关系紧张与涉及主权争夺带来的关系紧张程度是不同的。从目前来看，在亚太地区，虽然一些主权核心利益涉及中美日等国，但中美之间的争夺并非是直接的，而是间接的，同时涉及两国核心利益与涉及一国核心利益的争夺显然也是不同的。因此，从亚太地区热点看，中日之间的争夺具有较强的对抗性，但解决问题仍需要较大的时间和空间。

从国际格局力量对比来看，虽然总体上一超多强、西强东弱、北强南弱的格局没有改变，但力量对比的变化已在一定程度上影响到国家间尤其是大国关系，出现了美国要维持其统治地位而其他国家影响力不断发展壮大的矛盾。美国等老牌发达国家要保住原有主导地位和维护国际旧秩序的稳定性问题日益突出，战略力量格局的变化还在发展。

金融危机之后出现的一个突出特点是全球原有平衡被打破，世界各主要国家受到金融危机影响程度不同，导致国际格局正发生深刻变化，传统西方大国（美欧日）集体下沉，新兴国家群体性崛起。其中以金砖四国为代表的新兴国家表现最为亮眼，成为全球经济发展的新动力，其强劲的增长态势对世界经济的贡献举足轻重，也推动了世界权力重心的东移。[①]“一大批新兴市场国家和发展中国家走上发展的快车道，十几亿、几十亿人口正在加速走向现代化，多

① 《徐娟、金瑞：当前国际形势演变的十个特点》，2014-12-01，http://theory.people.com.cn/n/2014/1201/c40531-26123495.html.

个发展中心在世界各地区逐渐形成，国际力量对比继续朝着有利于世界和平与发展的方向发展。”[①]

第三，内部转型与外部转型同步。转型期的变化还涉及各国社会内部的变化，从各国国内形势看，无论是发展中国家还是发达国家，都面临同样的解决就业和贫富分化普遍加大的问题，缩小贫富分化都是一个严峻的时代课题。西方国家面临体制结构调整震荡，紧缩减赤措施并未收到良好效果。金融危机引发了传统发达国家的债务危机，落入“福利陷阱”难以自拔，导致发达国家出现“国家治理赤字”和“民主赤字”，也引发了西方社会内部对资本主义制度的反思。无论是发展中国家还是发达国家，都面临新的社会经济转型和变革，国内转型引发的矛盾很可能外溢到国际转型进程中，增加国际转型的复杂性。这种转型也包括亚太地区各国的国内经济转型。[②]

第四，转型期与复杂性不断增加相伴。从经济发展趋势来看，经济全球化继续发展，全球性挑战突出。全球化引起了更加复杂的两极分化。在国际金融危机出现后，反经济全球化的力量开始上扬，但没有能够阻止经济全球化的大潮，在转型变化过程中，各国加快了政策调整力度，试图脱颖而出。全球治理的议题不断丰富，全球治理的要求普遍提升，不断出现的可能引发国际影响的非传统安全问题，诸如非洲埃博拉疫情的再度爆发，显示出全球治理碎片化、脆弱化的特征，全球治理的方式成为国际政治新的课题。

“当前，国际形势继续发生深刻复杂变化，世界多极化、经济全球化深入发展，文化多样化、社会信息化持续推进，国际格局和国际秩序加速调整演变。

① 《习近平在莫斯科国际关系学院的演讲（全文）》，2013-03-24，http://news.xinhuanet.com/2013-03/24/c_124495576.htm.

② 江凌飞认为，国际转型包括两方面，一是初步工业化的新兴发展中国家的转型，二是发达国家再工业化的转型。引自江凌飞：《警惕转型危机冲击亚太》，《环球时报》，2012-12-06。

世界各国正抓紧调整各自发展战略，推动变革创新，转变经济发展方式，调整经济结构，开拓新的发展空间。同时，世界经济仍处于深度调整期，低增长、低通胀、低需求同高失业、高债务、高泡沫等风险交织，主要经济体走势和政策取向继续分化，经济环境的不确定性依然突出；地缘政治因素更加突出，局部动荡此起彼伏；恐怖主义、网络安全、能源安全、粮食安全、气候变化、重大传染性疾病等非传统安全和全球性挑战不断增多，南北发展差距依然很大。推进人类和平与发展的崇高事业依然任重而道远。”①

相互依存普遍加深，对抗与合作相交织。全球化时代与冷战时代最大的不同是形成了“你中有我，我中有你”的相互交织局面。工业化、现代化的进程不仅有经济上的诉求，在政治上也会有诉求。与此同时，对抗与合作交织的两重性特点十分突出。

从国际事件的特性来看，矛盾复杂交织，行为体多元，不确定因素增多，恐怖主义、网络安全、气候变化等问题层出不穷。

世界经济变革时代的到来。全球范围内新一轮科技和产业创新深入推进，信息网络技术、先进制造技术、生物技术、新能源技术都在孕育着突破，并加速融合，有望催生拉动世界经济增长的新动力。网络空间日益成为国家安全的新挑战。信息技术的发展催生了人类活动的第五维空间，网络已经嵌入了人类的整个社会运行，关乎社会系统能否正常运转，这意味着网络赋予了国家安全新内涵，可以说没有网络安全就没有国家安全。2013年的“斯诺登事件”不仅折射了美国的网络霸权，而且也为各国的国家安全敲响了警钟，信息正在成为一种新的战略资源。网络对世界的影响力和塑造力越来越大，网络空间已发展成大国政治新的竞技场。作为国家安全博弈的新领域，一旦网络受

① 习近平：《迈向命运共同体，开创亚洲新未来——在博鳌亚洲论坛2015年年会上的主旨演讲》，2015-03-28，http://news.xinhuanet.com/politics/2015-03/28/c_1114794507.htm.

到攻击，其破坏力堪比核武器，因此网络被称为新的“核按钮”。

自然生态带来的安全隐患危害十分严重。地球生态持续恶化，自然危机正向社会危机演化；自然生态政治和地球政治生态的分量上升，许多问题已经超出了国家间政治范畴，而上升到全球层面。随着海洋工业文明时代的来临，能源需求的急剧上升，海上争端将会加剧。未来的海上争端具有多重含义：既是商业之争，能源之争，也有可能被一些国家视为地缘战略和政治权力之争。安全挑战的多元性与复杂性形成了新的难题，一些原本不相关的问题同步出现，复杂交汇。比如国际金融危机出现后，一些国家试图转嫁危机，于是挑起安全事端，导致热点升温。西亚、北非的动荡变数大，风险高，中美日因东海和南海争端引发对立，乌克兰危机导致美俄、欧俄矛盾上升，有可能引发新的地缘政治变局。显然，从国际形势发展趋势来看，发展变化的无序性增多。在应对复杂事情时，必须注意到的一个现实是，不是所有事物都是有规可循的。

“复杂性”成为认识全球化时代和多极化世界国家间政治经济关系的最重要概念，它比以往具有更深刻的含义，不仅是对国际关系状态的描述，更是现代国际关系本质特征的表现。它包含前所未有的多元性、多样性、相互关联性、模糊性、不确定性和未知因素。

总之，转型期作为一个特殊时期，必然会有更多不确定性因素，在转型期中的大国关系，尤其是围绕着国际秩序变革、规则制定与完善、国际影响力、国际热点的竞争必然会加剧。这是一个我们必须认识到的较长时期的现实。同时，由于国际社会也包括亚太地区多数国家都采取全方位外交，使得紧张局势下的国家关系组合更为复杂多变，周边关系与大国关系复杂联动。转型期所涉及的权力分布、利益分布和观念分布将会带来新的组合、新的发展趋势、新的不确定性和多种可能性。

从以往历史来看，对时局和形势的误判时有发生。国际形势的复杂变化要求我们一定要树立宏观的外交视野，增强预见性、时效性和创造性，要有高度的归纳分析能力，能够从局部看整体，要能够看到局部现象的历史意义，能够从一系列广泛的相互交错关联的事件中综合出局势的发展趋向。我们应从复杂系统理论的整体性、联系性和变化中把握形势，强化我们的预见性和前瞻性。

第二节　中国面临的问题与挑战

国际形势处于战略转型期，而中国外交也处于战略转型期，从某种意义上，国际格局的战略转型与中国外交的战略转型是同步的、一致的。国际格局转型客观上也在促使中国外交进行调整。

改革开放以来，中国一直面临来自内外部的压力和挑战，归纳而言，主要包括两个方面：崛起难题和发展难题。这两大困境将长期与转型期相伴，随着转型期的到来，这些挑战可能引发的风险也在加大。中国外交所涉及的这两大困境主要与外部压力和内外部互动所引发的挑战相关。

一、崛起难题突显

崛起困境最大的问题在于能否实现和平崛起，如何实现和平崛起，摆脱和避免任何非和平的崛起方式和崛起路径。

维护领土完整与国家统一的问题构成了中国崛起的战略困局之一，即国家统一与国家可能进一步分裂的问题。从历史上看，大国崛起的一个前提条件是国家实现统一。国家统一是崛起的基础，只有实现国家统一才能够为崛起创造有力的环境，充分激发民族的潜力和动力。但是，中国的统一必须涉及武统与和统两种选择，客观上不能排除武力解决的方案，这就使得外部力量的干预，包括对台军售等，成为中国统一问题上的重大难题。

维护领土完整是另一个更为重大的课题。近些年“藏独”“疆独”势力在外部势力的支持下十分活跃，导致国内领土被境外势力分裂的可能性增大。[①]除了中国自身的统一问题外，周边邻国的统一或分裂问题也对中国安全造成直接或间接的影响。

崛起难题中还需要破解领海争端困局。中国不希望武力解决领海争端，武力解决对和平战略与和平发展将带来致命伤，又必然涉及武力、武力升级和军备竞赛。中国一旦实施武力或武力威胁，将导致中国追求和平发展的国家形象受挫，从而进一步丧失他国信任。但是主张和平解决又被一些国家利用为中国不敢使用武力解决争端，从而出现率先下手打破现状的动向，对中国的慎武战略构成新的挑战，给中国和平崛起带来挑战。

在崛起难题中，中国不得不面对的威胁源可以归纳为：

1. 从国内稳定和发展而言，民族分裂和统一的风险与代价，建立公平社会为目标的结构转型的潜在风险。

2. 与大国可能的冲突及其代价：这类冲突包括直接冲突与间接冲突两类，涉及中美、中日、中印等大国。

3. 与其他国家可能的冲突及代价：在一定程度上，中国与周边邻国的冲突可能性甚至大于中国与域外或域内大国冲突的可能性。当然中国与周边邻国的冲突又不可避免地与大国直接或间接冲突联在一起，由这类冲突引发的危机更易发生，更为复杂，解决难度也更加巨大。

二、发展难题严峻

中国面临发展速度太快而老牌国家发展速度减慢之间的矛盾，中国的规模发展也有可能挤占现有自然资源配制和发展空间，进而与一些国家力图维护现有政治经济格局产生矛盾。

① 边疆问题的严峻性成为中国大战略需要重视的问题。参见袁鹏：《新时期中国的大战略——对“十八大”报告的战略解读》（《现代国际关系》2013年第5期），第6页。

对于中国自身发展而言，除了解决高速增长伴生的高能耗、高成本以及环境代价之外，还需要解决能源依赖的困局，从战略高度解决好对外依存与自主性的关系。

发展的难题还涉及如何解决发展安全的问题。中国必须拥有其内外发展必不可少的合理的安全保障能力，而又不至于对他国构成战略威胁错觉。再有，中国必须更深更大地融入现有国际体系，并承担相应的责任。同时，中国在现有体系中的行动，也必须接受体系的制约、监督和限制。这带来了中国与现有体系更加复杂也更难以把握的相互依存问题，对中国的安全环境带来了新的风险和机遇。处理好这一双向互动关系，将使中国的安全环境获得更大范围的保障。

三、国家战略目标

为了破解崛起和发展两大难题，必须与转型期战略目标的调整与重新设定联在一起。换句话说，转型期战略目标的设定必须从总体上涵盖两大难题的解决过程。中国转型期的战略目标，是实现中国由地区强国向有全球影响力的地区大国转变。这一转变的过程也是崛起过程中的重要阶段，同时也是发展水平向更高层次跃进的体现。总体而言，中国转型期战略的目标是在经济上成为全球性的经济大国，在地区安全事务上具有举足轻重的地位，在全球事务上拥有重要影响力。简而言之，中国的国家目标应该是一个具有全球影响力的地区性大国[①]，也就是说，中国实现由地区性大国向有全球影响的地区性强国转变的过程，就是比较好地解决了崛起与发展两大难题的过程。

基于以上分析，围绕崛起与发展两大难题的解决，中国转型外交战略需要努力维护与实现的目标包括：

---

① 唐世平：《塑造中国的理想安全环境》，北京：中国社会科学出版社，2003 年，第 232 页。

1. 维护国家稳定，防范内外部因素破坏。

2. 捍卫主权稳定与领土完整。

3. 维护和拓展能源经济生命线，开拓能源多样化来源。

4. 维护地区稳定和全球秩序。

5. 为全球贸易和经济建设服务。

这五大目标的基本排序是：一是国家主权与国家稳定，二是地缘政治利益，三是国际地位，四是国际影响力，而第三到第五个目标是特别适用于转型期的中国战略目标的。基于以上排序可以看出，转型期的战略目标不仅局限于主权与领土维护等问题，而且要适时、合理地向扩大国际影响力转变。

在转型期内，需要特别强调：1. 与政治安全相关的国土安全、国家统一和周边安全问题，关键是塑造和平环境，防止任何国家对中国及周边环境的破坏，化解与中国敌对和对抗的国家和势力，反对极端主义分裂势力；2. 与经济发展密切相关的能源开发和海上通道问题，强化国防保障能力和反干涉能力；3. 防止周边与中国对抗的国家出现。

除了以上基本目标外，为了更好地打破崛起困局和发展困局，战略转型期需要重点拓展那些前沿性的、能够推动经济和国家实力强劲增长的领域和因素，比如软实力开发、新能源、外太空、网络空间、海洋、极地等。

软实力开发：体制建设战略。强化国际体制的建设能力、议程设计能力与文化传播能力和国家形象塑造能力等。

新能源：包括新战略开发、战略储备、节能技术以及新运输方式手段与渠道。

太空：外层空间的研究与利用。必须着眼于未来太空管理规则，比如太空垃圾管理和太空飞行器安全等制度的预先筹划和制定。

网络空间：不仅仅涉及安全，也有舆论影响，以及网络安全所涉及的决策机密问题。

海洋事务：海洋战略与经济发展的能源需求密切相关，也与海上通道的安全和中国的国防安全密不可分。

极地：极地所具有的战略地位有待强化。作为一个世界性的强国，中国在极地探索与开发的过程中绝不能缺位。

更为重要的是这几大战略领域的相互关联，相互促进，每一单一领域所拥有的综合性目标以及为总目标服务的相关性。

第三节 中国特色大国外交战略规划

在分析了转型期中国外交的挑战与目标定位之后，我们必须更进一步地明确解决挑战和服务目标的战略规划。

大国外交的战略规划需要更好地进行宏观设计和综合设计，统筹调配资源，注重全局协调性和协调效率，连续性地指导相关部门针对一致的目标，遵循相类似的逻辑指导原则，更好地为国家利益服务。

简而言之，处于转型期的中国未来的战略规划需要更加明晰，更加具体，更有针对性的精心部署。

一、转型期战略规划的基本思考

当前，国际形势错综复杂，战略转型曲折展开，出现了前所未有的战略真空，机制缺失、规则盲动的情况时有发生，治理漏洞频频出现。乱局还在发展，不稳定、不确定性因素增多，对中国外交战略新的布局谋篇提出更高要求。

中国外交的战略规划涉及中国外交的长期性、全局性、层次性和稳定性的问题，必须做好顶层设计，全面加以提升。从历史发展大势看，中华民族面临千载难逢的发展机遇期，也正因为此，别国对中国的限制打压也会空前加剧。我们只有强于设计，精于规划，勇于执行，才能在未来的关键发展阶段走稳走好。

转型期战略规划的基本要求是针对复杂多变和可能的较长期的不确定因素，主动进行应变准备，转型期战略规划需要使未来选择更加有序化。分析竞争的性质和趋势，审视和把握机遇，基于自身实力清醒认识的前提下进行慎重而理性的目标选择，实施战略资源的合理统筹调配，确立发展的方式和路径等，需要理解发展逻辑，辨别推动力量、关键因素、关键角色和我们自己发挥某一影响的潜力。更好地进行宏观设计和综合设计，注重全局协调性和协调效率，有力指导相关部门针对一致的目标、遵循相类似的逻辑指导原则，更好地为国家利益服务。

（一）战略规划需要考虑的几大因素

以当前中国的外交战略规划而言，中国的战略设计要充分考虑到三大因素：格局因素，身份因素，安全因素。格局因素涉及国际社会的影响力分布和中国的实力地位，身份因素涉及国家对自身发展水平和发展程度的认识和判定，安全因素则是国家发展和建设的机制保障。这几大因素有机地联系在一起，构成战略规划的总体框架。

1. 格局因素：所处时代和环境的考虑

判定国家所处的时代，从而决定采取什么样的安全理念，是一个国家所面临的最关键问题之一。[①]

首先来分析时代背景的要素性变化：

（1）矛盾冲突呈现不平衡分布。从地区形势的比较来看，在全球范围内，亚洲是矛盾相对集中的地区，而且矛盾冲突处于上升期，应该说随着权力转移的变化，权力争夺的焦点或重心正向亚洲倾斜。

（2）世界范围内的权力转移伴随着地缘政治格局的重组，这一重组的主要方式不是殖民式攫取或抢占土地，而是重点控制能源中心、海上资源或国家、地区和世界交通要道。

（3）矛盾交织，错综复杂。自冷战以来的转型期仍在继续，既有新旧交

① 唐世平：《塑造中国的理想安全环境》，北京：中国社会科学出版社，2003年，第40页。

替的特征，也有新的变革的驱动。各种因素相互交织，各种趋势彼此互动，各种矛盾重合叠加。力量中心的转移，全球金融危机，非传统威胁的出现，能源、生态和粮食安全问题加剧，国际法危机，所有这一切导致世界形势变得极其错综复杂。

（4）权力转移大背景下有可能带来的权力重新分配将可能带来新的组合，但这些新的组合将会带来更多易变的国家关系联盟，出现更多不确定性的影响。

其次，中国周边环境出现前所未有的困境：

（1）亚洲出现了历史性的矛盾关系转变。

要充分认识到问题的历史性和严重性。自冷战结束，在亚太有三大转变：亚太美苏为主的矛盾转为中美矛盾。冷战后，美国一度出现战略漂移期，但随着中国的迅速发展壮大，美国自20世纪90年代开始将中国锁定为战略对手，于是“中国威胁论”甚嚣尘上，由于“9·11”事件的发生，美国又一度将战略重心转向恐怖主义，随着反恐告一段落，美国重新将中国作为潜在的战略对手。

亚洲冷战结构性遗留问题并未解决，这些遗留的结构性问题，比如东亚从北向南的朝鲜半岛以三八线的分裂问题，中日钓鱼岛问题，中国的台海问题以及南海问题等，都属于出自二战而冷战未加以解决的问题。自雅尔塔体系解体，欧洲冷战结束，但亚洲的冷战结构性问题并未得到解决。同样是金融危机的背景，亚洲冲突上升，这是因为亚洲冷战结构性问题易于被激活。国际金融危机与地区形势紧张，国际金融危机对不同地区的影响是不一样的，对于发展中国家的影响是多元的。

（2）主权争端影响中国的和平发展。

捍卫主权重新成为时代主题和东亚的迫切之事。这一方面是因为美国因素的作用，即重返亚太，重新回归以国家威胁为主的传统安全战略，另一方面也是一些国家试图先下手为强，争夺本地区的能源资源，率先打破“搁置争议，共同开发”的局面。

主权问题是不容讨论的，但是现在随着对外依存度的上升，联系性的上升，主权利益虽然不容任何灵活性，但是已经很难割舍对外依存度了。因此，主权争议与和平发展战略之间的关系就出现了矛盾。

从另一个角度看，主权争议还与我们的和平发展战略相关联。在目前的南海争端中，南海被分区管控，在南海东沙、西沙、中沙和南沙四个群岛之中，西沙和中沙在中国管控之下，东沙在台湾地区管控之下，而南沙群岛的许多岛礁则被越南、菲律宾等侵占。其中越南占据的岛礁最多，达 29 个，菲律宾占据 8 个，南沙主岛太平岛在台湾地区控制中，中国大陆实际控制 7 个岛礁。应该说南海的主权争端问题十分复杂尖锐，涉及国际法、历史沿革等一系列因素，很难短期内得到解决。

如何解决好和平发展与主权争议的关系问题必须加以综合考量。所谓文攻武备，仍是中国的战略选项。

（3）外部因素影响亚太与地区局势。

亚洲地区的形势变化是在金融危机后经济形势总体复苏，但发达国家尤其是美国经济复苏乏力的背景下出现的。

亚洲重新成为焦点，亚洲矛盾易发多发。在亚洲内外部因素的联动下，东亚从东北亚到东南亚弧形带热点频发，朝核问题、美韩军演、中日东海及钓鱼岛争端、南海风波等事件形成明显的联动效应。在大国竞争加剧的情况下，亚太地区内部的热点和争端存在被利用、被扩大化的趋势。同时，由于这一地区的亚太多数国家都采取全方位外交，使得紧张局势下的国家关系组合更为复杂多变，周边关系与大国关系复杂联动。对于美国对外战略而言，实力弱时或下降时往往喜欢制造混乱，实力占有明显优势时一定会谋求秩序与稳定。

美国对亚洲的总体战略未变，但出现一系列策略性调整：虽然亚洲在美国全球战略中从未被低估，但由于“9·11”事件的出现，导致美国安全战略集中于更为紧迫的目标，因此，其亚洲战略出现了相对松散的状态。而随着阶段性反恐从十年的紧迫期转为常态化，美国亚洲战略对于全球战略的重要性重新得到强调。

美国加大了地区影响力的重塑，利用亚洲国家或地区间存在的领土纷争，制造有利于美国的地区力量制约和平衡，以东南亚为突破口，强化对中国的围堵施压，构建全方位包围圈，恢复在亚洲的影响力，强调对亚洲的公众外交民主价值和非强制性举措等巧实力运用。

美国亚洲战略的调整使中美关系面临新的困境。

中美关系由反恐带来的安全红利以及合作契机已经丧失，在美国重返亚洲的带动下，领土争端问题空前严峻：领土争端问题与能源问题和经济利益的密切相关加剧了问题解决的难度；领土争端问题与大国关系结合在一起，更增强了问题的复杂性和尖锐性。海洋利益方面的斗争将是长期、艰巨而复杂的。

总之，随着时代的变迁，中国的周边环境随着国际形势的发展也有了新的变化："在可预见的将来，中国需要一种切实可行的大战略来面对三个严厉的现实：美国支配的国际秩序；中国在经济上实质性地依赖于美国支配的国际秩序；中国的邻国倾向于将美国视为一道屏障，意在防止如果中国渴望成为东亚主导国家而可能对他们构成的威胁。"①

因此，维持与大国的战略稳定关系，保持与周边邻国的友好互助，承担相关的安全责任，有效地控制周边热点不致出现危机失控的局面，是当今时代与环境因素对中国外交战略提出的重要课题。

2. 身份因素

中国必须基于自身实力的准确判断和在国际舞台的新角色和位置变迁提出新的战略规划。国际地位影响着国家实现其战略目标的可能性。对于中国外交而言，一定要准确、全面地了解外部世界演化，同时准确定位自身实力和能力。对变化的国际形势之中的自身实力的判断出现误差，往往会导致战略性失误。

① 郭树勇：《21世纪前叶中国外交大战略刍议》，《太平洋学报》1999年第2期，第92-93页。

在自身评估的过程中，要特别注意影响问题解决的关键因素是什么，自身的核心竞争力如何，如何实施有效的资源配置等。

关于实力地位有三个基本判断：霸权主导国的实力和地位，国际格局的变化，还有就是对自身实力的判断。这三者决定了中国对外战略的准确性和针对性。目前我们对自身实力以及国际形势的判断缺少科学的评估方式。比如有些人基于 GDP 总量来判断国家实力对比，但实际上应有一个 GDP 总量和人均 GDP 的综合实力评估才能更加准确地反映一个国家的真实实力。“中国仍然是世界上最大的发展中国家。中国的人均国内生产总值仅相当于全球平均水平的三分之二、美国的七分之一，排在世界 80 位左右。按照我们自己的标准，中国还有 7000 多万贫困人口。如果按照世界银行的标准，中国则还有两亿多人生活在贫困线以下。中国城乡有 7000 多万低保人口，还有 8500 多万残疾人。”[①]

再有，对于中国国际影响力的评估，也应该包括中国对外投资能力、国际贸易总量、海外利益、软实力传播能力和在各类国际机制中中国制定和提出议题、表决权发挥作用能力等因素的综合考量。显然，对于涉及自身实力地位的判断需要有更加准确的以数据为依据的研究。如果缺乏比较明确的判断，我们的对外长期战略制定就将缺少科学的参照系，导致战略制定出现主观臆断或夸大事实的做法。

在涉及实力地位问题时，中国实力的相对变化比绝对变化意义更大。中国在国际上居于弱国地位和中国成为国际上举足轻重的国家显然决定着中国大战略的不同走向。

对于中国而言，最为重要的是在把握实力变化的过程中，避免简单的线性思维，要认识到实力变化的多种可能性。当判断实力变化时，往往存在简单化倾向：当一国面临某种危机时，唱衰该国的线性思维会占据上风，而当一个国家实力上升时，进一步的发展和壮大便会被认为是顺理成章。在中美实力一升

---

① 《习近平主席在华盛顿州欢迎宴会上的演讲全文》，2015-09-23，http://news.china.com/focus/xjpfm/11174229/20150923/20452182.html.

一降之时，我们必须避免中国实力的线性增长论与美国的直线衰落论，而必须考虑到中国发展的可能的曲折期与美国实力重新回升的可能性。

必须要对国情、世情有准确的把握。对于高速发展的中国而言，尤其需要避免对自身实力产生不切实际的判断，更多注重实力质量而非实力数量的提升，否则就会陷入实力绝对变化不平衡的陷阱，使国家难以把握，失去节制而产生与实力不相符合的扩展冲动，进而导致战略上的盲动。

“战略的适时适当与与时俱进同样是战略制定难以把握的平衡关系。对于战略而言，时机的重要性是不言而喻的，同一战略出现在不同时期，其效果会完全不同，适时推出适时的战略是战略能否发挥更大效用的关键。战略是一个过程，一种不断的调整，以便在一个偶然性、不确定性和含糊性占优势的世界上适应变动中的条件和环境。”①

相对实力不占优势时须保持不对称威慑，必须有撒手锏，重点突破。战略威慑已经成为国际安全框架的基石之一，孙子认为，战略威慑甚至比实战能力更为重要，这也是“不战屈人之兵”的精髓所在。他主张：“不争天下之交，不养天下之权，信己之私，威加于敌，故其城可拔，其国可隳。”②

因此，我们必须维持有效的“最低限度的战略威慑”③，以阻止任何潜在的敌对力量威胁中国生死攸关的利益。如果任何国家试图抵消中国的最低限度的战略威慑，中国就必须发展出能够继续维持这种威慑能力的手段。

在权力仍然是多国战略的主流理念的前提下，中国的战略规划也需要考虑必要的战略制衡问题，立足于以弱抗强，以柔克刚，更多发展软制衡的战略。软制衡“也可以说是缺乏联盟形式的适度制衡。它经常以有限的军备积累、合作演习、地区或国际机构的协作为基础”。“软制衡包括对一国社会、文化、

---

① 时殷弘编：《战略二十讲》，天津：天津人民出版社，2007年，第22页。

② 《孙子兵法·九地篇》，转引自普颖华、华名良主编：《百战百胜——孙子兵法》，北京：中国物资出版社，1994年，第148页。

③ 唐世平：《塑造中国的理想安全环境》，北京：中国社会科学出版社，2003年，第87页。

经济和政治资源利用的信心，鼓励合作以对抗强大权势。因此，软制衡所采取的措施并不直接挑战单极国家的军事优势或是努力改变世界秩序，而是寻求延迟、复杂化或者增加较强国家使用其权力的代价。”[①]

如何更好地实施软制衡以及由此而来的战略制约力，应该成为中国战略规则中的要点。软制衡和战略制约力对于保障在实力相对劣势且没有采取权力均势战略的中国维持住一个有利的安全环境和发展空间是十分必要的。

为了更好地运用有限的实力为国家大战略服务，要充分关注到全球化时代国内外因素密切联动的特征。加快把国家实力转化为战略解决能力的过程，要善于调动各种力量和因素进行组合和调整，形成新的优化组合，强化力量实施的针对性和实效性。

3. 安全因素

安全因素除了分析权力变迁可能带来的冲突以及危机性质以外，尤其需要判定威胁源。

制定战略规划的前提之一是要明确中国的威胁到底是什么，中国的安全关切是什么。

在威胁指认[②]上一直存在国家威胁为重还是非国家威胁为重的讨论，一种

---

① 朱锋、［美］罗伯特·罗斯主编：《中国崛起：理论与政策的视角》，上海：上海人民出版社，2008年，第51页。

② 如何界定和判断威胁一直存在着争论：一种观点认为，威胁是对某些行动进行惩罚、破坏以及造成损失的意图。另一种观点认为，威胁是对危险的感知。科恩认为，威胁是旁观者、决策者对国家即将面临军事、战略或经济损失的预期。第三种观点认为威胁应是上述两者的结合。克诺尔将威胁分为两种：现实的，是基于对方特定信号和意图的推论；潜在的，是根据某种环境的判断或仅仅基于对方能力的考虑。戴维·鲍德温指出，威胁至少有三种界定方式：在博弈论者看来，威胁就是A国采取某种措施以改变B国的未来行为；社会心理学派则认为，威胁是国家对受到伤害的预见；第三种观点认为，威胁是一种关系互动，即A国使B国感到恐惧，并不得不顺从。从这些定义可以看出，威胁是一种主客体关系，威胁主体是对别的行为体具有一定破坏实力或意图的行为体，威胁客体是威胁主体的威胁意图指向的对象。威胁的构成要素主要有实力和意图，实力是基础，但仅有实力不一定构成威胁，实力需要意图的引导。1958年，戴维·辛格提出了一个著名的判断威胁的公式：威胁 = 被估计的能力 × 被估计的意图。参见周丕启：《大战略分析》（上海：上海人民出版社，2009年），第105页。

看法认为国与国之间不是敌人，国家的敌人不是国家，而是威胁组织或威胁事件；另一种看法认为国家威胁是重大而主要的威胁。传统安全理论认为国家威胁是最大的威胁，在现实主义战略设计中必须有一个国别敌手或潜在敌手，并以此制定相关战略，但“9·11”事件之后，美国的对外战略出现了阶段性调整，暂时以非国别敌手也就是非国家行为体恐怖势力作为战略敌手，经历了10年的反恐战争，从2011年开始，美国又恢复将国家威胁作为主要的战略威胁，于是强化联盟、注重平衡的战略重新成为主流。

对于中国这样的发展中大国而言，我们既不能忽略来自国家的威胁，也不能忽略非国家行为体的非传统安全威胁。但是基于大国之间的战争很难发生的判断，传统安全的战争威胁的程度已经降低，而非传统安全威胁的挑战正在上升，也显得更加迫切。以恐怖主义为例，虽然恐怖袭击造成的数量损失可能不如自然灾害或环境威胁，当然更不如战争威胁，但对于社会稳定、民心意志等杀伤力巨大，因此对于恐怖威胁的评估不能简单以数量来界定。传统安全威胁和非传统安全威胁已经成为并行的两大威胁。

对于中国安全战略而言，简单地区别传统安全威胁与非传统安全威胁何者为重已经很难适应中国的发展需要。鉴于国际形势的总体演变，鉴于中国的外交战略由战争与和平向和平与发展战略的根本性转变，经济发展是中国外交战略之纲，维护有利于经济发展的周边安全环境和国际安全环境是中国外交战略的重点，因而凡是破坏中国发展经济的威胁因素就是我们防范的重点。为了实现发展安全的目标，必须强化综合安全的概念，跳出国别划分威胁的束缚，制定全面的针对传统与非传统安全威胁相结合的威胁应对方案，继续坚持以非传统安全合作促进传统安全合作的思路，标本兼治，营造有利的安全环境。

在战略规划过程中，除了要明确国家面临的总体威胁状况，还需要对安全问题进行具体化，主要包括以下步骤：一是对具体威胁进行分类。根据威胁涉及的领域，可以把其具体化为政治的、经济的、文化的、外交的、军事的威胁等；根据威胁的作用范围，可以具体化为全球性威胁和地区性威胁等。二是对具体的威胁进行评估。以具体领域的威胁为例，首先要对该领域相关国家的战略实力进行评估，主要包括评估具体领域相关国家的实力、战略资源和战略实力。其次要评估具体领域内相关国家的威胁意图，内容包括该国元首、政府首脑及有关领域部门主管首长的讲话，相关国家的具体领域的相关报告、发展计划，相关国家在具体领域动用和使用实力的态势，相关国家在具体领域对本国的认知，与相关国家在具体领域的利益矛盾程度等，在此基础上，确定相关国家在具体领域的威胁意图强度。三是确定威胁的程度。①

只有对威胁源进行更加细致深入的分类分析，才能更好地制定出有针对性的更有实效的且兼顾综合平衡的战略来。

二、特色大国外交战略的基本原则

中国特色大国外交战略的和平属性没有改变，也不会改变。这就要求我们在战略规划过程中把握好与其他国家的互动关系，审慎处理各种突发事件和热点问题，强调针对共同威胁的合作。

（一）坚持和平、合作与发展的总体指导原则

中国的和平战略实际上涉及几个大的方面：和平统一，和平解决争端，和平发展壮大。

而和平发展战略要求中国注意到两个方面的问题：首先是要基于发展制定战略。基于威胁制定战略与基于发展制定战略有巨大的不同，一般而言，基于发展制定的战略层次上高于基于威胁制定的战略。基于威胁仅限于政治安全，而基于发展更为综合。

---

① 周丕启：《大战略分析》，上海：上海人民出版社，2009 年，第 107 页。

如果是基于威胁制定的战略，体现为反围堵战略，集中于解决如何减少被联合围堵的可能性。显然，中国的和平发展战略是基于发展的综合战略。转型期对于发展的综合性提出了更高要求："中国目前的大战略首先关注那些对其国家核心利益（领土和政治统一）产生潜在威胁的因素。但是，自冷战结束以来，这些威胁也发生了变化。……北京需要大战略，不仅是用来捍卫中国的国家核心利益，应对外部威胁之类的'消极目标'，而且也是为了服务于日益突出的'积极目标'——谋划中国成为真正的超级大国。"①

其次是基于共同威胁制定的战略与基于国别威胁制定的战略也有不同。中国的和平合作理论与其他历史上一些大国的根本不同在于，中国是把共同威胁置于首位和理论的逻辑起点，而不是把别国或他国威胁置于首位而制定政策。我们不是把国层次的国别威胁放在首位，而是把共同威胁人类重大的威胁置于首位，把他国与中国置于一个共同的整体之中。正因如此，才保证了中国与他国共同协作的合作战略得以实施。

中国特色大国外交战略要想取得重大推进，就必须关涉全局，意境高远，层次突出。转型期战略针对的威胁源是共同威胁而不是国别威胁，将可能极大地化解我们所面临的崛起困境，也将从根本上明确我们的和平发展方向。

（二）强调与国际社会的良性互动

必须顺利地实现不断被国际社会所接受、所认可的过程。中国的转型期战略是发展过程和壮大过程中的战略，是弱国向中等强国转变的战略，是由规模大国向质量强国转变的战略，也是中国从边缘向中心的迈进过程。如何让原本占据中心位置的国家接纳中国是一个重要课题。从国际层面看，就是中国不断内部壮大、向外发展、内外兼修的过程，内部壮大与向外发展两者是有机整体，互相作用，也就是说改革必须与开放联在一起。而向外发展的过程对于国际社

① ［美］金骏远：《中国大战略与国际安全》，王军等译，北京：社会科学文献出版社，2008年，第28页。

会的影响具有两面性，既可能带去福音，也可能带去竞争压力。只有坚定地把握互利共赢的法宝，才能趋利避害。

（三）必须把握好稳定与求进的平衡

特色大国外交战略需要更加注重稳定与作为的关系，有守有为，有进有退。对于转型期的中国外交战略而言，适度与平衡是战略规划的关键。既要积极解决问题，化解危机，又要注意适可而止，量力而行。

“中国大战略的目标是，既增加中国的国际影响，又不至于触发‘抵衡反应’（counterbalancing reaction）。”[①]

中国改革开放以来的对外安全战略一直在谋求一种相对周全的设计，既反核扩散，又保障地区稳定，既捍卫核心利益不让步，又要维护合作大局不动摇。反对因领土争端而出现局部战争，又要有效、合理控制危机；谋求真正的伙伴合作，而又不影响与其他国家的合作。合作需要针对性，合作又需要非排他性，在许多重大问题上都需要把握好平衡与分寸。应该说，这方面的努力取得了显著成效，但仍需进一步完善，需要更强有力的制度保障。

（四）协调好自身实力和与之相应的国际责任之间的关系

在中国发展壮大的国际进程中，中国已由是否承担国际责任向如何承担国际责任的转型战略转变。尽什么责任，如何尽责任，在全球公共物品的哪些领域我们可以提供更多的公共产品，已经成为日益迫切的、不可回避的议题。从现阶段及未来的发展进程看，中国可以在国际援助资金、国际发展资金、和平基金、国际灾害援助、公共基础设施建设、公共卫生设施的提供、更加公平合理的国际规则制定、国际道德导向等领域发挥更加积极的作用。

当然，在承担更多国际责任这一转型过程中，特别需要知识和技术的积累

① [美]金骏远：《中国大战略与国际安全》，王军等译，北京：社会科学文献出版社，2008年，导论，第14页。

和准备，信心和心理的准备，还要注意能力和意识的培养，从而实现由弱国发展战略向强国发展战略的渐进转变。中国应有中国式大国的立场、心态、气度和责任，中国虽然仍是发展中大国，但终究已经成为一个大国。中国必须有这一大国身份转变的心理准备，也必须有与大国地位相应的能力建设。

（五）规避或减少可能的风险

从战略高度解决好对外依存度与自主性的关系。

国家发展的战略困境之一是只剩下排他性的单一选项，比如由于战略资源困境导致国家铤而走险。为了避免这种情况的出现，就必须保持一个国家的自主性，不能够过分依赖于外部世界。对外依存度有可能影响自主性，减少战略选项，因此对外依存度必须有一个合理的限度。而适时发展内需、扩大内需就成为当前的紧迫任务。

当前，中国国内能源需求不断上升，而新能源又难以为继，战略能源的对外依存度过高存在显见的风险：过度依赖外部能源供应等于把一国经济的发展在很大程度上交由国际不可控因素，导致国际市场和他国政治社会的波动风险直接影响中国经济的稳定发展。从这个角度讲，在能源和其他关键战略物品的对外依存上，谁率先摆脱对外部世界的过度依赖，谁就能占据先机；谁率先摆脱能源危机，谁就能脱颖而出。

中国必须不断强化战略资源的储备，必须要有多种预案和战略储备，避免因为过长过大的对外依存影响对外战略的选项。适时完成对外战略石油储备的收购任务已经是紧迫议题。同时，黄金战略储备对于货币多极化的意义是十分重要的。

要解决好对外依存与自主性的关系问题，必须增强承受能力、应变能力，也必须扩展战略纵深，要有更为广阔的战略回旋空间。

对于中国而言，在融入国际体制同时保持相互依存的大前提下，有预见性地保护自主性，这是中国转型期战略规划的重要一环。

保护自主性，首先必须不断扩大内需和内部挖潜，这需要国内各部门和对外贸易部门的高度统一、协调部署。

其次是增强科技的自主性，科技产品自主研发和拥有能力。20世纪70年代，美国兰德公司就指出：“只有技术独立，才有经济独立，才有政治独立。”中国需要有适量的技术引进，但要有发展核心技术的战略。

第三，扩大能源运输线的多元化开发。中国于1993年首度成为石油进口国。进口石油占到了中国石油消耗量的1/3，有58%的石油来自中东，因此，必须着手开展海陆并行的多元运输线的建设。

总之，为了减少对外依存度以及将对外依存保持在一个科学合理的水平，更加注重均衡发展，强调战略储备，扩大和完善国内市场是一个长远的战略选择。

（六）强化危机管控能力

中国面临的新旧危机交叉重叠，既有国际层面的经济风险、金融风险、全球治理难题，也有中国与周边的安全问题，包括最为棘手的涉及中国主权的热点问题和“三独”问题，还有涉及国际军备控制和核不扩散机制的核安全问题。从核安全问题而言，中国周边邻国朝鲜的核问题仍是潜在的重大危机爆发源。很多与中国相关的危机都具有复杂性、持续性、历史性，解决难度很大，且非一时能够解决。这些危机中的任何危机出现失控，将会对中国的发展安全带来巨大冲击。因此，对于难解危机必须加大预防和管控力度，还必须与其他国家充分协商，增强信任，在多边制度层面上加强设计。从根本上说，必须将危机管控置于大战略规划的框架之中，立足于从长远、整体上加以解决。

总之，为了更好地制定转型期战略规划，应特别注意统筹兼顾、重点突出、取舍得当。

善加取舍始终是需要特别把握的原则。战略设计的法则始终在于有所取舍。善加取舍对于中国外交战略而言是十分重要的，对于发展中的中国外交而言，希望达到的目标很多，但就能力而言，能得到的仍然有限，因此，应重点把握关键的、决定性的、不可替代的因素。对于当今的中国外交而言，有助于国际认可和国家形象的软实力的提升及海上利益维护和拓展应该是战略优先目标，涉及能源运输和能源开发、远程抵达能力、太空资源、网络能力等技术优势的获得则是重点战略领域。

当前，无论是国际形势，还是周边地区形势，都处于不断调整之中，呈现出新的特点。基于此，中国转型期战略规划必须强调整体性、系统性、协调性，尤其是协同性，进行复杂系统的综合梳理，强化配套的、联系的、有层次的精心设计。

三、大国战略的实施细则

综上所述，转型期的中国战略规划一定要有配套的、层次递进的、相互关联的设计。要兼顾平衡，规避风险，保持独立性，避免过于依赖他国。既要重点突出，以点带面，又要统筹兼顾，综合平衡，取舍得当，考虑到各种因素、各种利益的互动。

从战略规划的基本构想来看，必须兼具广阔的视野，战略重点突出，同时具有切实可行的战略手段和实施路径。

对于中国外交战略而言，基于总体指导原则，在战略制定中，首先要在新的全球战略视野下实施更大范围的战略覆盖，实现更加广泛而有效的战略抵达和战略平衡，关键时刻能对可能出现的破坏国际稳定和和平的组织或势力施加战略压力和抑制力。中国的对外战略与美国有本质的不同，中国谋求的不是霸权战略，而是和平合作战略。中国作为世界第二大经济体，经济合作遍布世界各地，中国的国家利益不断拓展，也遭受着来自传统与非传统安全问题的各类挑战，因此，必须具有更为有效的战略维护能力。既要突出战略着点力的建设，又要管控好战略要冲，积极参与国际危机热点的解决。

其次，以新型合作关系作为战略实施的主要手段。中国坚持不结盟战略，不搞联盟战略和霸权为目标的均势战略，但必须加强战略合作伙伴的选择、培养与巩固，必须在多边合作平台形成一些新的关系组合，在上合组织、G20平台强化功能性合作的开发。同时在战略上需要更有针对性和全局性。中国的战略伙伴相对松散，不像联盟合作那样具有有机性，而且往往针对不同的目标，很难形成面对共同威胁的合力，因此，必须加强战略伙伴之间的协同性。在战略伙伴的选择中，既要强调强强联手，也要注重强弱互补，尽可能做到不以强化某种组合而牺牲其他联合与合作为代价。这就是全方位外交的题中要义。

第三，必须进一步明确中国地缘战略转变的阶段性划分。中国由弱国向强国的转型战略过程应有三个阶段：第一阶段重点实施地区战略，也就是传统的周边战略；第二阶段是大周边战略，向传统周边的外围延伸，包括太平洋和印度洋的两洋战略和向西以中亚及中东为外围、东向跨太平洋的拉美延伸的海陆战略；第三阶段为全球战略，全球战略并非霸权战略，而是更加注重地区战略与远洋战略的统筹平衡，更加注重对欧亚大陆和海洋战略的相互结合。虽然从各方面考虑，周边战略和其他地区战略几乎同时展开，但是从阶段性出发还是应该有所侧重。当前仍是重点实施地区战略的阶段，地区战略的关键是营造和保持周边稳定与发展的态势，避免危机升级，避免大战爆发。当然在实施地区战略的同时，也需要大国综合平衡的保障，也需要其他地区战略相互配合，相互补充。随着转型期战略的深入，中国将进一步由防御性地区战略向大周边战略转变。

总体而言，中国特色大国外交应从三个层面进行总体谋划：

其一，从国家层面看，发展新型国家关系，平等合作，不以大欺小，也不以小慑大。从地缘上看，就是要变传统的远交近攻为远交近合。

推动不冲突、不对抗、相向而行、互利共赢的新型大国关系，使大国关系成为不结盟但结伴携手而行的战略合作伙伴。中国在与其他国家的关系上，对于弱小国家遭受侵略的历史感同身受。因此，基于自身历史和中国的国际道德和文明观，中国一直主张和践行多元主义文明观，主张尊重文化和文明的多样性，决不谋求文明的强求一律。对他国独立表现出真正尊重，也是对自身文化的捍卫与尊重。中国不搞强制，也不接受别国的强制，求同存异，适可而止，这是东方智慧分寸、恰当与适度的体现。

从发达国家、发展中国家和周边国家这三者来区分，从中国所能构成的关系硬度和关系基础来划分，无疑，中国最可信赖的国家还是发展中国家。这是从认同基础来看的。周边国家中的发展中国家是重中之重，发达国家更多是经济合作伙伴，而不是情感和道义上的朋友。当然，与发达国家也需要不断在求同存异、包容互鉴的基础上加强彼此的尊重与认同。

其二，从地区层面看，推动多边地区机制的构建。地区多边机制的建设要适合发展中国家现实的需要，低起点，重基础，广参与，普受益。基础设施、制造业以及制造业升级、投资、互联互通、环保建设等领域大有可为。

联与通是关键，广泛普及、低起点是核心。只有低起点，才能广参与。小型高门槛的富人俱乐部不利于本地区多数国家的发展需要，也不符合本地区的现实。

两轮驱动是重点：经济共赢合作，安全共建共享，这就需要亚洲安全观和新安全机制的构建。这里，亚洲意识的觉醒、亚洲价值观的体现、亚洲治理模式的探索至关重要。亚洲必须具有亚洲的发展现实，基于亚洲人的观念共识，基于利益共同体和命运共同体的切身体验、感悟和认识，基于普遍的、渐进的、自愿的意愿，形成更具有时代和地域特点的更具有包容性和兼容性的地区秩序。

亚洲的秩序构建将遵循三个阶段的目标：互联互通的合作伙伴；规则共建共循，遵约守信的地区一体化机制；最终实现深度融合，形成密不可分的相互依存的亚洲命运共同体。

其三，从国际层面看，就是要充分利用联合国等国际多边平台，发展 G20

等全球治理平台，推进金砖国家等新兴发展中国家平台。承担应有的责任，发挥建设性影响，维护现有体系。

四、中国特色大国外交的阶段性战略分析

中国特色大国外交战略仍是和平与发展总战略的一部分或一个阶段性战略，没有脱离和平与发展这一时代主题，仍然受到和平与发展这一大方针的指引。中国并未出现战略目标上的变更，而是连贯和持续的，认识到这一点是十分重要的。这是判断中国大国战略性质的关键。中国的战略是持续的，只是处于战略实施的不同阶段而已，现阶段的战略仍是推动与促进和平与发展这一时代潮流和趋势的发展。方向是明确的，指导须有连续性。

中国特色大国外交战略是有长期持续性的战略，这一战略的核心是和平与发展。和平与发展贯穿中华民族复兴全过程，但这一持续性的战略需要经历不同的发展阶段，每一阶段的任务与侧重点会随着国家实力和形势变化而有所不同。而转型期的特色大国外交战略尤其需要注意阶段性发展的问题，要充分认识到所处发展阶段的特殊重要历史意义。

（一）特色大国的阶段性与战略

1. 特色大国外交的阶段性

战略规划与实施需要强调阶段性。划分和界定好不同阶段以及不同阶段的任务、目标和责任，对于做好战略谋划和设计，合理使用资源，分步骤渐进式完成战略目标具有十分重要的意义。“各战略步骤之间是有着密切的内在联系的。在确定战略步骤时，既要研究完成当前战略任务的客观条件，又要分析遂行后续战略任务的行动需要，把两阶段任务结合起来考虑。确定各战略步骤，要求相互衔接紧密，适时顺序过渡，不能硬性超越。战略步骤的

确定是否科学合理，对完成战略任务具有重要影响。”[①] 根据自身实力制定对外战略、把握阶段性目标和时机对于中国外交战略规划至关重要。任务与目标要清晰，以我为主，按照中国发展的进度和节奏推进目标。超越阶段论的冒进与没有适时完成任务所造成的问题同样严重，尤其是在中国实力处于由地区大国向地区强国的转型期内，必须切实避免战略上的冒进，避免他国设下的可能导致中国冒进的陷阱，避免战略透支。在中长期战略博弈中，防止颠覆性错误的关键之一就是避免超越阶段性或冒进。对方不一定能打败你，但会等待和利用你的错误，同时也会诱使你犯错。防止对方诱引式犯错是十分重要的战略法则，尤其不能慕虚名而处实祸。

从战略的角度看，苏联时期的对外战略由于片面追求军事实力，制定了不符合苏联国家利益的与美国争霸的目标，并且毫无节制地采取对外扩张，终于导致苏联的解体。这一教训是十分深刻的。

殷鉴不远，中国外交战略规划中最为重要的是处理好短期收益与长期收益的关系，要特别注重布局和稳步推进，注重积累效应。

划分阶段性有利于保持连续性，也有利于明确变化性，既有传承也有变化。转型期出现了实力转换，因此，变化大于传承。

在总的战略目标确定之后，要考虑战略实施的阶段性目标，要有针对形势变化的阶段性调整和变化。关键是解决好阶段性发展战略的定位，既不超越，也不错失。这就要求考虑好战略范围的限度。根据自身实力制定对外战略，把握阶段性目标和时机，对于中国外交战略规划至关重要。中国正处于对自身国家利益进行重新界定和评估的过程之中，随着开放进程的进一步深入，海外利益也在不断扩大。在这个时候，需要格外理性和谨慎，哪些利益是核心利益，哪些是重大利益，都必须心中有数。而如何维护和捍卫这些利益，哪些手段适合于哪些利益更需要仔细权衡和考量，否则就可能会出现目标过大或力所不逮

---

① 徐国平：《战略决策新论》，北京：国防大学出版社，2011 年，第 4 页。

的情况。

阶段性调整和变化不能导致对总目标的偏移，从而背离总目标的实现。要有适时性和适当性，审时度势，积极进取，顺势而为。范蠡认为，天道“盈而不溢，盛而不骄，劳而不矜其功”，维护国家安全也应当遵循自然的规律和模式，做到“随时以行，是谓守时”，“时不至，不可强生；事不究，不可强成”。也就是说，维护国家安全，进行军事斗争，要顺应天时，把握时机，既不超前，也不滞后，以时机是否有利、战机是否成熟来决定斗争展开与否，不能在时机不成熟的情况下盲目进取。[①]要适可而止，不超越实力与力量的边界，不触碰危害战略实施的底线。所谓战略底线，首先是避免战争，避免因热点争端引发战争和失控危机，威慑对方不敢侵犯中国核心利益的能力，保证面对对手挑衅具有足够的反制力。当然，我们还要避免过犹不及，既不盲目超越，也不能错失良机。

在任何国家，无论掌握政权者从属于哪个阶级，都不可能超越国家利益来制定安全与发展的战略。虽然不同的领导人对国家利益的认知与实现方式会有所不同，但不可能脱离现实需要和国际格局制约。[②]

中国古代战略思维中强调“与时屈伸”。“与时屈伸”的思想，就是要正确判断形势，根据客观形势确定战略的基本取向——进还是退。特别是在形势不利时，要能够灵活地进行坚守，并隐忍等待。“抗威以待时”的思想，对于弱势国家的安全战略选择，具有重大的意义。[③]

战略的制定就是要做到有所为，有所不为，既要利用有限的资源与精力实现一些目标，也要放弃一些目标。

---

①《国语·越语下》。转引自军事科学院战争理论和战略研究部编著:《安邦大略——中国历代国家安全战略思想论析》，北京：军事科学出版社，2007年，第44页。

② 窦国庆：《大国突围：历史上大国突破困境的战略及其现实借鉴》，广州：广东经济出版社，2015年，第49页。

③ 参见王羲之谏殷浩北伐。军事科学院战争理论和战略研究部编著:《安邦大略——中国历代国家安全战略思想论析》，北京军事科学出版社，2007年，第214页。

转型期的特色大国外交战略尤其需要注意阶段性发展的问题。忽略战略实施的阶段性，忽略战略过程需要阶梯式递进，忽略即使是为了同一个战略目标，战略能力建设也需要有不同的要求和匹配度，将导致战略制定和实施的混乱，以及实施效率的不足，也无法带来清晰的战略反馈。

战略制定的关键是把握好目标与能力之间的协调，尤其是强调阶段性目标与能力之间的一致。

战略设计和战略运用除了需要注意目标与能力的相互适应，还要注意进程和进度的变化。每一阶段战略的重要考量指标更须考虑能力和目标的匹配度问题，要有精细化设计。

2. 阶段性划分与相应战略

从中国外交自改革开放以来的战略演变而言，中国外交的转型期为三个阶段：发展阶段，提升阶段，振兴阶段。这三个阶段相互衔接，由弱到强。发展阶段的战略可以简化为融入战略：这一阶段从改革开放的初期一直持续到冷战后的2010年左右，通过不断改革开放，引进技术和外资，发展经济，壮大自身实力，不断融入国际体系，使中国由一个封闭型的国家发展为一个国际性的大国。从2010年至今，为提升阶段，相应的战略为竞合战略。从国内来看，要完成经济由粗放型到精细型的转型调整；从国际上看，要由体系的参与者、维护者向着现有体系的建设者和完善者转变。要在国际体系发挥更大的作用，承担更大的责任，推动国际秩序向着更加合理的方向转变，从各个方面实现综合成长与完善。第三阶段为振兴阶段。应该是从中国实现两个百年目标之后开始，相应的战略为融合战略。中国复兴的战略目标在国家间关系上不是体现为战而胜之，而是不战而胜，实现化敌为友，化竞为合。在国际上完成共同振兴，均衡发展。

现在正进入转型期的第二阶段即提升阶段。这个阶段有别于第一阶段，也不同于第三阶段，这个阶段承袭和积累了第一阶段的成果，面临更新换代，同时也与第三阶段的振兴密切相关，可以说是最为核心和关键的时期。中国正处于力量发展的壮大期和提升期。这是一个承前启后的阶段，也是重要战略转折期的新阶段[①]，是由量变积累向质变升华的阶段，因而是一个十分关键的阶段。这也是中国特色大国外交实施的战略机遇期。同时还是需要继续不断壮大自我的时期，必须采取更加积极有为的战略。实力的壮大要求能力的提升，要求把实力转化为战略实施能力。只有从战略上运筹这些能力才能有效地把握好发展机遇，实现新阶段的目标。

（二）特色大国外交提升阶段面临的挑战

从中国自身所面临的问题和挑战来看，可以归结为以下几个方面：

从国际层面看，大国关系错综复杂，力量对比出现新变化，国际形势不稳定，不确定因素的干扰增多。

从国际体制机制层面看，不合理的国际机制对中国形成较大束缚。由于中国等国在国际体系中的作用和影响上升，以美国为主的老牌发达国家正筹划建立排斥中国的新机制，阻止中国提升规则制定权和影响力。

从周边环境看，中国周边国家众多，情况复杂。“与周边主要邻国和世界其他大国的关系存在‘隔阂—敌意—矛盾—正常化’的循环往复。”[②]在周边，

---

① 习近平强调，综合判断，我国发展仍然处于可以大有作为的重要战略机遇期。中国与世界的关系在发生深刻变化，我国同国际社会的互联互动也已变得空前紧密，我国对世界的依靠、对国际事务的参与在不断加深，世界对我国的依靠、对我国的影响也在不断加深。参见《中央外事工作会议在京举行习近平发表重要讲话》，2014-11-30，http://china.cnr.cn/news/201411/t20141130_516925286.shtml.

其二，中国的机遇不是等来的，而是争取或创造来的。我们最大的机遇就是自身不断发展壮大。

其三，机遇不仅是自己的机遇，也是世界的机遇。让中国发展的机遇变成世界的机遇，只有这样的机遇才能持久。

其四，美国重返亚太虽然被视为一种战略性的调整，但其战略性的部署并没有真正落实。由于其经济的问题，战术上的实施手段远多于战略性的部署。比如利用和调动盟国冲在一线，这是为了掩饰美国离岸平衡的战略目的。美国战略性的投入有，比如海军力量的 60% 投在亚太，但相关的部署并没有到位。也就是说，美国意愿和能力在亚太战略部署上仍存在差距。这是一个总体判断。

② 沈大伟：《中国走向世界：不完全的大国》，转引自晓岸：《中国外交 65 年的累进与两年的粹取》，《世界知识》2014 年第 21 期，第 52 页。

面对域外大国和亚太联盟国家对中国的牵制，中国与周边国家又存在经济合作在持续而安全合作在减化的状态，经济合作原有的推动国家关系正向发展的驱动力在减少，政治经济双轨互动显现出不对称和非良性的趋势。

还有就是大国战略处于转型期的不断调整和变化之中，战略与战术判断混淆交织，增强了战略性研判的难度。

随着中国不断融入国际体系，随着中国金融体系的开放，人民币国际化的提升，中国面对外部系统性风险的可能性也在加大，牵一发而动全身，对可能出现的系统性风险的宏观与微观相结合的前瞻预测和把握提出了更高的要求，也加大了中国的综合战略研判能力的挑战。

国际上对中国的变相的、不公正的人权施压，对中国国际形象仍在产生着持续的、负面的影响。国内转型所带来的不确定、不稳定的风险与外部渗透的介入里应外合。国内包括雾霾等环境治理等发展难题可能引发就业和舆论压力。从中国自身能力建设看，面临着能源困局与日益增长的能源需求的矛盾，富民与环保也存在短期内难以突破的困境。中国的内部自我再生能力、自主能力及自主创新能力仍显不足，国内治理问题成为国际敌对势力和非友好组织借题发挥的靶子。

从总体上看，中国面临的安全问题具有这样一些共同的特征：

1. 地区问题、周边问题全球化，域外问题周边化。

2. 政治安全问题经济政治化，问题的综合性交叉性不断加大，解决问题的难度和复杂性不断上升。

3. 国内问题国际化影响程度大于国际问题国内化影响程度。

4. 公众舆论对外交政策影响更大。在现代通讯和信息时代来临之前，各国民众舆论对外交政策影响较小，而互联网时代舆论影响大增，舆论绑架外交政策的风险程度在上升。舆论的国际性在增强，存在着国际与国内相交织的问题。由于舆论的公域性，很难区分这种舆论是来自国内还是国外。

中国自身所面临的挑战，实际上与战略上存在的一系列的两难困境密切相关：中国需要和平发展，但维稳涉及国家统一和领土完整以及一系列海洋争端；经济上相互依存程度加深但又需要维护经济科技自主性的矛盾；从国际与国内的关系看，中国正处于国际与国内实力有限而海外利益不断发展的时期。随着经济全球化继续发展，中国资本和技术劳务需要新的市场。中国每年的海外游客和商人已经过亿，海外利益包括投资和领事保护问题的要求越来越高。从国内看，正面临国内经济需要升级换代，国内就业社会压力增大的现实。“中等收入陷阱”有可能导致国内经济实力下降，使得中国经济下行压力加大，对外则需要扩大影响力——由于海外利益保护的需要，中国的安全主权在延伸和扩大。这构成了发展上的难题：安全威胁越来越大，利益拓展越来越快，阻力也越来越大。非传统安全威胁、全球治理难题也对中国的国际责任提出了新要求，国际责任压力越来越大，这就构成了发展战略上的难题。在国际体系问题上，中国已由融入阶段的搭便车成为体系的维护者和建设者，同时也是责任者，与其他国家一道承担着完善与变革现有国际规则，以使之更加符合国际社会发展变化的现实的重任，以及推动国际政治民主化的历史使命。中国面临国家责任与国际责任的双重责任以及双重责任的协调问题。战略覆盖面广，覆盖战略过长而海外国家利益管理经验缺乏，影响力不足，又导致影响力期待与能力有限性之间的矛盾。

从国家间关系来看，伴随中国的成长，国际上对中国的怀疑阻碍的因素也在上升。军事安全上的围堵遏制没有停止，并且有所加强。中国作为大国的规模崛起所可能招致的质疑，会伴随着中国发展壮大的全过程。在国家间关系上需要解决好大国疑虑、小国焦虑的问题，在周边国家关系上需要解决经济上靠中国、安全靠美国的二元悖论问题。

亚太自贸区与“一带一路”是中国对外战略中地理区划的整体性延伸。对于中国的战略抵达能力、影响力和危机管控能力、风险规避能力、安全保障能力都提出了新的课题，也是巨大的考验，直接关乎中国战略能力建设的成败和战略资源转化为战略能力的成败。

总之，应该说提升阶段面临着三大矛盾：不断深化的相互依存与加强战略自主性的矛盾，中国大国责任论与中国发展中地位和实力之间的矛盾，一系列大国关系既竞争又合作、合作中的竞争在上升的矛盾。

同时，在这个阶段继续存在内外部能力有待提升和国内发展不平衡的问题。

（三）特色大国外交的任务与目标

和平发展战略正进入新的阶段。中国外交面临的最紧迫任务就是为全面深化改革服务，为合作发展服务，为中国与国际社会的良性互动服务。中国“将坚定不移做和平发展的实践者、共同发展的推动者、多边贸易体制的维护者、全球经济治理的参与者”[①]。

中华民族复兴的目的在国际上的体现就是中国要成为国际社会和平与发展的重要维护者和贡献者，要成为更加公正合理的国际秩序的引领者。中华民族复兴是一股巨大的正能量，是使得世界更加公平、公正、合理地发展，要通过创新的构想和设计来带动他国自愿参与更加公平的秩序构建和完善。中国促使世界进步的方式是与其他国家团结协作而实现的，这个过程不是取而代之，而是共同协作。

为了实现中华民族复兴的伟大目标，提升阶段的外交战略尤其需要全球布局和谋划，要有中国的大棋局。对外仍是增强核心竞争力，扩大国际影响力，开拓国际市场，提升国际地位，在全球治理中发挥更大的中国作用与贡献。这就需要加快将资源转化为解决问题能力的进程，需要加快能够在国际机制中工作的人才的培育，需要发挥中国作为一个大国的引领性和创造力，需要扩大发展合作空间，需要有一定的保障能力。

中国的大国之路注定不平坦，也是复杂曲折的，需要把握历史总趋势，同时注意潜在的曲折与危机，需要思考的是如何摆脱各种阻碍，走向强大。

---

① 习近平:《更好统筹国内国际两个大局，夯实走和平发展道路的基础》,《人民日报》2013 年 1 月 30 日，第 1 版。

提升阶段需要解决内外部平衡，改变单一型对外依赖，立足于自身，立足于内部与向外拓展相结合，向内与向外共同发展。

中国正在实施的是强有力的综合战略，安全上的目标为建立伙伴关系网，军事上为实现国防现代化，经济上推动亚投行和人民币国际化，“一带一路”起于经济但又是三者结合。

从对外战略来看，由起步阶段以学习借鉴引进为主的改革开放走向壮大自己提升国际地位的新阶段。这个阶段的关键是由学习向交流、借鉴、创新发展，由独立自主向联合自强转变。

既要解决自身可持续发展的问题，又要带动国际社会更加公正合理地发展，实现观念差异下的多元互补。

要带动发展中国家共同发展。发展中国家与中国在市场和发展阶段更有相似性，更适于中国与之合作发展，它们也需要中国。经历了第一阶段面向发达国家开放，现在应更加面向发展中国家开放。这一轮开放不像第一轮是请进来，而更多是走出去。第三轮更需要实现走出去请进来的平衡发展，实现发展中国家与发达国家相互促进，由不对称的请进来到对称性内引外联。

政治安全上需要扩大影响力。这个影响力必须是正面的，和平的，合作共赢的，推动国际社会发展更加均衡、公正与合理。国际上对于公平发展的期望也驱动着中国发挥带头作用，中华民族复兴在国际上的体现就是公平发展。需要有一大批发展中国家的发展，才能推动国际秩序向着更加合理均衡的方向发展。发展中国家正从反殖民的民族独立运动向反垄断的民族发展期转变。

要协调发展中国家与发达国家的关系，需要协调好、稳定好大国关系，同时又要发展好与发展中国家的关系，缺一不可，注重综合平衡。中国实力进一步壮大，尤其需要处理好与传统大国的关系。

三个世界中的中间地带已经被打散，重新被发展与发达区分，在发展与发达国家之间是新兴市场国家。发展中大国也应有发展大国的战略。中国特色大国外交在强调发展中国家战略过程中，也应该针对现实变化而有所调整，要立足于发展“二环”：周边发展中国家为一环，全球发展中国家为另一环。在发展好“二环”的同时，继续推动与发达国家的友好关系。

特色大国外交提升阶段的战略目标还要推进人类命运共同体的建设。命运共同体的前期准备需要三个过程：深度相互依存，国家间制度兼容的联合体，最后是命运共同体。因此，提升阶段的任务首先是加深相互依存，推动伙伴关系联合体的形成，从而为命运共同体的实现打下坚实的基础。命运共同体需要解决的问题之一是人类利益与国家利益的协调，而不是相悖，坚持反对特权和例外，强调共享。

为了实现提升阶段的战略目标，从宏观战略层面需要解决好几大转变：

其一是由韬光养晦走向有所作为，由被动变主动，由应变到预防。

从战略上正在顺应历史转折期的特殊律动，跟上时代转变的节奏，与时代的转变合拍，顺势而为，开拓创新。

从战略定性来看，中国采取的并非战略进攻，而是积极主动的防御战略，或可称为防御性拓展战略，积极主动地增强制衡能力，合理合法地强化扩大防区的防守。中国处于发展的新的历史阶段，国际形势处于大调整之中。中国要认准认清形势，把握好机遇，迎头而上，完成神圣的历史使命，推进历史进程，做出历史新贡献。要更加具有进取之心，更有气魄，更有胆识，更有能力。这些年中国外交的最大亮点是中国外交增强了主动性、建设性和创造性，无论是理念还是政策都充分体现了这一点。我们不仅有长远的战略谋划，而且重实施重实效。

其二，强化战略性构想。大格局、大视野、大布局是中国特色大国外交的一大特点。

历史使命感和纵深感驱动的中国外交正在形成新的全球世界观，体现了中国对国际政治、全球事务新角色的重新认识和新的世界意识的出现。

中国需要保护海外利益的新方式。亚太自贸区的构想，“一带一路”的倡议，丝路基金和亚洲开发银行，两洋铁路，尼加拉瓜大运河的开发，都是大战略的体现。

过于重视战术性问题往往导致一事一议，过于关注细节，往往只是应对与反应，导致被动。

其三，预防和化解战略性威胁。

着重化解“中国威胁论”，解决好中国与国际社会的关系。高举公平发展的旗帜，坚持市场导向的互利共赢方式。发展礼义外交，以情动人，以理服人，以礼待人。

其四，系统性与重点突出。

大国外交要有重点，要搭建平台，发挥主动性、建设性。资源的有限性、能力的局限性要求战略选择的集中性和选择性，战略资源应优先为发展服务。中国也将面临资源有限和利益目标分散的问题，既要有战略排序，也要确立战略重点。必须做好战略取舍，选择性介入，选择性参与。

要实现中国特色大国战略目标，实现影响力最大化，就要把经济上的优势转变为安全上的优势，做好实力转变为解决问题的能力，将后发优势转变为领先优势。加快战略转化的时间周期，优化资源利用的布局和组合，提升资源转化的效率。

要充分发掘优势，把优势用好用足。这个阶段需要拾遗补阙，弥补战略短板，但这已经不够。要解决好资源转化为能力过程中资源的损耗问题，要将对手可能的抵消战略考虑在内，也要避免驻在国的负面反弹。要有针对性、合法性、适当性，注重方式与手段，对于走出去的企业既要重市场，也要讲求道义。

（四）转型期提升阶段的战略能力建设

中国特色大国外交要提升战略高度，推动战略升级，拓展战略深度与广度，扩大战略空间，联通地区内与区域外，维护战略机遇，尽可能延长战略期，必须要强化战略能力建设。

中国所具有的优势之一是战略动员能力、战略资源调动能力，但也要防止滥用风险。随着社会的变化，战略动员能力也有下降的可能性，因此，要突出战略能力建设。

1. 战略判断能力

习主席讲，要看清、看深、看透国际形势。要树立世界眼光，把握时代脉搏，要把当今世界的风云变幻看准，看清，看透，从林林总总的表象中发现本质，尤其要认清长远趋势。[①] 在随机性因素充斥的国际社会转型期中，不确定因素增多，系统性风险增大，要充分估计国际格局发展演变的复杂性，把握确定性，看清发展趋势和发展方向，防止战略性冲突和颠覆性事件的发生。在复杂变局中，正确区分战略与战术的不同，减少战略误判，避免应对失当。这里的战略误判有两种表现形式，其一是用战术方式应对战略调整，低估对方调整的意义，另一种战略误判是用战略调整来应对战术调整，破坏了原有战略，打乱了自己的节奏，偏离了目标，过高估计对方的政策或夸大对方政策。战略判断能力成功的关键是战略预判和战略预测，必须强化各部门协同合作，必须运用科学方法和实践总结，结合时事变迁，认准事情变化的实质，努力做到更早、更新、更准地预测形势和发展趋势。顺势而为，随时而动，保持战略敏感性，建立有效的战略预警机制。同时也要立足高远，要有战略性和前瞻性，及时准确地把握时机和战机，实现跨越式发展。

战略敏感性是战略预防的关键。缺少敏感性，即使得到相关战略信息，也有可能错失战略预防的时机。美国情报部门在“9·11”事件之前已经得到足够详细的信息，但并没有预测到恐怖主义的疯狂性、隐蔽性和危害性，也没有意识到美国冷战后的单边主义和霸权战略所引发的强烈反弹，结果导致预而不防，招致重大人力物力损失。“9·11”事件之后，又以夸大的方式弥补，出现反恐扩大化，给美国的整体实力带来重创，也直接影响到美国全球战略的实施。

① 《习近平出席中央外事工作会议并发表重要讲话》，2014-11-29，http://news.xinhuanet.com/politics/2014-11/29/c_1113457723.htm.

二战期间，日本由于缺少整体战略观，进入美国布设的战略陷阱，采取铤而走险的战术偷袭珍珠港，以战术胜利牺牲战略大局，导致太平洋战争的惨败和轴心国整体的失败。

正确的战略判断有助于我们避免战略陷阱和颠覆性的战略错误。

2. 战略统筹能力

战略宏观指南一旦确认，就必须在实施过程中具有统领性，各部门的执行都必须具有战略上的一致性和连贯性。战略统筹对于目标的实现至关重要。缺少统筹性，就会形成相互掣肘，导致事倍功半，甚至是相互抵消。分散的、各自为政的战略实施会导致一盘散沙，缺少整体的规模效应，只有整合各种力量，协同形成合力，才能达到效果，这就是部分之和大于整体的效果。战略统筹能力的强弱，直接影响到战略目标的实现，因此，要充分调动、协同各个部门、各种资源在一个宏大的目标之下，要一以贯之，要始终如一。战略统筹要求各个执行部门在执行的过程中虽然方式上各有不同，但必须保持方向上的一致性，形成协同效应。

3. 战略执行能力

决策都有风险和成本的代价，任何一个决策都有利有弊，都是双刃剑。孰重孰轻，战略排序与战略取舍十分重大，一旦确定，战略集中原则就会显得十分关键。

当与实际能力相符的目标制定之后，则要坚决不移地执行。一旦目标设定，要有战略定力，咬定青山不放松。好战略要有有力的实施。战略虽好，实施不力，效果大打折扣。把握大方向，捍卫大目标，而不是因小失大，追求战术胜利，无端卷入意义不明的竞争之中，无端卷入没有把握制胜的纷争之中。

好战略实施需要抗干扰，最忌讳危机干扰导致策略调整变成战略调整，从而销蚀原有好战略。有些干扰的吸引力是很大的。不确定因素干扰作用甚至会产生出人意料的作用。加上与狂热民族主义情绪的结合，很容易动摇或偏离原有战略轨道。比如中国改革开放以来实施的和平发展战略就面临周边热点升温导致的和平战略转向的压力。

与之相关的战略纠错也很重要。当目标受阻，究竟是目标出现了问题，还是执行出现了问题，这同样是很难判断的问题。于是，经常会做出与实际相反的结论。这又引出一个问题，即战略意愿与实力相符的问题。美国发动伊拉克战争是基于大中东计划的设计，大中东计划对于维护美国的全球战略具有重要意义，但在实施和执行中出现了重大挫折。原因在于美国没有把握好战略意愿与自身实力之间的匹配问题，虽有利于美国但并不能够因此而为所欲为。这是美国对自身战略执行力不足缺乏充分认识的体现。

4. 战略制衡能力

大国关系是现实关系，既有相互依存，也会有相互竞争。在一些国家仍然信奉现实主义权力政治的时代，国家要有反制能力，国防上要有制衡力和后发制人的能力，要能够以武止戈，要有关键性的军力建设、经济上的战略性产业、金融命脉的把控等。制衡能力强，对危机的管控能力就会增强。制衡是反制和慑止，而不是主动挑衅和进攻。

5. 战略塑造能力

中国增强影响力的关键是战略塑造能力。战略塑造能力是在关键的多边外交平台和大国关系以及新兴国家间关系中具有积极的建设性影响力。要有正确影响他国的能力。中国式的影响国际秩序的能力正在得到提升，这是建立在互利共赢、正确的义利观、科学合理的援助政策、合理的建设性影响、正能量输出的基础之上的。比如如何维护在现有国际政治经济秩序的前提下更主动地参与塑造更加合理的国际秩序。还有就是主场外交和客场外交、首脑外交的议题设计和议题引导。在新型大国关系中，中美正在进行相互塑造。要强调这种塑造的互动性、平等性和相互影响，由不对称的美强中弱的影响模式变为更加对称的影响模式。塑造能力也与理念创新和理念的先进性联在一起。

6. 战略协调能力

协调能力要求中国统筹好大国关系与发展中国家关系。中国不仅需要倡导和实施新型大国关系，也需要丰富和完善与其他周边国家和发展中国家的新型国家关系。变大国之间的互动关系为良性互动关系，而不是相互制衡或相互削弱，变大国与中小发展中国家的关系为更为平等的互利，而不是以强凌弱的关系。首先继续发展不结盟的全方位战略，始终保持有利于中国国家利益的状态，不因与某个大国的合作而影响与其他国家的关系，也不因不结盟政策而影响合作的深度。其次，结成广泛的统一战线，共同应对影响人类发展的挑战和威胁。

第四节　大国战略的新布局

一、地缘战略部署

当前的中国地缘战略思想，是中国发展阶段的一种必然反应。实际上，中国存在海外利益扩大与全球行动能力不足的矛盾，因此，一定要有全球布局，内外统筹，由近及远，远近结合。

中国地缘战略的规划与中国对外战略的战略纵深的拓展、战略承受能力、应变能力有机地联在一起，因此，中国需要新一轮地缘战略部署。

近些年，地缘政治的空间感不断增长，比如外太空领域、无形空间、网络空间领域。全球化加信息化加速了网络空间的利用，使之成为地缘战略的新领域，网络地缘战略的新特点在于跨国性、渗透性，无形边疆与有形边疆相交织。还有就是海洋地理空间的重要性也不断提升，可以预言，海上争夺将成为各国未来战略的重点之一。美国地缘政治学家卡普兰甚至将印度洋视为全球战略重心，认为谁能控制住这个重心，谁就能控制包括中国在内的欧亚地区。印度洋是重要的海上能源通道，也是中东和远东国家的贸易通道，从战略意义上说，它更是中国、非洲和拉美之间的南南经济轴心的心脏。[①]

中国的地缘政治思考一直滞后于一些大国，这在一定程度上导致了中国近代发展的落后。清朝，林则徐交代魏源写《海国图志》《瀛寰志略》时，在中国并没有引起太大反响。当美国、日本发展远洋海军的时候，中国仍限于近海

---

① Robert Kaplan, The Revenge of Geography, New York: Random House, 2012, p.228.

防御。

从战略原则和战略规划构想出发，中国转型期大国战略的重点是突破亚太困局，扩大战略覆盖面，规避可能出现的不确定性因素和风险，谋求战略性拓展等。要想解决这些问题，必须从地缘战略的角度谋划新局。

中国的周边地缘环境十分复杂，是世界上拥有邻国最多的国家之一，拥有陆地边界22000多千米，海岸线18000多千米，还有6900余个岛屿，地缘安全环境可以说是优劣参半。

从地缘安全环境看，中国不存在先天的不安全感，内陆纵深很大，边缘是海洋屏障，虽然内陆与海洋都可能引来战争，但中国依据纵深防御，可以自保。但中国作为一个陆地中心国家，又没有天然的地缘优势，力量辐射和抵达能力都有其局限性，而且受到三个层次的包围。第一层次是周边，第二层次是陆上及陆海边缘地带，比如俄、欧盟、日本，第三层次是太平洋范围美澳新等国。当然，我们既可以说是三层包围圈，也可说是中国影响力向外递进的三个层次。

从中国周边看，在陆地和海洋上，中国都被一个个大国所包围。从地缘上看，中国缺少缓冲带和中间带，中国作为临海陆上大国，可以说同时面临海陆直接威胁，这与美国得天独厚的安全环境不同。从地缘安全的角度看，陆上大国要有至少两个直通大洋的出海口。中国只有太平洋一侧的出海口，而在广大的内陆地区则相对封闭。但是中国有大片的陆地，且与欧亚中心地带的中亚地缘相连，同时东边还有漫长的18000多千米的海岸线，有一系列通过海洋相连的海上邻国。因此，可以说既可以构建陆权优势，也可以拓展海权。未来的中国既需要保护海峡通道，保护通向几大洋的出口，还需要保证中国能够进入北极与南极。

在复杂的周边环境和中国的发展战略不断外延的今天，中国必须适应向着更大平台的转变。走向海洋成为必不可少的选择之一。“由于历史上中国重陆轻海的发展理念，中国需要加强全民的海洋意识，发展海上经济，并且加强其海上安保力量。”[①]

中国在海洋方面面临的环境因素是极为复杂特殊的，海上争端也可能会成为未来一些国家遏制中国的引发点和着力点。如何更好地捍卫海洋权益，是中国外交的新课题。不仅如此，中国地缘战略的规划与中国对外战略的战略纵深的拓展、战略承受能力、应变能力有机地联在一起。

因此，中国的地缘战略规划涉及海陆复合关系的构建。几年前，中国学界有所谓海陆之争[②]，实际上，中国的地缘战略规划基于中国的地缘特点，必须是海陆并重的发展，而不可偏向于任何一方。

从海陆结合的地缘战略考虑，又出现了西进与东扩战略之分。无论是西进还是东扩，都必须充分调动和发挥地缘优势，适应海陆复合的战略部署。海陆并举，东西齐进，推动欧亚联合的大棋局，发挥欧亚联合的地缘优势，这样才能够从根本上超越任何大国对中国的遏制与封锁，实现能源贸易运输的多元辐射布局。2013 年 9 月，习近平主席出访中亚，在哈萨克斯坦发表演讲，提出共建“丝绸之路经济带”，该经济带共惠及 30 亿人口，从地缘经济和地缘政治角度都是重大构想。[③]习主席讲话的深刻内涵在于，中国不谋求地区主导地位，但将是地区合作和跨地区合作的有力推动者。

谋求欧亚大陆联合一体将是中国地缘战略的长远发展目标，走向海洋，实现海陆合和，也是中国发展的方向之一。作为地理上以陆地面积为主的国家，寻求两个以上的海上出口仍是必不可少的。简而言之，陆上战略为西进，海洋战略为东扩，中国作为一个海陆复合型国家，在这方面的战略思考尤为重要。

---

① Mi Zhenyu,“A Reflecttion on Geographic Strategy”, *China Military Science* (February) 1998, pp.6-14.

② 国内学界对于海权和陆权关系的定位，基本上可按照各自观点划分为海权优先、海权从属于陆权和海陆兼顾、平衡发展这三种类型。张文木和倪乐雄的观点可归入海权优先类型，叶自成则主张中国的海权发展应从属于陆权，李义虎和刘江永的观点可归入海陆兼顾、平衡发展这一类型。

③《习近平在纳扎尔巴耶夫大学的演讲（全文）》，2013-09-08，http://news.xinhuanet.com/world/2013-09/08/c_117273079.htm.

考虑到中国未来的全方位发展思路，应该说东西南北都是缺一不可的。东扩战略以走向太平洋为主的海上战略，涉及东北亚和东南亚广大地区，包括解决一系列领海之争的问题。还包括拉美在内的太平洋沿线国家，涉及战略资源储备、出海口与战略空间拓展、对外能源依存的多元化。战略要点包括海上战略屏障的构建，战略枢纽的维护，还有就是能源命脉及战略咽喉要道的安全。正如习主席在周边外交工作会议上所言：要同有关国家共同努力，加快基础设施互联互通，建设好丝绸之路经济带、21 世纪海上丝绸之路。要以周边为基础，加快实施自由贸易区战略，扩大贸易、投资合作空间，构建区域经济一体化新格局。要不断深化区域金融合作，积极筹建亚洲基础设施投资银行，完善区域金融安全网络。[①] 在拉美方向的两洋铁路建设，由中国私人企业主导的尼加拉瓜大运河的建设等，都可以拓展中国在太平洋的战略空间，也有利于相关国家的发展。

从军事上看，东扩战略应包括两部分任务：一是近海防御能力，二是远洋作战能力。当然，在远洋海军的构建过程中，必须注意到合理与适当，必须符合中国和平发展战略的总体方针，必须考虑到周边海洋国家的安全感受，也必须对一些大国的战略反应进行理性的评估。比如美国将中国发展远洋海军视为中美海上主导权之争，对此问题引发的战略意义不可轻视。中国发展阻吓性的海上力量应该是更为合理的选择。[②]

西进战略以陆上战略为主，意味着地缘心脏地带的联结。涉及中亚、中东欧，是连通欧亚大陆的关键。目前在中亚，以上合组织为基轴的经济安全合作正在展开，以新丝绸之路的建设为契机，进一步联通欧洲的地缘布局已经开启。

南下战略主要涉及印度、巴基斯坦、尼泊尔、缅甸等，主要目标是构建与太平洋战略相互呼应的印度洋战略，形成伸向海洋的两翼。同时也包括在巴基

---

① 习近平：《让命运共同体意识在周边国家落地生根》，2013-10-25，http://news.xinhuanet.com/politics/2013-10/25/c_117878944.htm.

② 唐世平：《塑造中国的理想安全环境》，北京：中国社会科学出版社，2003 年，第 227 页。

斯坦的联通阿拉伯海深水港瓜达尔港的建设。[①]南下战略还有一个关键环节就是缅甸，缅甸是中国能源运输线的重要通道之一，在一定程度上可以摆脱单一的印度洋到太平洋的海上运输线的局限。

而北上战略则是与传统的俄罗斯强化合作，加强与蒙古的经济开发。北上战略的一个要点是巩固北部安全屏障，另一个要点是东北亚与俄罗斯的能源开发合作，中俄韩在朝鲜半岛经济开发中的合作。第三个战略要点是参与北极极地的开发。

从地缘安全环境的角度看，中国将面临两大变局的挑战和机遇：

其一是太平洋变局。涉及中日关系、中美关系、台湾问题、半岛问题、领海争端等。其中中日海权冲突或半岛冲突有可能引发东北亚变局，进而引发中美日冲突，导致太平洋变局，从而引发世界格局变化。

其二是欧亚大陆变局。中俄联手推动上合组织建设，抵制北约东扩，使中亚成为欧亚联合的桥梁，从而引发世界变局。

陆上国家的联合将是中国的大棋。冷战时，美国充分利用了其他大国不和的缝隙，实施了对欧亚大陆中心地带的控制，以及对外围边缘地带的围堵。冷战后，这一战略理念仍在继续，包括北约东扩和亚太联盟的强化，都是这一地缘战略思想的体现。从当前的美国对外战略而言，美国最为担心的一是中日联手，另一个就是欧亚联合。正如美国前国务卿基辛格所说的那样，如果欧亚大陆上的大国连成一片，美国就会成为欧亚大陆之外的一块小岛。美国对可能支配欧亚大陆的任何大国因此都有戒心，无论中国、俄罗斯还是欧盟。而就当下而言，美国对中国的戒心尤其大。这有两方面原因，一是世界战略焦点业已转到中国，另外一个原因则在于美国已相对衰落。美国的相对衰落会引发中美冲突的更大风险。

未来的地缘战略必须更具有整体性和全局性，更好地推动区域经济一体化，

---

① 瓜达尔港南临印度洋的阿拉伯海，位于霍尔木兹海峡湾口处。瓜达尔深水港是巴基斯坦第三大港口，可以作为东亚国家转口贸易及中亚内陆国家出海口。

并发挥更大影响力。海洋运输与内陆运输线开发，在不同时期侧重点会有所不同，但绝不可偏废任何一方，必须充分建立起东西南北四线的有机联系，甚至包括战略战术上的互动关系。

总之，中国的地缘战略布局应为中国的对外开放的经济战略服务，为有利于中国的和平安全环境服务。也就是说，要有安全有利的多元化运输线，要有战略上的缓冲地带，既要有战略伙伴关系、全天候战略伙伴关系，也要有特殊伙伴关系，要有服务于海洋贸易、海洋开发的海洋战略，要有未来开发不可或缺的太空战略。中国外交战略要有与之相配套的更加全面的战略构想。

要高举非传统安全合作的大旗，经略和规划新型战略合作伙伴关系，不断拓展战略合作伙伴圈。在地缘上，要以向西开放构筑欧亚一体为长远地缘战略发展目标，向东以周边合作为基础，推动太平洋战略的发展，并形成东西南北海陆合和的大布局。

未来的地缘战略必须更具有整体性和全局性，更好地推动区域经济一体化，并发挥更大影响力。走向海洋与内陆运输线开发，在不同时期侧重点会有所不同，但绝不可偏废任何一方，必须充分建立起东西南北四线的有机联系，强调战略战术上的互动关系。

二、“一带一路”的战略意义

“一带一路”倡议的提出，是中国地缘战略构想的自然反应，也是中国大国战略的综合体现。“一带一路”本身虽是一个合作倡议，但这一倡议所推动的合作效应不仅对中国，也对相关沿线国家具有重大的战略意义。

（一）“一带一路”提出的国际经济背景

进入21世纪以来，国际金融危机的爆发使全球经济陷入严重失衡的境地，主要经济体为了尽快走出金融危机的阴影，纷纷从本国利益出发，制定经济复苏计划和政策，导致各种保护主义抬头，合作与协调意愿下降。其结果是，发达经济体虽然开始走出经济危机，但违背了经济全球化发展的趋势，给新兴经济体的经济发展与稳定带来了新的威胁，使全球经济再平衡举步维艰。这就突显了在全球范围内加强区域合作、探索共赢合作新模式的必要性和紧迫性。

“一带一路”贯穿亚欧非大陆，一头是活跃的东亚经济圈，一头是发达的欧洲经济圈，中间广大腹地国家经济发展潜力巨大。丝绸之路经济带重点沟通中国经中亚、俄罗斯至欧洲（波罗的海），中国经中亚、西亚至波斯湾、地中海，中国至东南亚、南亚、印度洋。“21 世纪海上丝绸之路”重点方向是从中国沿海港口过南海到印度洋，延伸至欧洲，从中国沿海港口过南海，到南太平洋。

美国分别在 2009 年 11 月和 2013 年 6 月主导启动了试图推动亚太经济一体化进程的“跨大西洋贸易与投资伙伴协议”（TTIP）谈判和建立欧美统一市场的“跨太平洋伙伴关系协议”（TPP）。俄罗斯则从 2007 年开始加快了独联体经济一体化的进程，并在 2014 年 5 月与白俄罗斯、哈萨克斯坦签署了《欧亚经济联盟条约》，力争从 2015 年到 2025 年前实现商品、服务、资本和劳动力的自由流动。

近年来，中国与丝绸之路沿线国家和地区之间的经贸合作日益密切，人文交往也在不断增多。1992 年，中国与中亚五国的双方贸易额只有 4.6 亿美元，而 2012 年，这个数字已达到 460 亿美元，增长了近 100 倍。

“一带一路”发端于中国，贯通中亚、东南亚、南亚、西亚乃至欧洲部分区域，东牵亚太经济圈，西系欧洲经济圈，覆盖约 44 亿人口，经济总量约 21 万亿美元，分别占全球的 63% 和 29%。[①]

当下，区域一体化是经济全球化的必经阶段，仅丝绸之路沿线就有 31 亿

① 龚雯、田俊荣、王珂：《新丝路：通向共同繁荣》，《人民日报》2014 年 6 月 30 日，第 1 版。

人口，如果将亚欧大陆也算在内，GDP 占了全世界 60% 以上，陆地面积占 40%，贸易额占了 46%，这是谁也不能忽视的大市场。

根据“一带一路”走向，陆上依托国际大通道，以沿线中心城市为支撑，以重点经贸产业园区为合作平台，共同打造新亚欧大陆桥、中蒙俄、中国—中亚—西亚、中国—中南半岛等国际经济合作走廊；海上以重点港口为节点，共同建设通畅、安全、高效的运输大通道。中巴、孟中印缅两个经济走廊与推进“一带一路”建设关联紧密，要进一步推动合作，取得更大进展。[①]

换句话说，建设“一带一路”，以亚洲国家为重点方向，以陆上和海上经济合作走廊为依托，贯穿欧亚大陆，是世界跨度最大、覆盖面最广的新型经济带，也是世界上最具发展潜力的经济合作带。

（二）“一带一路”规划的目的

首先，“一带一路”契合相关沿线国家实现现代化的期望。

“一带一路”涉及范围极广，将是世界上最长、最具活力和最具发展潜力的一条国际经济大走廊。

“一带一路”涉及的 60 多个国家国情相似，发展阶段相近，利益交集点多面广。历史上，依托陆海丝绸之路，这些国家之间经济联系密切，人员往来频繁，近现代以来，受资源禀赋、产业分工、地缘政治等因素制约，许多沿线国家在现代化进程中明显落伍。

据世界银行统计，2012 年，沿线国家人均国民总收入尚不到世界平均水平的一半，多数属于低收入国家，还有 9 个最不发达国家。这些国家基础设施落后，产业发展滞后，对外开放程度不高，社会发展水平较低，加快经济社会

---

① 新华社北京 3 月 28 日电，国家发展改革委、外交部、商务部 28 日联合发布了《推动共建丝绸之路经济带和 21 世纪海上丝绸之路的愿景与行动》，http://mp.weixin.qq.com/s?__biz=MjM5NDMzNTk2MA==&mid=204477641&idx=1&sn=dcb790c6ecdcf1ba6f66ab627600805e&scene=1&from=singlemessage&isappinstalled=0#rd.

发展，实现国家现代化的愿望十分迫切。

据中国商务部最新数据，2015 年 1—2 月，中国企业承接“一带一路”沿线国家服务外包合同金额和执行金额分别为 15.9 亿美元和 12.2 亿美元，同比增长分别为 13.3% 和 24.1%，增速均高于全国平均水平。“一带一路”战略方案尚在帷幄之中，就已吸引了 50 个国家积极响应参与，并参与探讨，愿同各自的发展战略相互对接。正是针对亚洲区域发展和安全面临的挑战，中国领导人提出了“一带一路”的战略构想。与以往相对单一的区域合作计划相比，“一带一路”更具有综合性，它涵盖了经济、政治、文化、安全等多方面合作，是一个建设共同发展、共同安全的泛亚区域合作带。[①] 蒙古国议长赞·恩赫包勒德认为：“中国提出的‘一带一路’倡议为本地区和沿线国家提供了发展战略和共享发展的机遇。”尼泊尔共产党（联合马列）中央书记普拉迪普·库马尔·贾瓦利则指出：“尼泊尔支持‘一带一路’倡议，它有助于实现更美好的生活。如今世界贫富差距仍然很大，‘一带一路’倡议在这种背景下尤为重要：缩小差距，有助于各国经济融合，实现各国人民间的平衡发展，为不同发展模式的国家提供学习机会，实现共同发展。”[②]

“一带一路”合作建立在沿线各国谋求经济发展的共同利益诉求基础之上，这是共同体形成的基本前提。没有共同的目标和利益诉求，就无法形成紧密的共同体。

作为“一带一路”的重要支撑，亚洲基础设施投资银行筹建迈出实质性步伐，丝路基金已经设立，中蒙、中泰铁路等基础设施互联互通合作积极推进，中韩、中澳等自贸谈判开花结果。“一带一路”构想的重大意义和深远影响将随着时间的推移持续显现。

---

① 王湘穗：《发展与安全：“一带一路”的两翼》，2015-04-17，http://www.lwinst.com/index.php?m=content&c=index&a=show&catid=27&id=6975.

② 臧晓程、郝亚琳、潘洁：《对“一带一路”，各国政党大佬怎么看？》，2015-10-16，http://news.haiwainet.cn/n/2015/1016/c3541083-29260068.html.

其次，“一带一路”也是国家在新时期整体战略部署的重要体现。

“一带一路”建设，是以习近平同志为总书记的党中央主动应对全球形势深刻变化，统筹国际国内两个大局做出的重大战略决策。这一宏伟战略已被写入《中共中央关于全面深化改革若干重大问题的决定》和2014年的《政府工作报告》，成为国家重要的发展战略。[①]

作为整体观、全局观和系统观的重要体现之一，就是“一带一路”。作为转型期提升阶段的战略，“一带一路”是提升中国发展战略的重要体现之一，与中国发展战略的基本思路和战略理念高度吻合。“一带一路”与中国现阶段实力和发展目标相吻合。从实力上看，是利用好后发优势之举，从政治理念上看，是关注民生和共赢。

在2015年年初的地方“两会”上，有30多个省市表示要积极参与“一带一路”战略的实施，其中约20个省份明确将“一带一路”战略作为发展重点。

其三，“一带一路”倡议是中国新一轮对外开放的战略部署。

习近平主席在和平共处五项原则发表60周年纪念大会上的讲话中指出：“中国正在推动落实丝绸之路经济带、21世纪海上丝绸之路、孟中印缅经济走廊、中国—东盟命运共同体等重大合作倡议，中国将以此为契机，全面推进新一轮对外开放，发展开放型经济体系，为亚洲和世界发展带来新的机遇和空间。”[②]

当前，中国的对内改革和对外开放都面临着新的突破，欧美等国正在不断加强对中国崛起的限制，美国推动的TPP和TTIP谈判，意在以高端开放为契机，企图掌控和影响下一轮国际贸易规则主导权，无疑对我国将构成新的挑战和威胁。“一带一路”建设是突破这一压力的重大战略设计，通过拓展与亚欧市场

---

① 袁新涛：《“一带一路”建设的国家战略分析》，《理论月刊》2014年第11期，第5页。

② 习近平：《弘扬和平共处五项原则建设合作共赢美好世界——在和平共处五项原则发表60周年纪念大会上的讲话》，2014-06-28，http://news.xinhuanet.com/world/2014-06/28/c_1111364206.htm.

的合作，推动市场多元化战略，降低中国对欧美日市场的依赖，不仅为我国新一轮对外开放赋予了新的内容，也为沿海、内陆、沿边新一轮对外开放指明了方向和路径。①

“一带一路”是第三次改革开放。第一次对外开放是邓小平提议建立特区，第二次就是加入WTO，而第三次是建立在前两次基础上，层次、水平、质量、规模都更高的一次大开放。未来二三十年，我们可能都不会提出比这更大、更新的战略了。②而且这一轮开放主要是面向发展中国家，中国带动和引领的意义十分重大。

我们推进“一带一路”建设，为欧亚大陆共同发展注入强劲动力。“一带一路”着眼弘扬古丝绸之路互学互鉴、和睦共处的精神，拓展我国同欧亚大陆方向国家各领域互利合作，是新形势下中国推进对外合作的总体构想。

就我国自身而言，这一构想与我国加快中西部开发、解决区域不平衡问题的发展战略密切相关，与我国推进“走出去”战略、构建全方位对外合作格局密切相关。就国际层面而言，我们提出“一带一路”，出发点是希望实现沿线各国的共同发展和共同繁荣，秉持的是构建命运共同体的精神理念，强调的是共商、共建、共享的平等互利方式，“一带一路”为古老的欧亚大陆开创出新的生机与活力，将为这片广袤大地的振兴插上两只强劲的翅膀。③

“一带一路”应该是中国倡导提出的具有创新性和开拓性、致力于地区和跨地区发展的中国方案。它提出之后得到了许多国家的响应，现在已经进入深入落实阶段。亚投行和丝路基金就是“一带一路”战略构想的具体体现之一。

“一带一路”是腾飞的两只翅膀，丝路基金和亚投行就是血脉，通过两大

① 霍建国：《“一带一路”是战略构想不是“工程项目”》，2015-03-19，http://www.ce.cn/xwzx/gnsz/gdxw/201503/19/t20150319_4869701.shtml.

② 魏建国：《对于“一带一路”要破除一些狭隘的认识误区》，2015-11-10，http://gtwcn.com/news/guoji/2015-11-10/34001.html.

③《盘点2014：中国外交丰收之年——王毅出席2014年国际形势与中国外交研讨会开幕式并发表演讲》，《环球时报》2014年12月25日，第15版。

血脉实现互联互通。基础设施、制度规章、人员交流三位一体，五大领域齐头并进。中国还积极通过基础设施、发电、道路、码头、航运中心等方面的合作落实项目，出资400亿美元成立丝路基金，签署筹建亚洲基础设施投资银行政府间谅解备忘录，积极解决融资问题，形成了以亚洲为重点，以经济走廊为依托，以交通基础设施为突破，以建设融资平台为抓手，以人文交流为纽带的“路线图”。

“一带一路”是跨区域的整合构想，而且都是综合方案，不再是一事一议的区域内双边短期方案，而且是面向未来的中长期发展方案，需要一定的过程才能完成。“一带一路”将使中国拥有的战略纵深得以延伸。“一带一路”的部署更清楚地表明意识形态主导对外战略的时期已经过去，以国家发展主导的国内政策、经济政策和军事政策更加有机地整合为一体。

“一带一路”体现了地缘复合的构想，既包括海洋，也包括陆地。它不仅仅是地缘安全战略的构想，更是地缘经济的构想，是政经合一的战略。

“一带一路”是一个宏大的构想，也是具有历史意义的开拓计划，在中国的改革开放战略中必将占有不可替代的重要地位。这一战略是在中国与东盟长期友好合作、上合组织不断发展的基础上展开的，具有坚实基础。

“一带一路”的主题词是联与通。它的主要目的，是在地区范围和跨地区合作中建桥铺路，实现共建、共融、共享。它不是单方面的援助，而是从根本上促进共同发展。“一带一路”沿线国家，除了新加坡这样少数比较富裕的国家外，大多都是发展中相对贫穷国家，他们需要资金，也需要技术，要帮助他们解决好发展基础性问题。但这不是简单的扶贫计划，而是要实现共同致富，体现了互利共赢的理念。

近年来，中国加大了“一带一路”的推动力度，加强了与沿线国家的经济合作，以期共同打造政治互信、经济融合、文化包容的利益共同体、命运共同体和责任共同体。“一带一路”战略在实现中华民族伟大复兴中国梦的奋斗历程中具有十分重要的地位。中国的和平发展在此一举，中国特色大国外交在此一举，中国与世界各国人民共筑维护和平、促进发展的命运共同体也在此一举。[①]

（三）“一带一路”倡议的国际和国内战略意义

“一带一路”是大手笔、大文章，其重要意义、战略定位、发展机遇是不容低估的。

从国际层面看，“一带一路”对于中国的拓展发展、造势谋势具有重要意义：

1. 是中国发展战略的谋篇布局

昔日大国布局谋篇意在谋取地缘政治优势。所谓地缘政治优势，是指“大国在某一地区甚至是全球范围内享有更大的主动权和实力优势，却有更少的安全依赖”[②]，“一带一路”的倡议是谋求以空间换时间，谋求战略上的主动性、灵活性和独立性，减少安全上的被束缚状况。从这个意义上看，“一带一路”是一种战略性化解，改变美国亚太再平衡战略实施以来对中国的围堵的被动局面，实现东堵西进，也谋求东稳西进的战略目标。“一带一路”倡议的战略意义，在于既加强了发展中国家的联合，又在一定程度上形成了对某些传统大国的反制衡能力。

自西方殖民体系建立以来，大国战略的基本做法是以扩大势力范围，来保证自身安全和经济利益和发展机遇。中国不搞势力范围，但强调伙伴关系，“一带一路”的倡议有利于形成网状的伙伴关系群，一大群谋求发展的发展中国家联合体，为未来的命运共同体打下坚实基础。从这个角度看，“一带一路”还具有建立战略缓冲区，对冲北约东扩，破解所谓的C型包围的作用。如果“一带一路”成功实施，中国将拥有更加广阔的战略纵深和战略回旋余地，有助于延伸中国的战略机遇期，以空间换时间。“提出‘一带一路’的战略构想，并

① 本刊评论员：《共建“一带一路”战略，开创我国全方位对外开放新格局》，《求是》2015年第5期，http://www.qstheory.cn/dukan/qs/2015-02/28/m_1114429328.htm.

② 窦国庆：《大国突围：历史上大国突破困境的战略及其现实借鉴》，广州：广东经济出版社，2015年，第101页。

不是完全针对海洋安全困境的对应设计，却为我们摆脱海上安全困局提供了重要的战略路径。”“从地缘角度看，中国虽无两洋之利，却有陆海两通之便。”[①]

中国的“亚投行”“一带一路”等新主张、新建议，没有任何一个协定或举措违反了国际法，制造了威胁，破坏了地区和平，也没有任何一项举措有什么不可告人的目的，反而是促进地区基础设施的富民工程和倡议，采取公开、自愿的原则，有助于地区发展，光明正大地推动和促进了国际秩序和地区秩序。

显然，从地缘战略角度看，这是经略周边的重要体现。“一带一路”对于欧亚整合具有地缘战略意义，当然还有欧亚大陆的一体化与大发展。欧亚大陆是英国地缘政治学家麦金德称为的世界岛的核心区域，时代变迁和技术进步虽然在一定程度上降低了传统地缘政治的意义，但欧亚大陆所具有的经济实力、政治和安全意义对于国际合作与繁荣仍具有特殊意义。

2. 对发展中国家群的整体带动作用

“一带一路”是充分整合国内国际两个大局的考虑。从国际上看，“一带一路”的倡议是适应了广大发展中国家迫切需要谋求发展的愿望和呼声。沿线多是发展中国家，他们需要基础设施建设，他们缺少资金，他们需要解决基本的发展需求，提升发展能力。“‘一带一路’建设，有助于西部地区统筹利用国际国内两个市场、两种资源，形成横贯东中西、联结南北方的对外经济走廊，进一步释放开发开放和创新创造活力。”[②]

习近平主席在APEC峰会上宣布，中国将出资400亿美元成立丝路基金，为“一带一路”沿线国家基础设施建设、资源开发、产业合作等有关项目提供投融资支持。

从国内来看，国内产能需要寻求新的出口，国内投资还需要开拓新的投资

① 王湘穗：《发展与安全：“一带一路”的两翼》，2015-04-17，http://www.lwinst.com/index.php?m=content&c=index&a=show&catid=27&id=6975.

② 袁新涛：《“一带一路”建设的国家战略分析》，《理论月刊》2014年第11期，第5页。

方向，支撑中国经济增长的新引擎。“一带一路”建设涉及互联互通和基础设施建设，既可以形成世界经济新的增长点，同时也可以促进中国有竞争力的企业去承担更多的海外项目，提升我国企业参与国际经济合作的竞争力，将形成中西部地区与中亚、东欧、西亚的新商贸通道和经贸合作网络，带动内陆沿边扩大向西开放，既有助于拓展中国经济发展的腹地，也可以激活内陆和沿边地区的经济发展活力，促进中西部开放型经济加快发展，形成中国经济新的增长点。①

从相关沿线国家来看，“一带一路”沿线国家在基础设施建设和市场发展方面迫切需要外部支持，应该说是一个国内国际优势互补、互利共赢的良性互动的需要。

冷战结束带来地缘格局的重大变化，西边出现了一系列新兴中亚国家，这些国家资源丰富，但发展水平并不高，劳力和资金不足，如何与他们合作共赢？东南亚地区长期受制于基础设施落后的困境，也需要提升互联互通的水平。因此，“一带一路”顺势而起。

“一带一路”倡议带动或倡导诸多国家的群体性崛起，从而实现以点带面，更加均衡的发展。中国不仅强调强者更强，还要强调弱者变强，共同复兴。

“一带一路”是因为中国经济崛起后不能一枝独秀，它要带着其他国家一起发展。所以，它希望用丝绸之路的方式穿越中亚、俄罗斯到欧洲，实现欧亚一体化。另外，通过海上丝绸之路把东南亚串起来，通过印度洋辐射到非洲。所以“一带一路”战略是三个圈：第一是以中国为主的亚洲圈，第二是这个圈崛起后迅速实现欧亚一体化，第三是通过海上丝绸之路辐射到非洲。这个战略如果能成功，将预示着实现了欧亚非一体化的美好前景。

“一带一路”倡导的是公平正义的发展理念和国际秩序观。当前，发展中国家受制于二战后形成的不尽合理的国际秩序，世界的发展很不均衡。我们要

① 霍建国：《“一带一路”是战略构想不是“工程项目”》，2015-03-19，http://www.chinanews.com/sh/2015/03-19/7142642.shtml.

实现公平发展，需要一大批而不是一二个国家的崛起。发展中国家群的崛起对于世界趋于更加合理的方向发展是至关重要的。这个世界需要更加公平均衡的发展，必须实现一大批发展中国家的集体崛起。没有群体性发展，很难实现发展中国家的整体地位的提升。“一带一路”倡议不同于传统大国的殖民主义，中国在其中既不谋求势力范围，也没有向其他强国要求利益均沾，而是在各国自愿的基础上实现联合自强。

“一带一路”必须以渐进方式影响沿线国家的制度，使这些国家的制度与中国产生兼容性，而不是排斥，为未来国家间联合体转向共同体打下坚实基础。

“一带一路”与国际秩序的建设与完善相关。“一带一路”的重要远景是为构建新的国际秩序的可能性打好基础，基础好才能水到渠成，并行而进。“一带一路”和亚投行是经济发展壮大后国际影响力的体现，但要保证经济影响力必须要有政治影响力。政治影响力的体现是更积极主动参与国际规则制定。

亚投行的建设伴随着人民币国际化的进程。中国有战略学者提出“币缘政治”的概念[①]，如果这个概念成立，那中国确需解决好投资战略的布局问题。“一带一路”与亚投行两者在战略投资方面应该是相生相伴的。

3. “一带一路”倡议是中国谋势之举

中国对外战略是联与通，而不是阻与断。美国强调阻与断，中国强调联与通。这个“联”不仅是连接国内与国外，还是帮助沿线国家之间的联合协作，强调以联构势。所谓“势”，主要有两层含义：一是指静态的总体格局，即局势、形势、气势；二是指动态的主流趋向，即情势、态势、趋势。静态之势蕴涵动态之势。“势”既表现为事物发展的客观规律性，又体现行为体施加控制的主观能动性。在中国文化中，“势”向来被看作决定成败胜负的关键。[②]

战略实施的关键之一在于谁更善于借势和用势。“故善战者，求之于势，

① 乔良：《推进人民币国际化应对币缘政治斗争》，2014-11-21，http://www.360doc.com/content/14/1121/13/12361654_426906216.shtml.

② 潘忠岐：《从“随势”到“谋势”》，《世界经济与政治》2010年第2期，第7页。

不责于人，故能责人而任势”，“故善战人之势，如转圆石于千仞之山者，势也”。[①]要善于借力借势，借船下海，借鸡生蛋，虚实结合。所谓“借局布势，力小势大。鸿渐于陆，其羽可用为仪也”[②]，政治家既要善于利用局势，也要善于谋势。中国围棋体现的思想是不计较一兵一卒，讲整体，重大势。中国外交强调谋势，谋格局之长远，而不是争一时之胜负。有势，趁势而发，胜负自定。

“一带一路”像围棋那样联在一起，连成一片，造成发展联合的势。两条线，一大片，两条大龙。连接两条线，带动一大片。“为了使欧亚各国经济联系更加紧密，相互合作更加深入，发展空间更加广阔，我们可以用创新的合作模式，共同建设‘丝绸之路经济带’，以点带面，从线到片，逐步形成区域大合作。”[③]

既讲联与通，又讲共与享：共建，共商，共赢，共享。中国的战略与美国的战略之间是联与断的较量。美国也有联，以联盟来阻断和遏制。中国的联没有阻断的意图，是一个巨大的联合体，是命运共同体。特别需要强调的是，我们对于美国、俄罗斯在这一地区的作用和影响也采取的是联的方式，而不是相互排斥的方式。

从国家层面看，“一带一路”无论在海外利益还是能源供给等方面，均具有战略意义：

1.“一带一路”建设有利于海外利益保护

中国面临着不断延伸的海外利益与保护能力不足的矛盾，而海外利益保护与不干涉内政原则应该说也存在某些不相适应的地方。中国必须在坚持不干涉内政的原则下，以积极的建设性方式保护自身海外利益。

随着中国海外利益的延伸，中国的无形疆界，即安全保障的范围也须加以

---

① 《孙子兵法·兵势篇》，见普颖华、华名良主编《百战百胜——孙子兵法》，北京：中国物资出版社，1994 年，第 59 页。

② 普颖华、华名良主编：《奇谋妙计——36 计》，北京：中国物资出版社，1994 年，第 135 页。

③ 《习近平在纳扎尔巴耶夫大学的演讲（全文）》，2013-09-08，http://news.xinhuanet.com/world/2013-09/08/c_117273079.htm.

延伸：中国的海外利益保护，危机时刻的海外贸易交通线的畅通和海外侨民安全。安全主权的外延在扩大。中国的海外利益保护不可能靠殖民地独占获得，只能靠加深相互依存，运用共赢法则才能实现。中国历史上没有维护日益增长的海外利益的经验，这在一定程度上影响着中国对外战略的实施，我们需要不断探索与尝试。“一带一路”就是这种探索之一。

除海外侨民的安全、投资安全之外，对中国国家经济十分重要的贸易运输线也是不可或缺的。“19 世纪的英国由于意识到海军无法保护其远洋航运的安全，于是提出了贸易保护战略，这一战略被置于海军的中心地位。”① 中国不走英式海上霸权的老路，但中国的贸易保护战略也已提上了议事日程。鉴于中国的贸易、运输、投资全球化，中国的对外战略正由立足于亚洲的地区战略向全球战略投射，但以中国的实力和构想，还不足以形成新的全球战略，而是面向全球的地区战略，仍以地区战略构建为主，海外利益的保护只是地区战略的延伸和连接。

2. 保障西部安全，防止国家分裂

“一带一路”的部署也是主动进取式国家安全战略的体现。通过与中亚和周边国家合作对接的深化，有利于形成一个繁荣、稳定与发展的中西部外部环境。因而，“一带一路”倡议得到落实就会形成一个具有缓冲意义的安全屏障和防御带。“一带一路”是海陆和合战略的体现，这与中国的地缘政治特征相吻合。

3. 改变国家发展战略中东重西轻的布局

经济的沿海化导致了国家的经济重心出现了东重西轻的失衡局面，造成了潜在的战略隐患。

中国是一个海陆两栖大国，沿海地区的面积不到内陆地区的一半，但是集中了主要的经济资源，内陆地区与发达的东部差距比较大。中国的西部在地理

① Authur.J.Marder, *The Anatomy of British Sea Power: A History of British Naval Policy in the Pre-Dreadnought Era,1880-1905*, Hamden, CT, 1964, pp.84-104.

意义上是欧亚大陆的中心，如果向西向南发展，则有条件发挥自己的区位优势。[①]

经济的沿海化还强化了我国对海外市场和海外资源的高度依赖。我国的外贸依存度达60%，东部地区则超过90%，每当海外市场发生重大波动，就会波及我国经济的发展甚至是我国社会的稳定。与此同时，我国对海外资源和海上通道的依赖也大大增强。

2013年，我国进口石油占石油消费量超过56%，其中70%要经过霍尔木兹海峡。据统计，我国进口的铁矿石、石油和所有外贸总运量的90%以上，都要通过海上运输，海上运输通道成为我国的命脉，维持海上通道的畅通是维持我国国民经济正常运行的基本保障。所谓围堵中国，关键是在几个战略要点上，马六甲是一个，台湾是一个，缅甸是一个，阿富汗也很关键，必须要进行多元化疏解。

经济重心沿海化，资源海外化，通道海路化，既是我国经济快速发展的条件，也在成为制约我国安全和长期稳定发展的重大瓶颈。近年来，美国军方提出了一系列针对我国的战略构想，如空海一体战、离岸封锁、抵消战略等，都是根据我国经济沿海化、海外化、海路化的特征，量身定做的军事对策。[②]

（四）“一带一路”要解决好实施到位的问题

“一带一路”是中国对外关系史上从未有过的大构想，实施周期长，不确定不可控因素众多。“一带一路”要想取得成功，落到实处，关键是要有抗风险的预案和设计。“一带一路”建设并非简单的中国版“马歇尔计划”，后者在历史上具有排他性，不向东欧国家开放，在一定程度上导致和促使了美苏冷战两极格局的形成，所以中国的“一带一路”强调全面开放，有效对接，决不

---

① 《傅莹在新加坡地区工商论坛的演讲全文：互联互通是百年梦想和新的动力》，2015-07-27，http://rdcy-sf.ruc.edu.cn/displaynews.php?id=13719.

② 王湘穗：《发展与安全：“一带一路”的两翼》，2015-04-17，http://www.lwinst.com/index.php?m=content&c=index&a=show&catid=27&id=6975.

搞局部至上、区域垄断。然而，作为一个推动欧洲复兴并取得成功的计划，“马歇尔计划”的实施经验也有值得中国借鉴的地方。从冷战格局来看，美国的马歇尔计划是其冷战战略的重要组成部分，它成功地将外交、政治与经济三要素很好地糅合在了一起，既体现了战后初期美国大战略的意图，也适应了当时西欧国家的迫切需要。中国的“一带一路”不是为了控制他国而设计的，也不是为了与大国对抗而部署的，但也需要学习他国战略部署与实施的针对性、综合性安排，开创出有中国特色的对外开放新格局。

“一带一路”是创新尝试，在中国的对外战略历史上从未出现过，它所能产生的示范效应将是深远和重大的。需要在市场驱动的前提下，强化法规约束、监督机制、风险预警、危机干预的有力举措。

“加强金融监管合作，推动签署双边监管合作谅解备忘录，逐步在区域内建立高效监管协调机制。完善风险应对和危机处置制度安排，构建区域性金融风险预警系统，形成应对跨境风险和危机处置的交流合作机制。加强征信管理部门、征信机构和评级机构之间的跨境交流与合作。充分发挥丝路基金以及各国主权基金作用，引导商业性股权投资基金和社会资金共同参与‘一带一路’重点项目建设。”[①]“一带一路”涉及重大的安全问题，劳工安全、资本安全、管线安全都需要得到充分保障。要防止运动式推进，形式大于实质，要防止大跃进，头脑发热，不按规律办事，要讲成本收益，要有先决条件。

以市场推动经济，以共赢促进合作，以公平促进发展。以市场为导向，避免行政干预，避免垄断和特权。

稳中求进，稳不能少。稳与进两者缺一不可，辩证关系需协调好。实施目标要有理性，“一带一路”是实现大融合而不是谋取主导，是实现互利共赢而

① 新华社北京3月28日电，国家发展改革委、外交部、商务部28日联合发布了《推动共建丝绸之路经济带和21世纪海上丝绸之路的愿景与行动》，http://mp.weixin.qq.com/s?__biz=MjM5NDMzNTk2MA==&mid=204477641&idx=1&sn=dcb790c6ecdcf1ba6f66ab627600805e&scene=1&from=singlemessage&isappinstalled=0#rd.

不是一方独占。

另外，如何防止外部干扰也是重要议题。美国有新丝绸之路计划[①]、俄罗斯有其独联体战略，欧盟也有其自身发展战略。美国全球战略担心两大力量的挑战：其一是海上力量的挑战，其二是欧亚大陆联合力量的挑战。“一带一路”倡议从战略上涉及美国两大战略关切。由于“海丝路”倡议的重点发展方向涉及这16个海上通道中的至少7个，其所覆盖的地区又牵涉一大批美国的盟友，可能影响美国在这些地区的利益，因而不能排除美国反对的可能。中国如何在推进“一带一路”的倡议中协调好与大国全球战略之间的关系，形成互补互利合作共赢的协作模式，也值得从战略高度加以全面规划与思考。

总之，解决发展问题必须从综合治理的角度入手，方能收到实效。

作为后发国家，必须要在引领新方法、新观念、新议题方面做好谋划，写好文章。在复杂形势下，中国要实现可持续的发展壮大，就必须与创新机制、创新议题以及新的外交理念连在一起。

① 美国约翰·霍普金斯大学中亚高加索研究院院长弗雷德·斯塔(Fred Starr)教授提出，建设一个连接南亚、中亚和西亚的交通运输与经济发展网络。参见《美国“新丝绸之路”计划的缘起、演变和发展前景——对话“新丝绸之路”构想的提出人斯塔教授》，2015-04-09，http://world.people.com.cn/n/2015/0409/c1002-26820843.html.

结　语

当前的国际形势的变化正呈现出复杂多变的特征，国际格局演变存在更大风险，而中国外交也面临着前所未有的重任，任重道远，必须以新的联系、整体和系统演变的思维把握宏观趋势，探析不同层次的复杂互动与变化，分析面临任务，做到心中有数，考虑周详，预防有据，实施有利，为转型期中国外交的发展奠定坚实有力的基础，为现代化初级阶段的中国小康道路绘制更加清晰的蓝图。

改革开放 30 多年来，中国外交战略规划进行了大战略方向性的调整，从革命外交转入到发展外交，提出了一些宏大目标，比如和谐世界，制定了相关路径，比如以战略伙伴关系构建为主的大国关系、以富邻睦邻为基础的周边关系等，融入现有国际体系、发挥积极性塑造作用的多边外交战略等，为中国的经济发展、造福民祉和世界和平做出了重要贡献。

未来的中国外交规划要紧扣时代主题，注重战略思维能力，高瞻远瞩，统揽全局，敏锐把握转型期发展变化的趋势，从整体高度审视和处理问题；更新思维观念，突破传统思维定式；提高辩证思维能力，克服极端化、片面化、线性化思维。有重点，重平衡，善综合，因势利导，化解矛盾，循序渐进，转危为安。把握好发展与稳定的关系，协调好成本与收益的平衡，使未来的战略规划更科学，更系统。唯其如此，中国外交战略才能成功地实现转型和升级。

第三章

中国的周边外交

百金买屋，千金买邻，好邻居金不换。

——2014 年 7 月 4 日，习近平在韩国国立首尔大学的演讲

我们所处的时代，国际格局正在发生前所未有的深刻调整，其中一个重要趋势就是亚洲在全球格局中的地位不断上升。

——2014 年 9 月 18 日，习近平在印度世界事务委员会的演讲

2014 年初，李克强在“两会”政府工作报告提到中国外交时，按照“周边外交—发展中国家外交—大国外交—多边外交”的逻辑进行阐述，周边外交在中国外交的首要位置突显出来。中央外事工作会议上强调周边是首要，这是第一次在中国外交中将地缘因素作为首要的因素。这表明中国的外交战略部署有了以自我为中心的发展布局，而不是疲于应对外部大国的干扰、遏制甚至是战略威胁。以我为主，而不是跟着别人的指挥棒转，中国的周边外交重心体现了中国外交的新的气魄和视野。

第一节　周边外交的重要性

亚洲是当今世界最具发展活力和潜力的地区之一，亚洲发展同其他各大洲发展息息相关。亚洲国家积极探索适合本国情况的发展道路，在实现自身发展的同时有力促进了世界发展。亚洲与世界其他地区共克时艰，合作应对国际金融危机，成为拉动世界经济复苏和增长的重要引擎，近年来对世界经济增长的贡献率已超过50%，给世界带来了信心。

——2013年4月7日，习近平在博鳌亚洲论坛2013年年会上的主旨演讲

亚洲在世界战略全局中的地位不断上升，在世界多极化、国际关系民主化进程中发挥着越来越重要的作用。

——2014年5月21日，习近平在亚洲相互协作与信任措施会议第四次峰会上的讲话

中国拥有14个陆上邻国，8个海上邻国，是世界上海陆邻国与国家类型最多、边界情况最复杂、利益矛盾最突出的大国之一。因此，周邻稳定与否，直接关系中国的国际和国内安全环境的好坏。周边安全对国家整体安全具有极为重要的战略意义，在国家发展大局和外交全局中的作用也至关重要。

习近平指出，新中国成立后，以毛泽东同志为核心的党的第一代中央领导集体，以邓小平同志为核心的党的第二代中央领导集体，以江泽民同志为核心的党的第三代中央领导集体，以胡锦涛同志为总书记的党中央，都高度重视周

边外交，提出了一系列重要战略思想和方针政策，开创和发展了对我国总体有利的周边环境，为我们继续做好周边外交工作打下了坚实基础。党的十八大以来，党中央在保持外交大政方针延续性和稳定性的基础上，积极运筹外交全局，突出周边在我国发展大局和外交全局中的重要作用，开展了一系列重大外交活动。

亚洲在世界政治经济文化中所具有的重要性越来越大。亚洲是世界的亚洲，亚洲在世界战略全局中的地位不断上升，在世界多极化、国际关系民主化竞争中发挥着越来越重要的作用。亚洲良好局面来之不易，值得倍加珍惜。

当今亚洲拥有全世界 67% 的人口和三分之一的经济总量，是众多文明和民族的汇聚、交融之地。亚洲和平发展同人类前途命运息息相关，亚洲稳定，是世界和平之幸；亚洲振兴，是世界发展之福。①

亚洲是世界发展的重要推动力量。亚洲是当今世界最具发展活力和潜力的地区之一，亚洲发展同其他各大洲发展息息相关。亚洲国家积极探索适合本国情况的发展道路，在实现自身发展的同时有力促进了世界发展。亚洲与世界其他地区共克时艰，合作应对国际金融危机，成为拉动世界经济复苏和增长的重要引擎。

近年来，亚洲对世界经济增长的贡献率已超过 50%，给世界带来了信心。亚洲同世界其他地区的区域和次区域合作展现出勃勃生机和美好前景。②

今天的亚洲，虽然面临的风险和挑战增多，但和平发展、合作共赢始终是地区形势主流，通过协商谈判处理分歧争端，也是地区国家主要政策取向。

无论从地理方位、自然环境还是相互关系看，周边对我国都具有极为重要的战略意义。思考周边问题，开展周边外交，要有立体、多元、跨越时空的视角。当前周边环境发生了很大变化，我国同周边国家的关系发生了很大变化，我国同周边国家的经贸联系更加紧密，互动空前密切，这客观上要求我们的周

① 《习近平在亚信峰会作主旨发言（全文）》，2014-05-21，http://world.people.com.cn/n/2014/0521/c1002-25046183.html.

② 《共同创造亚洲和世界的美好未来——在博鳌亚洲论坛 2013 年年会上的主旨演讲》，2013-04-07，http://news.xinhuanet.com/politics/2013-04/07/c_115296408.htm.

边外交战略和工作必须与时俱进，更加主动。[①]

一、调整周边外交为重点的原因

从地缘政治的角度来看，中国是海陆兼备的国家。中国的陆上邻国有14个，与中国海洋相邻的国家也超过10个国家，与中国同时海陆相接壤的有2个国家。中国地缘环境的复杂性，也要求中国全面周到地考虑中国外部环境的稳定性和来自四面八方的地缘侧翼的重要性。中国的地缘战略考虑中，不仅有相邻的小周边，更有大周边概念的思考。[②]只有立足于小周边，才能放眼大周边，而只有同时解决好亚洲经济与安全两轮驱动的问题，才能更好地解决中国与周边国家的可持续发展、可持续安全问题。

亚洲对于中国经济发展的未来越来越重要。中国外交部副部长刘振民指出，2013年中国与东亚和南亚国家的贸易额达到“1.4万亿美元，超过中国同美国与欧盟的贸易额之和”。显然，经济发展利益是决定中国外交战略取向的重要因素。刘副部长强调，“中国前十大贸易伙伴中，半数来自亚洲”，70%的对外投资投向亚洲。新世纪以来，中国同周边国家贸易额由1000多亿美元增至1.3万亿美元，已成为众多周边国家的最大贸易伙伴、最大出口市场、重要投资来源地。中国同亚洲和世界的利益融合达到前所未有的广度和深度。[③]亚洲地区一体化的趋势有望持续。据国际货币基金组织判断，如果亚太地区实施结构改革，并进行基础设施投资，它仍是最有可能为未来全球经济增长提供动力的地区。亚洲

① 习近平：《让命运共同体意识在周边国家落地生根》，2013-10-25，http://news.xinhuanet.com/2013-10/25/c_117878944.htm.

② 大周边主要包括三个层次：第一，中国的陆地邻国和海上邻国，这属于接壤中的“小周边”；第二，这些国家所在的东北亚、东南亚、南亚和中亚地区，这一层可称作“定向”与“区域型”；第三，向西延伸至中东地区，向东延伸至南太平洋。中国周边国家数量较多，且这些周边国家的经济水平和文化也各不相同。中国与多个邻国存在领土和领海争议。中国的周边外交关乎中国的生存与发展，意义重大。

③《共同创造亚洲和世界的美好未来——在博鳌亚洲论坛2013年年会上的主旨演讲》，2013-04-07，http://news.xinhuanet.com/politics/2013-04/07/c_115296408.htm.

不仅是国家利益发展的重点，更是中国由地区大国向全球大国迈进的关键。“一带一路”倡议和亚投行的建立等，正是中国立足周边，面向全球战略的体现。

周边不稳，一切都无从谈起。周边外交强化意味着中国外交的全局性和重要性将会更加均衡。优先发展与周边国家的关系，在一定程度上意味着中国与美国以及其他大国关系的战略优先性将降低。“虽然进入西方市场和获得西方技术长期以来对推动中国经济增长起到了关键作用，但几十年来逐渐形成的各种趋势已显著削弱了西方工业对北京的重要性。全球金融危机使大部分发达国家陷入经济和政治停滞状态。在技术方面，尽管创新能力依旧薄弱，但中国已大大缩小了知识和能力方面的差距。作为需求和增长的发动机，新兴市场似乎已做好了随时超越发达国家的准备。”①

周边外交的强化反映了中国特色大国外交的战略定位有所调整。而且这里强调的是大国关系与周边关系的协调发展，主要是为了解决好周边关系与大国关系协调不利的情况，不能以大国关系发展牺牲周边关系。周边外交的强化改变了以往过于看重大国关系，尤其是对美外交的做法，不再因对美关系稳定而牺牲周边国家关系，但也并不意味着大国外交不再居于中国外交的重要位置。所谓强化周边，更多仍是补充以往不够均衡全面的做法，是为了更好地统筹协调大国与周边两个重点。

二、如何推动周边外交

中国周边外交的基调是“与邻为善，以邻为伴”，“睦邻，安邻，富邻”。在 2013 年的周边外交工作座谈会上，习近平用“亲、诚、惠、容”四个字来定调新时期周边外交理念。

所谓“亲、诚、惠、容”，“亲”就是从情感上增强亲近感和认同感，以

---

① 《日媒：美学者解析中国外交转型亲周边疏欧美》，2014-12-24，http://china.cankaoxiaoxi.com/2014/1224/607541.shtml?fr=pc.

情动人。“要坚持睦邻友好，守望相助；讲平等，重感情；常见面，多走动；多做得人心、暖人心的事，使周边国家对我们更友善，更亲近，更认同，更支持，增强亲和力、感召力、影响力。”

“诚”就是以诚相待，既讲动之以情，也讲晓之以理。真诚，守信，一诺千金，言行一致。

“惠”就是惠及周边，惠及他国，让他国感受到中国发展带来的机遇和实惠，欢迎搭便车，欢迎他国与中国一道共同致富，努力追求共赢多赢。“要本着互惠互利的原则同周边国家开展合作，编织更加紧密的共同利益网络，把双方利益融合提升到更高水平，让周边国家得益于我国发展，使我国也从周边国家共同发展中获得裨益和助力。”[①]

“容”就是彼此的包容、宽容与理解。无论是大国还是小国，都需要有包容之心，尊重他国，尊重和理解他国的自主选择，尊重彼此的文化和历史，既不以强凌弱，也不以小慑大。充分尊重和适应地区内国家对于发展的不同需求，以及发展的多样性和多元性。要倡导包容的思想，以更加开放的胸襟和更加积极的态度促进地区合作。

如果说“亲”和“诚”更多地指向于“态度”的话，那么“惠”和“容”则主要指向于“行动”，整体上呈现出相互交织、相得益彰的特点。中国与周边国家在地缘、人缘和文缘等方面具有亲近之感，处理与周边国家关系时信守承诺，以诚相待，努力使自身发展更好地惠及周边国家，充分尊重和适应周边国家和地区的差异性和多元性，不断深化与周边国家和地区的利益融合。[②]

具体而言，首先就是在“亲、诚、惠、容”的理念指导下，谋大势，讲战略，重运筹。推进命运共同体的建设和“一带一路”、亚投行等惠国惠周边的工程，以新安全观为指导，夯实上海合作组织等地区安全机制，进一步推动地区安全

---

① 《习近平在周边外交工作座谈会上发表重要讲话》，2013-10-25，http://politics.people.com.cn/n/2013/1025/c1024-23332318.html.

② 卢光盛、许利平：《周边外交“亲诚惠容”新理念及其实践》，《国际关系研究》2015年第4期，第54页。

机制的建设，深化互利共赢格局。统筹经济、贸易、科技、金融等方面资源，利用好比较优势，找准深化同周边国家互利合作的战略契合点，积极参与区域经济合作。要以周边为基础，加快实施自由贸易区战略，扩大贸易、投资合作空间，构建区域经济一体化新格局。要不断深化区域金融合作，完善区域金融安全网络。要加快沿边地区开放，深化沿边省区同周边国家的互利合作。①

实践表明，唯有强化地区合作，才能够为亚洲带来更有希望的未来。亚洲国家必须积极作为，在亚洲资源、亚洲制造、亚洲储蓄、亚洲工厂的基础上，致力于发展亚洲价值、亚洲创造、亚洲投资、亚洲市场，联手培育新的经济增长点和竞争优势。②进入新世纪10多年来，亚洲地区内贸易额从8000亿美元增长到3万亿美元，亚洲同世界其他地区贸易额从1.5万亿美元增长到4.8万亿美元，这表明亚洲合作是开放的，区域内合作和同其他地区合作并行不悖，大家都从合作中得到了好处。③

开放合作不仅体现在经济上，更体现在安全合作方面。比如，在维护亚洲和平方面，一方面，中国强调，作为最大的亚洲国家，愿意在维护亚洲和平方面承担重要责任，欢迎域外国家为本地区稳定和发展发挥建设性作用，同时又强调，域外国家也应该尊重亚洲的多样性特点和已经形成的合作传统，“不能为一己之私把一个地区乃至世界搞乱”。同时，在安全观念上，必须跟上时代的步伐，“不能身体已进入21世纪，而脑袋还停留在冷战思维、零和博弈的旧时代”④。

多年来，中国在实践中逐渐形成了一整套成熟、完备和立体化的周边外交

① 习近平：《让命运共同体意识在周边国家落地生根》，2013-10-25，http://news.xinhuanet.com/2013-10/25/c_117878944.htm.

② 《联通引领发展伙伴聚焦合作——在“加强互联互通伙伴关系”东道主伙伴对话会上的讲话（2014年11月8日，钓鱼台国宾馆）》，2014-11-09，http://news.12371.cn/2014/11/09/ARTI1415484059783322.shtml.

③ 《共同创造亚洲和世界的美好未来——在博鳌亚洲论坛2013年年会上的主旨演讲》，2013-04-07，http://news.xinhuanet.com/politics/2013-04/07/c_115296408.htm.

④ 《习近平在亚信峰会作主旨发言（全文）》，2014-05-21，http://world.people.com.cn/n/2014/0521/c1002-25046183.html.

政策体系。中国迄今同8个周边国家签署了睦邻友好合作条约，我们已准备好同其他有意愿的邻国签署这一条约，以把和平相处、友好合作的政策意愿通过法律形式固定下来。我们同14个邻国中的12个彻底解决了陆地边界问题，同印度已建立探讨解决边界争端的特别代表机制，同不丹的边界谈判进展顺利。

多年来，中国积极加强地区安全对话合作，我们同包括亚太国家在内的50多个国家举行了100多场次联合军事演练，与27个国家建立防务安全磋商对话机制，率先与东盟国家举行中国—东盟防长会晤，深入参与上海合作组织、东盟地区论坛、东盟防长扩大会等多边防务交流。中国成功召开亚信峰会，倡导地区国家在维护自身安全时兼顾各方安全关切，探讨形成符合本地区需要，为各国普遍接受，同时具有开放、稳定特征的安全合作架构。

多年来，中国积极推动地区热点和平解决。我们坚持不懈地为重启朝鲜半岛核问题六方会谈积累和创造条件，是维护半岛和平稳定的重要力量。我们成功主办阿富汗问题伊斯坦布尔进程外长会，支持阿富汗的政治、安全、经济三重过渡，并以各方接受的方式，斡旋阿富汗的国内和平进程。我们运用自身资源和优势，推动缅甸国内的民族和解，促进缅甸自身以及中缅边界的和平稳定。①

中国对于周边外交已经形成了一整套相对稳定而成熟的做法。在双边关系上建立合作伙伴关系，在多边外交中，强调依托现有地区机制，例如东盟10+3、上海合作组织、博鳌论坛等。支持东盟在地区问题中发挥重要作用。在各自的重大倡议和现有战略中，首先是强调对接。比如中国的“一带一路”倡议与韩国的亚欧倡议可以对接，推动互联互通。其次是推动一体化建设。中国与东盟自贸区、东北亚的中日韩自贸区、亚太自贸区的建设，也包括“一带一路”的建设等，都是推动一体化的重大尝试。第三则是推动共同体的发展。在经济自贸区和安全机制的不断建设、变革与完善过程中，最终实现安全共同体、文化共同体、命运共同体建设的宏大目标。

---

① 王毅：《中国是国际和地区秩序的维护者、建设者和贡献者——在第四届世界和平论坛午餐会上的演讲》，2015-06-27，http://www.fmprc.gov.cn/web/ziliao_674904/zyjh_674906/t1276585.shtml.

第二节 打造命运共同体

历史经验表明，强国之路始于周边。

2012年12月5日，习近平在人民大会堂同在华的外国专家代表座谈时指出，国际社会日益成为一个你中有我、我中有你的命运共同体。在党的十八大报告中，中国适时提出了“命运共同体”的理念，并在以后的一系列外交场合使用和丰富了这个理念，逐步在外交、对外经济合作的实践中，把共同体的传统概念上升为全新的理念，初步形成了具有中国特色的思想体系，即民生上的“命运共同体”、经济上的“利益共同体”、安全上的“责任共同体”。[①]

党的十八大以来，习近平已有十余次在公开场合提及“命运共同体”。

2015年习主席出访俄罗斯时，提到了“命运共同体”的概念。2015年访问非洲时，多次提出中国与非洲国家处于“中非命运共同体”之中。在2013年的博鳌亚洲论坛上，突出强调中国与周边国家要“坚持同舟共济”，“牢固树立命运共同体意识”。访问东南亚时，主张中国与东盟国家要共同努力建构“命运共同体”。在中阿合作论坛上，提出要打造“中阿命运共同体”。与巴西总统罗塞夫会晤时，强调中巴“两国已经成为命运共同体”。与拉美和加勒比国家领导人会晤时，提出中国与拉美要努力构建“中拉命运共同体”……在利益日益多元、国际格局深刻变化的当下，习近平提出“命运共同体”，正为

① 沈进建、陈家勤：《“命运共同体”凝聚世界经济新增长点》，2015-03-25，http://theory.gmw.cn/2015-03/25/content_15205113.htm.

国际公平公正秩序构建新的蓝图。[①]

命运共同体的概念是中国国际秩序观的重要集中体现，也是中国国际秩序观的延伸和发展。

共同体这个概念源自于20世纪50年代欧洲一体化进程。1965年，欧共体成立之后，共同体这个概念就成为区域经济合作联盟的代称。

中国提出命运共同体这个概念比欧洲某些国家单纯强调经济共同体更为丰富，是指政治上互信，经济上互补，人文上互融的三位一体的联合，是符合历史大势和应对当前复杂国际局势的重要方式和国家间关系的重要目标。“随着经济全球化的深入发展，人类面临的共同挑战和外部性问题日益增多，恐怖主义、食品安全、生态保护、病毒传播、气候变化、毒品走私及跨国犯罪等问题层出不穷，对共同体的理解和认识也应超越区域经济合作的范畴，追求更高层面、更深层次的命运共同体。”[②]

“命运共同体”主要内涵包括五个方面，即“讲信修睦（政治上），合作共赢（经济上），守望相助（安全上），心心相印（文化上），开放包容（对外关系上）”。这一战略构想不仅反映中国的利益诉求，更兼顾地区内国家的关切。[③]

一、为什么要推进命运共同体

中国提出“迈向命运共同体”，意在中国寄望同世界具有不同传统和观念的国家互联互通，建立合作，共同发展。

---

① 姜赟：《【深度解读】习近平为啥一再强调“命运共同体”？》，2015-03-26，http://world.people.com.cn/n/2015/0326/c1002-26755795.html.

② 姜赟：《【深度解读】习近平为啥一再强调“命运共同体”？》，2015-03-26，http://world.people.com.cn/n/2015/0326/c1002-26755795.html.

③ 刘稚：《命运共同体视角下的一带一路建设》，《光明日报》2015年3月19日，第7版，http://epaper.gmw.cn/gmrb/html/2015-03/19/nw.D110000gmrb_20150319_1-07.htm?div=-1.

首先，这是中国世界观的体现。世界具有联系性和相关性，世界也是具有整体性。人类发展到今天，一个最大的变化就是全球化和相互依存这两大因素，这两大因素使得世界联在一起，无论愿意或承认与否，国家间关系已经与二战时或冷战时的关系有了很大不同。

在相互依存的世界里，世界的复杂性使得任何单一国家都无法单枪匹马应对，比如国际流行疾病。在这个世界里，需要相互帮持，荣辱与共，个人命运与国家命运相关，国家命运与地区和世界相关。

命运共同体的概念深深根植于世界相互联系相互关联的现实，也成为越来越多的国家的共识。过去的历史表明，和则共赢，斗而俱伤，亚洲人的命运从来没有像今天这样密切地联在一起，联在一起才能够促进地区的繁荣。必须充分意识到相互依存对于地区合作的重要意义，否则就可能对这一地区发展状况造成误判。

其次，命运共同体的概念符合当今经济全球化和相互依存的国际社会现实。从经济上看，命运共同体就是利益共同体。很多情况下，人们对“一荣俱荣，一损俱损”的认识只是停留在表面认识上，或者认识不到这个结论的深刻性。从过去 60 年的亚洲发展史来看，世界是平的，亚洲是平的。从经济上看，相互依存不仅是指彼此互有需要，更是指我们的经济发展的每一个环节都是环环相扣，密不可分的，许多国家都是国际生产链带的一个环节。就像生产一架飞机，这个国家生产马达，另一个国家负责材料，合在一起才能产生一加一大于二的效果，都是生产、贸易、金融、互联网密切相接的环节和一部分，一个国家的订单影响着另一个国家的就业，一个国家的投资促进着另一个国家基础建设的发展。而一个国家的经济出现问题，也会形成连锁反应，很难有国家能够独善其身，“各人自扫门前雪，不管他人瓦上霜”的做法，最终会误人误己，只有同舟共济，才能共克时艰。以金融危机为例，1997 年的东南亚金融危机若没有各国的相互合作，是很难在短期内恢复起来的。而金融危机的危害比战争更大，战火有烧不到的地方，而金融无所不在，无所不包。现在很难想象一个国家极端富有而其他国家极端贫穷的世界会是一个什么样。实现利益共同体，即将共同体成员的利益捆绑在一起，实现真正的普遍利益增值。[①]

亚洲作为世界人口最多、最密集的地区，在发展经济与保护环境方面，面临着比世界其他任何地区都尖锐的挑战。

目前，包括中国在内的亚洲国家的经济普遍面临升级换代的压力。摆在面前的，是既要保持经济增长又要进行结构改革的难题。为破解这一难题，各国都在增加定向投资，加快基础设施建设，纷纷推出大规模基础设施投资开发计划。就整体而言，基础设施仍然是亚洲一体化的瓶颈。面对当前严峻的内外经济环境，亚洲国家普遍希望携手共同应对，建立命运共同体已经成为亚洲国家的共识。[②]

近年来，亚洲国家似乎普遍有一种担心，即经济下行压力增大，一些国家在政治安全领域矛盾增多，亚洲国家之间的共同利益会因此受到影响甚至被边缘化。在此背景下，亚洲各国有必要聚焦共同利益，凝聚互利共赢的合作共识，因为亚洲各国的命运是共同的。要在亚洲各国间树立起“求同存异，休戚与共，开放包容，合作共赢，共同发展”的命运共同体意识。[③]

与此同时，亚洲也面临不断增长的一体化的积累条件。

二战结束后60多年来，亚洲克服各种风险挑战，摆脱积贫积弱，创造了举世公认的“亚洲奇迹”，成为世界上发展最快、潜力最大的地区。国际货币基金组织统计，2008年国际金融危机爆发后5年间，亚洲对全球经济增长的贡献达2/3。同时，区域合作为亚洲的发展提供了强劲动力，各国相互依存度不断提升。进入新世纪以来，亚洲区内贸易从8000亿美元增长到3万亿美元，

---

① 冯涛：《2015年博鳌亚洲论坛看什么？》，2015-03-25，http://www.ftchinese.com/story/001061218?page=2.

② 《亚洲新未来：迈向命运共同体》，2015-03-26，http://world.huanqiu.com/hot/2015-03/6016785.html.

③ 周文重：《亚洲迈向命运共同体，先要政治互信》，2015-03-26，http://v.ifeng.com/news/opinion/201503/01d5e813-90aa-4b6c-b5eb-6d8aa83d7b4a.shtml.

贸易依存度超 50%。亚洲开发银行报告称，亚洲已成为全球自贸区建设最活跃的地区，自贸协定数量由 2002 年的 70 个激增至 2013 年初的 250 多个。中韩、中日韩、区域全面经济伙伴关系（RCEP）谈判不断取得新进展。以东盟为主导的东亚区域合作机制为地区发展注入了强大动力。构建亚洲命运共同体，深化地区国家利益融合，实现共同发展，是地区国家的普遍期待。

亚洲有望长期担当世界经济复苏与增长的重要引擎。一些研究机构预计，作为世界第三大经济板块的亚洲，在可预见的未来将会超过欧盟和北美。亚洲开发银行预测，2035 年亚洲占世界经济比重将从 2010 年的 28% 上升至 44%，2050 年将增至 52%，人均 GDP 将达到欧洲当前水平。①

而从安全上看，命运共同体的体现就是安全共同体。对于中国而言，我们过去的发展依靠与周边和其他国家的合作开放，未来要想实现可持续发展，更加离不开与周边国家的携手共进。一个国家的繁荣不可能建立在周边国家的贫穷基础上，一个国家的安全也不可能基于周边国家不安全的基础上。而且一个国家的内部动荡也会外溢到其他国家，比如有些国家内部发生战乱，就会有大量难民涌向其他国家。周边稳，我们才能更好地发展，中国的稳定发展也会给其他国家带来发展机遇。近些年，亚太地区形势复杂，部分地区持续动荡，中国以及其他国家在安全合作方面面临较大挑战。

命运共同体是利益共同体与安全共同体的总和。从国家利益角度看，有许多外患不仅会影响到中国自己的发展，也会影响地区的发展。恐怖主义、能源危机、流行疾病都会影响到中国的发展。中国不再是孤立或封闭于世界的国家，而是与世界连在一起的国家。因此，中国有必要与其他国家同呼吸，共患难，共同抵御外部风险和挑战。只有各国树立起利益共同体和安全共同体的意识，才能够实现共同发展。

毋庸讳言，近些年，随着中国实力的飞速发展，也引发了周边一些国家的

---

① 刘振民：《坚持合作共赢，携手打造亚洲命运共同体》，《国际问题研究》2014 年第 2 期，第 6 页。

心态变化，一方面期待中国对周边国家发挥更大的积极作用，另一方面也担心中国过于强大，挤压周边国家的发展空间。周边一些国家还担心中国产能过剩，在周边国家制造中国“飞地”，输出过剩产品和低水平劳动力及技术，造成周边国家对中国的投资过度依赖，威胁自身安全，于是从政策、法规上限制中国投资和产品进口。[①]

在这种情况下，中国提出命运共同体的概念和举措，意在破解周边国家的疑虑，也增加周边国家对中国发挥正能量的信心。

事实表明，中国的发展极大地推动了周边地区经济的发展。随着中国自身的发展以及国际和地区形势的变化，周边关系在我国外交全局中的重要性更加突出。我国与周边国家和地区的贸易额始终占外贸总额的60%以上。周边地区也是我国实施走出去战略的重要地区。我国对周边地区的投资每年以20%以上的速度递增。[②]中国已经成为包括日本、韩国、泰国、菲律宾、马来西亚、哈萨克斯坦等国家在内的许多亚洲国家的第一大贸易伙伴国，同时也是诸如东盟这样的地区组织的最大贸易伙伴。中国是周边若干国家的第一大贸易伙伴国，也是不少国家贸易顺差的最大来源国。对华贸易及对华出口是这些国家经济发展的重要推动力。随着中国政府转变经济增长方式、扩大内需以及推动国际贸易平衡等经济发展战略的持续推进，中国将从国外进口更多的商品，中国市场对于周边国家的重要性将愈发明显。总体而言，周边国家在对华贸易中享有巨额顺差。2011年，23个周边国家对华贸易顺差达1150亿美元。在这个意义上，周边国家充分分享了中国市场的利益。[③]中国同这些国家的贸易往来在总额上不断攀升，在质量和结构上不断升级。

---

① 沈进建、陈家勤：《“命运共同体”凝聚世界经济新增长点》，2015-03-25，http://theory.gmw.cn/2015-03/25/content_15205113.htm.

② 全毅、杨立冰：《中国周边地区经济竞合新趋势与我国的对策》，《亚太经济》2006年第5期，第14页。

③ 宋国友：《中国与周边国家经济关系及政策选择》，《国际问题研究》2013年第3期，第34页。

中国是亚洲区域安全机制的重要参与者和推动者。中国越发展，越需要巩固周边的战略环境。从长远发展来看，中国也只有将自身发展寓于亚洲整体发展和共同安全之中，才能够真正实现长治久安。因此，中国推动建设亚洲命运共同体，既是和平发展政策的延续与弘扬，也是对亚洲命运和前途的负责任的切实承诺。

二、实现命运共同体面临的挑战

在亚洲迈向命运共同体的进程也面临着诸多困难与挑战，亚洲一体化的进程比欧洲一体化的进程更为艰巨复杂。“亚太秩序见证了一个二元分立的出现，一方面是面向 21 世纪的一体化经济秩序，而另一方面则是愈发陷入 19 世纪边缘的地区安全秩序。”①

当前国际格局处于转型期，亚洲力量格局也处于深刻变化之中，不确定性增加，复杂性加剧，一些问题复杂交织叠加在一起，而且会持续较长时间。2008 年世界金融危机，亚洲也深受其害，后续效应正在显现。

这个地区发展水平相对落后。复杂的历史因素导致这一地区发展水平参差不齐，治理能力较差，多数国家仍处于发展中水平，基础设施落后。

在国际金融危机负面影响仍在持续的情况下，亚洲的外部环境依然严峻。发展中国家要求更加公平合理的规则，而发达国家希望维护原有规则。TPP 等建设客观上引发了传统发达国家与发展中国家的规则之争，这样的竞争会是一个较长的过程。美国主导推动 TPP 谈判，美欧启动 TTIP 谈判，全球贸易版图面临巨大调整，亚洲要成为世界经济格局中稳定的第三极还有待努力。“亚洲国家发展水平参差不齐，内部经济改革任务繁重，贸易自由化和经济一体化谈判难度增大。抱团取暖，共推亚洲方案，才能在规则制定中争取主动，

① ［澳］陆克文：《构建亚太共同体，迈向命运共同体》，《环球时报》2015 年 11 月 19 日，第 14 版。

赢得长远。”[①]

亚洲的安全结构不合理，冷战联盟仍大行其道。大量的非传统安全挑战，自然灾害较多，人为安全挑战大，一些国家治理能力弱，处理自然和人为灾害的能力不足。一些问题交织在一起，领土争端的背后可能有一些国家的安全战略和能源战略的驱动，也导致了热点问题升温，国家间关系处于相对紧张态势。一些域外国家对本地区的介入，如美国的亚太再平衡实施，产生了负面影响。“亚太地区需要发展出共同的政治和安全架构，以管控地区安全局势，保障地区和全球的和平与发展。假以时日，亚太共同体将会加深相互依赖，培养透明、互信与合作的新习惯。”[②]

具体而言，亚洲面临的挑战可以归纳为以下三点：

首先，亚洲是差异化程度最高的地区之一，各国发展水平不同，体制各异，加上文化宗教的多元化，的确给地区一体化带来难度。

第二，亚洲热点隐忧众多。由于历史和现实的原因，亚洲地区存在一系列未解和难解的热点问题，增加了地区局势的不稳定因素。东北亚的朝核问题，中日东海划界和钓鱼岛问题，南海争端问题，以及阿富汗重建等问题，复杂敏感，涉及一些相关国家的核心利益，有些还一触即发。还有域外因素的长期介入都增加了问题解决的难度，对于地区安全机制的建设提出了更高要求。

第三，地区机制建设滞后。各类合作与安全机制相互交织，叠床架屋，协调困难，并将长期存在，短期内难以建立类似欧盟的单一治理机构。诸多地区自贸协定的“面条碗”效应明显，经济一体化推进路径博弈突出，而且安全合作明显滞后于经济合作，尚未建立符合地区实际、满足各方需要的区域安全架构。“困难和障碍从另一侧面说明了建设亚洲命运共同体的紧迫性和重要性。

---

① 外交部副部长刘振民：《坚持合作共赢，携手打造亚洲命运共同体》，《国际问题研究》2014 年第 2 期，第 4 页。

② ［澳］陆克文：《构建亚太共同体，迈向命运共同体》，《环球时报》2015 年 11 月 19 日，第 14 版。

各国团结合作共同应对挑战，本身就是建设亚洲命运共同体不可分割的一部分。”[①]

亚洲实现一体化比之欧洲而言难度更大，进程更长，而且必须有不同路径和方式，尤其是起步更为艰难。但亚洲一体化是本地区发展不可动摇的方向，必须凝聚共识，持之以恒，齐心协力，逐步推动，迈向共同体的目标终会落地生根。

三、如何推进命运共同体

首先，命运共同体要从区域做起。亚洲国家的相互利益远远超过相互间分歧与矛盾，另外，亚洲多年来的发展，也积累了许多妥善处理分歧的有益经验，亚洲国家间也建立了一些机制，有助于亚洲国家很好地把分歧和不同的看法加以化解，形成共识。要充分吸取有益经验，发挥机制的作用，推动命运共同体才能有基本的保障。

其次，要坚持相互尊重，平等相待，大小国家一律平等。作为大国，意味着对地区和世界和平与发展的更大责任，而不是对地区和国际事务的更大垄断。彼此协商，共商大计，增强透明度和相互信任，共同维护亚洲来之不易的和平稳定局面和良好发展势头，反对干涉别国内政，反对为一己之私搞乱地区形势。

第三，强化多层次、多领域的交流互动。据不完全统计，2013 年一年间，中国同东亚和南亚国家外长以上互访超过 70 次，双多边场合会谈会见 300 多场。截至 2012 年底，中国在亚洲国家共开设 66 所孔子学院和 32 所孔子课堂，互派留学生近 50 万人。我们同亚洲国家人员往来超过 3000 万人次，入境我国内地的亚洲国家人员达 1500 多万人次，占外国人入境总数的 57%，外国人入

① 外交部副部长刘振民：《坚持合作共赢，携手打造亚洲命运共同体》，《国际问题研究》2014 年第 2 期，第 3 页。

境人数前十位的国家中有 7 个是亚洲国家。[1] 搭建高层互动、人文交流的多层次合作网络体系，是实现一体化的必经之路。

第四，加强务实合作，力求取得成效。中国把握亚洲发展脉搏，找准地区国家的利益契合点，提出了打造"丝绸之路经济带"和"21 世纪海上丝绸之路"、中巴经济走廊、孟中印缅经济走廊、中国与东盟"2+7 合作框架"、亚洲基础设施投资银行等一系列重要倡议。中国同东盟国家商签睦邻友好合作条约，推动中国—东盟自贸区升级版，这将有助于实质性提升与东盟的合作。中国打造中国—南亚博览会合作平台，愿意深化同南盟的务实合作。加快实施周边自贸战略，积极推进区域全面经济伙伴关系和中韩、中斯（斯里兰卡）、中蒙、中日韩自贸协定谈判。中国还将与亚洲国家加强协调，共同探讨建设亚洲货币稳定体系、投融资合作体系和信用体系，促进地区经济融合，增强亚洲国家共同抵御外部风险挑战的能力。中国将与亚洲国家密切协作，确保这些倡议落到实处，早见成效，为本地区经济发展注入更加强劲的动力，造福亚洲各国人民。[2] 从小做起、从实做起是实现一体化的现实选择，亚洲一体化需要累积效应，重在落到实处。

---

① 外交部副部长刘振民：《坚持合作共赢，携手打造亚洲命运共同体》，《国际问题研究》2014 年第 2 期，第 9 页。

② 外交部副部长刘振民：《坚持合作共赢，携手打造亚洲命运共同体》，《国际问题研究》2014 年第 2 期，第 8 页。

第三节　亚投行的建立

2013 年 10 月，习近平主席和李克强总理先后出访东南亚时提出了筹建亚投行的倡议。亚投行定位为一个政府间性质的亚洲区域多边开发机构，重点支持基础设施建设。

亚投行是“一带一路”战略的具体举措之一，也是推进命运共同体的重要步骤。

亚投行的建立是亚太地区和跨区域经济发展的很有针对性的举措，针对的是亚洲地区基础设施建设的困境。

要想富，先修路，亚洲基础设施的薄弱是制约亚洲各国进一步发展的瓶颈。从东亚国家的经济发展路径来看，中日韩正是通过基础设施的开发，才实现了经济的腾飞。而从亚洲某些国家的现状来看，包括印度、印尼在内的许多国家，基础设施的严重滞后已严重拖了国家的经济发展和居民生活水平提高的后腿。一些亚洲中低收入发展中国家基础设施滞后，更是成为制约经济发展的重大瓶颈。亚洲很多国家正处在工业化、城市化的起步或加速阶段，对能源、通信、交通等基础设施需求很大，但供给严重不足，面临建设资金短缺、技术和经验缺乏的困境。因此，不管是国内因素还是国外因素，加强基础设施建设，完全可以成为今后一个时期亚洲经济新的增长点，并在各国经济的多边合作模式的积极作用带动下发展本国经济。

根据亚洲开发银行的测算，从现在到 2020 年这段时期，亚洲地区每年基础设施投资需求将达到7300亿美元[①]，现有的世界银行、亚行等国际多边机构都没有办法满足这个资金的需求，同时，区域性基础设施建设另需3000亿美元，融资缺口巨大。[②]由于基础设施投资的资金需求量大、实施的周期很长、收入流不确定等因素，私人部门大量投资于基础设施的项目是有难度的。看上去融资缺口巨大，但亚洲地区其实并不缺乏资金，缺少的只是融资机制，需要搭建一个专门的基础设施投融资平台，特别是新兴市场和发展中国家的基础设施建设融资需求巨大。

由中国倡议建立的亚洲基础设施投资银行，作为一个区域性的国际金融平台，既弥补了亚洲发展中国家在基础设施投资方面存在的缺口，又有助于增加对亚洲活力与增长的投资。

亚洲基础设施投资银行主要业务范围是援助亚太地区国家的基础设施建设。在全面投入运营后，亚洲基础设施投资银行将运用一系列支持方式，为亚洲各国的基础设施项目提供融资支持——包括贷款、股权投资以及提供担保等，以振兴包括交通、能源、电信、农业和城市发展在内的各个行业投资。

亚投行业务定位为准商业性。初期亚投行将主要向主权国家的基础设施项目提供主权贷款，今后亚投行也将考虑设立信托基金，针对不能提供主权信用担保的项目，引入公私合作伙伴关系模式(PPP)，通过亚投行和所在国政府出资，与私营部门合理分担风险和回报，动员主权财富基金、养老金以及私营部门等更多社会资本投入亚洲发展中国家的基础设施建设。[③]

同时，中方成立的丝路基金将为“一带一路”沿线国家基础设施建设、资源开发、产业合作等有关项目提供投融资支持。成立丝路基金的初衷绝非简单

---

① 金立群：《亚投行与“一带一路”》，2015-08-19，http://finance.sina.com.cn/hy/20150819/104823005828.shtml.

② 《背景材料：亚洲基础设施投资银行》，2015-03-26，http://www.huaxia.com/xw/rmdjwz/2015/03/4331913.html.

③ 《背景材料：亚洲基础设施投资银行》，2015-03-26，http://www.huaxia.com/xw/rmdjwz/2015/03/4331913.html.

的经济援助，而是通过互联互通，为沿线国家的发展创造新的重大发展机遇，提供更大的商机和发展空间。丝路基金和亚投行受到本地区国家乃至域外国家的广泛欢迎和支持，它们与其他全球和区域多边开发银行的关系是相互补充而不是相互替代，将与现行国际经济金融秩序并行不悖。

无疑，亚投行的建立具有重要的经济和政治意义。亚投行是基础设施互联互通建设的现实需要，也是中国经济经过30多年改革进一步对外开放的窗口，亦是促进地区发展的重要举措。

它不是另起炉灶，另换一套，它不是对现有体系的取代，而是严格按照相关规则来执行，是对现有金融机构的完善与补充。亚洲开发银行虽然也投资基础设施，但无法满足亚洲基础设施建设的需要，亚投行无疑会成为一个新的和重要的补充。必须明确的是，亚投行与现有金融机制，如世界银行、亚洲开发银行等既是互补关系，也是良性竞争关系，既有利于成员国的自主发展能力建设，也有利于提振国际经济。亚投行与世界银行、亚行等组织的竞争不是谋求主导或独断，而是市场，是好评，是世界进步的现实意义。良性竞争对于开发贷款以及其他市场都是有利的。

亚投行是一个多边机构，重要事务都由理事会负责管理，流程透明，不由任何一个实力单独说了算，将以公开、透明、高效的方式建立一个全新的多边开发机构。中国财政部副部长史耀斌曾说，所谓中方寻求或放弃一票否决权是一个不成立的命题，因为它完全按照理事会的方式来运行。这体现出了中国推动建设这样一支新型跨国间融资平台的目的。[①]

中国一直在努力让亚投行拥有全新的运行机制，是一个大家合作共赢的机制，而不是沦为自己国家“称霸世界”的工具。

中国是这个机构的倡议者，也是重要的股东，但中国并不是这个机构的主导者。亚投行现在吸引了包括发达国家在内的一些国家参与，需要协调与协商

① 史耀斌：《中方寻求或放弃一票否决权是不成立的命题》，2015-03-26，http://finance.huanqiu.com/roll/2015-03/6016691.html.

的事务很多，是一个新尝试。

亚投行是开放的，亚投行也会与其他国际金融银行机构包括亚洲开发银行、IMF合作。

当然，亚投行是一个新机构，因此它会努力不走弯路，寻求更好的目标与效益。但它的目的很明确，那就是切切实实为这个地区的基础设施建设服务，做一些扎扎实实的事。在亚投行的项目审批中，无疑将遵守严格的制度，比如对于破坏环境或生态的项目是不会允许的。

第四节　上海合作组织与区域合作

上海合作组织自2002年由“上海会晤机制”发展成立以来，正式成员已扩大为六国，2005年7月4日，由中国、俄罗斯和中亚四国组成的上海合作组织在哈萨克斯坦首都阿斯塔纳召开外长会议，宣布给予巴基斯坦、印度、伊朗三国以观察员国地位，至此，该组织现已扩充至6个成员国和4个观察员国。作为欧亚地区一个重要的多边安全组织，上海合作组织自1996年“上海五国”会晤机制形成至2001年正式成立以来，不仅为地区的安全与稳定做出了重要贡献，而且还以自己的安全合作理念，通过扩展成员和组织转型，对国际安全体系和世界整体格局施加了重要影响。①

上海合作组织是在全球化背景下，以地缘位置和共同利益为基础，以地区安全和发展为目标的多边合作机构。作为中亚地区的战略依托，上海合作组织在促进成员国互信、建立安全机制、加强经济人文交流、提升国际影响力方面成果显著。②

上海合作组织是地区安全机制建设的新尝试，始于安全上的共同需求，也致力于开展广泛的经济合作，是发展与安全并重的组织。上合组织自成立以来的15年间，一直致力于地区反恐、加强协作、促进地区安全机制建设和经济发展，取得了显著成绩。互信、互利、平等、协商、尊重多样文明、谋求共同发展的“上海精神”已经成为上海合作组织赖以生存发展的根基，代表了当

① 刘莹：《上海合作组织安全合作的理念基础与转型》，《亚非纵横》2015年第3期，第15页。

② 张霄：《中亚形势和上海合作组织发展态势》，《国际观察》2010年第5期，第12页。

今国际关系发展方向，也成为地区合作机制的新尝试。上合组织在成立之初就确立了不结盟、不针对任何国家或国家集团、非对抗性和排他性的开放性目标。2002 年通过的《上海合作组织宪章》明确指出，上合组织继承了六国元首 2001 年上海会晤确认的“互信，互利，平等，协商，尊重多样文明，谋求共同发展”的精神。[①]

从未来看，上合组织需要继续强化其安全职能。

历史上上合组织发挥了安全维稳的作用，增加了中俄及中亚合作互信与合作，未来也面临着合作的新的巨大潜力和转型，即由单纯的安全合作转向经济安全并举，实现经济安全可持续发展。

上合组织成员在安全上有强烈的共同需求。早在“上海五国”时期，各成员国就已围绕合作打击恐怖主义、极端主义和分裂主义开展讨论，开始了联合打击“三股势力”的努力。目前，上合组织各成员国在反恐军事演习、反恐信息交流、人员培训、情报部门协调行动等方面已经开展了卓有成效的合作。尤其是“和平使命”系列反恐军事演习，自 2005 年以来已开展了 7 次，为震慑“三股势力”、提高军事协同配合能力、维护地区安全稳定等发挥了不可或缺的作用。“行动能力”将成为关乎上合组织安全合作进一步发展的关键词。唯有切实提高行动能力，上合组织才能推动筑牢地区安全屏障。[②]

共同应对“三股势力”对于中国维护边疆稳定，阻止民族分裂具有重要意义。在 IS 势力和阿富汗地区局势动荡的情况下，联手维稳将继续发挥重要作用。上海合作组织与域内其他单边或多边力量比较，具有在阿富汗问题上发挥主导性作用的潜力[③]，能够有力地打击贩毒和有组织犯罪，把中国西部与中亚、南

① 刘莹：《上海合作组织安全合作的理念基础与转型》，《亚非纵横》2015 年第 3 期，第 18 页。

② 林永亮：《从乌法峰会看上海合作组织发展前景》，《当代世界》2015 年第 8 期，第 47 页。

③ 王晓泉：《大国博弈下，上海合作组织走向何方》，《经济导刊》2015 年第 3 期，第 100 页。

亚和西亚连为一体，对建设“丝绸之路经济带”意义重大。

其次，上合组织需要转型。

上合组织正在实现从地区安全组织向区域经济共同体的转变，但上海合作组织毕竟是由边境谈判机制成功转型为地区性国际组织的典型范例，即使要进行第二次转型，也要坚持把安全合作、维护地区稳定作为第一优先方向的方针。因此，在未来的发展中，上海合作组织还应坚守创立之初的安全要务阵地，通过安全合作转型来克服一些制度性的困难和制约因素，在安全合作的理念基础上应对非传统安全区域化的理念创新，为地区安全和稳定创造更加有利的条件。①

上海合作组织在安全上继续加强的同时，还需要不断开拓新的合作领域，尤其是经济领域，以增强上合组织的整体凝聚力和合作动力。在打下了政治互信基础的同时，中国与中亚五国之间的经济合作也规模日显。2004 年，中国与中亚五国之间的双边贸易额达到了 270 亿美元。这些数字说明一个由市场力量推动下的经济融合体已经在逐步形成中，而这种市场力量下企业扩大贸易活动所需要的制度性保障也正在完善中。

上合组织完全可以借鉴经济增长区的经验。这当然需要完善一体化机制，例如创办上合组织国家公共发展联合会，建设共同的能源、交通设施和信息共享平台。上合组织国家加强地质勘探、采掘、矿产加工、基础设施建设、热能、核能、农业的生产合作更具发展前景。②

同时，要在贸易和投资便利化、自由化方面迈出更大步伐。应该扩大贸易规模，优化贸易结构，制定共同措施，协调经贸、海关、质检、运输等领域政策，在未来几年，推动建成 4000 千米铁路，超过 10000 千米公路，基本形成

---

① 刘莹：《上海合作组织安全合作的理念与转型》，《亚非纵横》2015 年第 3 期，第 16 页。

② 马特维耶夫. B. A：《上海合作组织战略发展的主要趋势》，《西伯利亚研究》2015 第 42 卷第 1 期，第 53 页。

区域内互联互通格局。

开展成员国间投资、产能、装备、基础设施建设合作，对培育新的经济增长点、扩大就业具有重要现实意义。成立上海合作组织开发银行是促进本组织多边合作的战略举措，对组织未来发展意义深远。“现阶段，中方愿通过丝路基金、中国—欧亚经济合作基金等金融平台，解决上海合作组织成员国投资需求，结合《2017至2021年上海合作组织进一步推动项目合作的措施清单》，重点在重大基础设施项目、资源开发、产业和金融合作等领域开展投资合作。”①

第三，上合组织需要承担更大范围的职责。

上海合作组织是实行“一带一路”倡议的重要机制保障，与“一带一路”可以强化战略对接。西面也可以强化与区域外的欧盟安全机制甚至是北约的联系，东边则可以加强现有东亚安全机制的呼应。

随着中俄全面战略协作伙伴关系的深化，两国加强战略合作的共识更为坚固，共同推进地区合作的愿望更为强烈。尤其是自乌克兰危机以来，在西方国家的制裁下，俄罗斯加强与中国合作的积极性更高。这些战略因素相互叠加，为上合组织发展提供了新的助推力。②上海合作组织在中国的亚洲战略中扮演着极为重要的角色。“一带一路”建设需要制度性安排，而上海合作组织多边经济合作的一项重要任务，就是以互利共赢为原则制定相关制度，因此，上合组织为“一带一路”倡议的实施打下了良好实践和机制基础。

安全合作方面，上合组织与集体安全组织在成员和功能方面也有较大重合。从成员来看，俄罗斯、哈萨克斯坦、吉尔吉斯斯坦、塔吉克斯坦既是上合组织成员又是集安组织成员。

从功能来看，集安组织主要侧重军事安全合作，但也开展反恐等非传统安

① 《习近平出席上海合作组织乌法峰会并发表重要讲话，强调团结互助，共迎挑战，推动上海合作组织实现新跨越》，2015-07-10，http://news.xinhuanet.com/politics/2015-07/10/c_1115889092.htm.

② 林永亮：《从乌法峰会看上海合作组织发展前景》，《当代世界》2015年第8期，第48页。

全合作。因此，推动上合组织与集安组织安全合作的沟通对接，是实现两大机制协调发展的重要前提。[①]

第四，上合组织需要扩容。

中国对上海合作组织扩员持积极态度，2014 年习近平主席访印时明确表示："欢迎并支持印度成为上海合作组织正式成员。"中俄印将成为拉动上海合作组织的"三驾马车"，中俄都明确支持印度与巴基斯坦加入上海合作组织，而且中俄印都是金砖组织成员，三国成为上海合作组织成员并在其间开展协调工作，也有助于跨区域的金砖机制的发展。中俄印都是新兴大国，其国力远大于其他成员国，三国的默契合作将是支撑上海合作组织未来发展的基础。[②]

纵观上海合作组织的发展历史，可以发现它的组织功能是在不断变化的。从最初单一地解决边界问题，转换为在经济、人文、教育等领域合作的综合性组织，从重视内部合作到主动发展对外关系。上海合作组织的进程不是按照既定方向前进的，而是根据中亚及周边地区的现实情况逐步发展起来的。上海合作组织和中亚地区一体化几乎是同步发展的，从最初的"上海五国"到现今的上海合作组织，20 年的发展之路映射出了中亚一体化机制的发展过程，从最初的小范围合作逐步扩大到多层次多领域的合作。[③]

显然，上合组织在安全与经济方面都将极大地促进区域合作，为相关国家展开全方位合作提供良好的机制保障。上合组织在组织范围、涉及领域以及覆盖范围都将有重大提升，在区域间对接与整合方面也将发挥积极的建设性作用。虽然上合组织也面临组织外国家尤其是域外国家基于全球战略需求对其进行的

---

① 林永亮：《从乌法峰会看上海合作组织发展前景》，《当代世界》2015 年第 8 期，第 48 页。

② 王晓泉：《大国博弈下，上海合作组织走向何方》，《经济导刊》2015 年第 3 期，第 97 页。

③ 刘旭辰：《中亚一体化与上海合作组织》，《喀什师范学院学报》2015 年第 36 卷第 1 期，第 26 页。

干扰，同时上合组织内部也面临发展不均衡以及发展差异带来的需求不对称的协调问题，但上合组织是推动中亚地区一体化的内在动力，在推动地区安全和经济上的深化合作方面将发挥独特的作用。

上合组织与中国外交一直推动的一体化思路是一脉相承的。

第五节　中国与东盟关系

中国与东盟地理相邻，文化相通，血脉相亲，利益相融。中国是第一个加入《东南亚友好条约》的域外大国，也是第一个同东盟建立了战略伙伴关系，第一个同东盟启动并建成自由贸易区的国家。①

——李克强

以势交者，势倾则绝；以利交者，利穷则散。

——［隋］王通

首先，中国与东盟关系十分重要。

中国和东盟互为天然的合作伙伴。中国是东盟陆海相连的最大邻国，我们同缅甸、老挝、越南陆地边界线达 4000 余千米，并与其他东盟国家隔海相望。1991 年，中国与东盟开启对话，1996 年，中国成为东盟全面对话伙伴，1997 年，双方建立睦邻互信伙伴关系，2003 年，升级为面向和平与繁荣的战略伙伴。

在东盟所有对话伙伴中，中国第一个同东盟建立了自贸区，这也是世界上最大的发展中国家自贸区。去年双方贸易额超过 4800 亿美元，累计相互投资高达 1200 亿美元。中国连续 5 年是东盟最大贸易伙伴，东盟连续 4 年是中国

① 《李克强在第十届中国—东盟博览会和商务与投资峰会上致辞》，2013-09-03，http://www.gov.cn/guowuyuan/2013-09/03/content_2591011.htm.

第三大贸易伙伴。[1] 在东南亚，中国积极参与地区多边制度，维持同东南亚国家的良好关系。中国坚持推动东亚“10+1”“10+3”合作，并于2010年建成中国—东盟自由贸易区。中国对东南亚国家的睦邻外交政策促进了中国与东南亚国家双边关系的发展，也有助于缓和南中国海的紧张局势，对中国国际影响力和国际地位的提高做出了重要贡献。

东盟共同体的建成标志着地区一体化建设进入新阶段，这也为中国、东盟打造和建设命运共同体提供了新的机遇。

近年来，中国同东盟经贸合作展现的活力是有目共睹的。2014年，中国与东盟双边贸易额是4801亿美元，同比增长了8.23%。中国对东盟的投资同样发展迅速，2010年之后，对东盟新增的投资占中国对外投资总量的60%以上。当前，中国—东盟自贸区升级版谈判也已取得积极进展，已于2015年完成谈判。尤其需要强调的是，东盟共同体建成后，其内部政治协商将会加强，经济合作将会加深，人文交流将会加大，这将为中国同东盟开展更高水平的合作创造更多机会。[2]

其次，中国与东盟具有坚实的合作基础。

中国与东盟经贸往来更加密切，为打造自贸区升级版准备条件。经贸关系是中国、东盟关系的基础和压舱石，自2013年制定2020年双边贸易额突破1万亿美元的目标以来，双边经贸额稳步增长。在贸易方面，2014年1月至9月，双边贸易额为3463亿美元，同比增长7.5%，对东盟贸易已占中国对外贸易总额的11%。目前，东盟是中国第三大贸易伙伴、第四大出口市场和第二大进口来源地。在投资方面，截至2014年9月底，中国对东盟国家非金融类投资总额为35.64亿美元，比2013年同期增长3.3%。中国与东盟双向投资累计达1231亿美元，其中东盟国家对华投资超过900亿美元。在工程承包方面，

---

① 《王毅部长在博鳌亚洲论坛2015年年会“东盟共同体：一体化的新起点”分论坛上的讲话》，2015-03-28，http://www.fmprc.gov.cn/web/ziliao_674904/zyjh_674906/t1249578.shtml.

② 《东盟共同体创造合作新机遇》，《人民日报》2015年08月04日，第3版。

2014年前三季度，中国在东盟国家承包工程实际完成营业额为139.57亿美元，同比增长6.97%，占中国在亚洲地区承包工程完成营业额的33.16%，总体对外承包工程完成营业额的15.12%。[①]

10年来，在各国历届领导人精心培育下，中国与东盟携手走过了不平凡的历程，双方贸易额增长了5倍，相互投资扩大了3倍，开创了合作的“黄金十年”，中国与东盟率先建成了世界上最大的发展中国家自由贸易区。目前，东盟已成为中国第二大贸易伙伴，中国与东盟的经济联系从来没有像今天这样紧密相依。[②]

东盟和中国拥有19亿人口，这是一个巨大的市场，开发潜力无限。中国与东盟国家加强经贸合作，实现优势互补，已成为克服前进障碍、促进共同发展的必然选择。[③]正因为如此，“中国对东盟的睦邻友好政策绝不是权宜之计，而是我们长期坚持的战略选择。中方将坚定不移地把东盟国家作为周边外交的优先方向，坚定不移地深化同东盟的战略伙伴关系，坚定不移地与东盟携手，共同维护本地区包括南海地区的和平与稳定。同时，我们将继续支持东盟的发展壮大，支持东盟共同体建设，支持东盟在东亚合作中的主导地位。中国和东盟的关系一定是长期友好、合作共赢的，将充分体现我们之间战略伙伴关系的要义”[④]。中国与东盟是天然的合作伙伴。同处于工业化、城镇化快速推进的阶段，发展目标和任务相似，中国与东盟经济合作潜能巨大。[⑤]

第三，中国与东盟合作既有远景，也有现实路径。

---

① 《2014年第三季度〈中国—东盟自贸区季度报告〉在京发布》，2014-12-12，http://www.china-aseanbusiness.org.cn/details.asp?id=13207.

② 《李克强在第十届中国—东盟博览会和商务与投资峰会上致辞》，2013-09-03，http://www.gov.cn/guowuyuan/2013-09/03/content_2591011.htm.

③ 《李克强在第16次中国—东盟(10+1)领导人会议上的讲话》，2013-10-10，http://www.gov.cn/guowuyuan/2013-10/10/content_2591018.htm.

④ 《李克强在第十届中国—东盟博览会和商务与投资峰会上致辞》，2013-09-03，http://www.gov.cn/guowuyuan/2013-09/03/content_2591011.htm.

⑤ 《李克强在第十届中国—东盟博览会和商务与投资峰会上致辞》，2013-09-03，http://www.gov.cn/guowuyuan/2013-09/03/content_2591011.htm.

中国与东盟合作是有着宏大目标的合作。中国与东盟在不断深化的一体化进程中，谋求区域一体化和命运共同体建设，同时也为推动跨区域一体化——亚太自贸区建设和全球贸易投资自由化做出贡献。“我们愿与东盟一道推动‘区域全面经济伙伴关系’（RCEP）谈判，探讨与‘跨太平洋伙伴关系协议’（TPP）等区域合作机制交流互动，共同营造开放、包容、共赢的合作环境，促进区域和全球贸易安排‘两个轮子一起转’。”[①]

区域经济一体化是地区各国的共同利益所在，促进贸易自由化和投资便利化有助于提升区域和次区域合作水平。“区域全面经济伙伴关系协定”（RCEP）是亚洲地区参与成员最多、规模最大的贸易协定谈判，是对既有成熟自贸区的整合。RCEP具有较强的包容性，符合亚洲产业结构、经济模式和社会传统实际，采取循序渐进方式，兼顾成员国不同发展水平，不排斥其他区域贸易安排。中方愿与各方一道，积极推动谈判进程。与此同时，可考虑启动亚太自贸区（FTAAP）的可行性研究，以实现亚太地区贸易投资利益最大化。”[②]

中国和东盟关系正站在新的历史起点上。中国和东盟国家正致力于携手建设更为紧密的中国—东盟命运共同体。而且东盟和中国、日本、韩国计划于2020年建成东亚经济共同体。中国主张：“在推进亚洲经济一体化的同时，我们要坚持开放的区域主义，协调推进包括亚太经合组织在内的跨区域合作。”[③]

2013年10月，习近平主席访问东盟国家时提出建设“21世纪海上丝绸之路”、携手建设中国—东盟命运共同体等合作倡议。这是一个传承历史，面向未来，顺应时代潮流，符合中国—东盟共同发展愿望的重大战略构想，为中国—东盟关系发展进一步指明了方向。李克强总理在2013年10月9日中国—东盟

① 《李克强在第16次中国—东盟(10+1)领导人会议上的讲话》，2013-10-10，http://www.gov.cn/guowuyuan/2013-10/10/content_2591018.htm.

② 《李克强在博鳌亚洲论坛2014年年会开幕式上的主旨演讲（全文）》，2014-04-11，http://www.gov.cn/guowuyuan/2014-04/11/content_2656979.htm.

③ 习近平：《迈向命运共同体，开创亚洲新未来——在博鳌亚洲论坛2015年年会上的主旨演讲》，2015-03-28，http://news.xinhuanet.com/politics/2015-03/28/c_1114794507.htm.

领导人会议上，提出了凝聚两点共识、推动七个领域合作的“2+7合作框架”。“2”即强化两点共识：推进合作的根本在深化战略互信，拓展睦邻友好；深化合作的关键是聚焦经济发展，扩大互利共赢。“7”指的是7个合作领域：积极探讨签署中国—东盟国家睦邻友好合作条约，启动中国—东盟自贸区升级版谈判，加快互联互通基础设施建设，加强本地区金融合作和风险防范，稳步推进海上合作，加强安全领域交流与合作，密切人文、科技、环保等交流。这一顶层设计方案明确了中国—东盟合作的领域和方向，其全面推进必将使“中国—东盟利益共同体”升级为“命运共同体”。

为双方合作明确了重点，规划了蓝图，有力推动了中国—东盟关系进一步发展和全面合作的深化。我们应秉持包容开放的精神，增强团结合作意识，积极落实双方领导人达成的共识，促进政策沟通，道路联通，贸易畅通，货币流通，民心相通，共创“21世纪海上丝绸之路”新的辉煌。

2014年11月的APEC会议确立了区域合作的最终目标是建立“亚太自贸区”，2015年11月，习近平主席在菲律宾举办的APEC会议上重申推进“亚太自贸区”建设的信心。[①]虽然TPP和RCEP都是实现贸易一体化的不同的路径，但按照北京路线图推动亚太自贸区在一定程度上解决了TPP割裂东盟的问题，也消除了东盟国家在所谓推动TPP的美国和支持RCEP的中国之间选边站队的疑虑。《APEC互联互通蓝图》也吸收了《东盟互联互通总体规划》（MPAC）的内容，与东盟自身发展存在很多契合之处。“21世纪海上丝绸之路”倡议得到落实，中国成立了400亿美元的“丝路基金”，并推动成立“亚洲基础设施投资银行”，东盟10国全部为其创始会员国，这必将对中国—东盟关系发展产生助推作用。[②]

① 《习近平APEC会议讲话：推进合作共赢，共促亚太繁荣》，2015-11-19，http://it.chinanews.com/gn/2015/11-19/7632178.shtml.

② 中国国际问题研究院：《国际形势和中国外交蓝皮书（2015）》，北京：世界知识出版社，2015年，第374页。

李克强总理还提出了启动中国—东盟自贸区升级版谈判的倡议，推动双方在货物贸易、服务贸易、投资合作等领域采取更多开放举措，进一步提升贸易投资的自由化、便利化水平，力争到2020年双方贸易额达到1万亿美元，并让东盟国家从区域一体化和中国经济增长中更多受益。今后8年，中方从东盟累计进口将达3万亿美元，中方对东盟投资将至少达1000亿美元以上。打造中国—东盟自由贸易区升级版。中国—东盟自贸区建设开创了亚太贸易投资合作的先河，有力地推动了双边经贸关系的快速发展。面对未来，中方将秉承10年来自贸区建设的传统，积极优先考虑东盟利益诉求，为东盟的发展创造更多更有利的条件。双方将深入讨论进一步降低关税，削减非关税措施，积极开展新一批服务贸易承诺谈判，从准入条件、人员往来等方面推动投资领域的实质性开放，提升贸易和投资自由化、便利化水平，使中国—东盟自贸区与时俱进，在更广领域、更高质量上打造升级版。[①]

在自贸区升级版之外，中国与东盟还在考虑次区域的合作开发，比如提出加大湄公河次区域合作的建议，使双方务实合作再上一个新台阶。中南半岛五国是东盟的重要成员，与中国同处澜沧江—湄公河两岸，大湄公河流域国家加强合作的先天条件优越，民众意愿强烈，未来前景广阔。自1992年区域合作机制启动以来，在推动经济一体化、促进各国社会经济发展等方面取得了可喜成绩。2013年中国与中南半岛五国贸易总额达到1500多亿美元。深化大湄公河次区域发展合作，是促进东盟各国缩小发展差距的有力举措，也是打造中国—东盟合作升级版的重要组成部分。《区域投资框架执行计划》进一步明确了未来4年合作路线图，涵盖经贸、交通、环保、城镇化、人文等十大重点领域。[②]

第四，中国与东盟合作需要抗击内外部干扰。

---

① 《李克强在第十届中国—东盟博览会和商务与投资峰会上致辞》，2013-09-03，http://www.gov.cn/guowuyuan/2013-09/03/content_2591011.htm.

② 《李克强在大湄公河次区域经济合作第五次领导人会议开幕式上的讲话(全文)》，2014-12-20，http://www.gov.cn/guowuyuan/2014-12/20/content_2794565.htm.

中国与东盟合作必须抗击外部因素的干扰。过去10年，中国与东盟形成黄金十年发展期，如果没有域外因素干扰，这一合作进程将得到更快推动。过去10年，美国忙于中东伊拉克战争，无暇东顾，2012年后，美国重返东南亚，开始搅局之举，日本等国也加大对中国的围堵与竞争，中国与东盟合作出现一些困难。显然，新10年面临美国重返东南亚和日本等国加大对中国施压的竞争，也面临东盟内部政权转型的不确定风险。同时，中国与东盟一些国家也存在南海的领海权益之争。南海争端自2014年起比以前更为错综复杂。首先是美国等外部势力加大介入力度，其次是中菲之间矛盾与纠纷交织升级，其三是981钻井平台等使中越关系面临矛盾加大的风险，其四是中国合理建设人工岛礁的举措引发美国的不当巡航，使得中美在南海问题上的冲突加大。

美国仍然保持积极介入南海的态势，美国国务卿克里在2014年6月美国—东盟外长会上表示，美国对南海争端的解决方式和各方行为非常感兴趣，同时他还敦促中国与东盟加快制定行为准则。2014年12月14日—16日，克里访问越南和菲律宾。在越南，克里表示美国将向东盟国家提供3250万美元的额外援助，以保卫其“领海”以及南海的航海自由，其中1800万美元单独给越南。在菲律宾，克里宣布美国将在今后3年向菲律宾提供4000万美元，用于加强菲律宾的“海洋安全”，提升其预警能力。两国外长还讨论了扩大美国在菲军事存在的框架问题。[①]

对于南海争议，中方一贯主张应当由直接当事方在尊重历史事实和国际法的基础上进行磋商。中国政府是有担当的，也愿意通过友好协商寻求妥善解决之策。中方认为，南海争议不是中国同东盟之间的问题，更不应该也不可能影响中国—东盟合作的大局。10年前，中国与东盟国家共同制定了《南海各方行为宣言》，有力维护了南海的和平与稳定，切实保障了南海的自由航行。中国将本着负责任的态度，继续与东盟国家全面落实《宣言》的各项规定，在《宣

① 中国国际问题研究院：《国际形势和中国外交蓝皮书（2015）》，北京：世界知识出版社，2015年，第369页。

言》框架下，循序渐进，稳妥推进“南海行为准则”的商谈。[①]

2014年以来，虽然南海问题起伏不定，但仍处于总体可控的阶段。另一方面，海上合作取得积极进展，在有效落实《南海各方行为宣言》并制定“南海行为准则”方面，中国与东盟进行了多轮磋商。在8月份的中国—东盟外长会上，中国提出“双轨思路”，为解决南海问题提供了新的契机。2014年4月22日，在中国青岛举行的“西太平洋海军会议”上，还一致通过了《海上意外相遇规则》。2013年8月5日，王毅外长在访问越南时阐述制定“南海行为准则”的四个原则，即“合理预期，协商一致，排除干扰，循序渐进”[②]。中方还倡议开展海上合作，建立“中国—东盟海洋伙伴关系”，建立“中国—东盟港口城市合作网络”，设立30亿元人民币的“中国—东盟海上合作基金”。[③]

在解决区域内热点问题上，必须正确看待中国与东盟关系。有一种观点认为，由于中国政策的不当，才使中国陷入四面楚歌，其实是因为中国自2001年来抓住机遇，广交朋友，拓展合作，10年间在区域合作和互利共赢方面取得了显著成就，中国与东盟无论在贸易、河流合作、经济开发、货币共通、互联互通等方面都取得前所未有的成就，这才引来了外部的关注，导致美国的重返和平衡中国。在一定程度上，不是因为中国做得不好，而是因为做得太突出，才出现了对中国的反制。当然，这10年也有一些教训，但只谈失误不谈成就，是不客观不全面的。

看待中国的周边形势必须有辩证的视角，现在的热点和冲突都有其限度，往往集中于某一领域，一般不易外溢。比如中越南海争端时，河内由中国建设的地铁项目仍在正常进行。2014年6月21日，越南国家主席张晋创访华时中

① 《李克强在第十届中国—东盟博览会和商务与投资峰会上致辞》，2013-09-03，http://www.gov.cn/guowuyuan/2013-09/03/content_2591011.htm.

② 《中国—东盟外长会联合新闻稿》，2013-07-01，http://news.xinhuanet.com/2013-07/01/c_124933397.htm.

③ 《李克强在第十届中国—东盟博览会和商务与投资峰会上致辞》，2013-09-03，http://www.gov.cn/guowuyuan/2013-09/03/content_2591011.htm.

越发表《联合声明》，双方同意“加大北部湾湾口外海域工作组谈判力度，稳步推进湾口外海域划界谈判并积极推进该海域的共同开发”[①]。2014 年 10 月 15 日，李克强总理访问越南时，双方发表《新时期深化中越全面战略合作的联合声明》，双方同意“在政府边界谈判代表团框架下成立中越海上共同开发磋商工作组”，并“加大中越北部湾湾口外海域工作组和海上低敏感领域合作专家工作组工作力度。本着先易后难、循序渐进的原则，稳步推进湾口外海域划界谈判并积极推进该海域的共同开发”[②]。

那种认为中国周边狼烟四起是新中国成立以来最危险的时期的说法，不是妖言惑众、蛊惑人心，就是别有用心。因为一些人正是希望中国自乱方寸，自乱阵脚，破坏中国正常的发展节奏，使中国卷入与外部世界的恶性竞争之中。中国对此必须保持冷静从容的态度。

当然，中国与东盟合作也面临一些新的问题。比如东盟个别国家对“一带一路”倡议仍有疑虑，仍持观望和消极态度。东盟个别国家与中国在外交上保持交往，但在安全上的对立心态在上升。东盟内部新一代领导人走上前台，他们的价值观、世界观与老一代领导人会有不同，也意味着原有的对华政策可能做出调整。但无论出现什么新问题，中国与东盟合作的主流是不能改变，也不会改变的。中国与东盟谋求共赢的目标也是双方的重大战略共识。

在未来，中国仍将充分发挥与东盟的经济合作杠杆作用，认真解决好东盟个别国家认为中国近而不亲的问题，同时还要经济安全两手抓，改变东盟一些国家“经济上靠中国，安全上靠美国”的二元对立思维。我们需要在新型大国关系模式的基础上，探索与发展新兴国家关系模式，其中就包括新型大小国家关系模式，大国讲平等，大小国家关系更讲平等，比如大国对小国的包容、让

---

① 《新时期深化中越全面战略合作的联合声明》，2013-10-15，http://news.xinhuanet.com/world/2013-10/15/c_117728865.htm.

② 《中国—东盟外长会联合新闻稿》，2013-07-01，http://news.xinhuanet.com/2013-07/01/c_124933397.htm.

利、谦让甚至是保护等。还要共同致力于心灵共通的建设，探讨共有价值。中国与周边国家的认同取决于行为模式和价值观的认同，要改变个别国家认为中国过度追求自身国家利益的错觉。不能一方面讲共赢，另一方面又过度追求自身利益。主权不能让，利益要共享，互利是建立在让利的基础之上。让利又绝非无原则，而是有法可依，有情可系。情义无价，有情有义有利，三者相交织，从长远看，重在心灵相通。“以势交者，势倾则绝；以利交者，利穷则散。”[①]

总之，中国与东盟关系的长远目标是构建区域一体化，实现命运共同体的目标。在政治安全方面不断推进中国与东盟的合作，在热点问题解决过程中，不断推进多边安全机制，努力实现由维稳到维安、由维权到共同发展地区的目标，为推进命运共同体的建设打下良好基础。

① [隋]王通著、李古寅编著:《中说》，北京：中国文史出版社，2012年版，第125页。

第六节　中国对周边热点问题的政策主张

中国一贯致力于通过和平方式处理同有关国家的领土主权和海洋权益争端，已经通过友好协商，同 14 个邻国中的 12 个国家彻底解决了陆地边界问题。中国积极参与地区安全合作，同有关国家发起成立上海合作组织，倡导互信、互利、平等、协作的新安全观，支持东盟、南盟、阿盟等在地区事务中发挥积极作用。中国同俄罗斯共同提出亚太安全与合作倡议，为巩固和维护亚太地区和平稳定发挥重要作用。中国推动六方会谈进程，支持阿富汗和平重建，为通过对话谈判解决国际和地区热点问题而不懈努力。[①]

——外交部部长王毅

中国成功推动周边一系列重大热点难点问题软着陆，力保周边和平稳定大势。我们坚持实现朝鲜半岛无核化，维护半岛和平稳定，通过对话协商解决问题；举办阿富汗问题伊斯坦布尔进程外长会，对地区事务发挥建设性作用。针对马尔代夫淡水供应危机，我们进行海空全方位施援，以实际行动显示中国是雪中送炭的可靠伙伴。南海问题上，我们坚定维护领土主权和海洋权益，同时提出“双轨”思路，强调直接当事方通过协商和平解决争议，中国与东盟国家

① 王毅：《中国是国际和地区秩序的维护者、建设者和贡献者——在第四届世界和平论坛午餐会上的演讲》，2015-06-27，http://www.fmprc.gov.cn/web/ziliao_674904/zyjh_674906/t1276585.shtml.

共同维护南海和平稳定，促进海上合作，得到地区多数国家理解和支持。[①]

在东亚安全合作进程中，中国外交以中国传统文化理念为基础，创造性发挥，形成了独特的中国东亚外交。无论这一问题是中国与邻国的问题，还是中国与域外国家的问题，无论是久积的历史问题，还是新的热点问题，我们都是以系统思维的整体观、联系观和辩证观的思维加以应对和解决，具体问题具体解决，不同问题不同解决。

（一）系统观与朝核问题

从整体观的角度看，东北亚的朝核问题的解决是牵一发动全身的问题。既涉及大国关系，也涉及地区安全机制的建设、无核化问题，还涉及半岛统一问题。朝鲜政权的变化会引发地区的连锁反应，相关国家无法通力合作也将导致问题久拖不决。这一问题的主要矛盾仍是冷战遗留的美朝矛盾和美国在半岛的联盟与驻军问题。基于联系性的分析，这一问题的出路必须由美朝为主线，以六方会谈机制转向多边安全机制为方向，以慎重的态度，注重阶段性的积累效果，以渐进和软着陆的方式推进问题的解决。忽视这一问题的复杂性和联系性，以简单的武力方式或制裁方式是无法根本解决问题的。

六方会谈的构想首先是注意到地区整体的考虑。这一问题不是任何一方或任何两方能够解决的，它涉及一系列国家的问题，尤其是地缘上和历史上相关的六方国家。六方不是简单的数字概念，也不是可以轻易加减的数字游戏，而是体现了对于东北亚这个政治整体的强调。双边问题应该双边解决，而多边问题不能双边解决。

再有，六方会谈机制基础上的多边安全机制或未来的东北亚共同体，正是为了解决东亚安全建立于条块分割的联盟体系这一不合理也不符合东亚安全发展与稳定的现实问题的。以美国主导的双边联盟体系网造成了安全上的人为分

---

① 刘振民：《周边外交，理论与实践都在创新》，《环球时报》2015年1月9日，第14版。

割，也激化了一些国家对于安全的敏感性，导致安全上的基本互信难以建立。从长远看，这样的安全结构不加以解决，将会导致出现以另一联盟体系相对抗的可能性，果真如此，亚洲冷战在结构上就会深化。所幸的是，中国等国一直避免用分割、对立的冷战思维处理东北亚的安全问题，而是推动建立能够将相关各方都包括在内的整体的安全架构，通过普遍的整体的安全保障，来改变一些国家得到联盟的相互保护而另一些国家则缺乏安全机制的基本保障这样一种不公平的安全局面。

六方会谈机制重在权利与义务的平衡，约束与自我约束的结合，因此，必须对成员资格进行更多限定。另外，六方会谈机制不仅仅是安全合作机制，也是经济合作平台，需要更多注入发展因素与互利因素，这样才能够可持续与长久，比如共同税收、减免关税等。

再以中美在朝核问题上的战略合作为例。

中美在朝核问题上的战略合作具有重要意义。一方面，中美在朝核问题上的合作不仅具有可能性，也具有现实需要，同时这一合作的程度、深度直接影响到相关国家。中美在对朝问题上的合作，对于化解和管控朝鲜核试后的危机将具有特别重要的意义。

中国在朝核问题的立场和态度是明确的，即不以权力政治视角进行权力政治游戏。中国主张与六方进行对等的合作，而不是与某一个国家结成同盟。目前，中美之间不存在争夺朝鲜作为盟友的可能。

有一种担心，认为中美在朝核问题上合作会影响中国对朝关系和对朝影响力。比如中国出于与美国战略合作的需要，改变对朝政策或对朝强硬，那么朝鲜就可能弃中就美，这种可能性理论上存在，但短期内很难。如果朝鲜真的弃中就美，在战略上就失去了选择的灵活性，那就只有死心塌地投入美国或与美国结盟。而美国将处于绝对主动地位，美国是否与一个意识形态的对手兼潜在的核国家改善关系，或何时改变，将完全取决于美国的态度。这样美国将会在事实上完全将朝鲜控制于掌股之间，朝鲜将失去战略上的回旋余地，处于十分不利的局面。

从中美战略联系的角度看，中国将继续在朝核问题上发挥特殊作用。缺少中国的积极公正斡旋，美国也无法实现与朝鲜的真正和解。关键是美国不能乘虚而入，趁火打劫，以为可以利用中朝关系的出现变化而从中渔利，或通过对朝绥靖，祸水北引，嫁祸于中国。美国利用朝核危机将对中美关系造成巨大的伤害。中美之间在美朝不信任之外，挑起中美间不信任，这个代价不可谓不大。如果中美交恶，朝鲜的战略价值就会上升，所以朝鲜也许乐于看到中美之间出现一定程度的分歧。因为中美出现分歧，朝鲜则可以利用中美之间对彼此战略上的担心，对中美两国分别讨价还价。

由此，通过联系性和连锁反应效应来分析中美辩证关系可以得出结论：中美在对朝问题上合作有利于中国对朝保持特殊影响力，也有利于朝鲜与美国合作，也可以加强中国与美国的全球战略协作。

诚然，中美在朝核问题上联系与协作固然重要，但作用和角色还是要加以区分。在朝核问题上美朝关系是关键，中国会发挥作用，但中国的作用有限，中国不可能越俎代庖，帮美国解决美国的问题。美国的问题必须美国自己解决。中朝关系无论倒退还是进一步发展，都无法替代或转化美朝之间的矛盾。单纯地牺牲中朝关系也无法换来朝鲜弃核，因为朝鲜弃核的条件是与美国关系正常化和安全保护。每个国家都必须担当起每个国家的问题。在朝核问题上，如果中美不能实现真正意义上的协作，这个问题也无法得到解决。仅仅中国调整政策是远远不够的，中美以及相关国家必须充分协同并采取相应政策，才能够达到目的。中国应该调整政策，但这种调整也不能以完全听命于美国为标准。

所以，无论中国、美国还是朝鲜，各方加强合作才是唯一的出路。对中国而言，保持现有的比较平衡的对朝政策，并适时施加有效压力，保障朝鲜朝着改善环境的方向发展，对于中美战略合作，对于朝鲜而言，都是有利的。对中国而言，也必须在中美、中朝之间保持特殊的平衡影响力。

由于联系性的存在，中国与美国在对朝政策上也具有相关性。如果美国不下决心从安全保障入手解决问题，包括中国在内的其他相关国家是不可能解决这个问题的。美国并没有天真到相信凭中国之力就可以解决朝核问题。显然，在中美合作大局的问题上，美国不能推卸责任和转移焦点。在美国作为主导方主宰这一问题时，却把根本解决朝核问题的责任推给中国，这是不现实的，美国用传统联盟方式控制着地区安全命脉，却要求没有双边或多边地区安全保障的中国对地区安全负全责，显然也是不恰当、不合理的。

对于朝核问题影响的判断也要考虑到系统效应，而不是孤立地看朝核问题本身。从联系性角度来看，朝核问题也绝非仅仅属于半岛事务，它的解决不取决于一两个国家的决定，而取决于多种因素的互动，它需要复杂的系统工程才能加以解决。这正是六方会谈机制启动的原始动因。

鉴于朝鲜半岛的复杂形势和朝核问题所涉及的国家和对于地区安全的深刻影响，朝核问题绝非仅仅是统一问题或核问题，而是可能从半岛波及东北亚和东亚的重大安全隐患。换句话说，朝核问题很可能引发蝴蝶效应，引发大变局，不可忽视，不可轻视，必须严加防范和预做防范。单以朝鲜可能出现变化的几种趋势来看，比如朝鲜社会出现内乱，政权崩溃，出现以南统北的状况，随之美国军事影响也由南向北进至鸭绿江边。再有朝鲜铤而走险发起军事冒险行动，半岛战争再度发生，大批难民涌向中国东北。由于朝鲜事实上的拥核能力，还存在半岛爆发核战争的可能性。不论哪一种局面出现，东北亚安全格局都会出现巨变，地区经济都会遭受致命打击。还有一种是不战不和的状况，美日韩等国也会借朝鲜拥核为借口，形成新的军事部署。

虽然弃核是朝核问题解决的当前要务，但弃核并非是东北亚安全问题的根本目标，东北亚安全问题的关键仍然在于多边安全机制的建立。朝核问题等问题的危机解决过程必须与多边安全机制的建立相挂钩，以此建立有利于地区安全稳定的安全架构。

在朝核问题的解决方式上，中国始终坚持软着陆、非强迫、多边化、劝解说服的方式，创造性地组织安排六方会谈，讲求阶段性解决，先易后难，促进阶段性解决与长远目标相一致。而美国一直以严格的敌友意识对待朝鲜，无论是鹰派接触还是遏制接触，以妖魔化朝鲜为能事，寄望于更迭政权，将朝鲜视为邪恶轴心，导致两国间恶性互动。但中国相信，即使朝鲜存在诸多问题，理性接触仍是必要的，敌友关系是可以转化的。国家间简单的敌友划分不利于问题的解决，应超越简单的敌友界定，把握时机，寻找契机，完全可能通过努力使其成为友好的合作伙伴。

从辩证观的角度看，中国对朝鲜坚持友好的周边邻国政策，既坚持原则，又保持策略上的灵活性。中朝既非特殊的联盟关系，也不是对立的敌友关系。中国坚持半岛稳定、坚持半岛无核化、坚持谈判协商解决问题的立场是坚定的，也是一贯的。这三项原则是相互依存的有机整体，是不可分割，也是不分先后主次的。

在朝核问题上，中国的主张是明确的：

其一，解铃还须系铃人，美朝矛盾，美朝之间的对立和互不信任，是朝鲜弃核的最大阻碍。美朝之间必须实现关系正常化，消除军事敌对状态，才能为朝鲜最终弃核扫清障碍。

其二，中国在朝核问题上存在战略限度。中国无法凭借一己之力解决好朝核问题，只能与相关方一道才能最终实现朝鲜弃核目标，那种认为中国加大对朝鲜施压、停止对朝鲜援助就可以解决朝核问题的想法，是天真的，不现实的，而且只会给朝核问题最终解决带来危险。

其三，中美在朝核问题上应进一步强化战略协作。中美在反对朝鲜拥核和反对核扩散问题上有高度共识，对于地区稳定也有一致立场，但在解决朝核问题的方式上有分歧。中国反对借半岛问题强化美国的地区联盟体系，部署导弹防御系统，认为这会加剧半岛紧张局势。中国反对美国对朝敌视和忽略的政策，主张美国应积极在六方框架下有所作为，也支持美朝直接对话。中国也反对颠覆别国政权的企图和政策，主张尊重别国主权，平等协调对话。中国发挥作用必须是中国式的。中国要充分利用好自身独特优势，继续发挥基于地缘战略和地缘经济的优势，努力促进朝鲜的经济变革，使得朝鲜弃核问题朝着软着陆的方向发展。

总之，在对朝政策中，中国坚持“9・19共同声明”的主张，并希望这一主张随着六方会谈的重启而被激活。应该说，“9・19共同声明”的提出提升了中国的国际形象和国际地位。中国坚持以自己的判断和方式，采取有利于地区和中国的对朝政策，坚持对朝援助，以耐心细致的工作帮助朝鲜发展经济，造福民生，并提供力所能及的帮助。朝核问题的根本解决必须与所有相关国家在内的多边安全机制挂钩，而这个机制的建立可以与东北亚共同体的建设相联系。

中国特色的对朝政策远比美国的对朝政策更为有效，更有利于地区和平。

（二）南海争端

南中国海是个半封闭的海域，涉及国家包括中国、印度尼西亚、菲律宾、越南以及马来西亚和文莱，整个海域的面积约350万平方千米。中国对南海诸岛及其附近海域拥有无可争辩的主权。

1. 南海争端的出现有其复杂的历史背景

全球工业化进程推动人类海洋工业文明时代来临，基于物质资源的海上争夺与对抗凸显。如果说16世纪的海上争夺是欧洲国家通过海洋争夺陆地，那么21世纪的海上争夺是世界各国通过海洋争夺沉睡在海底的战略性资源，人类进入了新的海洋时代——“海洋工业文明时代”。陆地资源逐渐枯竭，人类将目光投向了新能源，而深海的油气资源、可燃冰、海滨砂矿、多金属结核等，储量之大远超当今人类需求。对能源需求的激增促使海洋科技突飞猛进，人类对海洋资源的勘探开发进入新阶段，各国不断上演“蓝色圈地”运动，海上竞争愈演愈烈，各种利益矛盾凸现。南海争端就是在这样的背景下升级的。基于成为海洋巨大利益的驱动，南海不可避免地成为各方必争之地。

2. 南海对中国大国外交的意义越来越重大

新中国成立后，南海是中国生存和发展的重要战略空间，现在，南海更是中国能否成为全球性大国和海洋强国的战略区域。南海对中国的地缘战略价值重大。首先，它是中国战略运输通道和领土主权安全的具体表现：其次，它是中国东南亚外交的政治、经济、军事合作的战略联结点；最后，南海的石油、天然气等自然资源对中国经济发展战略意义重大。换言之，南海是中国战略防御的前沿阵地和华南海上战略屏障，是中国走出近海、进入西太平洋和印度洋的必经之道。南海有 300 多万平方千米海域，是中国和平发展战略依托和未来发展的主要空间之一。“海洋是 21 世纪人类社会可持续发展的宝贵财富和地球上的最后空间。海洋在国家经济发展格局和对外开放中的作用更加重要，在维护国家主权、安全、发展利益中的地位更加突出，在国家生态文明建设中的角色更加显著，在国际政治、经济、军事、科技竞争中的战略地位也明显上升。中国未来发展空间很大程度上在南海，我们必须从战略上重视南海。”①

南海不仅具有重大的商业、能源、渔业开发等经济利益，也具有重大的安全战略意义。南海水域海上通道的安全，对于维护中国的经济发展密不可分。南海既涉及中国与东南亚相关国家的睦邻关系，也涉及与相关或域外大国的关系，更是中国经济转型、迈向小康的重要驱动点。南海是中国走向海洋外交的门户，是中国开展新的周边外交的重要区域，也是区域经济一体化的必经之路。南海及相关的南海争端考验着中国的外交智慧，也是中国特色大国外交成败的关键。当然，南海能否成为中国的安全之海，直接影响和决定中国能否持续、快速与和平地发展。

① 何亚非:《南海与中国的战略安全》,《亚太安全与海洋研究》2015 年第 3 期，第 6 页。

3. 解决南海争端需要规避域外因素的干扰

美国因素是南海争端升级的重要原因，南海争端升级是美国亚太再平衡战略的具体体现之一。亚太再平衡的核心之一是东南亚，而美国在东南亚的着力点就是南海。美国以保护海上航行自由为名，行干涉之实，借制造南海危机，调动菲律宾等国与中国相争，从而获渔翁之利。自 2014 年美国巡航南海以来，美国虽然声称对南海争端不持立场，却一直对南海问题说三道四，拉偏架。中国在南海开展正常合理的 981 钻井平台作业、人工岛礁建设等，均被认为是对美国所主张的“海上航行自由”的破坏。在南海问题上，美国认为中国的表态不够明确清晰，不够连贯一致。比如南海九段线的划界，以及九段线内是否均为中国核心利益；中国在南海建岛的目的不明[①]，中国在南海建岛虽然起步晚，但比其他相关申索国家更多更大；中国的这些举动破坏或有可能破坏美国在南海的航行自由。[②]

2014 年 10 月，美国助理国务卿拉塞尔表态，称中国在南海填海造陆会造成“美中两国都不希望看到的局面”。11 月，美国国防部发言人杰弗里·普尔在谈及南沙局势时表示：“美方敦促中方停止填海作业，以外交方式鼓励所有各方在采取类似活动时保持克制。”2015 年 5 月 20 日，美军一架 P–8A 反潜侦察机抵近中方南沙有关岛礁海域进行侦察，对中方岛礁安全构成潜在威胁，中方守礁部队依照规定对其进行无线电喊话驱离。2015 年 10 月，美国又派“拉森”号驱逐舰进入中国南海新建岛礁 12 海里水域，对中国进行挑衅。

美国在亚太再平衡战略推出两年之后激化南海问题矛盾有几个原因：

（1）美国要强化联盟，必须适当出头。美国打一次头阵，下一轮，还是会让东盟或盟国冲在前面。

---

① 中国官方已经表态，中国在南海建岛是用于各国民事的自然灾害救助和原料补给。

② 2015 年 5 月 1 日，笔者在美国白宫对美国前国家安全委员会亚洲事务高级主任麦艾文（Evan Medeiros）的访谈。

（2）规则主导。美国需要通过在军事安全上的“立威”，为其继续主导亚太经济和安全规则制定权服务。

（3）美国必须具有领导的权威性。借南海体现美国在本地区的主导力，力求使美国在东亚的各类冲突中占据上风。

（4）搅乱中国的新战略部署。中国自2014年以来陆续推出“一带一路”、亚太自贸区、亚投行等重大举措，美国认为对其亚太战略构成了潜在威胁。美国通过搅局南海，向中国施压，破坏中国新举措的实施。

当然，美国搅动南海乱局还有其更为深刻的战略原因。

首先，美国在这一地区的真实目的是维护和扩展其海上通道主导权，同时围堵中国走向海洋。在美国看来，南海问题并不单是航行自由那么简单。在美国的亚太再平衡战略中，南海应该是显示美国主导力和平衡能力的关键。美国的主导权是基于对于战略交通要道的控制权而建立起来的。美国担心建岛行为所可能形成的军事能力将破坏美国对于马六甲海峡的控制权。海权不仅仅是海上力量的优势，还包括战略性通道的把控。中国在南海吹填岛礁的行为被美国认为可能增强战略投送能力，会打破美国控制马六甲海峡的战略部署。对马六甲海峡的控制是美国遏制中国发展海上力量和限制关键性战略运输能力的关键，是美国制衡中国的重要战略基础。

正因为此，美国才将中国正常的建岛行为视为对美国在南海主导权的挑战。

从更为深远的美国全球霸权战略而言，美国意欲强化其霸权能力。美国自中国经济不断壮大之后，对于霸权地位衰落的忧虑不断上升，担心其霸权地位旁落。维护其海权优势，尤其是那些重要战略性通道的主导权则是霸权护持的基础。美国高调介入南海，是为了将南海区域控制为美国第17个海上战略通道。“1986年2月，美国出于称霸世界的需要，制定了控制世界上16个海上咽喉航道的计划。30年来，美国在这16个海上咽喉航道周边部署了大量兵力，通过海外基地、轮流驻防、联合军演，对海上咽喉航道实施严密控制，决不允许他国染指。这16个海上咽喉航道并不包括南海。在西太平洋有4个，分别是马六甲海峡、巽他海峡、望加锡海峡和朝鲜海峡，南海成为美国海军要控制的全球第17个海上战略通道。”①

从军事战略来看，美国虽然在东亚具有压倒性的海上优势，但仍然担心在中国周边，美国有可能会逐渐陷入战略劣势。正如美国学者罗伯特·罗斯所言，美国将很可能把中国的第三次崛起和中国不断发展更强大的海上力量看作是对美国至关重要的安全利益的挑战。美国将很难接受中国对东亚海域战略性变革的期望。“中国的第一次和第二次崛起伴随着中国对修正东亚大陆的地区秩序的要求，这只是挑战了次要的美国地缘安全利益。与此不同的是，假如中国正在呈现的发展海上力量导致中国的第三次崛起，它将构成对中美合作的严重挑战。”②

因此，美中走向军事冲突有两个关键性的阶梯：第一个阶梯是中国在东亚的影响力大大提升，在亚洲出现与美国平起平坐的状况，或者可能替代美国的地位，但即使迈过了这个阶梯，美国仍然不会与中国一战，因为美国在东亚的主导地位是依靠其保有的海上优势维持的。第二个阶梯才是危险的。即当中国真正发展起远洋海军时，中美全面的战略对决才会到来。显然，从军力上而言，中国发展起足以抗衡美国的远洋海军力量之时，将会被美国视为超越了美国东亚战略的最终军事底线。2011年以来，美国在东亚的军事布局尤其是南海问题上的突然和明确的介入，拉动中国周边尤其是东南亚国家，与中国就南海问题进行“打破现状”的较量，用意在于将中国包括航母在内的海上力量的发展视为陆权与海权争夺，同时将这种争夺定义为21世纪两个大国海权争夺的序幕。

当前，中国在中国海域有条件有能力与美国进行战略意志的较量。美国希

---

① 梁芳：《南海，美欲拿下第17条海上要道》，《环球时报》2015年06月05日，第14版。

② ［美］罗伯特·S. 罗斯：《中国崛起、地区权力转移与东亚安全：从1949年到21世纪》，《世界经济与政治》2009年第11期，第42页。

望对中国采取代价强加型战略，也就是消耗战略。中国必须保持战略定力，不惹事，不怕事，强化高层战略对话，加强危机管控，尤其是军事危机管控机制建设。同时，更多采取谈判对话方式与东南亚相关当事国进行磋商，力求将危机控制在当事国范围内，促进危机得到尽快解决。

4. 南海问题的根本解决仍需高超的政治智慧

首先，在南海争端问题上，仍应努力促成相关国家共同努力，重回“搁置争端，共同开发”的正确轨道上来。南海等问题的搁置争议是辩证智慧的体现，即相信并认为争议是可以转变的，可以随时间、随合适时机的到来得到化解或解决。当然，我们必须承认南海等热点问题面临一些新的挑战，比如如何更有效地搁置争议，在共同开发的问题上也需要创造性的尝试。当前，一些国家在南海问题上出现了现状变更之忧，都担心他国改变现状，于是率先自行其是，打破现状，于是合作默契被打破，博弈中的先下手为强思维占据上风，并借助域外力量搞权力平衡的策略，以图利用危机，从中渔利。这就导致了原有维持现状的平衡被打破，危机升级，热点被激活。在所有地区热点问题上，都是否定易于肯定，破坏易于维稳，对立易于合作。理性冷静地分析南海争端，就会发现当前的南海争端实际上仍处于有限对立与有限合作之间，处于总体可控范围，必须从这一中间缓冲区开始化解分歧，减少冲突，把控危机。

在南海等问题可能升级的情况下，一是要充分协调，不因分歧而中断联系和沟通；二是同步行动或在对方可以接受的范围内行动，避免激化矛盾的自行其是的行为；三是强调制度约束，各方都应尊重相关规则；第四是化解矛盾，不使问题复杂化。中方强调反对外部势力介入和干预南海问题解决，同时强调《南海各方行为宣言》不是用来解决南海领土主权和海洋权益争议的。东盟方面也多次强调，作为地区组织，东盟在争议问题上不持立场，南海争议应由声索国通过和平谈判解决。2013 年 8 月 5 日，中国外交部长王毅表示，中国与东盟各国已同意在落实《南海各方行为宣言》框架下探讨推进“南海行为准则”

进程，中国对准则持积极、开放的态度，以共同维护南海地区的和平与稳定。但强调要有合理预期，要协商一致，寻求最广泛共识，照顾各方舒适度。要排除干扰，循序渐进。[①]2014 年 8 月 9 日—10 日，在缅甸首都内比都举行的东亚合作系列外长会议上，中国外交部长王毅在会后记者会上宣告，中国和东盟已找到南海问题解决之道，也就是中方倡导的“双轨思路”，即有关争议由直接当事国通过友好协商谈判寻求和平解决，而南海的和平稳定则由中国与东盟国家共同维护，两者相辅相成，相互促进，有效管控和妥善处理具体争议。[②]2015 年 8 月，王毅部长会见新上任的中国—东盟对话关系协调国新加坡的外交部部长尚穆根时，提出了中方在南海问题上将奉行“五个坚持”，即坚持维护南海的和平稳定，坚持通过谈判协商和平解决争议，坚持通过规则机制管控好分歧，坚持维护南海的航行和飞越自由，坚持通过合作实现互利共赢。[③] 这些举措和立场都收到了良好效果。

其次，强调变通与坚持原则相结合。

在处理敏感危机时，既要有灵活性，也要坚持原则。灵活性政策不是以牺牲原则为代价的。牺牲原则的灵活性是没有意义和丧失方向的灵活性。当然，南海问题存在试错和纠错空间，需要努力发挥创新思维，维护周全合理的局面。中国在南海问题的主要原则就是既维护主权，又避免军事冲突升级，比如渔政船应对领海危机、维护海上开发安全的方式就是一个新的尝试。而当可能的冲突即将来临时，理性的方式是降低风险，以刹车、缓冲或绕行的方式来加以解决，但是也不能无原则让步。比如一些国家就中国在自己国家海域建立民用岛礁说三道四，中国就决不能接受。南沙群岛是中国主权管辖范围，中国是南海

① 《王毅谈“南海行为准则”进程》，2013-08-05，http://news.xinhuanet.com/mil/2013-08/05/c_116814384.htm.

② 《中方提“双轨思路”解决南海问题》，2014-08-11，http://world.people.com.cn/n/2014/0811/c157278-25439125.html.

③ 王毅：《中方在南海问题上将始终奉行“五个坚持”》，2015-08-03，http://world.people.com.cn/n/2015/0803/c1002-27404547.html.

沿线国家，也是世界贸易大国，在相关水域建岛既有利于中国，也有利于地区航行、渔业安全和应对海上灾难，完全正当，合理，合情，合法。中国是南海航行和航空自由的坚决维护者，南海建岛没有军事目的，不针对任何国家，也没有影响南海的航行自由。有关国家行使航行和飞越自由，应充分尊重本地区沿海国家的主权和安全。正如李克强总理2015年在第十届东盟峰会上强调，中国将继续坚持通过谈判协商和平解决争议，通过规则机制管控好分歧，通过合作共同开发实现互利共赢，愿与本地区国家一道，将南海建设成和平、友好、合作之海。①

其三，强调南海问题要有长远眼光、大局眼光。在解决地区热点问题上要有深远宽阔的眼界。我们不仅仅是要解决南海问题，更重要的是谋求整个地区内的和平、繁荣、稳定。我们一直坚持地区内有效务实的合作，这也得到很多东盟国家的认可，在这样一种合作的氛围之下，我们所面对的敏感的争议问题才有更好的基础和条件加以解决。

海上丝绸之路建设不仅是从战略高度长远解决本地区的经济发展和安全发展的问题，也是通过宏观战略规划来化解局部危机的重要尝试。周边命运共同体概念的提出，也是立足于从总体上根本解决本地区危机的重大思路。同时，中国也正在力求开创出一个新型的领海争端危机解决模式。

妥善解决南海问题是中国跻身海洋强国的基础。中国需要进一步提高南海问题在中国外交中的优先次序，把解决南海问题放在议事日程的重要位置。

在走向海洋强国过程中，中国需要结合自身特点，做出全面的战略选择。既要坚定走海洋强国之路，又要利用地缘优势融入欧亚大陆，发挥中国大陆体系作用，推进欧亚大陆经济融合进程，争取战略主动，同时要强化同周边的东北亚、东盟、上合组织、中澳新合作，建立利益和命运共同体。这样，我们才

---

① 《李克强谈南海问题：中国在自己岛礁上开展建设合理合法》，2015-11-22，http://china.cnr.cn/gdgg/20151122/t20151122_520564208.shtml.

能真正走出第一、第二岛链，摆脱海洋困境和美国的海上围堵。[①]

为了解决南海争端，应有针对性地采取以下措施：

第一，继续加强中美战略协作。强调中美不仅在全球其他地区有战略协作，在东亚也能够保持战略稳定。

第二，促进东亚安全形成一种共识，即各国面临的共同的非传统安全问题比传统安全问题更为重要。比如日本核污染问题比传统安全冲突更为迫切，也更为重要。此外类似防止自然灾害问题、渔业安全、气候变化和资源保护等。

第三，推动地区多边安全机制建设，以化解和抵消美国的联盟政治的压力。目前的安全模式是部分国家安全的冷战遗留模式。冷战结束后，分裂的欧洲重新统一，而亚洲要成为一体也需要结束冷战遗留的对立。亚洲安全的未来取决于多边安全合作，继续延续现有的不合理安全模式将无法使问题得到根本解决。

第四，南海问题应将争端限制在一定范围内，总体上不争论，限制在专家技术层面，不向社会层面外溢。

第五，把解决纠纷与推进区域一体化联在一起，强化在南海问题相关国家间的相互依存，以更大范围的利益合作来化解南海的局部利益纷争。强调政治经济相结合，以经济方式解决政治安全问题，以经济方式换取继续搁置争议。

事实上，中国对南海问题的立场是一贯的、鲜明的、清楚的。中国对南海诸岛及其附近海域拥有无可争辩的主权。我们一贯主张南海问题应由当事国通过友好协商以和平方式解决，坚决反对与南海问题无关的国家插手南海争议，反对将南海问题国际化、多边化、扩大化——这不仅解决不了问题，反而会使问题更加复杂。各国都有核心利益，涉及国家主权、领土完整、重大发展利益的问题对各国都是至关重要的。中方认为，南海问题只是有关国家之间的领土主权和海洋权益的争议，不是中国与东盟之间的问题，更不是地区或国际问题，所以只能也必须由当事双方通过友好协商，以和平方式加以解决。我们坚持“搁

① 何亚非：《南海与中国的战略安全》，《亚太安全与海洋研究》2015年第1期，第6页。

置争议，共同开发”，始终致力于同有关国家通过双边协商加以妥善解决。沟通的渠道也是畅通的。①

总体上，中国在南海问题上仍然坚持“搁置争议，共同开发”的原则，不触及敏感问题，以及阶段性解决与长远目标相结合的方式。当然，在涉及主权问题上则坚持原则不让步。在解决方式上，也一直在试图探索各种可行的新模式。比如 2002 年中国与东盟各国签署了《南海各方行为宣言》，这一宣言是中国与东盟签署的第一份有关南海问题的政治文件，对维护中国主权权益，保持南海地区和平与稳定，增进中国与东盟互信有重要的积极意义。2011 年，在印尼巴厘岛举行的中国—东盟落实《宣言》高官会议上，中国与东盟已就落实《宣言》后续行动指针达成共识。目前国际上最大的自然灾害防控机制是世界减灾大会（WCDR）及其常设机构联合国国际减灾战略（UNISDR）。亚太地区目前最大的减灾机制是亚洲减灾大会（ACDR）。在今后的“海丝路”自然灾害与传染性疾病的防控实践中，各国应利用好上述两个平台，并积极探索建立本区域国家间的灾害预警等方面的合作机制。②

2011 年，中方还曾设立 30 亿元人民币的中国—东盟海上合作基金，从海洋科研与环保、互联互通、航行安全与搜救、打击跨国犯罪等领域做起，逐步将合作延伸扩大到其他领域，形成中国—东盟多层次、全方位的海上合作格局。

总之，对于未来的东亚热点问题的解决与危机管理，中国应该有三个倡导：倡导亚洲一体化，制止亚洲分化；倡导大小国家关系新模式；倡导非联盟合作新模式和安全合作新模式。

注重三项原则：预防危机与控制风险相结合，共同利益与国家利益相结合，

① 《2010 年 9 月 21 日外交部发言人姜瑜举行例行记者会》，2010-09-21，http://www.fmprc.gov.cn/ce/cgtur/chn/wjbfyrth/t754554.htm.

② 李骁、薛力：《21 世纪海上丝绸之路：安全风险及其应对》，《太平洋学报》2015 年第 7 期，第 62-63 页。

推动制度与规则的完善与变革。

（三）东亚安全与安全思维转变

东亚安全问题既涉及体制或机制的问题，也涉及安全思维的问题。在当前热点频发、存在潜在冲突爆发可能性的情况下，我们更需要调整安全思维。

1. 首先是权力转移问题

一般而言，在西方的权力政治观之下，权力转移必然带来风险。西方强调权力转移，这是他们看待国际政治变迁的基本思路和一贯逻辑。中国并不认同权力政治与权力转移理论，但是中国实力的飞速发展和强化军事现代化和军事防御的一些努力，使得西方确认了权力转移的现实，无论我们是否承认存在权力转移，在权力变化的进程中如何减少风险都是一个新的课题。在国际政治中，如何变权力转移为权力共享与分享也是一个新的课题。西方的权力转移风险论如何得以破解，如何被说服，也是中国外交面临的重要难题。

2. 热点问题

对于热点问题，我们必须认真考虑暂时性解决方案和根本性解决方案的关系问题。在危机升级之前，我们必须考虑以下问题：

首先，我们是否已经具有足够的替代性方案，在安全问题上的现有解决手段、途径与思路显然已经不能解决当前的安全问题，还应该有更多方案和更多思路。比如在领土问题上可否有冷却或隔离政策、各退后一步的思想。在领土问题上存在的安全困境在于：各国都担心别国改变现状，涉及资源问题的领土问题越来越复杂，涉及大国关系的领土问题解决难度加大。但是我们必须充分思考在现有的安全方案中是否还可以有更多备选方案和新的思路。

其次，在找不到更好的解决方案之前，不破坏现状，不使事态升级，不失为一种明智的选择。

第三，如何使暂时解决方案更具有效力，并且能够与最终方案保持一致而不是相背离，是当前紧迫的课题。

当我们解决问题时，有临时性和根本性解决两种，什么时间段采用什么方式对于问题的解决是至关重要的。无论是朝核还是亚洲地区的领土争端，都存在选择难题。有时为了稳定的大局，需要临时性解决。这种方案可能与最终解决无关，但为了稳定所需，同样是重要的。我们需要明确的是临时解决与根本性解决是相联还是相悖，阶段性解决与最终解决是否具有联系性，是否为最终解决提供了有力的基础。同样的问题也涉及局部解决与全面解决。需要特别指出的是，美国的东亚战略立足于局部解决而不是全面解决。它并不想全面解决。而作为东亚国家的中国、日本、韩国等国，显然希望能够找到一个永久性的解决方案。

3. 关于传统安全与非传统安全的关系问题

对于安全问题的总体认识，中国的立场是明确的：对于人类，对于各个国家而言，那就是非传统安全威胁大于传统安全威胁，因为大国战争不具有迫切性与可行性。战争没有赢家，战争能够决定胜负的传统战争观已经让位于战争是两败俱伤的认识，这已经是大国间的基本共识。即使是美国的安全战略，也在于预防大国间的战争而不是挑起战争或准备战争。这是认识当前安全形势的基本前提，当然也是认识的分水岭。

在如何促进安全的问题上，有两个做法：一个是以经济合作促安全，另一个是以非传统安全合作促安全，但这两个做法都有其限度，都没有根本上保障安全。

传统与非传统安全问题有相互促进的一面，也有相互制约的一面，现在相互制约的一面更为严重。非传统安全问题比传统安全问题更易于也更适用于跨国合作。传统安全合作在避免战争问题上和核不扩散问题上应该说有一定程度共识，这是一个可贵的合作动力。而非传统安全合作在致力于解决问题上有共识，因为客观上有一定限定条件，不合作无法解决。

在非传统安全与传统安全的关系上，我们更多看到或希望看到两者的相互促进，现在看来也需要更多关注两者的相互制约和限制，比如非传统安全合作受限于传统安全上的彼此戒备。这也直接影响到两者各自的合作限度。

4. 倡导新的安全思维

转变安全困境思维，提倡由责他性思维变为律己的思维。安全困境思维的核心在于，当一个国家感到不安全时，它首先总是苛责于别国。而逆安全困境思维则应该转变为：当一国感到缺少安全感时，在指责别国时，更应该反省自身。律己思维让我们认识到，造成不安全感的原因既可能来自对方，也可能是基于自身的错觉。正如前文所述，亚洲安全的核心问题在于没有一个更具有包容能力和普适性的东亚安全机制，一部分国家主要依赖于一个分割的、局部的安全联盟，而另一些国家在这些安全联盟之外，缺乏安全保障，因而导致安全困境难以化解，这显然提醒我们需要进行逆安全困境的思考：所谓安全困境是指增加自身安全的努力，引发了其他国家的警觉，从而加剧了彼此的不安全，而逆安全困境思维则强调照顾别国的安全或安全关切，自己才能安全。加剧别国的不安全，自己的不安全感不仅不会减少，反而会增加。安全困境思维是责问式的，即指责对方，而逆安全困境的思考是自省式的，反问自己是否已经做好。作为世界上最大的超级大国，就应该先让别国感到安全。让别国失去安全感，也会让美国失去安全感。

（四）结语：中国对亚洲的贡献

中国作为亚洲一个发展中大国，一直致力于中国自身和亚洲地区的发展与繁荣。中国是亚洲的和平守护者，而不是破坏者；中国是亚洲经济发展的重要引擎，一直推动着亚洲经济的持续提升；中国还是亚洲安全秩序的积极建构者，与邻国一道维护着亚洲的共同安全；中国还是亚洲各国真诚的合作伙伴，努力营造着合作共赢、共同发展的和谐局面。

具体而言，我们可以从以下几个方面来看中国对亚洲的贡献：

1. 观念先行，新理念深入人心

不断提出符合地区和时代发展趋势的新理念、新观点，丰富和发展了这一地区的精神文化内涵，为亚洲价值、亚洲精神、亚洲文化做出了独特的贡献。中国秉承东方文化的传统理念，从整体观、辩证观和自律观三个方面来看待自我与他者的关系、近期与长远的关系。正确认识中国自身定位，正确看待自身发展与地区的关系，通过发展和改变自身来影响他国。中国式的利他主义、以德服人得到广泛认同。中国几代领导人历来十分重视周边外交的理念建设。从“互信，互利，平等，协作”的新安全观到习主席提出的包括 11 种安全在内的综合安全观，从亚洲精神到上合精神，从亚洲共同体到命运共同体，从“亲邻，睦邻，富邻”到“亲、诚、惠、容”，都体现了中国在国际关系中的道德诉求和周边关系中的新型价值观。

2. 实践落实，新举措不断创新

从中国首创的朝鲜半岛核问题六方会谈机制到中国东盟“10+1”合作机制，从上合组织到东亚思想库网络，从博鳌亚洲论坛到东亚峰会，从“一带一路”到亚信峰会，中国积极投入多种形式的外交实践，体现了开放、务实、渐进、和谐的和平思想，促进了共同安全、共同繁荣，营造了可持续发展的广阔平台。新加坡国防部长黄永宏评价说，中国的发展对亚太和世界的和平与稳定是一个巨大的贡献。

经济繁荣，带动作用突出。中国相信，可持续发展必须基于共同发展的理念，中国分享改革开放成果的政策是真心实意的。中国开放市场，与周边国家开展全方位合作，成为亚洲不少国家和地区重要的出口市场与贸易顺差来源。中国推动区域和次区域经济合作的展开，率先与东盟达成自由贸易区协议，第一个以非东盟成员国身份加入《东南亚友好合作条约》，首倡建立东亚自由贸易区。

3. 安全合作，和平形象得到肯定

中国没有挑起任何争端，中国从来都尊重他国主权和领土完整，从未侵占他国领土。对于出现的危机和冲突，中国始终主张以和平谈判方式加以解决，从不利用危机谋取私利。即使是涉及自身领土安全问题，也尽可能保持克制与耐心。中国派出渔政船解决领海领土纠纷就是明证。改革开放 30 余年，中国已经解决了几乎所有的陆地边境纠纷，在海上领土争议方面也从未试图率先改变现状。在朝核问题等周边核安全问题上原则坚定，立场鲜明，努力维护国际核不扩散机制的权威性。在国际军控、裁军和防扩散方面，一直坚持积极参与的立场，不仅相继加入并切实履行有关《国际军控条约》，还参加国际军控和裁军领域的各项重大活动，与周边国家一道反对恐怖主义和国际犯罪。在危机管理与冲突预防方面，中国一直致力于与周边邻国和大国的相互沟通、增强互信、减少战略误判的努力。在国防军事建设方面，也秉持开放、透明的原则，显示了一个负责任大国的坦诚守信。新加坡著名经济学家、南洋理工大学亚洲研究所所长陈光炎表示，现在有人说“中国威胁论”，但他认为中国应该提议一个“中国贡献论”。

总之，种种事实表明，中国的和平形象正在深入人心，中国的和平理念正在不断得到落实，中国对于地区繁荣与发展的贡献有目共睹，以共赢来减少冲突、以协调来强化和谐的中国，遵守道义和地区秩序、乐善好施的中国，具有5000多年古老文明的中国，必将对亚洲长久的发展做出历史性的新贡献。

第四章

中国与大国关系：新型大国关系

要在国际和区域层面建设全球伙伴关系，走出一条“对话而不对抗，结伴而不结盟”的国与国交往新路。

中国在总结归纳60多年大国外交经验教训的基础上，正式提出中美新型大国关系理念，升级中俄战略协作伙伴关系，拓宽与欧洲的合作渠道，以我为主，运筹均衡的大国关系架构。

要解决好大国关系问题，必须处理好大国间分歧与差异所带来的可能冲突。

竞争的含义是自己变得更好，而不是使对方更差。良性竞争的关键不是削弱对方，而是运用合理的方式使自己变得更强，从而也激发竞争伙伴变得更强，我们不仅是合作伙伴，也是竞争伙伴，就像运动场上的运动员一样。

第一节　中美新型大国关系

在中美关系问题上，中国始终坚持着自身和平合作的方式不动摇，不为权力政治逻辑所动，以非冷战的方式来应对冷战思维和冷战式的挑战。无论美国的亚太联盟如何调整，中国始终不以结盟的方式来应对之，因为中国不愿看到亚洲重新分裂为两大阵营。中国坚持基于相互依存、互利共赢的思路来维护中美稳定的大局。对美关系始终以自律、自我约束来维护中美关系大局，以自我示范来影响对方。

新型大国关系重在化解矛盾，制约冲突，管控分歧，试图走出避免“修昔底德陷阱”的新路。

中美新型大国关系牵一发动全身，不仅有地区意义，更有全球意义，是中国未来的全球战略能否有效实施的关键所在。在战略思考上必须特别注意的一点是，中美两国在未来的竞争或较量中都不可能以战而胜之为目标。中美之间不会出现简单的替代关系，只能是共生共存，因此，中美之争的最佳结果是中美两国化敌为友，化竞为合。中美已经实现了化敌为友，但要避免重新出现化友为敌，关键是促进合作，管控危机。对中美两国的战略决策者而言，如何更好地实现相互塑造，由不对称塑造走向对等的相互塑造，彼此适应，彼此尊重，合作共赢，这是摆在两国面前的新的历史性课题。

中美关系具有复杂性，是一种竞争与合作交织的关系。中美不仅是合作伙伴，也是竞争伙伴。竞争可以带来合作和促进合作，关键是抵制恶性竞争，推动良性竞争，让彼此在竞争中变得更好，而不是彼此削弱，这样也就最大限度地发挥了竞争促进合作的作用。中美要追求更好的合作效应。中美是合作伙伴，中美关系具有很强的互补性，相互补充与完善可以产生溢出效应，合作可以增加合作的附加值。

正如习近平主席 2015 年 9 月访美时指出，中美关系要随时而动，要顺势而为。

中美关系要随时而动。中美关系是动态发展和变化的，绝不是一成不变的。过去 30 多年，中美关系如此长足地进步和发展，是前所未有的，是随着国际形势和国际格局的变化而发展的，反过来也促进着国际格局的转变。

随时而动，就是要与时俱进，面对不断变化的现实，及时调整不符合不适应中美关系发展的因素，不断探索和创新。现在中美关系之间面临的问题有些是老问题，但也在不断出现新问题、新挑战，绝不能对中美关系持静态的线性的观点。中美关系不进则退，以传统守旧的思维和做法处理不断变化出新的中美关系是不行的，而要不断随时而动，与时俱进。

中美关系还要顺势而为。中美关系要顺应大势，顺应经济全球化和相互依存的大势，顺应国际政治民主化的大势，要顺应越来越多的新兴发展中国家群对完善国际秩序的合理要求，要顺应这个时代可持续发展与可持续安全的迫切要求。

一、中美竞争性相互依存关系探析

中美关系自建交以来正呈现出缓慢的嬗变，中美之间不再是非此即彼的对手，“非敌非友”也难以界定中美关系的性质。中美关系正呈现出涵盖对手与朋友的双重性质。中美关系未来前景仍存在不确定性，既可能退为对手 / 敌手关系，也可能上升为真正的伙伴关系。

以往看待中美关系，往往采用单一的视角，难免出现片面性，而这种片面性又常常导致观点的左右摇摆。从今后看，中美关系的变化取决于竞争与相互依存这两个变量的变化，冷战后的中美关系变化表明：首先，竞争的性质在变化，非零和竞争在上升；其次，相互依存中的安全依存在实践中已经得到证实，但在理论和政策层面上还没有充分体现；其三，竞争与相互依存互动关系的特征和趋势还有待深入研究和把握；其四，必须避免对立与相互分割的两个极端做法，从竞争与相互依存的复合视角来审视中美关系，竞争与相互分割的视角均不足以全面把握中美关系，必须从竞争与相互依存的有机联系中认识中美关系的发展脉络。

我们可以从两个方面来分析中美两国关系中竞争变量的变化：首先是竞争性质的变化，其次是竞争模式的转变。

（一）中美之间竞争的性质和内涵均出现嬗变

从概念上看，竞争具有多重性，既可能是良性的，也可能是恶性的，既可能是零和博弈，也可能是非零和博弈。中美之间存在竞争，但出现两种倾向：首先，不影响别国发展的自我竞争在加强。许多大国关注国内自身发展，立足于内部挖潜和完善内部机制。这种自我超越式的发展不会激化与别国的矛盾和冲突。其次，随着沟通、交流以及协调机制的逐步增强，各国间的竞争正在规避零和博弈模式，向着双赢共赢的合作模式发展。

在以上两种趋势下，中美之间的竞争也经历着历史嬗变，呈现出多样化的特征：

首先，中美竞争是现实存在。历史造成的结构性因素仍在发挥作用。作为最大的发达国家和最大的发展中国家，两国的利益都在拓展，中国的“走出去”战略使得美国面临着前所未有的利益竞争局面。

其次，中美之间的竞争存在不对称性。所谓“潜在的战略竞争”是由美国引发的，是由于霸权主导国对于可能出现的未来大国的防范引起的，而中国一直试图避免这种竞争的出现，避免成为美国的战略竞争对手，一直努力将这种竞争限制在合作与依存的主流之下，使竞争不至于出现失控。

第三，中美战略博弈更多是在多边猎鹿博弈的框架下展开。中美之间面对共同威胁的严峻性，使得中美互为对手的现实可能性减少。双方的博弈正呈现出新的双重博弈的特征，既有交叉与重叠区域，也有对立的区域。中美战略博弈呈现的特殊性包括：第一是更趋理性，竞争中的理性博弈正在成为共识。第二是中美竞争处于多重博弈之中。中美之间既有多边猎鹿博弈中的合作与协调，也有双边博弈。中美之间的双边博弈正在越来越多地被多边猎鹿博弈取代。

第四，中美之间的竞争呈现出多元性，总的趋势是由过去单一的军事竞争转向多元化的竞争。竞争早已不再是单纯军事领域的竞争，而是转向了经济和其他领域，在一定程度上，国家竞争也转变为系统竞争。

总之，在中美竞争中出现了非对抗性竞争和对抗性竞争交织的状况。所谓对抗性竞争，是指可能引发直接军事冲突的竞争，而非对抗性竞争，更多涉及经济、环保等领域，引发直接军事冲突的可能性不大。从中美关系的竞争来看，非对抗性竞争，即在无形领域的竞争越来越多，非对抗性冲突成为新的冲突形式。

（二）从权力竞争模式的视角来看，中美关系已由权力竞争模式向软实力竞争模式转化

软实力竞争更多体现为影响力的竞争，影响力更多体现为吸引力，而不直接等同于强制力和控制力。同时软实力竞争也体现在制度构建领域，即面对如何维护与完善现有制度，或不同制度间如何共存等问题，而这些问题更需要合作与沟通来实现。国际制度是一项软实力资源，而软实力资源转化为软实力的关键，在于一个国家在国际制度建设中所能提出的理念、议题、感召力和动员能力。软实力竞争具有较强的互补性与共存性，软实力竞争也为合作找到了新的生长点。

以上变化带来了中美之间竞争观的改变。多元竞争分散了矛盾焦点，竞争中的合作减少了原有竞争的对立成分。中美关系虽然具有竞争性，中美之间有对抗，但对抗程度大大降低，这应该成为理解中美战略关系的一个关键性因素。竞争不可避免，但竞争不会轻易失控，亦可称为“竞而不破”，这是中美之间竞争可定性的现实。

与此同时，中美关系中竞争的自变量，尤其是军事安全领域的潜在竞争，也会带来负面影响。现在美国一些人仍强调中美意识形态对立，视中国为潜在对手，尤其按照实力政治原则，视中国为最具潜力的军事竞争者，强调对中国的防范。在军事上的防范和竞争，表明中美关系并没有消除对手或敌手的担忧，还存在成为对手或敌手的可能性。简而言之，一些美国战略决策者仍以中国战略未定论来看待执行和平发展战略的中国，视中国处于“战略十字路口”，这使得中美竞争关系仍存在不确定性。

（三）中美两国关系中相互依存变量的新特征

中美之间的竞争性正呈现出新的非零和特征，原因就在于中美之间的相互依存达到了前所未有的程度。这是理解中美关系的另一关键所在。同时，正是因为竞争性质的转变，才使得两者相互依存关系进一步加深。竞争与相互依存成为中美关系中互动的复合因素。对这两大变量相互影响的分析是探索中美关系未来发展的关键。

中美相互依存可以体现为以下几点：

第一，美国已经意识到无法孤立中国。在国际事务中，美国无法排斥与中国的合作。美国在全球范围内的维持现状的行为离不开中国的协调。第二，中美相互依存是全球相互依存普遍加深的体现。在一定程度上，中美关系既是双边关系也是多边关系，出现了双边与多边相交织的情况。第三，国际经济全球化也导致了国际安全全球化，甚至是国家安全的外化。

由于中美经济相互依存的论证已较为详细，可以更多地从中美安全相互依存角度来加以分析。

首先，安全上的互助与互利正在发展，在一定程度上抑制了自助与自行其是的行为。安全困境的基本前提是国际社会的无政府状态，而中美之间以及全球化所带来的世界范围的相互依存正在化解无政府状态，相互依存本身正在有效地制约自行其是的行为。

第二，安全上的复合相互依存促进了中美安全合作。非传统安全问题的性质强化着中美之间的安全合作。在传统安全与非传统安全相交织的领域是中美安全合作的重点，包括经济安全、能源安全、卫生安全、信息安全等在内的非传统安全问题具有跨国性、相互制约性和综合性，一国无法单独应对和解决。同时，中美在共同创立新的安全机制和制定安全规则上正在开展程度不断加深、范围日益广泛的合作，合作的依存度在深化。

第三，中国主动融入国际安全体制，强化了中美之间在安全制度层面的相互依存。中国加入了包括核不扩散机制在内的一系列国际安全机构，在国际安全问题上的责任意识和责任能力均得到了空前的加强。国际安全制度层面的合作使得双方的信任度得到加强，合作的效益更大，也为双方可持续合作提供了机制上的保障。

在以上特征之下，中美安全关系出现两个突出特点：

首先是两国安全合作的日益机制化，显示了依存程度的加强。这种日益机制化是使得两国关系不可能轻易引向对抗与对立的保障，由突发事件引发中美关系戏剧性变化的可能性大大减少。中美关系经受了中国驻南联盟大使馆被炸事件、中美撞机事件以及中国台湾海峡危机的多次考验。美国在安全上开始意识到中国核心利益（台湾问题）的敏感性，尽量避免事态的扩大，美国、日本公开将“协防台湾”从联合计划中删除，美国前国务卿赖斯在记者会上公开反对台湾所谓“入联公投”就是证明。2010 年以来，中美在东海划界、防空识别区以及南海问题上产生了新的分歧，但仍然达成了“建立重大军事行动相互通报信任措施机制”和“海空相遇安全行为准则”。2015 年 9 月 18 日，中美已就重大军事行动相互通报机制新增“军事危机通报”附件以及海空相遇安全行为准则新增“空中相遇”附件完成正式签署。

其次，在热点问题上达成了更多安全共识，有些甚至是全球战略共识。比如在台海稳定问题上，在反对台湾“入联公投”的立场上，中美双方保持了高度一致。在朝鲜半岛无核化问题上，中美双方均达成高度共识，意识到中美双方在安全上已经形成不可分割的安全上相互依存关系。中美在安全领域已形成安全合作惯例、危机处理惯例，针对非国家威胁和跨国威胁的合作不断增强。中美决策者都清楚，中美冲突是最危险的一项选择，其危险性使得这一选择缺乏理性选择的可能性。另外还要看到，中美之间在全球范围内的合作广度和深度正在超越一些局部问题所带来的困境。

从目前看，由于中美需要共同面对的威胁不断增大，中美之间的依存度已经达到了历史上从未有过的高度。总之，由于中美之间在安全上已经形成了事实上的休戚与共的关系，虽然中美两国之间还面临着由于美国遍布全球的传统联盟所导致的结构性障碍，但仍然不应错估或低估两国安全相互依存的作用，中美安全相互依存不仅存在，而且正在进一步深化。中美关系进程表现出强烈的不可逆性，其合作趋势呈缓慢的梯形递进势头。

（四）竞争性相互依存——对立统一视角下的中美关系

中美之间既具有竞争性，又具有相互依存性。竞争不可避免，但又彼此依存，这就造成了中美关系之间竞争性相互依存关系的出现。从竞争与相互依存两个变量来看，首先出现了竞争与相互依存变量互为因变量的情况。相互依存无法消除竞争，反而可能使竞争频度增加。随着中美合作的增多，竞争的领域与范围也增加了，这可以从双方首脑和战略对话讨论的议题得到证明。然而，相互依存强化了机制建设，促使竞争的范围和性质发生转变，从而使竞争限制在良性循环的轨道内。其次，由于竞争性相互依存关系的存在，在一定程度上规避了更大风险的发生，促使了两国关系的机制化安排。

从以上变量关系分析，可以得出以下结论：

1. 未来竞争不可避免，但竞争并不必然带来冲突。中美之间的分歧与冲突将是不可避免的，但不一定会必然引发对抗。中美关系有许多危机边缘性因素，但竞争与相互依存的复合关系使中美关系具有更大的弹性和包容度。地区核不扩散、反恐、自然灾害救助等实际上都是中美齐抓共管的典型案例。在朝核问题上，中美之间的合作与协调也达到了一定高度。而且由于中美之间安全上的相互依存，中美之间由一个热点问题引发为中美直接对抗或战争的可能性已经大大降低。

2. 竞争性相互依存关系要求中美双方辩证地看待中美关系，更加全面务实地理解对方政策。中美关系之中，竞争与依存并存是一个重要特点，突出地体现为不可分割性和全面性，不是有的领域竞争，有的领域依存，而是在多数领域均出现竞争与依存关系，是个矛盾的复合体，具有很强的辩证色彩，竞争必须置于依存关系的基础上来理解。竞争性相互依存从传统上是指政治安全竞争，经济上相互依存，而现阶段中美间的竞争与相互依存却适用于所有领域。在竞争与依存这两个变量的共同作用下，政治决策与经济决策既联系又分割。一方面，由于经济依存，政治决策的门槛提高，底线不断上移；另一方面，经济冲突可能十分激烈，却不大可能影响政治决策，所谓“政经分离”。未来的中美关系将围绕这一竞争性相互依存框架而展开。

中美竞争的性质已经改变。相互依存条件下的竞争趋向于可控的良性竞争。在相互依存条件下引发的竞争很难导致尖锐的冲突，因为任何一方都会不堪重负。相互依存促进了竞争性问题的解决。竞争不会引起单纯的对抗，有些竞争性问题也有可能促进合作，也要求双方进行合作。“中国威胁论”也由来已久，可中美之间的合作却不断加深，就是因为现在中美之间的竞争在很大程度上受到无法割舍的复杂利益的控制与约束。长期以来，由于对中美关系的复合性缺乏正确认识，使得双方对彼此利益的共存互利的一面认识不足。相互依存所带来的利益的相互渗透与延伸在世界范围内得以拓展，客观上要求中美双方避免非黑即白的思维模式，充分把握中美复合关系性质的变化。认清这一关系性质的变化，将有利于把握机遇，促进中美关系的发展。中美矛盾将继续，但合作空间可能增大，中美关系已经更趋成熟和理性。相互依存无法消除竞争，但会发挥减压舱的作用，抵制恶性竞争，使之趋于良性。

在看待中美关系时，应避免对立两分法，而强调辩证统一与多元共存论。两个国家之间的关系如此错综复杂地交织在一起，这是以前未有的现象，也许是一种阶段性的现象，但却可能是长期存在的现象，或许是当今时代国家间关系的真实反映。从未来看，相互依存与竞争两个因素很难分割存在，或出现一方占绝对地位的情况。虽然此起彼伏的情况难以避免，但这两个矛盾因素将长时期地交织在一起。中美关系未来研究需要关注的问题，是竞争对相互依存的负面影响，以及如何利用相互依存的局面更为有效地化解竞争中的冲突与矛盾。

二、中美在东亚地区的战略分歧与化解

近些年，随着美国采取亚太再平衡战略，强化这一地区的军事和战略部署，调动盟国，激活热点问题，中国不得不采取相应的一些反制措施。同时，随着中国特色大国外交的展开，积极有力的战略构想开始得到落实，美国对华战略的调整也在酝酿讨论之中。当前，虽然中美关系在总体上仍然保持稳定，但毋庸讳言，中美之间的战略猜疑和分歧在扩大和加深。双方的战略分歧在东亚地区表现得尤其明显。

（一）中美战略分歧

美国对中国战略意图的误读早已有之，近些年有加剧之势。由于中美双方自美国亚太再平衡战略推出以来出现了相应的战略互动，因而中美战略分歧体现在东亚地区更为集中和明显。归结起来集中于一点，那就是美国认为中国近年来的政策和行为对美国在东亚地区和亚太地区的主导权构成了挑战，具体包

括以下方面：

首先，在东亚出现了中美两国的影响力之争。美国认为中国在本地区影响力的不断上升对美国构成了影响力优势的挑战。近10年来，中国与周边国家尤其是东南亚国家的合作被认为是对美国在这一地区影响力的削弱和抵消，美国的国家形象在东南亚尤其是东南亚伊斯兰国家族群中由于反恐而出现了负面效应，中国利用美国在反恐战争无暇东顾的机会，通过一系列的经济合作和安全尝试，替代了美国在这一地区的影响力。①

其次，美国认为其主导的地区安全秩序面临挑战。从安全层面看，美国认为中国的所作所为正在形成东亚地区安全秩序的挑战。美国认为中国的新亚洲安全观意在挑战美国主导的东亚传统安全秩序。中国提出的亚洲安全观主张共同、综合、合作、可持续安全的理念，而其中共同安全观认为不应将一些国家的安全建立于另一些国家不安全的基础上。② 亚洲安全观虽然还不是具体的政策，但这一主张被认为是直指冷战以来形成的美国联盟体系，中国意在未来改变美国的亚太联盟。③ 而美国在亚太地区的联盟一直被视为美国地区主导地位的基石，因此，中国的亚洲安全观就被认为是对美国地区安全秩序的挑战。中国在东亚领海争端中的一系列合理合法的新举措和新主张、新倡议，包括在东海设定防空识别区、强力反击日本钓鱼岛国有化主张、在南海开展981钻井平

① Nirav Patel, "Introduction: The Strategic Environment of U.S.-Sino Relations," in Abraham Denmark and Nirav Patel, eds. *China's Arrival: A Strategic Framework for a Global Relationship*, Pennsylvania, NW: Center for a New American Security, 2009, pp.3-18, http://www.cnas.org/files/documents/publications/CNAS%20China's%20Arrival_Final%20Report.pdf.

② "安全应该是普遍的。不能一个国家安全而其他国家不安全，一部分国家安全而另一部分国家不安全，更不能牺牲别国安全谋求自身所谓绝对安全。"参见习近平：《积极树立亚洲安全观，共创安全合作新局面——在亚洲相互协作与信任措施会议第四次峰会上的讲话》，2014-05-21，http://news.xinhuanet.com/world/2014-05/21/c_126528981.htm.

③ 2014年10月13至15日，外交学院与美国进步中心（Center for American Progress）在华盛顿威拉德洲际会议中心（Willard Intercontinental）合办的中美中青年学者第二轮战略对话中美国学者的观点。本次会议的主题为"未来中美关系互动中的共识与分歧"。

台作业、人工岛礁建设等，均被认为是对美国所主张的“海上航行自由”，以及对美国的盟国或潜在盟国构成了直接威胁。而中国在2014年提出的亚洲特色治理原则，即亚洲人的事最终将由亚洲人自己解决，以及2015年的命运共同体，“一带一路”等主张，也在美国被普遍认为是对美国主导的亚太地区联盟体系、亚太地区安全理念和地区安全秩序的直接挑战，甚至有可能是驱使美国离开亚洲的举动。

第三，美国认为规则权之争已经显现。从经济层面看，中国正在形成对美国发挥核心影响的经济秩序和经济规则方面的挑战。虽然中美之间有着十分密切而深入的相互依存关系，中美之间又是最大的债权国与债务国的关系，中国还是美国的第二大贸易伙伴国，但美国认为中国通过不断融入现有国际体系，从中获益很大，而且美国把中国在地区层面开展的一系列经济合作视为对美国的威胁，将中国倡导的中国与东盟自贸区建设、中韩自贸区建设以及中日韩自贸区建设以及两岸不断发展的经贸合作等，视为是对美国主导的现有国际体系和国际秩序的挑战，具体体现就是对这一地区规则制定权以及美国在亚太地区的经济新规划TPP的直接挑战。奥巴马更是直言，美国不会允许他国主导规则制定权。[①] 美国还曾坚决反对中国倡导的亚投行（AIIB）等计划。再有美国基于安全和政治竞争的考虑，在经济层面对中国的竞争防范意识始终没有排除，包括对华高技术出口限制和中国对美投资限制等。

第四，美国担心热点问题控制权旁落。从东亚热点问题来看，中国在热点问题的相关举措被认为可能影响到美国对于热点问题的控制权。美国一直将东亚的热点问题或危机视为中美战略博弈的前沿。虽然从美国的安全利益而言，从北到南的朝核问题、中日东海问题和钓鱼岛争端、台湾问题还有南海问题均

① 出自奥巴马2015年国情咨文（State of Union, 2015），https://www.whitehouse.gov/sotu，其原文表述为：“But as we speak, China wants to write the rules for the world's fastest-growing region. That would put our workers and our businesses at a disadvantage. Why would we let that happen? We should write those rules.”

不属于美国的核心利益，但美国均将其视为美国的重大利益，甚至夸大这些热点对于美国的战略意义。美国将中国对于热点问题的参与和解决举措视为有可能影响甚至取代美国对热点问题的控制权。

美国对于东亚热点问题的控制体现在两个方面：其一，是进程由美国最终主导。

对于朝核问题，美国一方面主张在核扩散问题上与中国合作，却在自身基本不作为的情况下，不断要求中国采取更为强硬的政策，希望中国在对朝制裁问题上与美国更多保持一致。[①] 美国一方面希望中国承担更大责任，另一方面又在限制中国发挥美国所担心的主导作用。同时，美国不仅不放弃在半岛军事存在，而且试图在半岛部署萨德反导系统，继续进行登陆演习在内的一系列军事演习。

美国虽然公开表示在中日钓鱼岛争端中不持立场，但美国在争端过程中强化美日联盟的做法客观上助长了日本在这一岛屿争端中的强硬态度。

总之，对于东亚地区的领海争端、热点升温以及地区安全的新变化，中美双方都有着认识上的不同。美国对中国正在形成一些新的战略认知，这些认知虽然仍处于争论期，但有可能影响美国未来的对华战略制定。美国对中国的战略意图提出了更多置疑，对自身主导权可能受到的影响十分关切，认为中国正在试图挑战美国主导的国际体系。对于中国对自身主权的合理、合情、合法的捍卫措施，也被认为是对美国自身安全与盟友安全利益的威胁。

基于以上分析，美国将东亚热点问题引发的问题视为中美在这一区域就地区安全秩序、规则和地缘战略布局的较量。中国的亚洲安全观和积极有所作为的新战略被认为是指向美国在亚洲地区的霸权，中国正处于挑战美国主导权的进程中，中国的能力和意愿都比以前有了很大不同，因而，对于美国而言，有效把握这些热点问题是掌控地区主导权的关键。

---

① 2015 年 5 月 1 日，美国新安全中心研究人员 Abraham Denmark 与笔者座谈时表达的观点。

（二）中美战略分歧加大的原因

分析中美战略分歧的原因，不能忽略两国所处的时代。中美战略分歧的加大有着深刻复杂的时代背景，这就是国际形势处于冷战后的转型期之中，而中美两国也在进行着重大的战略调整。从战略转型期的时代背景而言，转型期内大国关系趋势性紧张的现象是一种自然反应。在转型期内，往往有可能严重低估或过分夸大正在发生的深刻变革的重要性。在过去1500年的15个个案中，有11次以战争告终。[①]应该看到，中美之间的战略分歧首先是基于转型期历史观而派生出来的。

其次，中美战略分歧是基于美国的霸权逻辑而产生的。美国霸权战略的逻辑在于防止任何一个地区的潜在大国成为美国的挑战者。从霸权战略的演变趋势来看，一般而言，当霸权国家实力开始下降或相对下降，对世界领导地位丧失的担心就会上升，对地区领导权面临的挑战就会更加敏感，而在地区层面最具有实力挑战美国地位的国家往往成为美国的重点防范对象。20世纪80年代，日本受到美国的打压，近些年，随着中国实力的快速提升，美国将战略重点转向了对中国的压制。

第三，美国亚太再平衡战略的实施导致了中美战略分歧的加大。在美国确立亚太重心地位之后，如何实施其亚太再平衡战略就是其重中之重。亚太再平衡战略有三大支柱：联盟战略、均势战略和经济战略。在三大战略中，均势战略是其核心理念，而均势战略是以地区内国家的相互冲突从而导致地区内国家的相互制衡为前提的。美国正是以地区威胁和地区危机升级为借口，以均势战略原则为核心，来激活联盟，介入半岛、东海和南海事务，构建美国主导的多边经济合作框架的。显然，美国在亚太地区一贯采取的地区均势战略是导致地区局势紧张的根本原因，而美国谋求利用这些均势战略引发的危机则是中美战

① 郑永年：《中美如何共建世界秩序》，2015-06-25，http://blog.ifeng.com/article/36339366.html.

略分歧加深的根源。

同时，美国作为均势战略的最大受益者，以离岸平衡者身份扮演不恰当的角色，发挥了不恰当的作用。在一系列领土领海争端中，美国一方面标榜是中立者，实则想充当仲裁者，采取了有意识地选边站队的做法。一些时候，美国的所作所为不仅无助于危机解决，反而导致危机解决更趋复杂化。

在美国看来，中美之争已由潜在的结构性矛盾演变为现实的主导权之争。中国捍卫自身权益的行为，被美国视为对其区域或全球主导权的挑战。中国试图修正不合理的国际秩序和规则的行为，也被视为对美国主导的现有国际秩序的改变。尽管中国一直强调中国是现有国际秩序的维护者和完善者，无意于推翻现有体系，中国官方在多种场合表示，中国无意于挑战美国的主导者地位[①]，仍然尊重美国全球主导者的作用，但美国基于霸权护持和现实主义权力政治的逻辑，对中国在国际秩序建设中发挥的建设性作用表现出越来越多的担心和怀疑。

中美两国对于中美战略性分歧的性质也存在观点上的不同。中国反对将中美之间的分歧与摩擦上升为主导权之争，但美国则不断强调主导权的较量，并为此制定相应的政策。事实上，中美战略分歧反映在中美关系方面，体现了战略选择的不同，以及更深层面的冲突战略观与合作战略观的分野。

（三）中美战略分歧的可能趋势

分析中美战略分歧发展趋势，可以从中美关系的性质、美国东亚战略的实质以及中美冲突的走向来分析。

首先，中美关系性质与冷战时期已有根本不同。无论中美之间出现了什么冲突和分歧，中美多数人士还是看到了中美关系与冷战时期美苏关系的不同。

① 中国副总理汪洋表示："中国既没有想法，也没有能力，挑战美国的领袖地位。"引自汪洋在 2014 年 12 月 17 日在美国芝加哥中美商业关系论坛上的讲话《不让政治制度差异成为中美经济合作的障碍》，http://news.ifeng.com/a/20141218/42748503_0.shtml.

冷战时期美国由乔治·凯南倡议的遏制战略之所以有效，是因为苏联经济实力薄弱，与美国几乎没有商业联系。但今天的中国是一个经济大国，其军费预算的两位数增长是建立在雄厚和多元的工业基础之上的。[①]“中国和美国对彼此的经济依赖度很高，并且有很多共同的安全利益，以至于无法展开纯粹的竞争。”[②]“自 2009 年来，中国企业对美直接投资增加 5 倍，为美国创造了超过 8 万个岗位。”“如果投资障碍更小，还可以大有所为。”“双方利益的融合超过了很多人的想象，双边关系发展至今，双方都无法承担非合作与对抗的关系。”[③]在这一前提下，中美之间新冷战将会带来巨大的代价。如果是新冷战，那就是相互依存条件下的新冷战，结果只能是两败俱伤。“如果中美之间出现新冷战，将导致中国把远超苏联的经济实力带入争斗”[④]，而这一切对于美国而言也是灾难。

其次，中美之间的分歧更多体现为热点问题处理方式，而非所谓主导权的问题。

中美之间在亚洲安全合作问题上存在三个矛盾：美国希望主导东亚热点问题进程而中国不愿被动接受的矛盾，美国无意根本解决东亚地区矛盾而中国希望彻底解决的矛盾，美国坚持的以联盟为基础的局部安全机制与中国所倡导的整体多边安全机制的矛盾。

虽然，中美之间在东亚安全问题上存在三大矛盾，但与此同时，美国在这些热点问题中对中国仍有三大施压优势：其一是合作性施压。利用不对称相互

① 安德鲁·布朗：《美对华“建设性接触”共识瓦解》，《华尔街日报》2015 年 6 月 16 日，转引自观察者网，http://www.guancha.cn/AndrewBrowne/2015_06_16_323486.shtml.

② Rebecca Liao, “Sorry, Obama: America Can’t Contain China”, *The National Interest*, June 12, 2015, http://nationalinterest.org/feature/sorry-obama-america-cant-contain-china-13097.

③ Wang Yang, “U.S.-China Dialogue Pays Dividends”, *The Wall Street Journal*, June 21, 2015.

④ Bill Powell, “A New Cold War, Yes. But It’s With China, Not Russia”, *Newsweek*, May 20, 2015, http://www.newsweek.com/2015/05/29/us-china-cold-war-333948.html.

依存的优势地位，利用中国对美合作需求大于美国对中国合作需求的需求差异，向中国施压。其二是竞争性施压。通过比较优势和先发优势，尤其是军事优势，与中国展开竞争。其三是热点组合式施压。有可能通过南海问题与台湾问题、东海问题等形成联动，向中国施压。当然，美国对中国的遏制围堵也不是用一个节奏力度而是时紧时松，以防中国过度反应。

从中美三大矛盾来看，中国主张更加合理主动地解决地区热点问题，而美国仍在掌控热点问题的解决。从美国对华三大施压手段来看，美国仍处于明显的战略优势地位。对于美国而言，虽然美国采取了一系列施压中国的做法，但预防中美之间出现危机失控仍是美国不得不重点考虑的战略底线。从威胁认知的角度看，虽然美国在亚太驻军，中国未在美国周边驻军，但中国并未将美国视为中国的战略敌手，而是致力于中美构建新型大国关系，以化解中美之间的矛盾。而美却将中国视为美国的战略挑战者，加以防范。美国在亚太建有联盟体系，中国并未加入或与他国结盟而与这一体系相抗衡，中国从未挑战美国的核心利益，反而美国不断触碰或试图挑战中国的核心利益和重大利益。

由此，从彼此的威胁认知和采取的政策来看，中国显然是防御的一方，而且保持了足够的谨慎克制，中国只是对美可能影响中国核心利益的行为进行反制和警告。在美国亚太再平衡战略的实施部署中，美国采取了包括抵近侦察和联合军演等具有挑衅性的行为，但总体上还没有改变战略试探的性质。美国亚太再平衡战略的深意在于，在美国实力和影响力相对下降的前提下，美国希望通过不断向中国施压，以诱引中国与周边国家“以邻为壑”的状态长期化、复杂化，从而继续巩固和提升美国的离岸平衡者的身份和地区主导者的地位。

中美的冲突并不具有直接对冲性和对等性，而且两国的威胁认定在所谓的重大利益这一层面更为迫切。两国的战略较量更多集中于彼此所谓的重大利益而非核心利益，这一层面的竞争仍有充分的妥协和灵活空间。目前中美两国正在积极推动“两个互信机制”，即“建立重大军事行动相互通报信任措施机制”和“海空相遇安全行为准则”，也反映了美国担心中美两国冲突扩大化和失控的心态。

第三，中国是维护和稳定中美关系的重要力量。从中美关系发展史来看，中美出现危机时，中国维护中美关系稳定的意愿和诚意大于美国。即使是美国对中国造成了不对称伤害，比如美国误炸中国驻南斯拉夫使馆、对台军售等，中国都尽量从大局出发，在捍卫核心原则的基础上，维护中美关系总体稳定。再有，中国从未碰触美国核心利益。作为负责的大国，中国正在增强其国际影响力，尤其是在亚洲、非洲和拉美地区，但并未抵消更无意取代美国的影响力。中国谋求的是合作影响力，即通过合作来增强影响力，而非通过强制、冲突等方式来扩大影响力。

第四，中美之间可能出现非战争形式冲突或新形式冲突，比如网络、金融等领域的冲突，而不一定会出现军事上的直接冲突。美国布鲁金斯学会学者李成认为，虽然中美在南海问题上差距很大，但更令人忧心的问题是网络安全。[①]他还建议中国主动及时地建立一套针对网络安全的国际标准、技术流程和风险控制机制。[②]

因此，虽然中美之间战略分歧在加大，但战争不可为，冲突仍有限度，中美合作面在扩大，合作积累效应巨大，这是中美间的共识。因此，中美之间的战略稳定并没有因为两国之间出现分歧而改变，这是一个总体判断。

两国间的所谓战略互疑在上升，但还没有导致两国出现战略误判的程度。不过，随着一些局部热点的可能升级，战略误判的可能性也可能增加。战略风险上升是当前中美关系的另一个特点。

对于未来而言，缺少共同威胁的两国或共同威胁还不足以促进两国战略合

---

① 张蔚然：《专访美知名学者：中美关系不会走向“不可收拾”冲突》，2015-06-21，http://news.sina.com.cn/o/2015-06-21/044231973188.shtml.

② 李成的表述为：“As responsible stakeholders, the United States and China should take the initiative to establish international norms, technical procedures, and risk-management mechanisms in cyberspace before it is too late.” 参见 http://www.brookings.edu/zh-cn/blogs/up-front/posts/2015/06/17-us-china-strategic-economic-dialogue.

作的中美关系仍然存在潜在的战略风险。随着中美战略分歧的加大，中美之间的竞争互动也存在着较大的不确定性。中美之间的战争应该可以避免，但战略性冲突如何得到有效管控，对于中美关系而言仍是一个巨大的挑战。

（四）化解思路

从中美关系的复杂性和发展现状来分析，中美之间存在着结构性的矛盾，而结构性的冲突是最难以化解的冲突。中美面临如何化解结构性冲突的历史性的严峻课题，也是中美关系的战略性难题，很难毕其功于一役，绝非短期内能够解决。"中美摩擦，不会因建设新型大国关系一夜消失。"[①] 这就需要从战略思维转变、强化危机管控机制、优化沟通交流渠道、提升合作水平等方面从长计议，持之以恒，才能收到成效。当务之急仍是避免战略分歧加大从而引发战略误判，导致中美关系出现冲突性恶化的局面。

为了化解中美之间战略分歧可能带来的误判和战略风险，笔者有以下建议：

建议一：坚持中美的战略性共识，强化两国的相互尊重

冷战时期，中美关系正常化是因为中美在应对共同威胁方面达成了共识，"9·11"事件之后中美关系得到发展，也是因为中美在共同应对恐怖主义国际威胁方面达成了共识。而现在这些共识随着形势的改变正在趋于弱化，与之相随的则是中美战略互疑的上升。显然，战略共识是稳定和维护大国关系的重要因素，战略分歧的出现和增多也部分是因为战略共识的凝聚力出现了问题而导致的。那么，如何寻找和凝聚中美新的战略共识[②] 呢？

首先，应就中美共同利益和如何扩大中美共同利益达成新的共识。中美在一些重大的国际问题上已经具有共识，比如在共同应对气候变化、国际犯罪、

---

① 《王毅谈中美分歧：不会因建设新型大国关系一夜消失》，2015-03-08，http://news.sohu.com/20150308/n409477532.shtml.

② 达巍：《中美还能重建"大共识"吗？》，2015-07-27，http://www.thepaper.cn/newsDetail_forward_1357483.

恐怖主义、维护国际能源安全、网络安全等非传统安全问题，以及反对核扩散、太空合作、极地治理、防止地区危机失控等传统安全问题上，中美大体上具有相似的认识，在实践层面也有具体的合作，但在未来的国际秩序建设、经济全球化的主张和发展趋势、全球治理的责任和手段等问题上存在分歧与差异。事实上，在国际秩序建设等问题上，中美具有巨大的共同利益，因而理应不断沟通和达成新的共识。诚然，冲突战略观与合作战略观是中美关系未来发展的重要分野。在未来中美战略关系中最核心的问题是两国能否就长远的合作战略观达成新的共识，能否以合作战略观化解冲突战略观。

其次，应理性、客观、全面地分析两国政策及政策变化，不因细节问题而否定已有的战略共识。

美国一些人士无端指责中国在南海等问题采取强硬政策，但也有一些人士认为应该理性客观地分析中国的政策，并且认为中国的南海政策是克制的。美国前政要杰弗里·贝德（Jeffrey A. Bade）就认为中国在南海的行为仍是克制的，“即使我们在应对这一重大事件时，我们也应该清楚地去分辨中国采取这些行动的意图是什么，同时也要弄清哪些并非它的意图”。“中国军方并未试图将其他南海诸岛主权声明国从其占据的南沙群岛驱逐出去，事实上，它们占据的岛礁数量要远多于中方（比例为 4 比 1）。一些媒体称 60% 经由南海的国际贸易在某种程度上将受到中国威胁这种论断是荒谬的。”[①]

美国之所以对中国的南海造岛行为采取了过激反应，实际上是美国担心中国有可能影响到美国的地区主导权，而美国的地区主导权从政治安全角度看，是与其海权优势、对至关重要的海上运输线的控制密不可分的。中国在南海造岛虽无军事部署，但有可能具有军事功能的意义，这引发了美国对自身海权地位可能受到削弱的担心。而这一点，中美双方是可以通过各类沟通机制的坦率

---

① Jeffrey A. Bader, “Changing China Policy: Are We in Search of Enemies?”, *Bookings China Strategy Paper*, No. 1, June 22, 2015, http://www.brookings.edu/blogs/up-front/posts/2015/06/22-changing-china-policy-bader.

交流达成新的共识的。

中国的南海政策具有阶段性，会随着这一地区创造性合作治理方式的出现而调整。南海问题作为中美关系中的局部问题，不应该影响中美稳定大局。夸大消极面，抑制积极面，一直是一些冷战思维人士喜欢的做法，这很容易导致政策走偏。夸大或歪曲对方意图，并据此作为制定政策的依据，在历史上有之，也很容易导致战略误判和战略性决策失误。

由此，中美之间应冷静应对两国间存在的问题，不应一出现矛盾就夸大拔高两国间的战略分歧，上纲上线，从而轻易否定两国几十年间积累的合作成果——这并不是发展了 30 多年的中美关系的成熟做法。中美在新时期或新的转型期内都在进行一些新的尝试，也在经历试错或纠错的过程，都存在政策调整的空间，但战略上须保持一致性和连贯性，合作主流的意识不应轻易改变。

第三，强调新形势下的相互尊重。

在双方彼此尊重的问题上，中美都不应盲目自信，也不应妄自尊大。以平和心态虚心交流与学习对方的先进之处是两国应该采取的正确做法。

在双边关系中，突出新型大国关系的对等性。不冲突，不对抗，相互尊重，互利共赢。其实从程序上看，应该先实现相互尊重和互利共赢，才能够不冲突不对抗。要通过中美首脑会晤和一系列战略对话，确保相互平等和相互尊重这一原则得以有效实施，有必要为此专门确定规则。所谓平等关系、相互尊重，体现在尊重对方核心利益，不挑战或不触碰对方核心利益底线。美国应在涉及中国核心利益的问题上保持中立，不应利用中美不对称相互依存，向中国施加不恰当的压力，提出不合理的要求；美国应以积极的、健康的心态看待中国的建设性贡献和创新性倡议。对于中国的新倡议——类似亚投行的倡议，美国不应盲目猜度和怀疑，动辄加以无端批评或指责。美国需要全面、客观地评价中国在国际秩序完善中的建设者身份和作用。美国应该充分沟通，以开放、积极的心态对待中国的多边倡议。当然，在国际秩序建设中，“美领众协”的模式还会继续。中国仍将尊重美国的全球影响力和引导力，但也希望美国尊重和接受中国在国际秩序中发挥的建设性作用，并且携手推动中国负责任大国身份的进一步强化。在平等性上，美国可以保持全球大国战略主张，但美国必须放弃其帝国战略主张。同时，中美还是要扩大战略共识，共同构建新型地区安全机制。

建议二：强化战略性有效沟通和针对性交流

中美之间90多个不同层次的交流渠道丰富而畅通。中美首脑会晤不仅是中美新型大国关系的重要组成部分，而且是非常突出的部分，对于推动新型关系的构建发挥了不可替代的引领作用。

中美首脑会晤和中美战略经济对话对于总体稳定两国关系发挥了积极作用。但从以往不同层面的对话交流情况来看，还存在自说自话、各说各话、各自表达很充分而彼此理解对方不够的情况。因此交流的方式、时机和内容仍有进一步改进的必要。

比如就内容而言，澳大利亚学者休·怀特就建议，中美领导人应更加明确无误地讨论彼此间未来关系的性质，以及各自在亚洲的角色。美国需要承认，中国在亚洲必须被赋予更加重要的领导作用，而美国无法像过去那样扮演同样的地区领袖角色。而中国也应该阐释美国在新的亚洲秩序中扮演何种角色，中国应该承认美国继续在亚洲新秩序中的作用。[①]

中美人文交流应正视价值观分歧的问题。中国主张多元化，不认同放之四海而皆准的所谓普世价值，但中美这样的两个大国在观念层面仍然可以开创性地探索共享理念，凝聚共享价值，比如公平、正义、可持续发展等理念对于中美两国应该均有着类似的理解和认同，理应得到发扬。中美两国并非没有任何观念交集，在中美价值观分歧问题上，既要求同存异，也要努力求同化异。

中美在交往的过程中要注意处理好律己与责他的关系，出现问题不能一味指责对方，把原因完全归于对方，而要客观全面地认识到互动所带来的效果。

① ［澳］休·怀特：《中美应清晰讨论彼此的亚洲角色》，伊文译，《环球时报》2015年7月2日，第14版。

同时要注意言行一致和遵约守信。

建议三：以战略稳定促战略信任

战略稳定与战略信任是一组互动关系。通过战略信任来促进战略稳定是一种方式，反过来，从宏观和总体上保证战略稳定也可以推动战略信任。换句话说，即使还没有足够的战略互信，也要保障中美关系的总体稳定，而不可能等到所有分歧消除之后，才来谋求稳定。中美关系的发展历程表明，求同存异、求同化异是中美战略稳定的重要原则。同时，战略性稳定能够抑制或缩小分歧，两国战略关系处于稳定期，分歧会被抑制。冷战时期，当中美就苏联威胁达成共识和默契后，中美之间的原有分歧被暂时搁置一边。冷战后，当中美就反恐达成重要共识后，中美关系保持了长达 10 余年的战略稳定。当然，必须防止通过制造分歧来破坏战略稳定。

因此，对于当前中美关系迫切的议题是：在完善的战略信任还不能够完全实现的情况下，如何保障总体上的战略稳定。加强危机管控和总体稳定的制度设计是当务之急。中美双方已经达成重大军事行动通报机制，而且于 2015 年 9 月达成了军事危机通报机制的附件。也就是说双方在确认可能出现涉及自身的军事危机时向对方进行通报，以免错判和错估对方可能的军事行为。显然，军事危机比军事行动更进一步地规范双方的行为。军事危机可以视为冲突即将爆发的临界点。仅有重大军事行动通报机制还是不够的，有些重大军事行动并不一定会引向危机。而军事危机则是出现军事冲突甚至是战争的最后一道门槛。在东亚地区存在着一系列热点未解甚至是有可能一触即发的今天，建立这样的机制有利于中美，也有利于整个地区的稳定。这是一种十分必要的预警机制和防控机制。

由于中美之间还存在诸多分歧，也由于守成国家与新兴大国存在着结构性的矛盾，中美之间很难在短期内建立充分的信任，在中美互信还可能充分建立的情况下，我们更需要通过机制来减少误判，从技术上管控危机。预防危机的爆发，比控制危机更为迫切，军事危机通报机制就是这一努力的结果。中国在这一地区发挥建设性管控危机制度机制就是建设性管控的关键步骤，有了这个就不会因人而变，因事不同。

在中美之间预防危机出现与解决危机同样重要。减少误判并不一定会自然增加战略信任，但在当前的形势下，在重大战略问题上减少误判比战略互信更为迫切。第三方因素很多涉及中国核心和重大利益，中美要避免因为第三方因素发生直接冲突和战争。美国不应误判中国的和平发展战略在核心利益上的原则和坚定立场。

因此，维护难得而重要的战略稳定和减少战略误判是当务之急。只有渡过了这一轮战略冲突的风险，我们才能够为中美战略信任积累更多的基础。

建议四：强化新型战略思维化解两国战略分歧

中国战略思维中的非战思维和非零和博弈思维有助于避免中美间的恶性竞争。正如习近平主席所言："中美都是亚太重要国家，亚太是中美利益交织最密集、互动最频繁的地区。中美两国都希望亚太地区保持和平稳定，这符合两国和地区国家共同利益。亚太应该成为中美加强协调和配合的合作社，而不应该成为中美互相角力的角斗场。"①

中国特色大国外交并不强调针锋相对，而是强调以柔化刚的原则。"一带一路"等倡议是一种绕开可能的冲突领域，开拓新的合作场域的主张。

中国走外线，也是一种避战战略，不与美国直接对冲。中国的对外战略并非以与美国较量为主轴。针对美国的亚太再平衡战略，中国虽然不得不加强反遏制和管控危机，但中国的对外战略仍然力图走出一条规避大国冲突风险之路。

对于中美关系的未来而言，中国的战略仍在谋求两大战略法则的结合：其一，对于外来军事威胁，力求以武止戈，在军事上实现不战屈兵。这是中国兵圣孙武的思想。其二，在政治上则力求化竞为合，化敌为友。改变一个对手或

① 《习近平接受〈华尔街日报〉书面采访全文》，2015-09-22，http://news.china.com.cn/world/2015-09/22/content_36651330.htm.

消灭一个对手的最好办法，是把他变成你的朋友。[①] 这两大法则应构成中美之间未来关系发展的最高境界：非战和化竞为合。这也是从根本上化解中美战略分歧的指针。

建议五：深入分析中美竞合关系的特性和实质

必须把握好中美关系中反复出现的半竞半合、竞合分离、竞多合少等问题。如何把握好这种利弊参半、可能性多样、不确定性增加的中美关系，探讨竞与合关系的相互影响，如何减少竞争消极面，扩大合作积极面等，都值得深入研究。

中美之间存在竞争是不可否认的现实。否认中美关系具有竞争性质也是一种片面看待中美关系的做法。中美都应该敢于承认对方的竞争者身份和中美竞争关系的性质。竞争的含义是自己变得更好，而不是使对方更差。良性竞争的关键不是削弱对方，而是运用合理的方式使自己变得更强，从而也激发竞争伙伴变得更强。我们不仅是合作伙伴，也是竞争伙伴，就像运动场上的运动员一样。

中美战略竞争的最大意义不是打倒或击败对方，而是强化自己，是以对方为目标，但重在强化自身。对于中国而言，美国是中国不断学习和赶超的国家，比如在政治制度、经济发展模式、科技创新等领域均是如此。中美竞争是以合理的方式更快更好地超越对方，而不是削弱或损害对方，这才是中美作为竞争伙伴所需要谋求的方向，这才是中美竞争关系的最高境界。

中美是竞合关系。单纯强调任何一面都不符合中美关系的复杂现实，要引导好双方的竞争，把恶性竞争变成良性竞争。在中美相互塑造过程中，美国应该适应中国塑造力相对上升的现实，双方的塑造关系正在出现不平等、不对称的相互塑造向着平等的相互塑造的转变。同时，还是需要通过合作来化解恶性竞争，减少对抗性，强化合作的影响力和主导力。亚投行、“一带一路”等倡

① 改自美国总统林肯的表述：消灭一个敌人的最好办法是把他变成你的朋友。林肯语：“Why madam,” lincoln replied, “Do I destroy my enemies when I make them my friends?” Robert Greene. et al., the 48 laws of power, London: Great Britain: pro file books LTD, 2000, P.12.

议都是开放的，非排他的，是注重互补而不是拆台的。中美既是竞争伙伴，更是创新合作伙伴关系。

中美必须认清双方关系的一个现实，即每一方都很难从对方的衰退或损失中获益。同时我们也必须明确一个共识：中国与美国将来都不可能选择战争方式来获取某一方的胜利，而只能采取在竞争中保持理性，把恶性竞争变为良性竞争，发挥合作性影响力的作用。

中美新型大国关系牵一发动全身，不仅有地区意义，更有全球意义，是中国未来的全球战略能否有效实施的关键所在。两国未来的战略目标不是战胜对方，或是在竞争中使对方落败，是必须谋求共赢，而不是谋求制胜而导致两败俱伤的结局。中美未来的战略竞争应该带来更大的战略融合。中国无法在对美战略中实现战而胜之，除非美国自败，美国的对华战略也应该如此。两国在未来的战略中都需要赢得对方，而不可能是战胜对方。因此，中美之争的最佳结果是彼此能够真正实现化敌为友，这是以往历史上没有，也是不可能的事情。这也正是中美新型大国关系的题中要义。对于中国而言，关键是在相互塑造中强化和发展中国的战略塑造能力。中国复兴是影响力扩大，为国际社会注入更多正能量的过程，在这个意义上实现责任大国的承诺，而不是谋求成为霸权者。同时，中国复兴更多的是内部强化，内部完善与提升，对于外部世界的意义是扩大积极影响力和责任，而不是取代别国的地位。

（五）结语

中美关系作为世界上最重要的双边关系之一，具有地区和全球影响，某种程度上也产生着牵一发动全身的效应。东亚作为经济最为活跃的地区，也是安全上最为复杂的地区之一。中美关系的战略稳定与发展在一定程度上与中美能否在东亚有效合作密切相关。中美关系如何发展，事关全球稳定和地区繁荣。当前，中美关系正进入新的阶段，合作面与摩擦面都在并行扩大，而且合作本身也带来新的分歧与矛盾。由于战略分歧的加大，中美之间在全球层面和东亚地区层面的不确定性因素在增多。随着两国实力和影响力的变化，中美之间彼此的认知以及政策都会出现相应的改变，两国都面临着调整与适应新变化的进程，也面临着相互塑造的新机遇。因此，必须时刻从战略高度重视和看待这一关系的变化。高度重视中美在地区层面战略分歧加大的严峻现实。从首脑层面和战略决策层面把握好中美战略稳定这一方向不会轻易改变。从中观和微观层面强化技术性和机制性建设以及可行性政策研究。

中美必须从战略层面把握和调整中美关系中存在的风险忧患，积极采取措施，有力落实新型大国伙伴关系的建设性和创造性内涵，成功度过中美关系特殊的转型期，凝聚新的战略共识，化解战略风险，推动中美关系迈向新的台阶。

三、新型大国伙伴关系与未来的中美关系

（一）中美关系正在进入相互塑造的新阶段

2010 年以来，中美之间的一系列冲突并不是中美之间矛盾的激化，也不是中美关系的退步，而是中美关系进入新阶段的症候群现象。

中国做出了一些政策上的调整与改变，一方面说明中美伙伴关系仍脆弱，更为深刻的变化在于中国开始调整已经不适应两国关系发展的一些做法。这表明中美关系进入相互塑造期，而其中中国的影响可能增强。

中美处于相互塑造阶段，绝非仅仅是因为美国陷入内困，或中美实力对比变化，更重要的是中美合作的深化。目前共同利益的增多以及达到的程度是前所未有的，这不可能不对中美关系产生深刻的影响，共同利益的增多要求更多相互塑造。新的冲突带来新的磨合，新的磨合需要新的相互塑造。

因此，中美关系中的中国因素出现的变化是有利于中美关系的变化，这种变化并非十分及时，而是已经滞后。很长一段时间，在对美问题上，中国的反应弱，塑造能力不强，已经滞后于中美关系发展。在中美关系中，中国正在渐渐从被动反应式转向主动应对式。

相互塑造会带来更多共同观念。中美关系容量正在不断扩充，需要增加的一个重要方面就是共有观念。中美共同利益大增，中美关系涉及的议题领域如此复杂众多，对中美关系的管理提出了新要求，如何在下一步强化共有观念是必然而共同的选择。

中美相互塑造，不是指其中一方按另一方的要求单方面改变，而是共同调整，彼此适应。彼此争斗显然不符合中美共同的利益，因此彼此塑造成为新的历史课题。

未来的中美必然由相互塑造实现融合化，实现新的东西方交融，从现在的“你中有我，我中有你”走向新的合作类型。

（二）中美能构筑“非联盟”型合作

中美之间需要确立新型非联盟合作型关系，即战略协作伙伴关系，这种战略关系必须有共同或相互认同的权利和义务，也需要承担彼此认为对方必须承担的责任，同时需要进一步明确和研究中美关系中共同的行为规范和准则。

1. 美国对华战略的三种目标定位

美国对华战略取决于美国对中国的三种不同定位，或者说美国的对华战略的不同选项决定了美国对华战略的不同选项。

三种不同的关系定位分别为：敌手关系、对手关系和朋友关系。

敌手关系的核心内容是敌意。如果国家之间角色是敌人，它们往往表现出以下的行为取向：第一，试图摧毁或征服敌人；第二，决策往往需要在很大程度上不考虑未来前景，往最坏处做准备；第三，相对军事力量被视为至关重要，军事方式被认为是唯一可以具有最终决定权的手段；第四，如果真正爆发了战争，国家就会以（自己认为的）敌人的方式来进行战争，直至消灭对方或被对方消灭。新时期的中美关系显然不是这种关系。

对手关系的核心内容是竞争。竞争和敌意有着本质的不同，竞争的双方互相承认生存和财产权利，这种承认由主权制度表现出来。竞争对手不像敌人那样具有生死攸关的威胁，不会试图统治或征服对方。竞争对国家对外政策至少有着四种意义：第一，国家对相互主权持维护现状态度；第二，国家不必从高风险规避、时间紧迫和相对权力等角度制定政策；第三，相对军事实力仍然重要，但已不具备头等重要地位；第四，如果争端导致战争，竞争对手会限制自己的暴力行为。

朋友关系的核心内容是友谊。国家之间相互定义为朋友，并为之遵循两条基本规则，即非暴力规则和互助规则。非暴力规则意味着不使用战争和战争威胁方式解决争端，互助规则意味着如果任何一方受到第三方威胁，双方将加强协作。

中美关系现处于对手关系阶段，这一阶段将会持续很长时间。在这个阶段，有两个摆点，一个是重回敌手关系，另一个是走向朋友关系。当今的中美关系中夹杂着复杂的多元文化特征，既可以看到敌手关系的特征，也有朋友关系的影子。

美国对华战略是钟摆，其中间点是改变中国，其政策总是在遏制与接触之间摆动，于是就有了美国对华战略两面下注的特性。而两面下注在不同的选择下又有多种可能的组合。战略中均涵盖多个组合因素。比如接触战略中有更为具体明确的指向，在接触战略中既有合作因素，也有竞争因素，既有互利共赢的一面，也有对华施压谋取多赢的一面。而遏制战略中的军事对抗中也有谋求相互交流、避免误判、增强互信的合作因素。

当前与未来一段时间存在的问题是，现在无论是美国还是中国，都存在分割中美合作与联系的力量，军事领域尤其如此，军事上彼此的指向性很强，但是合作与联系的力量也很强。

2. 中美能构筑“非联盟”型合作

美国对华战略存在多项选择。从“中国威胁论”到“战略再保障”，其中一个思路就是谋求确定性的战略，从多重性到双重性，再到尽可能的确定性。

美国对华战略取决于三种战略的综合程度：一是冷战战略，遏制、分化、演变为主；二是冷战后战略，接触加遏制，两面下注，寻找时机；三是后冷战后战略，或称新对华战略，美国放弃其超霸地位，与中国和其他大国强化战略互信，在更大范围内实现与中国的合作，探索新型非联盟合作关系。

合作与和平发展需要有一个新型的中美关系，而种种现实性制约使中美关系难以发展到新高度。现在中美间有一定程度的战略默契，但战略共识有限。同时，虽然双方战略依存度较高，但战略对抗的可能性并未消除。

中美关系如何发展取决于竞争与合作这两大因素的互动和协调，如何促进和平与合作是中美关系发展的关键。从内政与外交相互影响的角度看，国际体制对中国的影响比对美国的影响更大一些。由于发展阶段和国际地位不同，中国的自律能力也远比美国要强。而美国仍处于战略规划的巨大悖论之中：一超地位使美国可以无视国际上任何制约因素而自行其是，同时这又已经或即将引发国际国内社会的更大反弹，其中国内因素的影响将会继续加大。“维霸”与“维稳”的矛盾一直使美国难以协调，无法自控，而陷于战略困境。问题的核心仍是美国的霸权情结，这个症结不除，其战略悖论就难以超越。而这恰恰是美国的世纪难题之一。

中国正在试图用五个办法来改变权力政治观下的中美合作：一是加强相互依存；二是强调共同威胁的严峻性；三是加强在国际制度层面的合作，这一合作发展空间很大；四是制度共存而不是相互取代；五是大国之间新型的非联盟合作。

对美国而言，美国需要避免两面下注，中国不是美国的赌注，而是美国可以合作的坚定伙伴。同时美国需要避免走传统西方式霸权统治的老路，尊重世界“非西方化进程”。

如果我们能够坚持合作竞争对手关系，就能推动中美关系向前发展。笔者以为中美关系发展可以用三阶段论来分析和展望。以现有中美关系为起点，中美关系分为三个阶段：第一阶段为经济相互依存，目前仍处于第一阶段，即初级阶段；第二阶段为安全与政治相互依存，意味着双方在政治安全上能达到更多共识，战略互信明显增强，不视对方为战略对手；第三阶段为政治经济综合相互依存阶段，形成非传统的、非联盟的大国关系。现在正处于第一阶段向第二阶段的艰难过渡之中。

（三）中美关系需要实现四大超越

中国人喜欢用三十年作一个时间段的划分，这大概缘于那句古训：三十年河东，三十年河西。

中美关系风风雨雨过去了 30 年，未来的 30 年中美关系前景如何，耐人深思和考量，也令人关注。当然我们需要现实地看待中美关系，既不夸大也不贬低中美关系的进步和取得的每个进展。过去 30 年中美关系取得了一些成就，纵向看中美之间取得的成就是十分巨大的，甚至是 30 多年前中美建交时无法想象的。“35 年来，中美关系虽然历经风风雨雨，但总体是向前的，得到了历史性发展。两国建立了 90 多个政府间对话机制，双边贸易额增长了 200 多倍，去年达到 5200 多亿美元。双向投资存量已经超过 1000 亿美元。两国建立了 41 对友好省州和 202 对友好城市。两国人员往来每年超过 400 万人次。”[①] 但横向看，又离双方甚至是国际社会的期待还有差距。可以确定的是，中美关系如逆水行舟，不进则退，决不能躺在功劳簿上睡大觉，更不能裹足不前，而要有新思路、新构想、新发展。

回首过去的 30 多年，中美关系曲折发展的经验与教训值得很好总结。中美之间由遏制与反遏制，由隔离到接近，又由对立转向合作，不断地沟通联系，使彼此加强了理解和认同。但仅有沟通与联系仍是不够的，在中美关系正常化之前，从 1955 年到 1964 年，中美共举行大使级谈判 120 多次，虽然保持了有效的联系，却无法使彼此关系更进一步。因此，经验之一在于，必须从一定的

① 习近平：《努力构建中美新型大国关系——在第六轮中美战略与经济对话和第五轮中美人文交流高层磋商联合开幕式上的致辞》，2014-07-09，http://politics.people.com.cn/n/2014/0709/c1024-25259389.html.

战略高度认识中美关系的重要性。只有在战略上真正重视起来，只有从地区和全球安全与稳定的大视野看待中美关系之外，才能超越意识形态和制度差异，两国关系发展才能出现重大进展。另一个经验在于，两国关系要想得到稳定与发展，除了保持良好有效的沟通之后，还必须有机制或制度上的保障，中美之间保持着各个层次的良好交往。中国从中美关系大局出发，近些年不断探索新的合作机制和对话机制，建立了首脑热线、首脑会晤机制、政治安全战略对话和经济战略对话等高层次合作与沟通平台。在朝核问题上，中美关系也形成了六方机制框架下的双边战略合作，同时也在努力探索两军加强联系与交往的合作模式，两国民间交往的深度与广度也是空前的。30年来的变化是巨大的，也是戏剧性的，双边关系取得今天这样的成就来之不易，甚至是以往难以想象的。

从历史上看，美国是逐渐意识到中国对于稳定和平和发展的作用和影响的。这是美国决策层顺应时代的理性判断，时代的变迁也加深了美国人对中国对于国际政治特殊价值的认识。在当今这个和平与发展的时代，多数美国人也会放弃冷战思维，发展有利于中美两国长远利益的双边关系。

在当代，中美关系的两大突出特点在于双边相互依存性和中美关系的国际影响力。

中美相互依存程度如此之高，以至于改变了中美相互审视对方的立场。“中国自身的不断发展，中美两国在经贸等各领域合作的日益深化，归根到底也将惠及两国人民，给他们带来越来越多看得见、摸得着的切身利益。就拿贸易和投资来说，据预测，2022年中国将成为全球最大进口国，中美两国有望成为彼此最大贸易伙伴。届时美国对华出口将超过5300亿美元，产生超过334万个工作岗位。据中美交流基金会估算，到2020年，中国在美投资将达到2000亿美元，为美国创造400万个新的就业机会。”[①]

---

① 《为了中美友好合作，为了世界和平发展——外交部部长王毅在第十四届“蓝厅论坛”发表主旨演讲》2015-09-16，http://news.gmw.cn/2015-09/17/content_17067529.htm.

在中美两国之间，任何一个国家都没有资格和机会再视对方的问题为与己无关，而采取隔岸观火、袖手旁观甚至是幸灾乐祸的态度。两方还会明白任何试图削弱对方的做法都是与己不利的。

展望未来30年，中美关系拥有过去30年的成就和坚实基础，跟两国领导层和民众的高度重视和珍惜密切相关，中美关系发展的良好势头不会轻易改变和逆转，会朝着更加健康、理性和务实的方向发展，这也是世界各国的期待。但两国关系当中存在的问题和挑战也是不容忽视的。中美关系之间的一些问题是结构性的、客观的、不容回避的，必须找到一些切实可行的办法，趋利避害。

美国是世界上最大的发达国家，享一超之尊，中国是世界上最大的发展中国家，居多极一席。中国认为两国关系不是从属关系，而应是平等的合作关系。而美国在这个问题上的看法则要复杂得多。

对于中美关系而言，要想在未来的岁月中取得突破，关键是能否实现四大超越：

一、超越极化分割。无论是两极还是多极，这仍是国家行为体至上或国家行为体唯一的时代观，仍是权力政治思维的产物，是褊狭的单一层次论的体现，忽视了国际事务多种因素互动的复杂现实，贬低了高于或低于国家的国际组织发挥的积极影响。中美两国应带动国际社会多层次有效合作的进程，并发挥更为主动的作用。

二、超越制度分歧和价值观分歧。不同的制度之间的良性竞争将成为长期共存的现实。一些发展中国家和新兴发展国家以各自的发展模式实现可持续增长，取得了显著的成就，这些成就可能是阶段性的，但仍具有巨大的说服力，即国家以符合自身特性为基础制定发展战略而不是照搬一个模式的改革方向是值得探索的尝试。在当前的金融危机影响下，发达国家自身模式的隐患也使人们相信世界上没有普世的完美的制度，不同制度模式以及不同价值观的共存是符合人类多样化共存的现实的，新兴发展中国家无法也不能复制以往大国的强国之路，不同制度的探索均是对人类发展的贡献。中美两国遵循和而不同的原则就是对人类创造性的尊重。

三、超越地区合作，走向全球合作。中美两国在亚太地区的合作与交流取得了一些进步，尤其是中美在朝核问题上的合作可谓合作处理热点问题的新典范和新尝试。中国不会谋求中美共治的格局，但作为联合国的常任理事国，中国会像其他国家一样，在更多地区问题上发挥积极的建设性作用，推动国际和平的进程向前发展。从这个意义上说，中美合作是不以地区划分的。

四、超越权力政治限制。权力政治是国际政治的某种现实的反映，制约中美关系发展的最大瓶颈还是权力政治。权力政治与均势或联盟战略相连，在这一思维框架下，争斗与冲突无法避免。改变权力政治思维仅有中国一方努力是不够的，需要双方共同努力，增强互信，增信释疑。

总之，美国需要避免两面下注，中国不是美国的赌注，而是美国可以合作的坚定的伙伴。

美国需要避免走传统西方式霸权统治的老路，尊重世界“非西方化进程”。

中国要更开放，更加深入地改革，改革那些与现代化发展不相适应的成分。

中美两国应主张未来的国际秩序是制度主导而不是国家主导，通过建设和完善国际制度来管理国际社会。

中美关系中充斥着许多新的议题：能源、环境、网络、金融、反核扩散等，这些都成为中美关系中新的增长点。

中美之间需要确立新型非联盟合作型关系，即战略协作伙伴关系，这种战略关系必须有共同或相互认同的权利和义务，也需要承担彼此认为对方必须承担的责任，同时需要进一步明确和研究中美关系中共同的行为规范和准则。

第二节　中俄关系

中俄关系是世界上最重要的一组双边关系，更是最好的一组大国关系。一个高水平、强有力的中俄关系，不仅符合中俄双方利益，也是维护国际战略平衡和世界和平稳定的重要保障。顺应时代前进潮流，促进世界和平发展。[①]

——习近平

中俄是好邻居、好伙伴、好朋友。按照中国习俗，邻居办喜事，我当然要专程来当面向你贺喜，同俄罗斯人民分享喜庆。

——2014 年 2 月 6 日，习近平在俄罗斯索契会见俄罗斯总统普京

不管国际风云如何变幻，我们都要坚持把发展中俄关系作为本国外交优先方向，不断增进政治和战略互信，不断扩大和深化全方位合作。[②]

——习近平

俄罗斯作为一个横跨欧亚的大国，其对外战略也存在欧亚并重、先欧后亚、先亚后欧三大战略选择。历史上，俄罗斯更多采取先欧后亚的战略，而冷战后

---

① 习近平：《顺应时代前进潮流，促进世界和平发展——在莫斯科国际关系学院的演讲》，2013-03-24，http://politics.people.com.cn/n/2013/0324/c1024-20892661.html.

② 《习近平会见俄罗斯总统普京》，2014-11-09，http://news.sohu.com/20141109/n405907129.shtml.

的今天，俄罗斯受制于欧洲地缘环境的变化和美国对俄战略的调整，更多采取了先亚后欧的战略。而亚太地区在全球经济政治中分量的上升，中国实力的不断发展壮大，也使得俄罗斯加强了亚太战略，而中俄关系也从战略上更加相互倚重。

基于俄罗斯的全球影响，在分析中俄关系之前，我们首先分析一下西方与俄罗斯的关系。

一、西方如何看待俄罗斯

1. 西方认为俄罗斯不是一个民主国家

俄罗斯是一个民主国家吗？西方的回答是：曾经是，但已经改变。俄罗斯已经向后退，已经由“向西看齐”变为“向后看齐”，价值观、制度差异问题重现于西方与俄罗斯之间。按西方标准来看，俄罗斯不再是民主国家了。非西式民主就不是民主，这个评判标准适用于所有国家，因此西方做出这一判断就不足为怪。西方的结论是以尤科斯事件为转向标，俄罗斯与真正的民主改革渐行渐远。2006 年三边委员会的报告《接触俄罗斯：下一阶段的任务》认为尤科斯事件透露出普京政府的五个信息：1. 不容忍对中央政府的挑战行为；2. 权力至上主义，为了巩固权力可以不顾国家利益及其国际形象；3. 政府对尊重人权和不干预经济的承诺不再有效，服从命令高于一切；4. 在俄罗斯，权力仍旧意味着对于资源的个人控制；5. 私有化进程中的权力均衡被打破了。

西方认为普京赢得第二个任期后，开始从改革的道路上出乎意料地后撤。2003 年下半年，在普京的领导班子内部，叶利钦时代的人物纷纷退出历史舞台，保守主义者占据了上风。俄罗斯国内指责普京在美国进军中亚和北约东扩等问题上对西方让步太大，使得普京收缩了自己的政策取向。俄罗斯的最大政治变化，就是用“主权民主”（即按俄罗斯人理解的民主）取代了先前的“有管理的民主”。在其他方面，杜马更加温顺，政党继续弱化，小党和独立候选人被边缘化，成立新政党和参加选举的门槛继续提高，一些自由派政党的代表性也常常被人为地低估。

西方普遍认为，在2008年选举后，普京虽然可能暂时退出俄罗斯政坛，但俄罗斯仍会执行当前的普京内外政策。而经历了一番王相易位之后，普京重回权力顶峰，使得西方更加坚信，俄罗斯从政治体制上与西方有着根本不同。

2. 对于俄罗斯，西方强调问题出在内部

西方指责俄罗斯的人权和政治制度，指责俄罗斯向前苏联倒退，通常只从俄罗斯内部找原因，比如从俄罗斯的军力发展、文化传统、民族性格，却只字不提西方对俄罗斯造成的外部安全隐患，对俄罗斯投资援助的不足，以及对俄罗斯内部的干涉。

西方对俄罗斯总是以胜利者自居，并且习惯于俄罗斯的顺从和妥协。这种居高临下的心态直到今天仍在主导西方对俄罗斯的政策。在他们的眼中，俄罗斯是失败者，冷战后一直充当旁观者，昔日盟友众叛亲离。虽然混合了怨恨与野心，却没有能力和勇气再与他们相抗衡，俄罗斯虽然不是困兽，却是病兽、残兽。一旦俄罗斯做出不满的表示，那就是俄罗斯内部出了问题，俄罗斯与西方的挑战对抗都是俄罗斯内部出了问题。俄罗斯只有不反抗，听之任之，才是一个健康良政的国家。

同时，美国等西方国家还相信，俄罗斯只有采取西式民主才符合西方的整体利益。而历史上，正是由于苏联实行有别于西方的制度，才导致了对抗西方的苏东阵营的出现。所以，虽然“9·11”后美俄加强了反恐合作，再加上伊拉克战争的大局，小布什对俄罗斯内部政治变革采取隐忍态度，但2003年后俄罗斯内部的政治变动还是使得小布什对“普京问题”忍无可忍，终于从2005年开始围绕民主制度问题与俄罗斯口舌不断。

普京重新担任元首之后，俄罗斯采取了一系列与西方针锋相对的政策，面对以美国为首的势力的挑衅和进攻，采取了以牙还牙的方式。2013年在乌克兰危机中，俄罗斯支持克里米亚独立之举，使美国等国大为光火，俄罗斯在叙利亚问题上采取独立的军事行动，更使得美国认为俄罗斯的强硬政策并非仅仅是俄罗斯分散对国内问题关注的一种手段，而是其在安全战略上对抗美国的重要体现。

3. 俄罗斯将可能成为西方政治版图中重新定位的国家

俄罗斯的定位是什么？非亚非欧，既不是西方也不是东方，作为欧亚混合体的俄罗斯在世界政治版图上是一个独特的存在。

美俄之间或俄欧之间的问题既不是东西问题，即和平问题，也不是南北问题，即发展问题，而是需要重新定位的问题，也许可称作西北问题。美俄都自我定位为民主国家，但道路不同。

欧洲对俄罗斯的看法与美国还略有不同。如果美国将俄罗斯作为一个战略上的对手的话，欧洲作为俄罗斯的近邻，态度可能更为复杂一些。

欧洲对俄罗斯的看法在冷战后经历了变化。由欣喜认同到拉开距离，但同时仍对俄罗斯向西方社会希望的方向发展抱有期待。

冷战的意外结束令欧洲人欣喜若狂，他们对俄罗斯充满期待，乐见独联体的形成，以维护这一地区的稳定。北约重新定义了“为了和平的伙伴关系”理念。一时间，零和游戏似乎已成为历史。但是，到了 20 世纪 90 年代后半期，俄欧关系开始趋向紧张。俄罗斯不满北约东扩到原华约国家，欧洲则不满意俄罗斯对车臣的做法。西方认为自 1996 年俄罗斯更换外长后，俄罗斯对外关系和国内政治转向保守和强硬，自此，欧洲人对叶利钦彻底失望了。

2000 年的 G8 峰会，普京给欧洲留下了很好的印象：善于倾听和交流，幽默，对世界了解，但同样在车臣问题和对国内媒体的控制方面令欧洲人感到不安。但俄欧关系仍有很大进展。直到 2003 年之前，俄欧仍在塔利班问题上进行合作，对北约东扩问题，欧洲国家也能提出加强俄罗斯与北约关系的预案以打消普京的疑虑。

2003 年，欧盟公开谴责俄罗斯对车臣的政策，俄欧政治关系迅速降温，但双方保持了一种“政冷经热”的合作关系模式。此后，双方的政治关系因为俄罗斯内部的尤科斯事件、媒体管制和车臣问题等日益恶化，双方的合作开始减少。2013 年乌克兰危机中，克里米亚独立事件也使得俄欧在国家主权等核心问题的立场上出现更深分歧。

欧盟原本相信，俄欧之间有可能在共同利益和共同价值观基础上，建立真正的战略伙伴关系，但欧盟很快发现双方只有共同利益而没有共同价值观，双方在经贸领域和全球事务上进行合作对话的同时，在国内政治和文化领域却各唱各的调，这影响了欧盟与俄罗斯关系的深入发展。

另一方面，随着欧盟新成员的不断加入，“新欧洲”和“旧欧洲”对俄罗斯的态度明显不同。“新欧洲”反俄情绪更强。不仅如此，俄罗斯中断对乌克兰天然气供应的做法，进一步破坏了欧盟与俄罗斯的关系，原先彼此热衷的“能源联盟”关系受到了很大破坏。

目前的欧俄关系政冷经热，但政冷很有可能在未来制约经热。欧盟对俄罗斯的长远规划是在未来价值认同和共同规范的基础上，将俄罗斯纳入“欧洲合众国”。

虽然俄罗斯经济一度因为天然气出口而有所改善，但从欧洲的角度来看，他们可以与俄罗斯发展能源合作于一时却很难长远。一个经济发展壮大却越来越不听西方摆布的俄罗斯是他们最为担心的。换句话说，俄罗斯越发展，就越可能对西方造成危害。因此，必须在价值观和制度上促进俄罗斯转变，只有那样，才能将西方利益与俄罗斯的发展联在一起。

然而鉴于目前这种状况，欧洲并不看好欧俄关系的发展，并认为未来的二三十年也难以预料。欧盟只是认为需要坚持探索与俄罗斯建立长期的积极的伙伴关系的方式。一切都处于不确定的变化之中，未来的俄欧关系需要根据形势的变化重新界定。

4. 俄罗斯会成为美国的主要对手吗?

美国并不希望俄罗斯成为其对手或敌手，但双方的较量似乎不可避免。

美国人追念里根，因为里根“消灭了一个邪恶的帝国”。那个帝国不在了，那个敌手不在了，可是为什么美国仍对新兴的俄罗斯戒备有加呢?

美国冷战后有两大遗产，其中之一就是冷战最大对手的消失，但美国很快发现俄罗斯仍是一个不可忽视的战略对手。苏联消失了，俄罗斯出现了，虽然不是冷战的对手，却成为冷战后的对手。双方的较量多隐于无形而未公开。这在冷战后的叶利钦时期比较明显，而到了普京时期，双方的矛盾开始公开化。冷战结束后至今的20多年，美国有所谓两大幻灭，一个是中国崛起了，并没有完全按照美国的方式在发展，美国难以主导。另一个幻灭是俄罗斯，俄罗斯原本应该成为美国战略棋局中的重要棋子，任由美国摆布，却发现结果并非如此。这两大对手或潜在对手都令美国担心，其中尤以俄罗斯为甚，因为俄罗斯是唯一可以在军事上与美国抗衡的国家。但美国并不想挑起与俄罗斯的战略冲突，因为美国仍处于冷战后全球战略重新部署阶段。因此，对于俄罗斯的强烈反应，美国给予安抚和解释，反复强调新冷战不会发生，甚至试图通过领导人之间的个人关系来缓和国家关系的紧张局面。与此同时，美国对俄罗斯的接触演变政策仍会继续。

但是在军事上，彼此以对方为假想敌的可能性在增加。鉴于俄罗斯对美国围堵政策的强烈反应，俄罗斯有可能采取以攻为守的政策。美俄之间的较量有可能在一定程度上激化，双方的战略较量有可能从无形战线转向公开。

俄罗斯仍然是西方地缘政治关注的核心区域，未来的争夺将集中于战略边缘和战略支点地区。

所谓战略边缘是对西方而言，实际上是心脏内边缘地区，地缘政治讲内新月地带，而未来争夺的焦点地区将是心脏外壳地区，比如中亚前独联体国家，比如古阿姆组织国家，还有前东欧国家。再有就是中东这一既是战略支点又是能源要地的地区。

美俄之争将在中东与中亚展开，美国在中亚的渗透和颜色革命早已开始，在中东美俄军售争夺已经展开，北极地带、外太空以及军事领域的争夺将会趋于公开化。另外，美国还对中俄之间的合作保持敏感和戒备。

新冷战不会爆发，但冷战后对手的较量重新开始。

俄罗斯内亲美派势力仍强，他们并不希望与美国对抗。一些俄罗斯专家坚决否定俄美关系破裂会影响俄的东北亚政策，认为应该客观理解和全面看待美俄关系，美俄不会出现新冷战，美俄合作很好。

冷战是有一个假定的可能爆发战争的对手，然后倾国家所有与对手较量，虽然不能轻易诉诸武力，但采取了除热战以外的所有手段（也包括军事手段）。从这个概念来看美俄之间调动所有资源的对抗不会出现，相互确保摧毁是核时代不可变更的安全相互依存原则。美俄都会竭力避免这一对抗的出现。

但作为冷战后的对手，美俄之间将可能既对抗又合作，在合作与竞争中保持平衡。

5. 西方可能采取的策略

三边委员会对俄罗斯的一个基本定位是，经过冷战后这么多年，俄罗斯并没有按照西方铺设的轨道前进，并没有成为西方顺服的羔羊。西方对于冷战后由敌手关系转换而来的国家采取两种方式，其中之一是囊括式，将那些愿意按照西方标准改变的国家悉数囊括其中，多多益善。比如所谓转型国家或新欧洲国家。而没有按照西方标准转型或被认为转型不合格的国家，则被置于美欧传统体系之外，采取接触加防范的方式。俄罗斯就是其中之一。虽然冷战已经结束，时代已经转变，但在涉及国家类型和性质的问题上，西方并没有放弃以意识形态划界的做法。接触、等待与观望、防范是西方对俄罗斯采取的并行的三大步骤。

对于俄罗斯，西方仍在等待和观望，至于采取什么方式仍在摸索，主要还是以接触为主。美国前副总统切尼在立陶宛首都维尔纽斯表达了对美俄“伙伴关系”的不屑，他改用“接触”一词表达美俄之间的关系现状，强调对俄罗斯应重回接触，美俄还不是伙伴。他认为接触包含了稳步地、主动地寻求美国和俄罗斯对利益认识一致的领域。接触政策与伙伴关系不同，它意味着两国均以国家利益决定外交政策，而无须屈从于合作。奥巴马政府普遍轻看俄罗斯，认为俄罗斯是一个失败国家，经济结构不合理，主要依靠能源出口，这种“加油站”式的经济结构不足以支持俄罗斯重振国力。俄罗斯在民主问题和对外政策上的强硬立场更使俄美合作基础丧失。

西方仍在期望俄罗斯实现第二次西转，并以未来20年作为等待期。因此，三边委员会建议对俄罗斯的政策应建立于俄罗斯的实际行动上。同俄罗斯的关系应该是实用主义的合作关系，而非战略伙伴，基本原则包括：耐心与理解，坚持原则，避免宣传外交、零和思维和双重标准，应具有一致和长期的政策。对俄罗斯应不对抗，不关门，尽可能不采取例外政策。同时，对于俄罗斯可能出现的危险倾向要防患于未然，将俄罗斯牢牢地限制在其领土范围内，不让其越雷池一步，避免预防不足或让步太多而招致局面失控的情况出现。

二、大国关系视角下的中俄关系

如果说中美关系仍是大国关系的主线的话，美俄之争则是不能忽略的影响大国关系的因素。但是，在中美俄三边关系中，很难出现冷战时期的大三角关系。美国认为俄罗斯力量太弱，根本构不成三边关系中的一极，俄罗斯无法重振其昔日大国实力地位，不足以改变原有的力量对比。而且美俄关系是否会像一些人分析的那样一味恶化下去，从而达到最终根本性改变美国对俄政策的程度是值得关注的。据美国媒体披露，即使是乌克兰危机爆发后，美国仍派国务卿克里前往俄罗斯会晤普京，寻求妥协，解除对俄罗斯经济封锁。政府还让基辛格给普京打电话，呼吁结束乌克兰冲突。与此同时，美国对中国的关注度不仅没有下降，反而继续上升。有人认为中国已经不再把美国作为其外交的头等大事，对此美国也表示不理解。另外，奥巴马本人对中国的关注度也很高。2013年乌克兰危机期间，奥巴马书单中的重要图书是前《纽约客》杂志驻华记者欧逸文的书《野心时代：在新中国追求财富、真相和信仰》。

从利益交织的角度看，乌克兰事件也无法成为改变大国战略格局的战略性事件。理由很简单，乌克兰并不是美国核心利益，而是其延伸利益，美国不会为乌克兰而战。

由于美俄矛盾，中俄战略协作得到提升，会在一段时间内保持。

俄罗斯在乌克兰，或者说是在它的西线吃紧的前提下，明显地加大了对东线，特别是中国的战略借助。而中国也多次在关键时刻向俄罗斯伸出援手。2014 年，在西方联合抵制俄罗斯举办索契冬奥会之时，习近平主席打破中国最高领导人不出席境外体育赛事的惯例，出席了索契冬奥会。在乌克兰危机中，俄罗斯面对北约 28 国另加澳日等 30 个发达国家的施压，中方在联合国安理会克里米亚问题表决中两投弃权票，俄方认为这是一种无声的支持，更加感到中国这个朋友的难能可贵。两国在 2013 年叙利亚危机期间，联手应对危机，取得了良好效果。2014 年 3 月 18 日，普京在俄联邦委员会上发言时特别感谢中国的支持。这是前所未有的。中俄建交 66 年以来，都是中国感谢俄罗斯对中国抗日战争和解放战争的支持，俄方最高领导感谢中国还是首次。这表明，在涉及俄罗斯核心利益上中国的理解和支持具有何等的分量。同时，在中国设东海航空识别区、南海问题、香港占中事件上，俄罗斯尊重中方立场，普京公开表示积极响应中方构建“一带一路”的倡议，愿将俄罗斯的跨欧亚铁路与“一带一路”对接。[①] 另有一点是俄罗斯民众前所未有地视中国为最友好国家。俄民意机构的民调中，中国被视为俄最友好的国家，其次才是哈萨克斯坦，而美国是俄最敌对的国家。

俄罗斯作为横跨欧亚的大国，长期以来始终认为自己是欧洲国家，它的重心、它的意识、它的文化与西方紧密相关。但是自普京执政以来，俄罗斯开始逐步形成其东向战略。以其对东线的重视和投入来看，普京的调整不是短期策略的调整，而是长线的战略性选择。俄罗斯要更多地转向东线，发展与中国、韩国、日本、印度这样一些国家的关系，这对它谋求长远的大国博弈具有重要影响。

① 赵会荣：《俄罗斯如何看待丝绸之路经济带》，2015-08-28，http://www.globalview.cn/html/global/info_5543.html.

从中俄关系近些年的发展现实来看，两国采取互为外交优先、互为外交支点、相互借重、互相提供发展机遇的政策，政治互信水平较高。

首先，中俄两国都致力于国家强盛。正如习主席所言："我们高兴地看到，中俄两国互为最大邻国，在国家发展蓝图上有很多契合之处。俄罗斯提出到2020年人均国内生产总值将达到或接近发达国家水平的目标，现在正在强国富民的道路上加快前进。我们衷心祝愿俄罗斯早日实现自己的奋斗目标。一个繁荣强大的俄罗斯，符合中国利益，也有利于亚太与世界和平稳定。"①

两国已经解决好历史遗留的边界问题，也不存在任何其他争端。两国经过20多年建立起来的中俄全面战略协作伙伴关系，为两国关系的长远发展奠定了坚实的基础。两国还在习主席2013年访俄期间签署了《中俄睦邻友好合作条约实施纲要（2013至2016）》，为两国关系的发展指明了方向。

其次，中俄之间经济互补性很强。尤其是在俄罗斯视为经济命脉的能源方面，两国具有巨大的合作空间。2013年中俄贸易额达到882亿美元，人员交流达到330万人次，这些数字充分反映出中俄关系的巨大发展潜力和广阔发展前景。中俄两国的能源合作不断深化。"继17世纪的'万里茶道'之后，中俄油气管道成为联通两国新的'世纪动脉'。"② 中俄天然气谈判持续10年，终于在2014年亚信峰会后达成。俄罗斯在天然气价格上对中国做了让步，这个让步不仅是基于经济合作，更是出于战略上的需要。根据合同，从2018年起每年俄对华供气从50亿立方米增加到2031年的380亿立方米，总价值高达4000亿美元，这是世界上最大的能源合同，被称为世纪合同。达成合同的原因，一方面显然是在乌克兰危机后俄罗斯受到来自西方的经济制裁的影响，另一方面，也是因为世界能源格局的调整和转型，使得俄罗斯意识到必须向东尤其是

① 习近平：《顺应时代前进潮流，促进世界和平发展——在莫斯科国际关系学院的演讲》，2013-03-24，http://politics.people.com.cn/n/2013/0324/c1024-20892661.html.

② 习近平：《顺应时代前进潮流，促进世界和平发展——在莫斯科国际关系学院的演讲》，2013-03-24，http://politics.people.com.cn/n/2013/0324/c1024-20892661.html.

向中国开拓其石油、天然气具有更加广阔的前景。这对于拓展其能源市场的多元化，避免过分受制于欧美，推动其未来的经济转型，应该说都具有重大的战略意义。在普京执政的时期，也许是更长时间，俄罗斯从战略上加大对亚太，特别是对中国的关注和投入，可能是一个长期的趋势。俄罗斯将其远东地区最大油田万科尔油田 10% 的股份出售给中石油，中国准备向俄罗斯提供近 200 亿美元的投资。俄罗斯金融市场向中国开放，西伯利亚的土地向中国开放。中俄两国正在不断推进各自国家和地区发展战略的相互对接，不断创造出更多利益契合点和合作增长点。两国在能源资源投资、基础设施建设、技术合作、商品研发和联合生产方面都在不断强化务实合作，提升合作水平。

中俄两国的军事合作是中俄关系的另一个亮点。2013 年，两国举行了前所未有的海上和陆地军演，在日本海举行中俄“海上联合—2013”军事演习是中国海军向国外派出海上兵力最多的一次。对于中国而言，在长期面临西方技术出口限制的情况下，俄罗斯与中国的军事技术合作对于提升中国的国防现代化水平具有重要意义。中俄在军机项目、海军舰船合作等领域都进行着务实合作。2014 年 4 月，普京原则上批准对华出售一直不愿向中方提供的 S–400 地对空导弹系统。俄罗斯军工企业还与中方签署对华出售苏 –35S 多功能战机及其配套武器的备忘录。随着俄罗斯东向战略的展开，更多关注亚太地区事务，中俄军事合作更应该得到进一步发展。

俄罗斯还可能在东北亚的朝鲜半岛发挥特殊作用，一方面是基于向朝鲜半岛输出能源的驱动，另一方面也希望在东北亚安全中拥有更大影响力。届时，两国在六方会谈以及对朝合作中也有更大合作空间。俄罗斯还可能会在中朝间发挥特殊的协调者的作用。

第三，俄美矛盾会随着乌克兰问题、叙利亚问题以及长期以来的北约东扩战略的实施而进一步加深。俄美在军事战略上的对立使得俄美紧张关系难以在短期内化解。在俄罗斯的战略选项上，美国显然是其最大的战略对手，尤其是军事战略方面。俄美作为最强大的军事国家，两国在军事空间领域的竞争将会长期持续，这也使得俄罗斯从战略上更加倚重与中国的合作。

总体上看，中俄关系是中国所有大国外交关系中最为稳定，也是战略上互信程度最高的一组关系。虽然俄方一些人士仍存在对中国的担心和怀疑，但从整体而言，中俄关系在未来的发展预期仍是最为乐观的。

第三节　中欧关系

习近平指出，作为最大的发展中国家和最大的发达国家联合体，中欧是维护世界和平的“两大力量”；作为世界上两个重要经济体，中欧是促进共同发展的“两大市场”；作为东西方文化的重要发祥地，中欧是推动人类进步的“两大文明”。

欧洲是现代文明发源地，也是现代科技和经济的发达地区，在金融管理、社会治理等方面都对人类有独到的贡献。过去30年中国的改革开放得益于向包括欧洲在内的发达国家学习借鉴，也同样得益于欧洲的市场。而欧洲在不断壮大的中国发展历程中，也获益良多。在未来，中欧要实现跨越式合作，要开辟新型大国关系的新模式，探索国与国、区域与区域的合作新路径，努力实现战略对接、地缘相接、创新合作、文明交融，彼此提供战略机遇、相互支持，力求取得前所未有的成就。

中欧关系是中国积极统筹大国关系、实现全球化、多元化战略布局的重要体现。中欧关系以及中国对欧战略在中国大国关系发展战略中具有独特性和独创性，在中国外交战略全局中具有特殊的地位和作用。经过这些年的经验积累，应该说已经取得显著成就，成为中国大国外交的鲜明亮点之一，并必将成为未来中国大国外交的重要支点，成为推动中国特色大国外交不断向前迈进的驱动力。以欧盟为中心、以英德法为关键、以新兴转型国家为重点的中国对欧战略正在成形。

首先，中欧关系起点高，设计新，格局大，立意远。中欧关系历经建设性伙伴关系、全面伙伴关系、全面战略伙伴关系三个阶段，自 2003 年建立全面战略伙伴关系以来，中欧逐渐建立起以高级别战略对话、经贸高层对话和高级别人文交流对话机制为三大支柱的关系框架，并开拓出 60 多个务实合作领域。长期以来，作为中欧关系的动力和基础，经贸合作成为全面战略伙伴关系的主要内容。近 10 多年来，欧盟一直是中国最大的贸易伙伴和进口来源地，中国则保持欧盟第二大贸易伙伴地位，同时也是欧盟第一大进口来源地和第三大出口市场。2014 年，中欧贸易额首次突破 6000 亿美元大关，同比增长近 10%，是建交时的 250 倍。这一成绩在中国对外贸易增幅回落、欧盟对外贸易萎缩的背景下显得格外突出。据中方统计，2014 年 1 月至 11 月，中欧贸易总额为 5574.6 亿美元，同比增长 10.1%，远高于同期中国外贸增长率（不到 4%），进出口分别增长 9.9% 和 10.3%。其中，德（9.8%）、英（16.6%，中方进口增长 25.2%）、荷（7.1%）、法（10.3%）、意（10.9%）分列前五位。[①] 中欧经贸关系的另一亮点是投资和金融领域深化合作。德国、英国、法国和荷兰仍是实际投入中国外资金额排名前十位的国家。同期，中国对欧盟国家投资增长 195%。截至 2014 年底，欧盟对华累计实际投资额 966.3 亿美元，是中国第四大实际投资来源地。中国对欧投资出现井喷式增长，2014 年对欧非金融类直接投资 98.5 亿美元，首次超过当年欧盟对华投资额，增幅达 172.1%。吉利集团收购瑞典沃尔沃汽车公司，中投公司入股英国泰晤士水务公司，三一重工收购德国普茨迈斯特，中化集团收购意大利倍耐力轮胎等，都是中国企业海外并购的成功案例。[②] 高端制造业、基础设施等成为主要投资领域。

欧盟国家成为继香港、东盟之后中国对外投资第三大目的地。中方承接来

① 数据来源：中国海关信息网，http://www.haiguan.info/NewData/Index.aspx.

② 外交部副部长王超：《悠悠四十载，大树已参天——写在中国与欧盟建交 40 周年之际》，《求是》2015 年第 11 期，http://www.fmprc.gov.cn/web/ziliao_674904/zyjh_674906/t1270234.shtml.

自欧盟的离岸服务外包执行金额达66.9亿美元，欧盟成为仅次于美国的中方第二大离岸外包服务来源地。[①]2015年10月，习主席成功完成对英国的“超级访问”，英镑成为继美元、日元、澳元和新西兰元之后第五个可以和人民币进行直接兑换的货币，人民币成为美元、欧元之后的第三大离岸结算货币。

在双方高层频繁互动和决策层的顶层设计下，双方确定了“四大伙伴关系”的战略地位。继中方在2013年12月中欧领导人会晤期间提出中欧是当今世界“两大力量、两大市场和两大文明”的表述后，习近平主席又在2014年3月对欧盟总部进行历史性访问，提出：“要从战略高度看待中欧关系，将中欧两大力量、两大市场、两大文明结合起来，共同打造中欧和平、增长、改革、文明四大伙伴关系，为中欧合作注入新动力，为世界发展繁荣做出更大贡献。”[②]中欧就《深化互利共赢的中欧全面战略伙伴关系——中国对欧盟政策文件》，对“四大伙伴关系”进行了详细解读，并首次在官方文件中明确地将中欧关系界定为“中国推动建立长期稳定健康发展的新型大国关系的重要组成部分”，是“中国外交政策的优先方向之一”。[③]

四大伙伴关系为：中欧和平伙伴，中欧增长伙伴、中欧改革伙伴和中欧文明伙伴。中欧和平伙伴的目的是共同走和平发展之路，坚持中欧构建多极世界格局的战略共识，彼此尊重对方自主选择的社会制度，照顾彼此核心利益；加强在国际和地区事务中的沟通与协调，共同推动政治解决地区热点问题，并共同参与有关国际规制建设。

中欧增长伙伴的目的是相互提供发展机遇，使自身发展机遇成为对方的发展机遇。近期目标为促成投资协定，启动自由贸易协定可行性研究，继续提高

---

① 《商务部召开例行新闻发布会（2014年12月16日）》，2014-12-16，http://www.mofcom.gov.cn/article/ae/ah/diaocd/201412/20141200834923.shtml.

② 《习近平同欧洲理事会主席范龙佩举行会谈，赋予中欧全面战略伙伴关系新的战略内涵，共同打造中欧和平、增长、改革、文明四大伙伴关系》，2014-03-31，http://news.xinhuanet.com/world/2014-03/31/c_1110032444.htm.

③ 《深化互利共赢的中欧全面战略伙伴关系——中国对欧盟政策文件（全文）》，2014-04-02，http://news.xinhuanet.com/world/2014-04/02/c_1110054550.htm.

中欧贸易的质量和水平。中长期目标是要把中欧合作“丝绸之路经济带”等重大洲际合作倡议结合起来，以构建亚欧大市场为目标，加强基础设施互联互通。坚持市场开放，携手维护多边贸易体制，共同致力于发展开放型世界经济。

中欧改革伙伴的目的是“相互借鉴，相互支持”。在各自的改革过程中，在宏观经济、社会治理、公共政策、农业农村、就业民生、环境保护等重要领域加强交流，分享经验，深化合作，推进更深一层改革的成功。

中欧文明伙伴的目的是促进中欧两个文明的共荣共建，深入客观理解对方文明属性和历史发展脉络，加深精神层面的认知与了解，从而共同推动人类多元化文明的繁荣与进步。文明对话，加强文化、媒体、旅游与科技交流。①

四大伙伴关系的定位应该是全面多层次多角度发展中欧关系的指针，也描述了中欧关系发展的四大路径。虽然中欧发展阶段不同，发展水平有差异，但在促进改革增长、可持续发展、和平合作、文明互鉴等方面有着重要共识和互信。

中欧关系不仅有现实定位，更有未来战略规划。2013 年中国欧盟领导人 16 次会晤中，双方发表了《中欧合作 2020 战略规划》，确立了全球战略伙伴的未来发展目标，保证中欧关系的战略性、稳定性和可预见性。

其二，创新合作是中欧关系的重要特色。“实现创新、包容和可持续发展是中欧共同面临的任务。创新对实现可持续发展尤其具有重要意义。”② 中欧当前都致力于结构性改革和产业升级，为拓展新产业、新领域合作提供了新机遇。中国经历了过去 30 余年的粗放式发展，必须实现创新式转型才能形成可持续发展的新动力，完成改革的升级换代。因此，创新有关中国下一步改革的成败。而欧洲进入高福利社会之后，经济发展动力缺乏，社会有陷入发展停滞的风险。因此，也必须通过创新来实现新的发展。而长期以来，欧洲以及欧盟

---

① 《习近平同欧洲理事会主席范龙佩举行会谈，赋予中欧全面战略伙伴关系新的战略内涵，共同打造中欧和平、增长、改革、文明四大伙伴关系》，2014 年 3 月 31 日，http://news.xinhuanet.com/politics/2014-03/31/c_1110032444.htm.

② 《第十六次中国欧盟领导人会晤发表〈中欧合作 2020 战略规划〉》，2013-11-23，http://news.xinhuanet.com/world/2013-11/23/c_118265413_3.htm.

在观念创新、治理创新尤其是技术创新及应用方面一直有着优良的传统，中欧创新合作能够成为新的合作增长点和合作契机，推动中欧关系和两大区域合作的发展。2014 年，在中国领导人访欧期间，“创新”成为主题词之一。中法创新合作对于推动两国产业创新、产学研交流、成果转化方面发挥了重要作用。中英创新合作设立了 2 亿英镑的科学基金，而且集中于高精尖的太空合作领域，合作具有领先性和前沿性，而且将展现强强联手的效应。德国是中国在欧洲最大的经济和科技合作伙伴，两国创新合作的领域最为广泛，涉及工业、科技、农业、教育、环保、城镇化、医疗和社会保障等重点领域，合作层次高，在合作模式、机制和举措方面都具有示范效应。除了欧洲三驾马车之外，中国与意大利在充分尊重知识产权的基础上，也将广泛开展科技合作。

其三，双方成功解决贸易冲突也为中欧关系和大国合作提供了良好借鉴。中欧成功合作并非没有摩擦与冲突，但是中欧合作的重要成就之一就是成功化解分歧。2012 年的中欧光伏争端就是其中之一。2012 年 7 月和 9 月，欧盟光伏制造商联盟分别向欧委会提交对中国光伏产品进行反倾销、反补贴立案调查申请，从争端伊始，欧盟机构就采取了咄咄逼人的单边强硬行动，在未与中方进行有效沟通的情况下，分别于 2012 年 1 月和 2013 年 2 月发起对华光伏产品的反补贴、反倾销调查，并于 2013 年 5 月拒绝了中国机电商会代表业界向欧委会提交的价格承诺谈判方案。中欧首轮谈判破裂，中国商务部紧急赴欧磋商亦遭冷遇。欧盟方面随即于 6 月 4 日宣布，自 6 日起对产自中国的太阳能电池板及关键器件征收 11.8% 的临时反倾销税，如双方未能在 8 月 6 日前达成解决方案，反倾销税率将升至 47.6%。

针对欧方的一意孤行，中方采取了相应的反制措施。中国商务部也发布公告，决定从 2012 年 11 月 1 日起，对原产于欧盟的太阳能级多晶硅进行双反立案调查。在欧盟开征反倾销税后，中方也于 2013 年 7 月 1 日正式立案，对原产于欧盟的进口葡萄酒进行双反调查，舆论更认为调查范围将有可能扩大至欧洲产豪华轿车及其配件，对欧盟及其成员国的压力增大。显然，如果双方的行动进一步升级，将引发“贸易战”，最终结果是两败俱伤。因此，中方积极通过高层访问和外交渠道开展工作，力求避免恶性相伤的局面出现。李克强总理借访德期间继续进行说服工作，对于扭转不利局面发挥了重要作用。加之德国等欧盟内部国家的积极工作，削弱了欧盟的保护主义势力。中欧最终于2013年8月达成价格承诺协议，规定中国出口欧洲的光伏组件最低售价每瓦0.56欧元，每年配额7GW，超出限额的光伏产品仍需交纳平均税率为47.6%的反倾销税，“价格承诺”有效期将持续至2015年底。[①] 到2013年12月欧盟正式发布中国光伏产品双反公告为止，这起历时近一年半的中欧贸易史上涉案金额最大的贸易摩擦案，最终由可能的双输变成双赢，从而避免了由领域内的光伏争端升级成中欧之间的全面“贸易战”的恶果，也避免了两大主要经贸伙伴之间的关系进一步受损。

此外，中欧之间也存在着经济合作优于政治安全合作，经济外交优于公共外交的状况，双方在人权等领域仍存在分歧。欧盟一些国家由于对亚太安全事务的历史经纬的无知与偏见，还存在用安全议题平衡发展议题的论调。在文明文化交流等方面，也由于欧洲固有的文明优势论而受到限制。刘延东副总理就中欧人文交流提出三点倡议：加强交流互鉴，做增进理解信任的“孵化器”；坚持以人为本，做强化中欧合作的“稳定器”；促进文明共荣，做发展全球治理的“推进器”。[②] 也是力图在文明交流领域努力化解中欧分歧。

其四，在未来的区域一体化合作和战略对接方面，中欧关系具有特殊意义。

欧洲与美国不同，欧盟的发展路径与美国也不相同。欧盟的历史进程虽然困难重重，但其观念创新和道路探索确有其超前和领先之处。欧洲已进入后现代社会的发展阶段，仍然具有突出的比较优势和先发优势，有大量的宝贵经验

---

① 中国国际问题研究所：《国际形势和中国外交蓝皮书（2014）》，北京：世界知识出版社，2014年，第302–303页。

② 《刘延东主持中欧高级别人文交流对话机制第二次会议》，2014-09-07，http://news.xinhuanet.com/politics/2014-09/07/c_1112389189.htm.

值得借鉴、学习和相互协作。尤其是在欧洲一体化和区域合作的探索方面，积累了大量的经验。鉴于历史和现实的原因，亚洲一体化在发展道路、发展方式上都会与欧洲有许多不同，但欧亚在一体化方面的交流合作仍有巨大空间，亚洲一体化只有向有着具有先发优势的欧洲一体化不断学习借鉴，才能少走弯路，避免不必要的损失和风险，形成有利的后发优势和持续动力。

中国和欧洲地处亚欧大陆两端，被称为“遥远的邻居”。在两大区域一体化都相对成形之后，也更有利于欧亚大区域一体化的整合。中欧合作绝非双边合作那么简单，而是具有全球发展的前瞻意义和引领意义。随着“一带一路”倡议的推动，中方对希腊比雷埃夫斯港的持续投入也正通过“中欧海陆快线”的筹划和实施，进一步将“21 世纪海上丝绸之路”与“丝绸之路经济带”连接起来。辐射至欧洲的欧亚、中亚高铁也通过与塞尔维亚、匈牙利以及马其顿的铁路建设合作，在欧洲腹地延伸；“一带一路”战略构想已经在欧盟及其多数成员国产生越来越多的积极反响。如德国方面“欢迎拓展中国与欧洲之间陆路贸易通道及‘丝绸之路经济带’倡议”，认为“这将为中德、中欧合作开创新的机遇，并为包括中亚地区在内的沿线国家稳定与繁荣做出贡献”。[①] 中欧之间将迎来历史性的欧合地缘对接和经济整合的新格局。

中欧“四大伙伴关系”定位的提出表明，中欧关系的顶层设计已基本完成，《中欧 2020 合作规划》和《中国对欧政策》等重要文件的发布，预示着中欧关系有了更加明确和系统的发展方向。2015 年是中国与欧共体建交 40 周年，“中欧关系正进入承前启后、成熟稳定、蓬勃发展的新时期”[②]。

---

① 《中德合作行动纲要（全文）》，2014-11-18，http://www.fmprc.gov.cn/ce/cede/chn/sbwl/t1212296.htm.

② 中国国际问题研究所：《国际形势和中国外交蓝皮书（2014）》，北京：世界知识出版社，2014 年，第 345 页。

第四节　中日关系

近来中日关系面临严重困难，这是我们不愿看到的。中方愿在中日四个政治文件基础上，继续推进中日战略互惠关系。日方应本着正视历史、面向未来的精神，正确处理钓鱼岛、历史等敏感问题，寻求妥善管控分歧和解决问题的办法。[①]

——习近平

中日一衣带水，2000 多年来，和平友好是两国人民心中的主旋律，两国人民互学互鉴，促进了各自发展，也为人类文明进步做出了重要贡献。

邻居可以选择，邻国不能选择。“德不孤，必有邻”，只要中日两国人民真诚友好，以德为邻，就一定能实现世代友好。[②]

——习近平

一、中日要看历史，也要看未来

雨果曾说：“历史是过去传到将来的回声，是将来放映到过去的倒影。”中日之间长期以来一直存在两大问题，其一是历史问题，其二是领土争端，即

① 《习近平向安倍阐明中方对中日关系的原则立场》，《人民日报》2013 年 09 月 06 日，第 1 版。

② 《习近平出席中日友好交流大会并发表重要讲话》，2015-05-23，http://news.xinhuanet.com/world/2015-05/23/c_127834301.htm.

钓鱼岛和东海划界问题。领土争端问题又与历史问题交织在一起，使得问题解决更加复杂而敏感。

先谈历史和未来的关系问题。

中日关系自正常化以来就面临看未来和看历史的问题。长期以来中日关系阴晴不定，也往往与这两个问题有关。中日关系包括着复杂的历史、民族心理、国家地理、经济发展的程度不同甚至文化差异等多种因素，单纯或片面地强调一个因素是难以全面客观地解决两国关系面临的问题的，更谈不上促进双边关系发展的前瞻性政策的实施。

现实地看，中日之间的确存在着很深的积怨，这种积怨在民间表现得尤甚，不仅没有随着历史的远去而淡化，反而随着日本在对待历史问题上的不深刻态度、民间赔偿问题的艰难遭遇以及一些新右翼分子的狂热言行而呈加深之势。这反过来助长了日本尤其是年轻一代对中国敌视情绪的蔓延，形成了日本的一种新的思维逻辑，认为中国揪住历史不放，意在复仇。民间的对立情绪在互动中不断强化。

其实中国在日本历史问题上的态度只是希望日本牢记所犯的错误，引为前车之鉴，以免给其本国以及中韩等周边国家带来灾难。如果说中国强调历史问题，那也绝不是为谋取私利或在两国关系中设置障碍。

为了中日世代友好，为了邦交正常化，中国放弃了有可能把负担转向日本人民的战争赔偿。中国既没有对日本的战争责任穷追不舍，也没有因历史责任而讨价还价。

对于日本在历史问题上一错再错，领导人一再参拜靖国神社，中国政府呼吁民众从大局出发，采取克制态度，可谓仁至义尽！日本不仅不领情，反诬中国惹是生非，这种倒打一耙的做法不仅有害于中日关系的发展，也进一步伤害了中国人民的感情。

要知道，在历史上，中韩等国从未有负于日本，犯错的只是日本。日本怎么可以恩将仇报，将中韩等国的宽容与谅解以及必要的警示视为敌意呢？

日本执意不肯认错，缘于其错误的“胜王败寇”历史观，认为日本输在军事上，而其意欲领导亚洲的意图是没有错的。然而，发动战争本身已经是根本错误，何来以成败论英雄?

从某种意义上说，日本确实应该忘掉历史，忘掉曾经一错再错的军事扩张之路，重走一条新路。但日本记住了不该记住的，却忘了不该忘记的。

日本相信它只是一次战略失误才带来全局失误，因此认为其军国主义没有错，错的只是军事策略；把战争罪责归结为偶然性，归结为战略或战术的失误，这是日本历史观的大错！战争具有必然性，发动侵略战争的结果必然是失败，即便是得逞于一时,却无法长久。真正的错误在于战争,而不是战略或策略问题。

可惜的是，一些日本人骨子里还在深深幻想着有一次弥补战略错误的兵棋重演的机会。

如果说忘掉历史，那日本最该忘掉的是权力政治观，最应该忘记的是军国主义之路，永远不要再想用武力来解决国际纷争。强权政治没有出路，不光是周边国家反对，国际社会也会反对。其实日本国内也早已失去支持强权政治的民意基础，只是一些右翼政治家掩饰真相，强奸民意而已。

如果日本如是说——我们的军事策略错了，我们误伤了一些平民，这些都让它过去吧——那日本人的历史观就出现了根本失误。不要忘了，日本通过战争伤害了别人，但最终还是伤害了自己。日本因发动战争最终招致核打击，大概没有人会认为日本应该忘记核灾害吧!

既然不愿忘记核灾害对本国的伤害，却执意要求别国忘记日本军国主义的伤害，显然不合逻辑。

其实中国等国没有揪住历史不放，揪住历史不放的是日本！日本有一个战败情结，导致其不愿正视和反省其失败的惨痛教训，而且试图通过掩耳盗铃之举来篡改历史，粉饰其军国战争的罪恶实质。然而，真正的历史是无法被篡改的，在众多铁证如山的历史事实面前抵赖，何以取信于民，取信于周边国家?不能正视和反省历史反而使日本背上了沉重的历史包袱，束缚了日本与周边国家真正友好合作的发展前景。

日本传统史观的另一个错误，是仍用分离的视角看问题，把日本作为亚洲的楷模与样板，无法认同其他亚洲国家，无法接受其他亚洲国家的发展，认为日本必须永远居于亚洲强国之首。这是日本丧失平等感的体现，是畸形的历史观造成的。

最近中日之间的一些有识之士提出两国共同研究历史，这真是务实、明智之举。共同本着实事求是的态度，勇敢面对并解决分歧，增信释疑，善莫大焉！这件事情做好了，将造福于子孙后代。历史问题的解决将大大推动东亚共同体的建设。

忘掉历史，共同面对未来，需要各国首先正视历史，避免重蹈历史覆辙。同时，齐心合力将可能的危机转化为合作的机遇。

其实，随着历史的推移，这种历史的积怨理应让位于现实的稳定和战略利益的发展。日本必须面对这样一个现实，即日本与亚洲国家的联系已经不可或缺。中日之间的贸易联系已十分紧密。未来二三十年间，日本老龄化将十分严重，将大量缺乏劳力，成为一个缩水国家。而远水不解近渴，它将不能再成为一个“脱亚入欧”的国家，它与周边国家的联系将难以割舍。

在这一现实前提下，中日关系也好，日韩关系、日本与周边其他国家关系也好，都必须开始务实合作，才能实现自救与共赢。从中日关系看，不应因日本秉持错误的历史观而阻碍两国发展的广阔前景，只有树立正确的历史观，两国关系才会呈现出造福两国和周边国家的光明未来。所谓看未来，绝不是放弃历史责任，而是应该更好地汲取教训。日本不应忘记发动战争的历史责任。长期以来，日本试图改变经济巨人政治侏儒的地位而不得，其原因之一就在于日本对于战争的态度。历史不容忘记，更为重要的是日本不应该从错误的历史中得到错误的教训。亚洲国家显然有理由关注日本自《有事法案》通过以来新的军事动向。从历史的角度看未来，是希望日本不要重蹈覆辙。中国是发展中的大国，中国的民族心态应该在民族自信增强的同时更趋理性，与中华民族特有的大国风范相适应。应该看到，在现阶段，不希望中日友好的人大有人在，影响和阻碍甚至破坏中日关系的因素也很多，还有大量的工作需要进行。

从现阶段看，日本对中国的投资、技术支持以及在中国“非典”疫情时期给予中国的资金援助，都体现了中日近邻的密切关系。中国游客不断涌向日本购物，也反映了中国对日本商品的高度认可。这可以成为两国进一步交流的基础。中国外交部已经批准日本游客短期旅行的免签证政策，也表明中国政府希望全面加强两国关系的殷切期待。

从未来的角度看，现在正是重修中日关系的良好时机。东亚正面临历史机遇，东亚的安全合作需要中日携手，东亚的经济繁荣需要中日两国的共同努力。中日关系的好坏影响亚洲未来的走向，亚太地区经济的繁荣与稳定也与中日合作的发展程度密不可分。

二、日本通过《安保法案》，试图跨越红线

日本对华强硬政策反映了日本国内右倾化倾向对日本外交政策的实质影响。日本在给国际社会解释一系列右倾政策的原因是日本渴望成为一个正常国家，其诉求有其合理性，但问题是日本没有理清为何长达半个多世纪日本无法成为“正常国家”的根本原因，是其执意固守“胜王败寇”的“战败情结”。

日本无法成为“正常国家”，首先是日本缺乏作为一个独立国家的令人放心的和平政策。日本没有自己的国家安全政策，它的政策是附属于某一大国的全球或地区政策的。其次，日本总是将其经济大国、政治小国的地位归罪于周边邻国。实际上周边邻国并不反对日本成为“正常国家”，而是渴望日本成为和平的维护者和捍卫者，关键在于日本要对和平与战争问题有一个正确认识，对自身未来发展有一个正确的评估，避免误人害己。周边国家谈论日本历史问题，是用心良苦，语重心长，是想警示和提醒日本，而不是揪住历史无端挑起是非，或居高临下指责日本。日本若动辄把矛头指向周边邻国，那是犯了方向

性错误。

更为严峻的问题是，日本一步步的右倾举动将可能突破美国对日本的制约。

长期以来，对于日本这个发动过太平洋战争，给东亚和太平洋地区带来巨大创伤的国家，旧金山体制设置了两条红线，一条是日本内政线，即以《日本宪法》为核心的日本宪政；另一条是旧金山体制下的安保机制，主要体现为美国对日本的制约。日本有两重制约，一个是日本国内，另一个是国际制约，包括美国对日本的制约。

近些年来，日本已经逐步跨越了第一条红线，防卫厅升格为防卫省几乎成为冲破第一道红线的标志。现在日本已经冲破了国内制约，越过了一道红线，失去了国内制约。2015年5月以来，日本国会围绕解禁集体自卫权，修改包括《自卫队法》、《应对武力攻击事态法》、《周边事态法》、《联合国维和行动（PKO）合作法》等在内的一系列相关安保法律，制定可以向海外派遣自卫队的《永久法》，以建立新的安保法制。《新安保法》的通过，更是给《和平宪法》限定的海外用兵打开了大门，也改变了日本长期以来坚持的“专守防卫”政策，引发了包括中国在内的周边邻国的高度关切。当然，当今的国际形势已非昔日可比，日本重走战争老路也并不具备充足的国际和国内基础。但日本这份怀旧之念却总像阴影，不仅罩在日本人，也罩在东亚近邻心中。第二条红线，美日双方都是心知肚明，日本其实最想冲破的就是这道线，但现在时机还不成熟，日本还需要搭美国安全的免费车，还需要借重美国的力量。而美国一方面利用日本，另一方面又不得不制约它，可以说是既想放虎出笼，又怕纵虎为患。美国不应忘记战后和平秩序是中国、美国人民用鲜血和生命换来的和平保障。美国不应为了一己之私，纵容日本破坏战后的和平秩序。

《和平宪法》实际上是日本发展的法宝，突破《和平宪法》后的日本将会走向何方，值得密切关注。

日本要想成为正常国家，实现国家的正常化，这原本无可厚非。但是作为希望与日本长期友好的邻邦，有必要提醒日本，日本在《和平宪法》之下，已经度过了60年，《和平宪法》保护了日本的繁荣，促进了日本的振兴。《和平宪法》实际上是日本发展的法宝，日本如果想丢掉这个法宝，便是丢掉其最宝贵的护佑日本发展的东西。回顾历史，周边邻国对日本失去国内制约后借题发挥、借船出海的担心也是不无道理的。更值得关注的是，日本推动新的《安保法案》，架空《和平宪法》的进程中，修宪势力强大，反修宪势力式微，民众支持修宪率上升，表明日本社会整体右倾的势头日益凸显。

当然，日本修宪，出台新的《安保法案》并不意味着日本可以随意在海外发动战争。日本已经是现代文明国家，当知和平之珍贵，丢掉和平之可怕。

安倍战略的实质也是意在对冲和平抑中国不断上升的实力和地区影响力。“安倍没有以穷兵黩武及挑动战端的方式来应对中国崛起，并不打算和中国‘撕破脸’，发生直接冲撞和战争，而是想和中国保持不近不远、不冷不热的关系，推动趋利避害、为己所用的‘政经分离’双轨战略。”[①]但安倍战略在中日历史问题未解、实力对比出现变化、海洋和岛屿之争加剧、两国民众心态益发对立的新形势下，对两国关系投下了更多不确定的因素。

三、历史和现实双重困境下的中日关系

中日大国关系虽然面临困境，但从中国周边外交的大布局来看，中日关系注定是需要超越分歧走向战略合作的。

10年来，中日关系经过诸多波折，曾因小泉首相数次参拜靖国神社而跌入低谷，在安倍访华后重新回暖，提出了“日中战略互惠”，后经温家宝总理回访日本以来保持稳定，胡锦涛访日可谓是对中日关系的一次重要总结，两国领导人会利用机会认真总结经验，谋划未来，共同探讨促进两国战略关系的新观念和新步骤。

---

① 吴怀中：《战后中日关系的轨迹、特征与走向》，《日本学刊》2015年第6期，第16页。

胡锦涛主席“暖春之旅”处于一个特殊的敏感时期，是在北京奥运会之前中国最高领导人的一次重要出访，也是在西方对华舆论战一个月后中国领导人出访亚洲的“西方发达国家”。这亦是一次自信的展示，向世界表明中国有能力和信心解决内外部问题，化解历史积怨，开创新的未来。正如日本学者毛里和子所言，20 世纪 90 年代中期以来东亚出现了结构性变化，需要有新的概念、框架和宣言来重新定位中日关系。[①]

自 2012 年日本对钓鱼岛实施“国有化”以来，中日关系陷入建交以来最为困难的时期。两国因钓鱼岛争端引发的安全危机，甚至导致两国走向军事冲突的边缘。尽管 2014 年北京 APEC 会议，中日两国首脑达成“四项共识”的原则声明，但 2015 年安倍首相推动通过了新的《安保法案》，更使得中日关系处于十分敏感的节点期。中日关系要想取得长足进步，仍需耐心细致的努力。

中日友好不是试探性的权宜之计，而要扎扎实实地向前推动。当然，中日关系问题很多，民间也有一些积怨，冰冻三尺，非一日之寒，这些都不是通过一两次访问能化解的。“中国和日本既咫尺相邻又十分遥远，既相像又不同，既熟悉又陌生，既交往密切又互不信任。”[②]两国正面临的一些问题，如历史分歧、认知差异、食品安全、领土争端和能源合作问题等，均需两国不断加深信任，通过持续不懈的努力方能解决。没有坚定的和平外交理念和执着于中日友好信念，没有两国领导人的远见和魄力，中日关系是很难转圜的。

中日关系要开创新的未来，必须注意以下几方面的问题：

其一，要有战略思维。中日关系应该放在中国特色大国外交的全局来统筹考虑。任何一组大国关系都不能以牺牲其他关系为代价，也不能让任何一组大国关系依附于某一组关系。比如中日关系不能依附于中美关系，而必须以中国

---

① 石善涛：《中日关系：反映日本走向的镜子》，《世界知识》2013 年第 21 期，第 54-56 页

② 田燕妮等：《理性认识中日战略格局的未来走向》，《军事文摘》2015 年第 19 期，第 6 页。

的战略大局为重，独立发展中日关系，并形成战略性突破。当前，美国希望与日本实现战略交易，希望日本成为美国亚太战略的重要帮手。美国放松对日本解禁集体自卫权、承认《美日安保条约》适用于钓鱼岛，就是要激化中日对立，用钓鱼岛问题制造两国矛盾，阻止世界上GDP第二和第三紧密合作影响美国在亚太的主导权。2014年奥巴马访日，意图很明显。当时美国为了让日本就TPP让步，奥巴马放高调，强调美日安保适用于钓鱼岛。但TPP谈判不顺，离开时奥巴马的立场就出现了微妙变化。另外，美国在美日和中美关系之间还有一个难点，那就是就美国振兴而言，中国市场远比日本市场重要，这就使得美国借日抑华的意图受到限制。日本试图借美抑华，强化美日同盟，继续享受美国的安全保障，同时借船出海，但美国却要求日本承担更大的安全责任。日本可能承担的责任能否达到美国的需求是一个问题，日本承担了所谓的责任能否换来美国的战略回报则是另一个问题。在美日联盟上的主从关系身份是难以改变的。美国不会为了他国的利益而战，也不愿为了他国的利益而被动卷入。这一直是联盟中主从关系的困境。而这种困境可能演变为美日在安全上的相互需求，实质是相互利用。因此，无论从中美关系还是日美关系而言，中日发展独立于中日关系三边关系的合作关系存在战略上的可能空间。日本应放弃其传统的海陆对抗思维。改变其狭窄的岛国意识和困境意识，努力追求新的海陆合和的共赢目标。放弃那些不切实际的所谓以“自由与繁荣之弧”围堵中国的权力政治博弈思想，才能走出日本的大国战略新格局。

其二，要从地区合作的层面来看待中日关系。中日两国应从整个地区的发展大局出发来看待和经营中日关系，而不能成为别国大战略的筹码。从当前的局势来看，中日之间并没有在地区层面加强两国合作的战略共识，尤其是日本为了迎合美国的战略需求，把中国视为对手，导致中日对立的心结难以化解，短期内很难真正好起来。

中日关系非一般意义下的简单双边关系。在全球化和地区一体化趋势下，两国友好越发具有地区和全球意义。长期以来，中日关系政冷经热后又发展为政冷经凉，2014年，日本实际对华直接投资额为36.9亿美元，同比减少42.9%[①]。这对于两国经济和地区经济都造成了伤害。中日两国在推动地区经济、化解危机方面都有着无法回避的责任和义务。如中日韩和东盟已同意建立一个价值80亿美元的亚洲货币基金，以帮助成员国应对危机。中日在中日韩自贸区建设，“10+3”合作机制、区域全面经济伙伴关系等方面都大有可为。即使日本加入美国主导的“跨太平洋经济合作伙伴协议”（TPP），也不应忘记日本对于地区经济一体化的重任。区域一体化既是中国亚太战略和周边战略的重点，也是区域内国家合作的新的增长点。日本若想在国际社会发挥更大作用，首先需要在推动亚太地区稳定与繁荣的过程中承担应有的责任，而不能采取预设假想敌，制造威胁与麻烦，或坚持以邻为壑的政策。

其三，要有创新思路。日本应放弃其传统的海陆对抗思维，改变其狭隘的岛国意识和困境意识，努力追求新的海陆合和的共赢目标。放弃那些不切实际的所谓以“自由与繁荣之弧”围堵中国的权力政治博弈思想，才能走出日本的大国战略新格局。中日历史表明，两国关系要发展就必须正视问题，务实求新。互利合作、差异共存、共赢发展是指导原则。例如，在此新原则指导下，中日间为解决东海问题专门设立了避免擦枪走火的磋商机制，还就历史分歧共同启动了教科书研究项目。这些努力不能因一时一事而改变，而应该持续加以推进。

其四，解决历史问题要有历史深度。中日两国要本着对历史和民族负责的精神，不放弃原则又不拘泥于形式，原则性与灵活性相结合。中国要求日本认清历史问题并非寻债心理，而是一国对另一国的善意劝诫和提醒。做诤友而非媚友，两国关系才能切实有效地向前发展。

其五，要不断开拓新的合作领域。比如，能源开发和利用技术合作，共同应对非传统安全，包括食品安全、金融危机、环境污染、国际犯罪等问题的合作，甚至包括国际企业公关和国家形象塑造，软实力开发项目等，均有广阔的

---

① 《1至10月日本对华投资额同比减少42.9%》，2014-11-19，http://japan.people.com.cn/n/2014/1119/c35463-26054975.html.

合作空间。两国还可共同研究和探讨亚洲价值观。毕竟，作为一衣带水的邻邦，中日文化交流源远流长，纵观中日关系交往史，中日间的友好占了大部分，只有很少一段时间出现了问题。因此，中日两国友好发展是历史的主流。

其六，中国仍须努力强大自身。应该说，日本对华战略随着中日实力对比的变化，出现了极大的不适应。1987 年，日本 GDP 超过苏联，成为世界第二大经济体。而后，日本经济占全世界经济总量的比重从 1994 年最高峰时的 17.67%，逐步下降到 2010 年的 8.7%，而中国经济占全世界经济总量的比重从 1991 年的 1.83%，逐步上升到 2010 年的 9.3%。1994 年日本经济总量相当于中国的 8.55 倍，达到战后以来的历史顶峰，随后中日经济差距迅速缩小，1997 年日本 GDP 降为中国的 4 倍多，2002 年降为中国的 2 倍多，2006 年降为中国的 1 倍多，2008 年之后两国 GDP 已比较接近，2010 年中国超过日本，成为世界第二大经济体。国际货币基金组织预测，按照目前的发展速度，今后几年，中日之间的经济差距将进一步拉大。[①] 近代以来，日强中弱、日本俯视中国的历史即将结束。诚然，从人均和经济质量的角度看，中日之间的差距还是明显的。2010 年，日本人均 GDP 是 42150 美元，而中国只有 4260 美元。日本在世界上的高收入国家中名列前茅，而中国仅排在第 120 位左右。这使得日本在对华心理上一方面担心，另一方面仍然对中国缺乏内心的尊敬与认可。因此，在对日关系中，中国仍然要靠自身的进一步发展与变革来获取日本的口服心服，才能从根本上改变日本的优势心理，从而与中国平等相待。

总之，当今中日关系不是谁有求于谁的问题，而是相互需要、共同发展的问题。如果是希望和平与稳定，那么中日就应选择合作。这里的问题是如何合作，如何化解矛盾，如何让日本充分意识到选择和平发展的重要性和紧迫性，放弃不必要的担心和不实际的幻想。

---

① 刘应杰：《清醒认识中日之间的巨大差距——赴日考察报告》，2012-10-31，http://www.21ccom.net/articles/qqsw/qqjj/article_2012103170024.html.

第五章

中国与发展中国家关系

大国与小国相处，要平等相待，践行正确义利观，义利相兼，义重于利。

——2015 年 9 月 28 日，

习近平在第七十届联合国大会一般性辩论时的讲话

中国在对待他国关系时，不因其小而轻视它，也不因其大就产生对抗心理。

中国的发展不能一枝独秀，这样是不可持续的，我们的发展要带动和促进其他发展中国家尤其是我们的邻国的发展。邻国是永远的，搬不走的。

中国不搞小圈子，不搞富国俱乐部，别说我们还是发展中国家，就是成为富国也不忘发展中国家，不忘老朋友。

能帮一把是一把，尽其所能，力所能及。体现中国外交的大气和开放。相互帮助，我们有困难，别国帮，别国有困难，我们伸把手。

中国是发展中国家群的一员，中国的发展深深根植于发展中国家群之中，与发展中国家共同发展，协力发展，互补发展，共赢发展。在一定程度上，中国的发展意味着发展中国家群体的共同发展。中国的发展绝不能建立于其他发展中国家贫穷的基础上。中国的发展不能以掠夺别国、剥削别国、欺压别国、殖民别国而实现。

第一节　中非合作

对待非洲朋友，我们讲一个“真”字。真朋友最可贵。……开展对非合作，我们讲一个“实”字。……加强中非友好，我们讲一个“亲”字。……解决合作中的问题，我们讲一个“诚”字。[①]

——习近平

除了亚太地区一体化建设之外，中国正努力帮助非洲国家的整合与一体化建设，在此基础上形成区域对接与循环，这是中国推动人类命运共同体的又一重要体现。

中非合作将探索出一条发展中国家共同发展的新路。继2014年习近平主席首访非洲提出“真、实、亲、诚”四字对非工作方针后，李克强总理2015

① 《习近平在坦桑尼亚尼雷尔国际会议中心的演讲（全文）》，2013-03-25，http://news.xinhuanet.com/world/2013-03/25/c_124501703.htm.

年访非，进一步提出推动“七大合作工程”、共建“三大交通网络”等重要倡议，中非铁路、矿业、农业大项目合作取得新的进展，进一步充实了新型战略伙伴关系内涵。

对非外交从来都是中国外交不可或缺的一环，对非外交在中国特色大国外交中占有重要地位。李克强总理高度肯定非洲在国际格局中的地位，提出“非洲三个一极”重要思想，称非洲是世界政治舞台的重要一极、全球经济的新增长极和人类文明的多彩一极。中非合作有助于促进两大古老文明共同焕发新的生机，也是亚太长期以来合作的延续、发展和升华。

更为重要的是对非外交将充分体现合作共赢的理念和中国负责任大国的形象。

长期以来，中国对非工作积累了丰富的经验，取得了显著的成就。但还需要随着形势的发展变化稳定发展，盛开合作繁荣的新花。中非合作需要升级版。

中非合作务实而有效。中国对非合作有着良好的合作基础，相似的历史遭遇凝练出共同的和平发展的意愿，长期的合作结出了兄弟般的情谊。中国对非合作不是新殖民主义，不是无原则的利益交换，不是疯狂的资源掠夺，而是共同致富，是谋求长久的可持续发展。中国对非合作讲求授人以渔，经验共享。中方积极实施“非洲人才计划”，为非洲国家培训各类人才，提供各类资助学金，加强对非洲技术转让和经验共享。

中国对非战略一直在探索着既能对非洲国家发挥积极的建设性影响，又秉持不干涉内政的原则，尊重非洲国家转型过程中自主选择发展道路。中国对非援助不附带任何政治条件。继 2013 年习近平主席首访非洲提出“真、实、亲、诚”对非工作方针后，李克强总理 2014 年访非进一步提出推动“七大合作工程”，共建“三大交通网络”。2014 年，李克强总理访问非洲，提出打造“中非合作升级版”，进一步充实中非新型战略伙伴关系内涵。非洲国家对中国寄予厚望，希望中国加大对非洲援助、贸易和投资力度。在互联互通等基础设施建设领域，中非合作取得重大进展。中国支持部分非洲国家政治转型，促进双边关系顺利过渡。在斡旋南苏丹冲突和抗击西非埃博拉疫情蔓延方面，中国勇于担当，彰显了负责任的大国形象。2014 年 5 月 4 日至 11 日，中国总理李克强率团访问埃塞俄比亚、非盟总部、尼日利亚、安哥拉和肯尼亚，在非盟总部和第 24 届世界经济论坛非洲峰会发表两场重要演讲，分别为《开创中非合作更加美好的未来》和《共同推动非洲发展迈向新台阶》。李克强总理全面深刻地阐述了中国新一届政府开展对非合作的纲领、政策和思路，细化了习近平主席 2013 年提出的“真、实、亲、诚”理念，在非洲产生重大反响和积极回应。

具体包括两大核心举措：其一，提出“461 发展框架”，启动中非合作升级版，中非合作转型升级迎来历史机遇。中国需要转移优质产能，而非洲希望步入工业化发展进程，双方有较高的产业承接度。升级版是对以往中非合作的继承和发展，确保中非合作持续走在健康的发展轨道上，深化互利共赢态势。“4”是指双方应坚持的四项原则，即真诚平等相待，增进团结互助，共谋包容发展，创新务实合作。“6”是指六大重点合作领域，即产业、金融、减贫、生态环保、人文交流以及和平与安全。“1”是指中非合作论坛，双方应共同加强论坛机制，促其更加务实高效。中非合作论坛将成为中非共同规划宏伟蓝图和美好远景的重要平台。中国承诺将进一步扩大对非援助规模，使其占中国对外援助总额的一半。中国在 2015 年已向非洲追加 100 亿美元贷款额，为中非发展基金增加 20 亿美元融资，向南苏丹提供 5000 万元人民币人道主义救援。中国还将提供 1000 万美元，支持非洲生态环保工程，推进肯尼亚“中非联合研究中心”建设。李克强总理称，中国政府希望中非贸易额和中国在非洲直接投资存量翻番，到 2020 年分别达到 4000 亿美元[①] 和 1000 亿美元[②] 的规模。李克强总理重申中国继

① 《外媒：李克强访问引发非洲强烈反响》，2014-05-07，http://news.xinhuanet.com/world/2014-05/07/c_126470070.htm.

② 《中方对非直接投资存量迈向 1000 亿美元》，2014-05-06，http://news.xinhuanet.com/fortune/2014-05/06/c_126466667.htm.

续坚持对非援助基本原则，即不附加政治条件，不干涉非洲国家内政，不提强人所难的要求等。[①] 中国还将促进中非经贸和人文两轮驱动，保持中非合作稳健增速发展。

其二，践行“共建非洲三大网络”战略构想。2014 年 5 月，李克强总理和肯尼亚总统肯雅塔在内罗毕见证中肯蒙巴萨乙—内罗毕铁路融资协议签字仪式。这一工程预计耗资 38 亿美元，将利用中国的资金、技术、标准、装备和管理经验。该铁路是东非铁路网复兴计划的重要组成部分，后者将把乌干达、卢旺达、布隆迪和南苏丹的铁路与肯尼亚蒙巴萨港连接起来，是东非地区一体化的重要工程。中国政府非洲事务特别代表钟建华大使从一开始便大力开展穿梭外交。他频繁访问南苏丹，广泛接触南苏丹政府、联合国驻南苏丹特派团（UNMISS）、美英挪威“三驾马车”和欧盟驻南苏丹使节等，就南苏丹形势发展交换看法。在亚的斯亚贝巴，中国特使多次会见南苏丹政府和反对派谈判代表，支持“伊加特”（东非政府间发展组织）斡旋活动。中国特使还往返于苏丹、肯尼亚等南苏丹周边邻国，推动各邻国为南苏丹和解做出积极贡献。中国敦促苏丹和南苏丹不断积累互信，早日解决两国未决问题，为南苏丹实现国内和平创造良好氛围。中国还支持联合国安理会相关决议，首次向南苏丹派遣维和步兵营，以保卫南苏丹平民和石油基础设施等。

对非合作充分体现了中国负责任大国的形象。中国积极促进非洲国家的地区安全与稳定，但一直是在联合国的授权下的维和行动。中国积极促进非洲国家的公共卫生体系建设，努力提供公共商品。2014 年西非三国的埃博拉疫情是 1976 年以来规模最大、危害最严重的一次，世界卫生组织将其界定为危及全球的重大公共卫生和安全事件。截至 12 月 20 日，塞拉利昂、利比里亚和几内亚埃博拉病毒感染者达 19031 人，其中至少 7373 人死亡。面对 30 年来全球最大的公共卫生危机，中国率先驰援，向西非三国及其周边 10 国进行了四轮

---

① 《李克强：中方对非提供援助从不附带任何政治条件》，2013-06-13，http://www.chinanews.com/gn/2013/06-13/4925502.shtml.

共计7.5亿元人民币的援助，派出1000多人次传染病专家和医护人员前往一线参与救援，向疫区提供检测实验室和援建治疗中心，赢得非洲国家和国际社会广泛赞誉。2014年10月24日，习近平主席在北京会见坦桑尼亚总统基奎特时，宣布中国向西非国家提供第四轮总值5亿元人民币的紧急援助；向疫区三国提供病床、救护车、摩托车、防护设备等急需物资；在利比里亚援建拥有100个床位的治疗中心，派遣医护人员进行运营；向联合国应对埃博拉疫情多方信托基金捐款600万美元，支持联合国紧急防治埃博拉特派团工作等，刷新中国对非援助多项纪录。此次抗击埃博拉疫情，中国出动多架次包机，向西非国家运输援助物资，向塞拉利昂提供移动式生物安全实验室，在利比里亚建立治疗中心，向海外成建制派遣中国人民解放军医护人员和传染病防治专家等，在我国援助非洲历史上均为第一次。其援助力度之大、时间之长、覆盖面之广及党中央重视程度之高，均前所未有。中国行动展示了大国担当和负责任国家的形象，践行了中国对非“真、实、亲、诚”的外交理念，强化了中非之间的政治互信和传统友谊。不仅如此，中国对非医疗援助还着眼“后埃博拉时期”公共卫生体系建设。西非国家缺少有效运转的公共卫生体系，中国计划启动中非公共卫生合作计划，将为非洲举办12期公共卫生和疫情防控培训班，开展病原和热带病联合研究，帮助非洲建立公共卫生信息平台和流行病防控监测网络等。[①]

中非合作有利于进一步拉近中国和非洲两大古老文明之间的距离。中国一贯强调非洲文明对人类多彩文明的贡献，推动非洲在国际体系中的地位和作用，以乐观积极的眼光看待非洲的发展和前景。在非洲民族解放运动时期，中国称非洲是觉醒和战斗的大陆。进入21世纪后，中国更加强调非洲作为历史文明发源地之一的重要作用。这种首肯既是事实，也有利于进一步激发非洲的自信。提高非洲在国际体系中的地位，引领世界以更加积极的姿态关注非洲。中国政

---

① 中国国际问题研究院：《国际形势和中国外交蓝皮书（2015）》，北京：世界知识出版社，2015年，第402–403页。

府的非洲观有助于国际社会更加公正、理性地看待非洲。

2014 年，中非关系在政府和企业力量推动下稳步前行。随着中非关系转型升级，中非命运共同体和利益共同体将进一步深化中非共建三大交通网络，有助于非洲的经济起飞和实现双方互利共赢。非洲愿意学习中国经济发展和治国理政经验，对中方不仅意味着机遇，更意味着责任。中国加大力度，参与联合国在南苏丹的维和行动，这不仅有利于中国保护在南苏丹的合法经济利益，也有利于进一步探索维护非洲和平与安全的有益经验。抗击西非埃博拉疫情则向世界展示了中国勇于担当的大国胸怀。总之，中国为非洲的发展提供更多公共产品的义举，顺应中非互利合作的历史潮流，为中非合作谱写了新的篇章。

总之，中国对非合作将坚持“真、实、亲、诚”的指导原则，强调中非合作的互利共赢性质，将继续同非方在涉及对方核心利益和重大关切的问题上相互支持，继续在国际和地区事务中坚定支持非洲国家的正义立场，维护发展中国家的共同利益。[①] 反对以大欺小，以强凌弱，以富压贫，反对干涉别国内政，继续对非洲坚持中国特色的不附加政治条件的援助，真心实意帮助非洲国家把资源优势转化为发展优势，实现多元、自主、可持续发展。

除了亚太地区一体化建设之外，中国正努力帮助非洲国家整合与一体化建设，在此基础上形成区域对接与循环，这是中国推动人类命运共同体的又一重要体现。

中国视 21 世纪的非洲为希望的大陆和发展的热土，中非合作前景广阔。

① 《习近平在坦桑尼亚尼雷尔国际会议中心的演讲（全文）》，2013-03-25，http://news.xinhuanet.com/world/2013-03/25/c_124501703.htm.

第二节　中国与拉美关系

地理上相隔，以太平洋相连，虽然合作上面临诸多困难，但中拉合作仍具有重要的现实和深远意义。中拉合作是发展中国家群之间的合作，也是南南合作的关键之一。

中国与拉美同属新兴市场与发展中国家，在追求互利共赢、共同发展上义合利同，“中国梦”与“拉美梦”交相辉映，息息相通。在塑造国际格局、应对全球挑战、维护广大发展中国家利益方面具有共同的立场与责任。

——国际问题研究院：《国际形势和中国外交蓝皮书（2015）》

中国经济每增长一个百分点，拉美经济就增长 0.5%。

——中国驻阿根廷大使杨万明

拉丁美洲在中国的发展中国家外交中占有重要地位，中国是拉丁美洲国家的重要伙伴。中国与拉美国家领导人高度重视中拉关系，开展了一系列重大外交行动，带动中拉关系持续升温，在深化中拉政治互信、推进中拉战略合作等方面取得了显著成效。[①]

① 国际问题研究所：《国际形势和中国外交蓝皮书（2014）》，北京：世界知识出版社，2014 年，第 348 页。

一、中拉合作具有良好的合作条件和广阔的合作空间

中国同拉美和加勒比国家国土面积之和占世界陆地总面积的五分之一，人口之和占世界总人口的三分之一，经济总量占世界经济总量的八分之一，这是中拉关系全面深入发展的巨大优势和宝贵资源。拉美和加勒比地大物博，发展条件得天独厚，是最具发展潜力的新兴地区之一。近年来，拉美地区保持稳定发展的良好态势，在拉共体等地区组织引领下，联合自强和一体化建设不断取得新进展，整体实力和国际影响力不断增强。拉美和加勒比国家积极推进多元外交，更加重视发展同包括中国在内的亚太各国友好合作关系，为中拉关系全面深入发展提供了更大空间。[①]

2014年是中拉建立全面合作伙伴关系的元年，中国—拉共体论坛正式成立，中拉整体合作迈入新的发展阶段。中拉关系承接过去一年的坚实基础，立足于互信、互利两个基点，继续保持着快速发展势头。[②]

中拉在多边平台上有着良好的合作基础。2012年，中国与智利、委内瑞拉、古巴建立三驾马车对话机制。2013年6月，拉美地区性组织“太平洋联盟”正式接纳中国为观察员国。根据有关准入细则，中国成为联盟观察员国后，可应邀出席联盟元首及部长级会议和活动，享有发言权。目前，中国与“太平洋联盟”成员国经贸关系密切。

中国与巴西同为金砖国家，中国、阿根廷、巴西、墨西哥则同为G20成员。中拉合作对于促进南南合作也具有特殊的意义。2013年以来，中拉领导人多次在联合国、世贸组织、二十国集团、金砖国家、亚太经合组织等国际组织和

---

① 习近平：《共同谱写中拉全面合作伙伴关系新篇章——在中国—拉共体论坛首届部长级会议开幕式上的致辞》，2015-01-08，http://news.xinhuanet.com/2015-01/08/c_1113929589.htm.

② 中国国际问题研究院：《国际形势和中国外交蓝皮书（2015）》，北京：世界知识出版社，2015年，第406页。

多边机制框架下协调会晤，在推动联合国改革、应对全球气候变化、反恐、反核扩散等全球性议题和叙利亚、伊朗等国际热点问题上有着相似的看法，彼此支持。中拉双方在国际事务中共同发声，是发展中国家群整体力量的体现，对于促进多边平台上更加合理地捍卫发展中国家的利益和推动国际秩序更加公平正义做出了贡献。

2013 年，中拉建立全面伙伴关系，2014 年，推出中拉论坛，中拉合作迈上新台阶。2014 年举行论坛首次会议，中国—拉共体论坛已经成为中国与拉美开展整体合作的重要议程，也是中拉提升合作水平的重要的常规性机制平台。中国—拉共体论坛的建立，为中拉进行集体交流、集体合作建立了新机制，填补了中国对拉美整体合作机制的不足，标志着中国与拉美双边、次区域合作机制与整体对话平台的“三位一体”格局正式形成，开启了中拉全面合作新篇章。

随着中拉论坛的建立，由中国倡导成立、主要面向广大发展中国家的地区多边合作架构实现了全球覆盖，使我国对发展中国家外交布局得到完善。

在中拉论坛及相关会议上，中国同拉共体成员国通过了《中拉论坛首届部长级会议北京宣言》、《中国与拉美和加勒比国家合作规划（2015－2019）》、《中拉论坛机制设置和运行规则》3 个成果文件。《北京宣言》将集中反映双方对推进中拉全面合作伙伴关系的政治共识，确定整体合作和论坛建设的总体方向，明确双方深化合作的指导原则。[①]

正是在 2014 年 7 月，习近平主席与 11 位拉美和加勒比国家领导人的会晤中，提出中拉关系“五位一体”的新格局，构建政治上真诚互信、经贸上合作共赢、人文上互学互鉴、国际事务中密切协作、整体合作和双边关系相互促进的多元多层次的交流合作，打造中拉携手共进的命运共同体。在五位一体的合作原则

① 习近平：《共同谱写中拉全面合作伙伴关系新篇章——在中国—拉共体论坛首届部长级会议开幕式上的致辞》，2015-01-08，http://news.xinhuanet.com/2015-01/08/c_1113929589.htm.

指导下，中拉“1+3+6”合作新框架正在形成，即以《中国与拉美和加勒比国家合作规划（2015–2019）》作为指引，以贸易、投资、金融合作为三大引擎，推动双方在能源资源、基础设施建设、农业、制造业、科技创新、信息技术六大产业的重点合作，从而提高中拉合作水平，促进双方共同发展。中拉框架合作的达成充分体现了发展中国家在中国外交中的重要基础性地位，可以说中拉加强合作顺应时势，正逢其时。

二、中拉合作正在寻求新的契合点和新的路径

《合作规划》确定今后 5 年中拉开展整体合作的重点领域和具体措施，涵盖政治与安全、贸易投资、金融、基础设施建设、能源资源、工业、农业、科技人文等。而随着中国经济的发展，中拉合作也具备了更强的合作动力。中国经济每增长一个百分点，拉美经济就增长 0.5%。未来 5 年，中国将进口超过 10 万亿美元商品，对外投资超过 5000 亿美元，出境旅游将超过 5 亿人次。这将给包括拉美和加勒比国家在内的世界各国提供更多市场机遇、增长机遇、投资机遇、合作机遇。①

在国际合作领域，中拉积极寻求利益契合点，在国际事务与全球治理中保持着密切沟通与协调。中拉双方在推动多极化进程、促进国际经济、金融体系改革、提升发展中国家话语权等方面拥有重要的战略共识。

中拉经贸规模稳步扩大。近 5 年来，中拉贸易额年均增速超过 30%，中国超越欧盟，跃升为拉美第二大贸易伙伴国，拉美则成长为全球对华出口增速最快的地区。②2013 年，中拉贸易总额达到 2617.5 亿美元，占当年中国对外进出

① 习近平：《共同谱写中拉全面合作伙伴关系新篇章——在中国—拉共体论坛首届部长级会议开幕式上的致辞》，2015–01–08，http://news.xinhuanet.com/2015–01/08/c_1113929589.htm.

② 《驻阿根廷大使杨万明在“拉美之家”发表演讲》，2014–10–23，http://ar.chineseembassy.org/chn/sgxw_1/t1203467.htm.

口总额的6.29%，占拉美地区2013年进出口总额的11.47%。据中国海关统计数据，2014年1月至8月，中拉贸易额已达1710亿美元。中国已连续5年成为巴西第一大贸易伙伴，是秘鲁和智利在全球的第一大贸易伙伴和第一大出口市场。据美洲开发银行行长路易斯·莫雷诺预测，中国将在2017年之前成为阿根廷和哥伦比亚等拉美主要经济体的最大贸易伙伴，进而成为拉美地区的第一大贸易伙伴。①

拉美还是中国在能源、矿物、基础设施投资的重要地区。习近平主席访拉期间，与巴西、阿根廷、委内瑞拉、古巴四国累计签署各类合同和框架协议150多项，涉及金额约700亿美元。在传统能源合作基础上，中国对拉投资正向金融、通信技术、现代农业、清洁能源等非传统领域延伸，基础设施建设成为中拉经济合作的新亮点。中国、巴西、秘鲁三国决定合作探讨建设连接太平洋和大西洋的两洋铁路，中阿签署双边本币互换和核电合作协议，中委就深化石油、石化、金融合作达成一致，并决定设立新的合作开发基金，中古两国在农业、生物医药、可再生能源等领域的合作得以加强。

中拉金融合作也有长足进展。2014年6月，巴西银行在中国上海开设分行。2014年7月，中国同阿根廷也签署了总额为700亿人民币的双边货币互换协议。此外，金砖国家开发银行的设立，不仅能够为中国和拉美各国的经济建设提供有力支持，更为中拉在金融领域进行对话合作、共同防范金融风险搭建了国际平台。②

2014年7月，习近平主席在访拉期间宣布，200亿美元的中拉基础设施专项贷款、100亿美元的优惠性质贷款和50亿美元的中拉合作基金已经或即将开始实质运行，5000万美元的中拉农业合作专项资金已开始向双方合作项目

---

① 《美洲开发银行行长预测中国五年内成拉美最大贸易伙伴》，2012-05-28，http://news.xinhuanet.com/world/2012-05/28/c_112046021.htm.

② 中国国际问题研究院：《国际形势和中国外交蓝皮书（2015）》，北京：世界知识出版社，2015年，第410页。

提供资金支持。[1] 在全球化的今天，中拉经济联动加深，形成了相互倚重、共同发展的经贸关系新格局。

产能合作在中拉合作中占有重要地位。中拉经济转型升级需要产能合作支撑。长远看，拉美不能止步于初级产品的“全球供应商”，中国也不能总是充当廉价产品的“世界工厂”，以一般工业消费品交换能矿产品为主的贸易结构不可持续，双方都要推动工业化升级和调整转型。拉美发展资源加工业有助于改变单一经济结构，中国壮大装备制造业并参与国际市场平等竞争是产业优化升级的方向。中方购买巴西优质工农业产品，巴西从中国进口发电设备、地铁列车等投资品，双方通过进口对方优势产品，可以实现优进优出。中国正推动更多拉美国家签署自贸协定，推进贸易自由化、便利化，为中拉产能深度合作注入新动力。李克强总理在中拉产能合作倡议中，提出中拉产能合作的“3×3”新模式：首先是共同建设物流、电力、信息三大通道，其次实行企业、社会、政府三者良性互动的合作方式，第三是拓展基金、信贷、保险三条融资渠道。[2]

三、中拉合作也面临有待解决的问题

首先是受到全球经济危机和各自国内经济结构调整的影响。中国进入改革深水区，经济增长放缓，矿产等原材料需求的下降，对拉美产品的增长需求难以持续加大。而巴西、阿根廷等国的经济增速下降，区域内经济不确定性增多，也影响到中国对拉美投资的规模的扩大与效益的提升。

其次是拉美各国国内政治存在不确定性。

---

① 习近平：《共同谱写中拉全面合作伙伴关系新篇章——在中国—拉共体论坛首届部长级会议开幕式上的致辞》，2015-01-08，http://news.xinhuanet.com/2015-01/08/c_1113929589.htm.

② 李克强：《推动中巴合作升级引领中拉共同发展——在中巴工商界峰会闭幕式上的致辞》，2015-05-21，http://www.gov.cn/guowuyuan/2015-05/21/content_2865624.htm.

2013年3月5日，委内瑞拉总统查韦斯病逝，委内瑞拉正式进入“后查韦斯时代”，委内瑞拉国内政治派系林立，国内经济增长乏力，陷入困境。整体来看，以委内瑞拉、玻利维亚为代表的美洲玻利瓦尔联盟主张经济国有化，外交政策尤其是对美政策较为激进，而墨西哥、智利等国则注重培育自由市场，参与全球贸易与国际经济体系，与美国关系较为友好。而且，该地区尚存诸多领土争端。由于拉美国家国情不一，政治经济状况各异，拉共体内部难以达成统一政策主张，或阻碍中国和拉美希望通过中拉论坛来实现彼此关系与合作质的提升，拖缓中国—拉共体论坛的建设进程。另外，一些拉美国家对中拉贸易不平衡心存疑虑，认为中国从拉美进口原材料，而向拉美输出工业制成品，导致对中国经济的依附性增强，从而阻碍拉美自身的现代化进程。拉美部分民众担忧中国产品的进入将对拉美同行业，尤其是制造业造成冲击，甚至认为中国在拉美的矿产、基础设施投资建设将带来环境威胁。

墨西哥国内党派倾轧，反对党对政府提出的有关由中国铁建牵头的国际联合体竞标墨西哥城至克雷塔罗高铁项目流程表示质疑，导致墨西哥政府不得不宣布中铁建中标无效，给中铁建造成严重的人力、物力和财力损失。

其三，其他大国对拉美的竞争影响力在加大。

长期以来，拉美被美国视为后院，一直是美国的战略重点之一。美国的拉美政策近来有重大调整之势。2014年，经过长达18个月的秘密谈判，美国与古巴恢复关系正常化，结束了长达59年的封锁与禁运。美国自1959年古巴革命胜利以来，一直被美国制裁。美国对古巴禁运，甚至不许其他国家跟古巴有经贸来往。美古关系改善的举措有助于改善美国与拉美的关系，使拉美从战略上真正成为美国安全稳定的战略大后方，从而更有利于推进其全球战略部署。

日本争取入常的努力也在拉美集中得到体现。日本提出积极的和平主义，加大对拉美的经贸和资源开发力度。在全球范围内，非洲、亚洲尤其是东南亚、南亚，还有就是拉美，只要是中国影响力加大的地区，都可以看到美日如影随形的竞争。这将是中国全球化外交面临的新常态。

中拉关系的发展虽然面临各种复杂的形势，但是处理和发展好中拉关系符合双边全方位战略需求，符合时代大势，对于发展中国家群的整体发展具有深远的意义。从长远来看，中拉经济互补性强，在资源、资金、市场、技术等方面各具优势，具有广阔的合作前景。推动中拉经贸关系不断向纵深发展，既需要中拉双方始终坚持互利共赢、共同发展的理念，也要求中拉双方在现有贸易模式的基础上，创新合作模式，适时推进中拉双边自由贸易谈判，推动以中国—拉共体论坛为核心的整体性机制合作，增强中拉经贸模式抵御国别、地区及全球性风险的能力。“面对复杂多变的全球和地区形势，中拉只有始终坚持从战略高度和长远角度发展双方关系，坚持发挥高层交往对中拉合作的核心引领作用，认真落实中拉领导人共识，完善和巩固已有的对话与磋商机制，积极探索新型合作平台与机制，才能妥善应对挑战，把握机遇，开创中拉关系的新局面。”①

① 国际问题研究所：《国际形势和中国外交蓝皮书（2014）》，北京：世界知识出版社，2014年，第357页。

第三节　金砖国家机制与中国

习近平指出，金砖国家既要做世界经济稳定之锚，也要做国际和平之盾，把自身发展同世界和平稳定结合起来。

金砖国家不仅是新兴发展中国家，更是发展中大国，因此金砖国家合作机制是发展中国家和新兴发展中大国的合作机制，具有重要的引领作用。金砖国家的系列合作对于推动国际体系的变革与完善，尤其是国际金融体系的变革，具有特殊的作用。从地理上看，他们的多边合作是跨洲的，而且具有极强的地缘代表性，亚洲有中国、印度，非洲有南非，拉美有巴西，欧亚地区的代表国家是俄罗斯。从合作领域看，侧重于全球治理体系和金融体系的变革。从影响看，金砖国家越来越成为一支具有重要作用的国际力量。这几个国家均为另一多边国际体制 G20 成员，是发展中国家在 G20 中对发达国家对话的重要代表。金砖国家是具有最广泛的地域代表性的五大新兴经济体的集合，也是新兴经济体和广大发展中国家的代表。

12年前，美国高盛公司首席经济学家吉姆·奥尼尔首创“金砖”（BRIC）一词，以形容巴西、俄罗斯、印度和中国四个世界上最大的新兴经济体，并表达其商业投资的价值。随后，“金砖”一词逐渐成为一个重要的经济概念，并被赋予了新兴经济体代表的头衔。2006 年 9 月，金砖四国外长在联合国大会上首次碰面。2008 年 7 月，金砖四国领导人在日本出席八国集团同发展中国家领导人对话会议期间也举行会晤。在 2008 年的全球性金融危机之后，金砖国家机制的合作得到新的推进。2009 年 6 月，金砖四国在俄罗斯叶卡捷琳堡举行首次首脑峰会，并发表联合声明，标志着金砖四国合作机制诞生。叶卡捷琳堡会议后，金砖国家轮流举办正式峰会，不断完善合作机制，金砖国家合作机制影响力增强。2010 年 12 月，南非被接纳为正式成员，使得金砖四国演变为金砖五国。金砖国家的合作也形成了包括领导人定期正式会晤、部长级会谈、不定期非正式会谈、工商论坛和智库论坛等在内的一系列机制，合作领域从投资和贸易逐渐扩展到教育、会展、服务业、文化交流等方面，合作内容日趋多元化。同时，合作机制的建立也为金砖国家协调立场，发出新兴经济体更统一有力的声音，从而捍卫自身利益提供了重要平台。2013 年 3 月的金砖国家领导人第五次会晤，决定成立金砖开发银行和外汇储备库等，将金砖国家的务实合作推向了一个新阶段。该决定也顺应了国际经济金融体系改革的趋势，并反映出金砖国家自身发展的战略诉求。①

金砖国家合作机制是在国际金融危机出现后得到强化和发展的。为应对危机，金砖国家加强了彼此间双边和多边经贸合作。随着金融危机的深化蔓延，金砖国家加强协调与合作，实现共同发展的愿望空前增长。

首先，金砖国家合作机制是顺应时势而发展壮大的。随着国际经济形势的东升西降，新兴国家群群体性崛起的势头发展迅猛。新兴国家的群体性崛起是 21 世纪国际政治中最重要的现象之一。以金砖国家为代表的新兴市场国家和发展中国家，无论是经济实力还是国际影响力，均显著增强，其崛起的速度快，规模大，范围遍及亚非拉整个发展中世界。21 世纪头 10 年，新兴市场国家平均经济增速超过 6%，其中金砖五国平均增长率超过 8%，大大高于发达国家 2.6% 的增长率及 4.1% 左右的全球平均增长率。根据国际货币基金组织（IMF）的测算，金砖国家对世界经济增长的贡献率从 1990 年的 –0.6% 上升到 2010 年的 60% 多，而发达国家对全球经济的贡献率从 1990 年的 88.6% 下降到 2000 年的 76.6%、

① 卢静：《后金融危机时期金砖国家合作战略探析》，《国际展望》2013 年第 6 期，第 104–105 页。

2008年的20.8%和2010年的约30%。作为一个整体，金砖五国的经济总量占全球经济的比重从2001年的17.71%上升到2009年的24.22%。[①]金砖国家的庞大规模优势也使其在世界格局中占有重要地位。金砖国家在领土面积、人口数量、资源禀赋等方面拥有的规模优势，使其在世界经济占比地位显赫，成为名副其实的大国。目前，金砖国家拥有全球30%的土地、43%的人口、21%的GDP规模以及40%的外汇储备。2013年，在世界经济前十的国家中有中国、巴西、印度、俄罗斯四个，GDP总量是其他西方六国的三分之一。

而且，金砖国家均为地区性大国，在地区事务中拥有较大发言权，是地区格局构建中的关键性力量。日益雄厚的经济实力不仅使金砖国家在全球经济发展中发挥着无可替代的引擎作用，也大大增强了其参与全球事务的意愿和能力。

与此同时，西方国家几乎都已陷入严重的财政和债务危机，难以全面提供符合多数国家需要的公共产品。2008年以来，美欧相继爆发的金融和债务危机重创各自国家的经济，并拖累全球经济。发达国家不得不紧缩现有的国际组织对于发展中国家的援助，导致世界银行最近几年对发展中国家的贷款额度呈现逐步下降的趋势。尤其是美元体系的动摇，更使得经济全球化和全球经济金融治理难度加大。美元体系动摇，“国际货币基金组织就不能发挥重要的国际金融工具的作用，因为国际货币基金组织缺乏足够的金融资源。这就导致了2010年国际货币基金组织理事会在部长级会议上批准新的配额和表决权分配系统，提出了把超6%的份额转移给有活力的新兴经济体和发展中国家的方案”[②]。

金融危机暴露出的传统国际金融体制固有的弊端，呼唤国际金融体制改革势在必行。200多年来，经济力量的平衡第一次由发达国家转向发展中国家。

---

① 林跃勤、周文主编：《新兴经济体蓝皮书：金砖国家经济社会发展报告（2011）》，北京：社科文献出版社，2011年，第8–13页。

② 卢静：《后金融危机时期金砖国家合作战略探析》，《国际展望》，2013年第6期，第106页。

2013年，新兴经济体在全球经济增长中贡献超过50%的力量，而在未来的几十年中，新兴国家还将扩大在经济上的领导力。特别是中国，将在这个新全球经济格局中扮演重要角色。在未来5年中，新兴世界将占全球经济增长的74%，而中国大约占33%，几乎是新兴市场总额的一半。西方发达国家不再拥有以前的经济影响力。在国际经济事务上增加更多的席位似乎是提高有效性的唯一方法。[①]金融危机也突显了没有中国、俄罗斯、印度、巴西等金砖国家的参与，国际货币基金组织就不能发挥重要的国际金融工具的作用。金砖国家致力于将合作机制变为促进发展的机制，努力寻求合作的共同点，可以说共同的利益和诉求才有金砖机制的成果和生机。[②]由五个新兴发展中大国组成的金砖国家之间的合作，就是新形势下南南合作的代表，并被国际社会寄予厚望。有西方学者指出，金砖合作"是一次'和命运的约会'（tryst with destiny），第三世界国家过去为此斗争和团结多年不能实现，而现在却开始复兴了"[③]。

其次，金砖国家合作机制对于推进新兴国家和发展中国家的整体利益具有现实意义。金砖国家发展阶段相似，具有相似的政治经济发展诉求，代表了广大发展中国家的利益。毫无疑问，拥有30亿人口的金砖国家，蒸蒸日上的发展牵系着整个世界和全人类的命运。人们预期，金砖国家在2015年后发展议程、气候变化谈判、国际货币基金组织改革等全球性议题上发挥积极的建设性作用。[④]由于金砖国家均为联合国的主要成员，其中中俄还是安理会常任理事国，金砖国家又为G20发展与发达国家合作框架成员，因此金砖国家合作机制也成

---

① 中国人民大学重阳金融研究院主编：《谁来治理新世界：关于G20的现状和未来》，北京：社会科学文献出版社，2014年，前言，第3页。

② 卢静：《后金融危机时期金砖国家合作战略探析》，《国际展望》，2013年第6期，第107页。

③ Joseph Ingram and Daniel Poon, "Brics: A New International Economic Order", the North-South Instute, March 22, 2013, http://www.nsi-ins.ca/newsroom/brics-a-new-international-economic-order/, "Tryst with Destiony" 来自1947年8月14日尼赫鲁在印度独立日前夜的演讲《我们和命运有个约会》（We Made a Tryst with Destiny）。

④ 《更紧密伙伴，更宽广前景》，《人民日报》2015年7月10日，第21版。

为发展中国家在多边重要平台和发展中国家、发展中大国、新兴大国与传统发达国家的最为重要的连接纽带。

第三，金砖开发银行的建立对国际金融格局具有重要的影响意义。一直以来，不论是世界银行、国际货币基金组织这样的国际组织，还是亚洲、非洲、欧洲开发银行等区域性组织，实际上都是由美国为首的西方发达国家发起和主导的。而由金砖五国发起并出资建立的金砖银行，是金砖国家自己“做主”的国际性金融机构，成为世界金融体系的重大突破。它不仅有助于打破国际金融旧格局，促进国际金融体系转型，而且将提升以金砖国家为代表的发展中国家在国际金融领域中的地位和话语权。同时还可以解决金砖国家的中短期融资问题，有利于金砖国家的基础设施建设和经济发展，减少对美元、欧元和日元的过度依赖，促进国际货币体系的改革。

2014 年 7 月举行的金砖国家巴西峰会上，金砖国家不但在务实合作方面取得重大突破，成立金砖国家开发银行，签署建立应急储备安排协议等，而且就一系列国际热点问题和全球性问题达成广泛政治共识，金砖国家一致认为“基于以往国际力量格局形成的全球治理架构逐渐失去其合法性与有效性”，敦促改革现行全球治理机制，推动“建设和平、稳定、繁荣的世界”。[①] 美国哥伦比亚大学金砖国家研究室主任特洛吉甚至评论称：“金砖国家新开发银行和应急储备安排所取得的突破表明，金砖国家合作的机制化程度已经超越了由发达经济体组成的七国集团。”[②]

近些年，金砖国家一直在探索经贸合作的新途径，挖掘合作潜力，提高经贸合作水平。2011 年，金砖国家之间的贸易总额超过 3200 亿美元，达到了 10 年前的 6 倍。[③]

---

① 《金砖国家领导人第六次会晤福塔莱萨宣言》，《人民日报》2014 年 7 月 17 日，第 2 版。

② 《更紧密伙伴，更宽广前景》，《人民日报》2015 年 7 月 10 日，第 21 版。

③ 《金砖国家间贸易总额超 3200 亿美元》，《人民日报》2012 年 12 月 6 日，第 22 版。

第四，中国在金砖国家合作机制中具有重要地位和发挥着特殊的建设性作用。中国是金砖国家合作机制中的重要成员，不论是从经济规模、增速和世界占比，还是从全球竞争力等方面，中国都在金砖国家中占据领先地位。据世界经济论坛发布的《2013—2014年全球竞争力报告》显示，中国内地的竞争力排名为第29位，与2012年持平，而其他四个金砖国家，除俄罗斯（第64位）排名有所上升外，南非（第53位）、巴西（第56位）和印度（第60位）均有下降，其中印度和中国之间的竞争力差距从2006年的8位扩大到了当前的31位。[①]“金砖”概念的发明者吉姆·奥尼尔指出：“金砖国家整体增长情况如何，很大程度上取决于中国。”[②]中国政府一向高度重视金砖国家间的合作，也一直在积极推动金砖国家合作从松散的对话论坛形式向更制度化的协调机制发展，2013年9月，习近平主席在出席二十国集团圣彼得堡峰会前，利用金砖国家领导人非正式会晤，提出了金砖国家在当前形势下要共同应对好发达国家宽松货币政策外溢效应、共同维护和发展开放型世界经济、共同提升新兴市场国家在全球经济治理中的代表性和发言权的主张。[③]

中国作为发展中国家一员，是南南合作的积极倡导者和支持者，与发展中国家的合作已成为中国全方位对外开放战略的重要部分。而金砖国家合作机制正是促进南南合作的有效途径。中国与金砖国家合作的意义不仅体现在经济领域，金砖国家间的经贸合作有利于突破西方发达国家贸易保护主义围堵，而且金砖国家在气候变化、防止核武器扩散和打击恐怖主义等全球性问题方面的沟通与协调，也有助于推进国际关系的民主化。这是新形势下南南合作的新内容。习近平主席在金砖国家领导人第五次会晤时指出：“我们要用伙伴关系把金砖

① 《全球竞争力报告：中国第29位继续领先金砖国家》，2013-09-04，http://news.hexun.com/2013-09-04/157711098.html?fromtool=roll.

② 《“金砖之父”：金砖国家的黄金时期并未结束》，2013-09-10，http://finance.eastmoney.com/news/1371,20130910321567581.html.

③ 《共同维护和发展开放型世界经济——习近平主席出席二十国集团领导人第八次峰会纪实》，《人民日报》2013年9月7日，第2版。

各国紧密联系起来，下大气力推进经贸、金融、基础设施建设、人员往来等领域合作，朝着一体化大市场、多层次大流通、陆海空大联通、文化大交流的目标前进。”①

习近平主席还在金砖国家领导人第六次会晤时倡议打造开放、包容、合作、共赢的金砖精神。他说：“我们应该坚持开放精神，发挥各自比较优势，加强相互经济合作，培育全球大市场，完善全球价值链，做开放型世界经济的建设者。我们应该坚持包容精神，推动不同社会制度互容，不同文化文明互鉴，不同发展模式互惠，做国际关系民主化的实践者。我们应该坚持合作精神，继续加强团结，照顾彼此关切，深化务实合作，携手为各国经济谋求增长，为完善全球治理提供动力。我们应该坚持共赢精神，在追求本国利益的同时兼顾别国利益，做到惠本国，利天下，推动走出一条大国合作共赢、良性互动的路子。”②

这些都为中国的多边外交和金砖国家合作指明了发展方向。金砖国家展示出来的执行力、向心力、竞争力、感召力，进一步激发了广大新兴市场国家和发展中国家整体实力上升的势头，进而深刻影响了国际关系的版图。正如俄罗斯当代发展研究院学者谢尔盖·库利克所指出，连接金砖国家的不仅仅是各自在社会经济发展以及国际金融体系改革方面的共同利益，同样有各国在更广泛意义上寻求国际关系调整的共同意愿。③

诚然，十分重要的一点是，金砖国家也要认识到，新兴国家的经济增长和快速发展，离不开西方主导的国际体系和经济贸易规则，如果没有发达国家的支持，金砖国家自身无力推动国际金融体系改革取得实质进展。因此，金砖机制不是一个寻求与发达国家对抗的国际机制，而是一个寻求与发达国家实现更有效合作的机制。这也正是合作、包容、开放的金砖精神的重要体现。

---

① 习近平：《携手合作共同发展——在金砖国家领导人第五次会晤时的主旨讲话》，《人民日报》2013年3月28日，第2版。

② 习近平：《新起点新愿景新动力——在金砖国家领导人第六次会晤上的讲话》，《光明日报》2014年7月17日，第2版。

③ 《更紧密伙伴，更宽广前景》，《人民日报》2015年7月10日，第21版。

从中国外交的整体布局和国际秩序的变革与完善来看，金砖国家合作机制都将任重而道远，也将成为国际秩序建设中一支不可忽视的重要力量。

习近平主席强调，金砖国家既要做世界经济稳定之锚，也要做国际和平之盾，把自身发展同世界和平稳定结合起来。[①]

① 习近平：《团结互助，共迎挑战，推动上海合作组织实现新跨越——在上海合作组织成员国元首理事会第十五次会议上的讲话》，2015-07-10，http://news.xinhuanet.com/world/2015-07/10/c_1115889105.htm.

第四节　中国与亚非国家合作

亚非地区有 100 多个国家，社会制度、历史文化、价值观念千差万别，共同构成异彩纷呈的文明画卷。

——2015 年 4 月 22 日，习近平在亚非领导人会议上的讲话

在万隆精神激励下，亚非国家联合自强，区域、次区域、跨区域合作方兴未艾，在地区和国际事务中发挥着越来越重要的作用，在世界战略全局中的地位不断上升。

——2015 年 4 月 22 日，习近平在亚非领导人会议上的讲话

中国与亚非国家合作在中国大国外交棋局中占有重要位置。中国与亚非国家的合作不仅是发展中国家的合作，也是跨区域的联合。从更大的地缘范围来看，亚洲与非洲也是相邻的区域，有利于实现洲与洲的地缘整合。亚非合作具有深远的历史，有着坚实的合作基础，都经历过政治独立和民族解放的历史，成为世界政治中一股不可忽略的力量，极大地改变了殖民地时期的地缘政治格局。在新世纪，亚非国家面临新一轮发展，即在国家政治独立的前提下，实现自立自强和联合自强。果真如此，这将推动世界历史的真正变革，即由西方发达国家为主导的以亚非世界长期落后为条件的不合理体系将会出现改变，世界将真正在全球化的推动下联在一起。没有亚非国家的联合，经济全球化的进程将是不完整的，也是难以持续的。

亚非国家也有着相似的政治和经济诉求。在获得政治独立之后，都面临着

经济独立和壮大国家经济的问题。可以说，亚非国家合作的好坏直接影响着发展中国家未来的整体地位和影响。新形势下，亚非合作已超越地区范畴，具有越来越重要的全球意义。亚非国家所具有的覆盖面和代表性对于全球经济发展和政治稳定具有深远影响。“亚非两大洲都是人类文明的重要发源地，人口总量占世界的3/4，国家数量超过联合国会员国的一半，经济总量超过全球1/3，正处在发展振兴的关键阶段。”亚非国家要坚持安危与共，守望相助，坚持互利共赢，共同发展，坚持求同存异，开放包容，共同构建宽领域、多层次、全方位的亚非合作新格局。①

亚非合作的世界意义有两点，其一是推动南南合作。亚非合作本身就是南南合作的重要组成部分，亚非对于南南合作具有重要示范引领作用。新兴市场和新兴发展中国家群就是南南合作的重要推动力。亚非合作对于其他许多国际机制具有交叉重叠和联结性，比如亚非国家中许多国家都是不结盟运动的创始者和参与者，与七十七国集团、亚信会议合作机制、金砖国家等平台都有对接，使得亚非国家的合作覆盖与辐射面越来越大。

其二是推动南北合作。亚非合作也发挥着连接南北的作用。亚非合作并不是拉帮结派，而是充分开放的。推动南北合作向前发展，缩小南北差距，推动国际社会的发展更加均衡，是亚非合作的目的。“实现世界均衡发展，不可能建立在一批国家越来越富裕、另一批国家长期贫穷落后的基础之上。从建设人类命运共同体的战略高度看，南北关系不仅是一个经济发展问题，而且是一个事关世界和平稳定的全局性问题。”②显然，中国的大国责任体现为中国提出了中国所理解和履行的战略目标。习主席在谈到推进亚非国家合作时，特别强调要推进发展中国家在国际体系中的话语权和代表性，引导2015年后发展议程谈判重点关注解决发展中国家、特别是非洲国家和最不发达国家面临的困难

---

① 《亚非合作再出发》，《人民日报》2015年4月23日，第21版。

② 《弘扬万隆精神，推进合作共赢——在亚非领导人会议上的讲话》，2015-04-22，http://news.xinhuanet.com/politics/2015-04/22/c_1115057390.htm.

和挑战，更好维护发展中国家正当权益。[①]

随着亚非国家的经济发展，尤其是中国等国作为重要的发展中国家的崛起，亚非国家具备了更广泛的合作空间。亚非国家合作是南南合作的重要体现，而亚非国家间一系列新组织、新机制也在不断丰富着亚非合作的路径、形式和内涵，也取得了更为务实的效果。亚非合作就是要在新形势下实现全方位对接。亚非合作在新形势下的具体体现就是"一带一路"。"一带一路"是互联互通，也是共赢多赢之路，既是中国给其他亚非国家提供的机会，也是中国实现新的发展的机遇。"一带一路"将会为亚非合作带来新的契机。

亚非国家的发展正处于有利的合作期。大批发展中国家开始脱颖而出，展现出前所未有的经济成就、政治影响和发展信心。无论是世人热议的金砖四国（BRICS，指巴西、俄罗斯、印度和中国，现已加上南非，发展为金砖五国）、远景五国（Vista，指越南、印尼、南非、土耳其和阿根廷）、新钻十一国（N-11，指墨西哥、印尼、尼日利亚、韩国、越南、土耳其、菲律宾、埃及、巴基斯坦、伊朗和孟加拉国），还是更大范围的连接太平洋和印度洋的"新丝绸之路"以及"Chimea" 的新市场，都反映了世界对欧美以外地区特别是亚非地区迅速发展这一变革性趋向的重大关切与期望。[②]

亚非国家正处于工业化、城镇化的关键时期，各国已结成利益共同体，要积极开展南南合作和南北合作。亚非国家要不断改善投资贸易法律环境，主动参与国际经贸游戏规则制定，为自身发展争取更多制度性权利。中国愿与亚非国家完善既有合作平台和机制，积极开展产能合作和产业对接，实现优势互补、共同发展。[③]

---

① 《弘扬万隆精神，推进合作共赢——在亚非领导人会议上的讲话》，2015-04-22，http://news.xinhuanet.com/politics/2015-04/22/c_1115057390.htm.

② 罗建波：《亚非复兴视野下中国与发展中国家关系：历史变迁与世界意义》，《当代亚太》2009年第4期，第79页。

③ 李克强：《加强亚非团结合作促进世界和平公正——在亚非法协第54届年会开幕式上的主旨讲话》，2015-04-13，http://www.gov.cn/guowuyuan/2015-04/13/content_2845976.htm.

经过60年的发展，亚非国家在生存权和发展权方面都取得了前所未有的进步。今天的亚洲是全球最具活力的地区之一，非洲大陆正在释放巨大发展潜能。2014年亚非经济总量达29万亿美元，占世界的37.5%，比1970年增长47倍。新兴经济体主要集中在亚非地区。亚非发展合作前景广阔，正成为推动世界经济增长的重要力量。[①]

在国际金融危机的影响下，发达国家保护主义升温，不愿放弃其中心主导地位，中国进一步拓展欧美市场的空间有限。相较而言，新兴市场国家经济增长潜力较大，尤其近些年，发展中国家经济年均增速比发达国家快两三个百分点，世界经济增长70%来自新兴市场与发展中国家。中国经济要想持续快速发展，必须顺应潮流，将发展中国家视为重要倚重对象。据商务部统计，2012年中国对欧盟、美国、日本、中国香港等四个传统市场贸易额占贸易总额的比重，比5年前下降6.2%，同期中国对发展中国家贸易比重上升6.2%。加强南南合作不仅有助于中国经济规模保持和扩大，还是推动中国从贸易大国向贸易强国转型的重要突破口。据报道，中国出口发达国家以贴牌生产为主，出口发展中国家产品则以自主品牌形式呈现。这些年来，正是通过开拓新兴市场，中国形成了中兴、华为、长城汽车等有一定国际影响力的品牌。

因此，中国要想发展壮大高端制造业，实现产业结构升级，除了开拓国内市场外，还必须强化同新兴市场国家的经济合作。[②]

对中国而言，发展中世界仍然是当前外交政策的基础和立足点，是中国实现发展与复兴的战略依托。随着中国经济总量的快速发展及对原材料特别是能源需求的日益增长，中国必须实现销售市场和资源进口的多元化格局，而亚非世界拥有日益扩大的购买力和丰富的自然资源，必将成为中国的重要经贸伙伴。

---

① 《弘扬万隆精神，推进合作共赢——在亚非领导人会议上的讲话》，2015-04-22，http://news.xinhuanet.com/politics/2015-04/22/c_1115057390.htm.

② 田文林：《中国与亚非深化合作正当其时》，《中国社会科学报》2015年4月24日，第A07版。

发展中国家对中国的战略需求同样也在增长。他们普遍希望通过加强与中国的经贸合作关系，搭乘中国经济发展的快车，迅速实现国家发展。越来越多的发展中国家开始肯定中国治国理政的经验，强调学习中国发展模式的长处。当今，中国与发展中国家友好关系的特点可以归结为互助和双赢，中国与发展中国家关系的合作领域与内容迅速得到拓展，由此前主要集中在政治互助，发展到全方位、多领域的合作。2007 年，中国对亚洲地区的直接投资占中国对外直接投资总额的 62.6%，虽然对非直接投资仅占中国对外投资总额的 5.9%，但非洲作为一个新兴的投资场所，近年来吸引了越来越多的中资企业的目光。[①]

亚非合作的法宝仍是互利共赢，共同发展，通过对接与互补，实现共同提升。用好现有区域和跨区域机制，同时进一步深化区域和跨区域合作。还要推动贸易和投资自由化便利化渠道，推进工业、农业、人力资源开发等各领域务实合作，打造绿色能源、环保、电子商务等合作新亮点，把亚非经济互补性转化为发展互助力。[②]

中国与亚非国家合作过程中，一定要避免走传统发达国家的老路，坚守正确的义利观，重义重利，义利平衡，避免短视和机会主义，也绝不走所谓新殖民主义之路，推动亚非合作新格局的到来。

---

① 罗建波：《亚非复兴视野下中国与发展中国家关系：历史变迁与世界意义》，《当代亚太》2009 年第 4 期，第 75 页。

② 《弘扬万隆精神，推进合作共赢——在亚非领导人会议上的讲话》，2015-04-22，http://news.xinhuanet.com/politics/2015-04/22/c_1115057390.htm.

第六章

多边外交与软实力建设

习近平站到世界舞台的最中央。

——美国《福布斯》网站2014年11月30日

随着中国崛起，一种新的世界秩序正在形成。

——香港《南华早报》2014年11月13日

习近平指出，联合国要抓住和平与发展的主题，高举公平正义的旗帜，讲公道话，办公道事。

中国正在更加建设性地全面参与全球事务，在多边平台中提出中国方案，发出中国声音，贡献中国智慧，积极承担应尽的责任。

中国正在全方位、多角度参与多边外交工作。当今世界上几乎所有重要事项和议题都有中国参与的身影。多边外交领域不仅是中国承担责任的舞台，也是中国展现新时期大国形象的重要平台。

中国特色大国外交有全方位的布局，从亚非合作到周边合作，从中拉合作到亚太经合，全局性、全球性特征彰显。中国参与了所有国际经济领域的重大议题讨论和合作机制的建设。中国参与国际经济金融治理，为改革完善现行国际体系发挥了积极作用。“我们推动二十国集团布里斯班峰会重视经济结构改革，积极参与多边领域的议程设计和规则制定。我们推动金砖国家福塔莱萨峰会启动筹建开发银行和应急储备安排，为完善全球金融治理做出新贡献。我们积极参加联合国气候峰会，中美共同发表气候变化联合声明，宣布各自 2020 年后应对气候变化行动目标，在国际上产生巨大示范效应。”①

中国在国际安全领域发挥着独特的重要作用。中国是所有联合国成员中派出维和部队最多的国家，也是发展中国家中交纳维和经费最多的国家。根据联合国决议和相关国际法，还派遣海军舰艇编队在亚丁湾和索马里海域执行护航任务，保障各国船只的航行安全。2013 年，中国积极参与解决伊朗核问题，促成了伊朗核问题第一阶段协议签署；推动朝鲜半岛无核化，从未懈怠；面对叙利亚危机，中国积极参与叙利亚化学武器销毁工作，决定派海军军舰参与叙利亚化学武器海运护航。

中国是国际事务中的主和派、促和派、维和派，为解决全球热点问题做出了巨大贡献。中国以实际行动支持阿富汗三重过渡，成功主办阿富汗问题伊斯坦布尔进程外长会。中国积极参与伊朗核问题谈判进程，为弥合分歧，打破僵

① 王毅：《盘点 2014：中国外交丰收之年》，2014-12-25，http://opinion.huanqiu.com/opinion_world/2014-12/5290371.html.

局发挥了建设性作用。在面对埃博拉疫情，中国第一时间向非洲兄弟伸出援手，赢得国际社会广泛赞誉。中国在乌克兰问题上秉持客观公正立场，提出旨在推动政治解决的三点建议。中国坚持深入做各方工作，为重启朝鲜半岛核问题六方会谈积累条件。中国还提出解决巴以冲突五点和平倡议，派中东问题特使穿梭斡旋，为缓解巴以紧张局势做出贡献。我们提出政治解决叙利亚问题五点主张，鼓励叙各方走出一条符合自身国情、兼顾各方利益的“中间道路”。我们大力推动解决南苏丹冲突，为稳定南苏丹局势发挥了实质性作用。[①]

中国正在推动建立新型全球发展伙伴关系。中国是多边贸易体制的维护者，从全球共同利益出发，旗帜鲜明、言行一致地反对贸易保护主义，倡导并推动贸易和投资自由化、便利化，加强同各国的双向投资。针对目前全球贸易的90%依靠贸易融资，全球贸易融资缺口不断扩大的状况，中国政府通过“促贸援助”、贸易融资，增强发展中国家的贸易自由化能力，为全球贸易自由化提供资金保证。比如，在亚太区域自由贸易安排和多边贸易体系建设方面，中国政府强调对任何有利于亚太区域融合的机制安排都持开放态度，提出建立并尽早启动自贸区信息交流机制，形成合力，共同推动亚太经济一体化进程。2013年，中国与冰岛、瑞士签署自由贸易协定；推动中澳、中日韩等自贸区谈判；推动同美国、欧盟商签双边投资协定。[②]

中国还是全球经济治理的重要参与者。面对全球治理赤字和长期积累的难题，中国正在与新兴发展中国家群一道扮演着推进国际秩序和全球治理更合理有效的目标的实现。习近平表示，过去几百年里国际秩序由西方国家主导的局面，正在随着新兴市场国家和一大批发展中国家快速发展而出现了近代以来最具革命性的转变。在国际货币基金组织和世界银行，美国拥有着超过15%的

---

① 王毅：《盘点2014：中国外交丰收之年》，2014-12-25，http://opinion.huanqiu.com/opinion_world/2014-12/5290371.html.

② 杜正艾：《中国在国际格局中的战略新定位》，2014-11-02，http://cpc.people.com.cn/n/2014/1102/c68742-25957525.html.

一票否决权，一些重大决策即使符合大多数国家的意愿和利益，也有可能被搁浅。2010 年，IMF 董事会通过份额和治理改革方案，表示将向有活力的新兴市场和代表性不足的发展中国家转移份额，却遭到美国国会拒绝，这正是不公正不合理国际秩序的反映。

针对国际货币基金组织、世界银行等国际经济金融组织存在的这类问题，习近平明确提出："特别是要增加新兴市场国家和发展中国家的代表性和发言权。"显然，这一论断既是为自己说话，更是替发展中国家加强全球治理建言，推进全球治理体制变革已是大势所趋，这便事关规则制定权。习近平连用四个"事关"来论述推进全球治理体制变革的重要性。他说："不仅事关应对各种全球性挑战，而且事关给国际秩序和国际体系定规则、定方向；不仅事关对发展制高点的争夺，而且事关各国在国际秩序和国际体系长远制度性安排中的地位和作用。"①

中国愿意把自身发展与世界发展联系起来，把自身利益与各国人民的共同利益结合起来，共同应对挑战，为全球治理做出贡献。

中国在全球治理中正在发挥着与其他大国一样的不可或缺的作用。

---

① 李建广等：《习近平对国际形势做出五点最新判断》，2015-10-14，http://news.china.com/domestic/945/20151014/20561675.html.

第一节　中国与联合国

中国是联合国安理会常任理事国，这不仅是权力，更是一份沉甸甸的责任，中国有这个担当。

——联合国秘书长潘基文

纽约联合国总部中国厅，两幅中国绘画作品《互动的世界》和《共同的家园》永久悬挂。一幅昭示人类向往一个没有战争与污染、各国友好相处的世界，一幅呼吁人们关爱环境及世界公平与正义。

中国是世界上派出维和部队最多的国家，中国也是兑现援助承诺最多的国家。

中国是联合国宪章和宗旨的坚定维护者，积极参与联合国改革，坚定主张维护国际政治民主化，弘扬协作共赢的精神。2015 年 9 月 28 日，习近平主席首次登上联合国大会讲坛，在演讲中全面系统地阐述了中国“构建新型国际关系、命运共同体”观，并以符合时代潮流的大视野审视世界、亚洲和中国，呼吁各国携手迈向命运共同体，开创世界新的未来，进而推动建设人类命运共同体。提出了关于国际秩序和全球治理的中国方略、中国主张。习近平主席强调对话协商解决问题，相互承认对方的存在权利，相互照顾对方的合理关切是推动和谈的正确途径，要以理服人，不能以势压人，希望参与各方“绝不能这边搭台，那边拆台”。

一、过去70年联合国历史演变中存在的问题与挑战

回顾联合国成立70年以来的历史过程，大致分为三个主要阶段。第一个阶段是20世纪60至70年代的两个十年，这一时期主要目标是维护战后各国主权完整及经济决策自主性。第二个阶段是从20世纪80至90年代的两个十年，推动可持续发展的概念，在经济、社会、人和环境四大维度上获得了丰富和扩展。第三个阶段从21世纪开始，基于可参与、可衡量的可执行发展理念，推动发展议程的实施与完善。随着2015年的到来，联合国又提出了“尊严之路”发展观，围绕着可持续发展的核心议题，提出了可持续发展目标体系（sustainable development goals）。[①]

根据相关研究表明，联合国在推动发展目标的过程中存在几大问题：第一，千年发展目标的各个分项发展进度参差不齐。第二，发展中国家内部的发展差距呈现出了扩大的趋势。从千年发展目标执行的结果来看，发展中国家的内部发展差距正在扩大。发展目标实现程度高的地区，往往就是发展水平较高的地区，而发展目标实现程度低的地区，往往就是发展水平较低的地区。第三，发展中国家的发展不平衡还表现为低发展水平与不平衡发展并存，同时，高发展水平与平衡发展并存。例如，拉美和加勒比地区、北非、东亚、高加索和中亚地区的发展水平较高，而撒哈拉以南非洲、大洋洲、南亚地区的发展水平则较低。[②]

当今世界仍有8亿人生活在极端贫困之中，每年有近600万孩子在5岁前夭折，近6000万儿童未能接受教育。人人免于匮乏、获得发展、享有尊严之路仍然困难重重。

---

① 徐奇渊、孙靓莹：《联合国发展议程演进与中国的参与》，《世界经济与政治》2015年第4期，第49页。

② 徐奇渊、孙靓莹：《联合国发展议程演进与中国的参与》，《世界经济与政治》2015年第4期，第56页。

二、中国的主张

中国历来十分重视联合国这一最为重要的多边平台的影响。随着自身实力和影响力的提升，中国更加借重这一平台发出中国声音，提出中国主张。中国领导人数次就联合国发展问题提出中国见解，并且赢得了广泛赞赏。习主席在莫斯科国际关系学院的讲话中指出，各国和各国人民应该共同享受发展成果，积极促进各国共同发展。那种以邻为壑、转嫁危机、损人利己的做法既不道德，也难以持久。各国和各国人民应该共同享受安全保障。各国要同心协力，妥善应对各种问题和挑战。越是面临全球性挑战，越要合作应对，面对错综复杂的国际安全威胁，单打独斗不行，迷信武力更不行，合作安全、集体安全、共同安全才是解决问题的正确选择。世界的命运必须由各国人民共同掌握。各国主权范围内的事情只能由本国政府和人民去管，世界上的事情只能由各国政府和人民共同商量来办。这是处理国际事务的民主原则，国际社会应该共同遵守。[①]共同发展、共同安全、共同协商的原则也正是中国在联合国倡导的国际合作的基本准则。

习近平在联合国发展峰会上提出联合国成员国应共同走出一条公平、开放、全面、创新的发展之路，努力实现各国共同发展。所谓公平，就是争取公平的发展，让发展机会更加均等。不能一个国家发展，其他国家不发展，一部分国家发展，另一部分国家不发展。各国能力和水平有差异，在同一目标下，应该承担共同但有区别的责任。要完善全球经济治理，提高发展中国家代表性和发言权，给予各国平等参与规则制定的权利。所谓开放，就是希望各国在经济全球化时代要打开大门搞建设，促进生产要素在全球范围更加自由便捷地流动。各国要共同维护多边贸易体制，构建开放型经济，实现共商、共建、共享。所

① 习近平：《顺应时代前进潮流，促进世界和平发展——在莫斯科国际关系学院的演讲》，2013-03-24，http://politics.people.com.cn/n/2013/0324/c1024-20892661.html.

谓全面，就是追求全面的发展，维护社会公平正义，保证人人享有发展机遇，享有发展成果。要努力实现经济、社会、环境协调发展，实现人与社会、人与自然和谐相处。所谓创新，就是希望各国要以改革创新激发发展潜力，增强增长动力，培育新的核心竞争力。

习近平在演讲中还提出了各国努力实现2015年发展目标的具体建议。

第一，增强各国发展能力。国际社会要帮助发展中国家加强能力建设，根据他们的实际需求，有针对性地提供支持和帮助。第二，改善国际发展环境。和平与发展相辅相成，各国要共同维护国际和平，以和平促进发展，以发展巩固和平。第三，优化发展伙伴关系。发达国家应该及时兑现承诺，履行义务，国际社会应该坚持南北合作主渠道地位，深化南南合作和三方合作。第四，健全发展协调机制。各国要加强宏观经济政策协调，避免负面溢出效应。区域组织要加快一体化进程，通过域内优势互补，提升整体竞争力。联合国要继续发挥领导作用。[①]

2014年9月27日，王毅外长出席第六十九届联大一般性辩论并发言，就国际关系理念提出“平等相待，开放包容，合作共赢，讲求公道”的中国主张，就应对国际和平与安全挑战提供中国方案，并就国际热点问题阐述中方看法。此外，中国在联合国平台还就国际秩序建设、反恐怖、核不扩散、气候变化、国际流行疾病、中国核安全观、联合国改革等重要议题发表见解，使得中国方略、中国声音、中国理念产生更大的国际影响。

王毅外长指出，70年前，中国直接参与设计建立了以联合国为核心的国际秩序和国际体系。我们无意推翻当年自己亲手建立的成果，也无意另起炉灶，再搞一套，而是会与各国一道，真正把它维护好，建设好。同时，为了顺应世界多极化和全球化发展大势，我们也愿与各国一道，与时俱进，推动国际秩序和

---

① 习近平：《携手构建合作共赢新伙伴，同心打造人类命运共同体——在第七十届联合国大会一般性辩论时的讲话》，2015-09-29，http://www.fmprc.gov.cn/web/ziliao_674904/zyjh_674906/t1301660.shtml.

国际体系进行必要的改革和完善，使其更加公正合理，更加符合国际大家庭尤其是战后成长起来的大多数发展中国家的愿望。在此过程中，有三个基本方向应该加以坚持：一是加强国际关系的多边化，而不是单边主义；二是推动国际关系的法治化，而不是丛林法则；三是促进国际关系的民主化，而不是强权政治。[①]

中国在参与联合国发展议程的过程中，一直遵循着七大原则。这七大原则可以概括为：平等互信的协商原则，确立议题的包容性原则以及对议程内容需要遵循的科学性、可操作性原则。[②] 中国适时发布了《中国实施千年发展目标进展情况报告》（2013 年版）和《2015 年后发展议程中方立场文件》。中方代表出席了联合国可持续发展高级别政治论坛对话会、《可持续发展时代的联合国》专题报告高级别推介会、国际移民与发展高级别对话会、第六次发展筹资高级别对话会以及可持续发展目标工作组会议等。

中方认为，联合国可持续发展目标应以“里约原则”，特别是“共同但有区别的责任”原则为指导，应建立在千年发展目标的基础上，以《21 世纪议程》、《约翰内斯堡行动计划》和“里约 +20”成果文件确立的优先领域为参照，确保经济、社会、环境三大支柱平衡。[③] 联合国在制定 2015 年后国际发展议程过程中，应以消除贫困和促进发展为核心，重点解决发展中国家，特别是非洲国家和最不发达国家的困难，帮助其建设自身发展能力；联合国要在制订全球规则方面发挥关键的引领作用。[④]

中国还在联合国宣示中国人权成就及政策立场，改善国际社会对中国人权

① 王毅：《中国是国际和地区秩序的维护者、建设者和贡献者——在第四届世界和平论坛午餐会上的演讲》，2015-06-27，http://www.fmprc.gov.cn/web/ziliao_674904/zyjh_674906/t1276585.shtml.

② 徐奇渊、孙靓莹：《联合国发展议程演进与中国的参与》，《世界经济与政治》2015 年第 4 期，第 57 页。

③ 《常驻联合国副代表王民大使出席可持续发展目标工作组首次会议的发言》，2013-03-14，http://www.fmprc.gov.cn/ce/ceun/chn/dbtxx/fdbwmds/zyhd/t1021534.htm.

④ 中国国际问题研究所：《国际形势和中国外交蓝皮书（2014）》，北京：世界知识出版社，2014 年，第 220 页。

状况的误解与偏见。2013 年 10 月 22 日，联合国人权理事会国别人权审查工作组对中国人权状况进行第二轮审查。在此前夕，中方在万国宫联合举办了《中国人权成就图片展》，介绍了中国人权事业发展情况。[①]

同时，在第六十八届联大三委有关人权议题的发言中，中方阐明了政策立场及对本国人权事业的信心，坚决反对一些西方国家以教师爷的姿态居高临下，盛气凌人，对中国的人权状况进行无端指责和攻击。[②]

三、中国的作用

中国作为世界人口大国，自身的发展本身就是对联合国的贡献，就是对联合国发展理念的有力证明。随着中国自身实力的壮大，中国对国际社会的贡献更大。

中国坚定支持联合国在国际事务中发挥更大作用，坚决维护联合国的地位和权威；敦促联合国抓住和平与发展的主题，高举公平正义的旗帜，讲公道话，办公道事；伸张正义，践行平等等。这些做法既反映了中华文明的优秀传统，又体现了社会主义制度的本质要求，也有助于更好维护发展中国家的整体利益，不断推动国际关系的民主化进程。

中国积极参与联合国各领域工作，深化同联合国的合作关系。中国在联合国展现大国担当，在一系列重大敏感问题上，中国旗帜鲜明，意志坚定，捍卫联合国宪章原则和宗旨，坚守安理会权力边界，阻止了某些国家将安理会作为推进一己私利工具的图谋。中国在全球事务和热点问题中发挥建设性作用，中国主张以更注重可持续性、循序渐进、从根本上解决问题的“中国方式”劝和

---

① 《中国接受联合国人权理事会第二轮国别人权审查》，2013-10-23，http://www.fmprc.gov.cn/web/wjdt_674879/sjxw_674887/t1092127.shtml.

② 《常驻联合国副代表王民大使在第 68 届联大三委人权议题下的综合发言（议题 69b\c）》，2013-10-31，http://news.ifeng.com/gundong/detail_2013_11/01/30878368_0.shtml.

促谈，斡旋调停，推动解决热点问题；推动气候变化南南合作、呼吁 2015 年后发展议程坚持发展模式多样化、“共同但有区别的责任”等原则。[①] 鉴于中国在联合国中的影响力及其对联合国体系的熟悉程度，联合国这一多边主权国家组织毫不意外地在中国“更有作为”的抉择中显得尤为突出。[②] 中国的负责任大国的作用在联合国得到充分体现。正如联合国秘书长潘基文所言：“中国是联合国安理会常任理事国，这不仅是权力，更是一份沉甸甸的责任，中国有这个担当。”[③]

在国际安全事务中，中国积极发挥安理会常任理事国作用。

其一，积极参加安理会磋商，公正行使安理会常任理事国的表决权。2013 年 3 月 15 日，安理会就有关乌克兰问题的决议草案举行投票表决，中国投了弃权票。5 月 22 日，安理会就法国等提交的将叙利亚局势提交国际刑事法院安理会决议草案进行表决，中国和俄罗斯投了反对票。中国常驻联合国副代表王民大使就此做了解释性发言，表示由国际刑事法院追究严重违法行为人的责任，应当以尊重国家司法主权为前提。[④]

其二，积极参加安理会会议，表明中国对相关问题的立场和政策。中方代表参加了安理会所有会议并发言。其中，王毅外长 2014 年 9 月 27 日出席安理会反恐峰会，强调国际反恐必须拿出新思路和新举措。中方反对以朝鲜存在大规模侵犯人权为由将朝鲜局势列入安理会议程，强调安理会不是介入人权问题的场所。[⑤]

---

① 《展现大国担当，守护共同家园》，《人民日报》2015 年 2 月 11 日，第 3 版。

② ［英］罗斯玛丽·芙特：《中国在联合国中的责任与担当》，《复旦学报》2014 年第 5 期，第 132 页。

③ 《习近平会见联合国秘书长潘基文》，2013-06-19，http://news.xinhuanet.com/politics/2013-06/19/c_116212237.htm.

④ 《常驻联合国副代表王民大使在安理会表决将叙利亚局势提交国际刑事法院决议草案后的解释性发言》，2014-05-22，http://www.fmprc.gov.cn/ce/ceun/chn/gdxw/t1158732.htm.

⑤ 中国国际问题研究院：《国际形势和中国外交蓝皮书（2015）》，北京：世界知识出版社，2015 年，第 257 页。

从经济上看，在过去的30多年中，中国的经济和社会发展取得了巨大成就。基于国际货币基金组织的购买力平价数据，中国在全球经济规模中的占比已经从2004年的7.4%提高到2014年的16.5%，并首次超过美国。① 随着中国经济的发展，中国在联合国框架下推动人类发展中的地位和作用也发生了变化。

首先，在国际发展机构中，中国已经从受援国的角色转变成为一个重要的援助国。2007年，中国在世界银行国际发展协会的会议上，宣布将向世界最贫穷国家提供援助和贷款。此后，中国不断通过联合国、世界银行、亚洲开发银行等多边机制，向其他发展中国家提供资金援助。例如，在没有正式机制向世界银行授予免息贷款的情况下，2013年，中国向世界银行提供了10亿美元的硬贷款，此后，又向世界银行提供了3亿美元的补助，通过这种渠道为世界银行的贷款降低成本，因此从本质上来说，中国也开始向世界银行提供重要的软贷款支持。

其次，中国已经成为国际发展机构的重要合作伙伴。通过发展议程的讨论和协商，通过在发展机构中的股东国地位、援助国地位，中国发挥着越来越大的影响，成为连接南北合作的中间力量。最后，通过多边、双边等渠道，中国在技术合作、知识合作等方面也推动了南南合作的发展。例如，通过中非减贫与发展基金、中国—东盟社会发展与减贫论坛等对话机制，中国与亚非拉的发展中国家分享减贫经验，为一些国家的发展规划设计提供帮助。② 中国努力推动的金砖国家开发银行、亚洲基础设施投资银行已经成立。

中国积极对联合国有关机构提供捐助。2013年，中国承诺向世界粮食计划署和世界卫生组织提供2400多万元人民币紧急人道主义现汇援助，分别用

① 徐奇渊、孙靓莹：《联合国发展议程演进与中国的参与》，《世界经济与政治》2015年第4期，第58页。

② 徐奇渊、孙靓莹：《联合国发展议程演进与中国的参与》，《世界经济与政治》2015年第4期，第59页。

于救助叙利亚境内的流离失所者和黎巴嫩境内的叙难民。[①] 中国政府向人口基金的正常资源捐款 120 万美元，比 2012 年增加 15 万美元。[②]

2014 年，中国向联合国应对埃博拉疫情多方信托基金和世界卫生组织分别捐款 600 万、200 万美元，宣布提供 600 万美元，支持联合国秘书长推动应对气候变化的南南合作。[③]

2015 年 9 月，习近平代表中国向世界宣布，中国决定设立为期 10 年、总额 10 亿美元的中国—联合国和平与发展基金，支持联合国工作，促进多边合作事业，为世界和平与发展做出新的贡献。中国将加入新的联合国维和能力待命机制，决定为此率先组建常备成建制维和警队，并建设 8000 人规模的维和待命部队。中国决定在未来 5 年内，向非盟提供总额为 1 亿美元的无偿军事援助，以支持非洲常备军和危机应对快速反应部队建设。[④]

中国创建新的国际发展机构和平台，例如金砖国家开发银行、亚洲基础设施投资银行等。在这些平台上，以包容性原则为指导，充分考虑各国的国情和发展阶段，为发展资金的需求国提供更有竞争力的选择，进而为现有国际机构的发展理念转变提供外部驱动力。

中国是《联合国宪章》的忠诚捍卫者，始终坚持和平解决国际争端，主张大小国家一律平等，反对动辄诉诸武力，摒弃强权政治和零和博弈。中国是和平共处五项原则的积极倡导者和践行者，我们积极践行结伴而不结盟、合作而不对抗的国与国交往新路，努力编织以合作共赢为核心的新型

---

① 王毅：《站在新起点上的中国——在第 68 届联大一般性辩论上的发言》，2013-09-27，http://www.fmprc.gov.cn/ce/ceun/chn/hyyfy/t1082294.htm.

② 《常驻联合国代表团王洪波公参在 2014 年联合国经社理事会实质性会议人道主义事务部分一般性辩论的发言》，2013-06-06，http://www.fmprc.gov.cn/ce/ceun/chn/zgylhg/jsyfz/rdzysw/t1169412.htm.

③ 中国国际问题研究院：《国际形势和中国外交蓝皮书（2015）》，北京：世界知识出版社，2015 年，第 260 页。

④ 习近平：《携手构建合作共赢新伙伴，同心打造人类命运共同体——在第七十届联合国大会一般性辩论时的讲话》，2015-09-29，http://www.fmprc.gov.cn/web/ziliao_674904/zyjh_674906/t1301660.shtml.

国际关系。

中国全面、积极参与各类热点问题的解决，秉持公正、合理的原则，主张谈判解决争端。“我们曾经积极推进了当年的印度支那和平进程，发起并实现了柬埔寨问题的和平解决，创建了旨在实现朝鲜半岛无核化的六方会谈。现在，我们又在积极推动伊朗核、乌克兰、中东、南苏丹等热点问题的政治对话进程，深入参与反恐禁毒、维护网络安全、应对气候变化等国际合作。”

中国是联合国安理会常任理事国中派出维和行动人数最多的国家，每天有3000多名维和人员坚守在世界各地。我们迄今已派出20批59艘次舰船赴亚丁湾、索马里海域，为近6000艘中外船只守护平安。[①]2015年9月，习主席在联大庄严宣布，中国将组建一支8000人的维和常备部队。

中国的维和行动与发展中国家政策联在一起，中国成为向发展中国家提供安全公共产品最多的国家之一。利比里亚，黎巴嫩，苏丹，科特迪瓦，东帝汶……中国维和人员的足迹遍布世界各大洲，迄今已累计向30项联合国维和行动派出各类维和人员近3万人次，是安理会五个常任理事国中投入维和力量最多的国家。联合国副秘书长盖埃诺由衷称赞：“中国军人为世界维和树立了榜样。”[②]

总之，随着中国实力和影响力的不断壮大，联合国这一多边合作机制将为中国提供更大的展示形象的平台、发挥能力的平台和发展的新机遇。中国必须与其他国家一道超越“华盛顿共识”，坚持协商互信、可操作、可包容的原则，强调由“援助的有效性”向“发展的有效性”的转变。中国应从发展中国家的立场出发，防止发展议程被政治化，推动发展议程的科学设置，同时，在南北合作垄断格局被打破、中国力推的南南合作逐渐呈现起色的背景下，中国需要

---

① 王毅：《中国是国际和地区秩序的维护者、建设者和贡献者——在第四届世界和平论坛午餐会上的演讲》，2015-06-27，http://www.fmprc.gov.cn/web/ziliao_674904/zyjh_674906/t1276585.shtml.

② 《展现大国担当，守护共同家园》，《人民日报》2015年2月11日，第3版。

为参与国际发展议程树立更清晰的指导理念。中国有能力在发展融资的有效性和资金来源的充足性两方面发挥更大作用，同时谨慎处理好现有多边发展机构与新设机构之间的关系。[①]

① 徐奇渊、孙靓莹：《联合国发展议程演进与中国的参与》，《世界经济与政治》2015 年第 4 期，第 66 页。

第二节　地区秩序构建：APEC 与中国的积极参与

APEC 自成立以来，就以推动区域经济一体化为重要目标，在消除贸易和投资壁垒等方面做出了巨大努力，在促进区域贸易增长和投资流动方面取得了长足进步。

——墨西哥经济学家彼得斯

APEC 是亚太经合组织（Asia-Pacific Economic Cooperation）的简称，成立于 20 世纪 80 年代末。1989 年 1 月，澳大利亚前总理霍克提出召开亚太地区部长级会议，讨论加强相互间经济合作的倡议。这一倡议很快得到美国、加拿大、日本和东盟的积极响应。

作为一个区域性经济论坛和磋商机构，APEC 是亚太地区最具影响的经济合作官方论坛。亚太经合组织现有 21 个成员国，总人口占世界人口的 45%，国民生产总值占世界的 55%，贸易额占 46%，是一个名副其实的世界性组织。经过多年的发展，亚太经合组织形成了领导人非正式会议、部长级会议、高官会及其下属委员会和专题工作组、秘书处等多个层次的工作机制。领导人非正式会议结束时形成的领导人宣言是指导亚太经合组织各项工作的重要纲领性文件。

目前 APEC 在成员数量上保持相对稳定。1997 年温哥华领导人会议宣布 APEC 进入 10 年巩固期，暂不接纳新成员。此外，APEC 还有 3 个观察员，分别是东盟秘书处、太平洋经济合作理事会和太平洋岛国论坛。2001 年 10 月，

APEC 会议在中国上海举办。这是 APEC 会议首次在中国举行。

2014 年在北京举办 APEC 会议，这也是自 2001 年上海 APEC 会议之后时隔 13 年 APEC 再次来到中国。

一、APEC：25 年来的风雨历程

APEC 自成立以来，可以通过三句话来概括其发展：一是阶段分明，二是特点显著，三是成果突出。

（一）阶段分明

APEC 成立至今，其发展可划分为四个主要阶段：

1. 初创期。1989 年—1992 年是 APEC 的初创期，也是准备期。在这一阶段，APEC 还没有自己清晰的活动目标，只是在亚太地区开展贸易投资自由化活动，推进亚太地区的市场开放进程。合作的最高规格限于部长级会议，每年在成员间轮流开会。

2. 发展期（1993 年—2001 年）。这一阶段可以说是 APEC 的辉煌期或鼎盛期。首先是 1993 年由美国倡议召开了第一次领导人非正式会议。1994 年的领导人会议确定了“茂物目标”，即发达成员和发展中成员分别于 2010 年和 2020 年实现贸易投资自由化和便利化。1995 年和 1996 年，分别通过了《大阪行动议程》和《马尼拉行动计划》，具体实施亚太地区的贸易投资自由化目标。2001 年上海会议可以说是将 APEC 的发展重新推向了顶峰，带动 APEC 成员继续推行贸易投资自由化和加强经济技术合作，达成了《上海共识》。

3. 平稳期。2002 年—2007 年是 APEC 发展的平稳期。这一阶段，APEC 没有如人预期的那样带来更多的实效，发展中成员希望加强经济技术合作，却始终没有得到很好的发展，发达国家期望的市场开放目标也只是在一定程度上得到了实现。甚至在 2003 年曼谷会议时，险些被改变了方向，成为以讨论安全为主、经济次之的组织。APEC 在这一阶段也开始采取更加务实的做法。

4. 重振期（2007年—2014年）。自2007年后，中国在APEC会议中的作用得到更多体现。各方就亚太经合组织成员所面临的共同挑战有了更多清晰认识和判断，尤其是就气候变化、贸易自由化等问题达成了更多共识。中国也就多哈回合谈判、区域经济一体化做出庄严承诺。2014年11月，APEC会议在北京召开，习近平发表主旨演讲，就区域互联互通，尤其是就努力推动亚太自贸区建设提出了新的构想，设计了实施路线图。中国因素、中国作用得到彰显，为APEC未来发展注入了新的动力。AEPC多边平台框架下的首脑会晤也成为这一机制的新亮点。中国领导人在这一平台下与包括美国、俄罗斯、日本在内的领导人以及本区域内其他国家领导人在这一平台下频繁互动，加深了彼此认知和理解。

（二）特点显著

APEC是一个"跨区域"的经济合作组织。由于亚太地区地域辽阔，各国在社会制度、经济发展水平、价值观念和文化传统等各方面呈现出多样化和多元化的特点，亚太经合组织呈现出一系列显著特点。

1. 松散性。APEC是一个松散的、论坛式的协调机构，其各种活动均建立在"相互尊重，平等互利，协商一致，自主自愿"的基础上，各成员拥有完全的经济和管理的决策权。会议的决议和成员国做出的承诺对成员没有绝对强制性。

2. 开放性。亚太地区的大多数国家和地区是通过实行出口导向性战略发展起来的，相对开放的国际贸易体系是它们经济发展的必不可少的外部条件。亚太经合组织自建立开始就始终将"开放的地区主义"奉为行动准则，在注重发展区域经济合作的基础上，尊重各成员的经济利益，力求与国际惯例、国际市场的体制接轨。

3. 区域内次区域相互联系。在亚太这个相对松散的区域经济合作中，区域内存在诸如北美自由贸易区、东亚"10+3"等次区域合作组织，区域内的次区域合作构成了相对紧密的合作关系，使该区域形成了次区域间交叉安排的相互依存与合作的态势。

（三）成果突出

截至 2014 年北京会议，APEC 已走过 25 年的风雨历程。在这 25 年间，亚太经合组织确立了茂物目标，制定了大阪议程，达成了上海共识，通过了釜山路线图，在气候变化、多哈回合谈判、区域经济一体化、加强人类安全和亚太经合组织建设等问题上达成了一系列重要共识。

25 年来，亚太经合组织取得的丰硕成果主要体现在：

（1）区域经济增长迅速。各成员遵循 APEC 的宗旨，通过自身发展和各种形式的相互合作，使亚太地区成为全球经济增长最引人注目的亮点。据 2007 年会议东道主澳大利亚政府 8 月底公布的报告，1989 年至 2006 年间，APEC 成员的经济总量增长了一倍多。1989 年，各成员的人均 GDP 为 4794 美元，与世界平均水平相当。但到 2006 年，各成员的人均 GDP 已超过 1 万美元，几乎是非成员平均水平的两倍。

（2）贸易投资便利化成就显著。迄今为止，APEC 主要关注的领域集中在贸易投资自由化、贸易投资便利化和经济技术合作等“三个支柱”，在这三大领域中，贸易投资自由化的目的是减让关税和非关税壁垒。APEC 成立之时，亚太地区的平均关税是 16.9%，到 2004 年下降为 5.5%。贸易投资便利化是方便亚太地区的商业人员从事商业活动、繁荣亚太地区的重要方面，包括简便海关程序、商务人员通行便利等多个领域。如果要说 APEC 取得成就最为显著，也最惠及各成员利益的就是便利化。

（3）合作领域不断扩大。随着全球化的不断深化和区域内成员间的相互依存度进一步提高，特别是在经历了亚洲金融危机、“9·11”恐怖袭击、印度洋海啸等重大国际事件的冲击与考验之后，APEC 成员间的合作也呈现出“外溢效应”，其讨论和关注的议题开始超出经济领域，向政治、安全、社会等领域推进。

（4）开创了国际关系的新模式。APEC是当今全球最大的区域经济合作组织，之所以取得如此巨大的成就，主要是因为它有一个独特的合作模式与运作机制，即“APEC方式”。这一方式以承认多样性、强调灵活性和渐进性为基础，在相互尊重、平等互利、协商一致、自主自愿的前提下，遵循协调的单边主义以及开放的区域主义。这一非强制性的组织模式，凝聚了各成员为实现组织宗旨而达到的最大限度的共同意志，表现了区域经济组织的效率。它不仅照顾了成员间不同的经济发展水平和承受能力，也较好地平衡了各方权益。

二、积极参与，中国引人注目

（一）APEC声誉鹊起，中国在其中扮演了重要角色

1991年11月，在“一个中国”和“区别主权国家和地区经济”的原则基础上，中国以主权国家身份，中国台北和香港（1997年7月1日起改为“中国香港”）以地区经济体名义正式加入亚太经合组织。自加入APEC起，中国一直高度重视参与APEC合作，国家领导人每年都出席APEC领导人会议。在APEC，中国倡导的“相互尊重，协商一致”等五项合作原则已经成为APEC合作的基本原则。特别是2001年10月，在中国上海召开了第九次亚太经合组织领导人非正式会议，会议签署了包括《上海共识》在内的重要文件，取得了一系列重要成果，也使中国与APEC的关系迈上了一个新台阶。2014年，中国北京作为APEC主办方，不仅组织安排相关会议，而且首次提出多达50多项议案。

（二）中国在2007年悉尼会议上取得了重要成果

1. 多边框架，发出中国声音

出席会议期间，胡锦涛主席在第一阶段会议上发表的重要讲话中强调：“应本着对人类、对未来高度负责的态度，尊重历史，立足当前，着眼长远，务

实合作，统筹经济发展和环境合作。”他提出了“坚持合作应对，坚持可持续发展，坚持公约主导地位，坚持科技创新”等建议，阐述了“中国将全力落实应对气候变化国家方案，在发展经济的同时努力减缓温室气体排放，不断增强适应气候变化能力，使单位国内生产总值能源消耗到2010年比2005年末降低20%左右，主要污染物排放总量减少10%，森林覆盖率由18.2%提高到20%”等目标。他提出的“建立亚太森林恢复和可持续管理网络”的建议也被会议采纳。9日，在亚太经合组织第十五次领导人非正式会议第二阶段会议上，胡锦涛主席出席并就多哈回合谈判、区域经济一体化等专题发言，做出了中国的庄严承诺。

2. 首脑会晤，展示中国魅力

会议期间，胡锦涛主席还先后会见了美国总统布什、韩国总统卢武铉、巴新总理索马雷、秘鲁总统加西亚、新西兰总理克拉克、俄罗斯总统普京、印尼总统苏西洛、日本首相安倍晋三和菲律宾总统阿罗约，就加强双边友好合作、增进在国际和地区问题上的协调与合作达成广泛共识。会议开幕之前，胡锦涛主席对澳大利亚的国事访问圆满成功，实现了增进互信、扩大共识、深化合作、开创未来的目的。

《澳大利亚人报》就胡锦涛主席与霍华德举行会谈并在APEC商业峰会上发表的演讲如此评价：“昨天一整天全都与中国有关，中国的发展对澳大利亚、对全世界都是一件好事。”美联社以“不要忽视中国经济崛起的积极面”为题发表文章，劝西方正视中国的积极面。

法新社9日以“APEC领导人为胡锦涛铺开红地毯”为题报道称，中国影响力正日益扩大，中国国家主席胡锦涛在参加APEC领导人会议时受到了隆重的欢迎。英国《金融时报》说：“中国国家主席胡锦涛在亚太经合组织悉尼会议上成了引人注目的中心。”

9月6日的《国际先驱导报》以“中国自信迈向APEC”为题，撰文指出：“APEC已经成为中国施展地区影响力的一个重要证明，至少与会各方都相信，在一个地区性经济合作与发展组织中，离开了中国这个世界上最大的发展中国家和经济增长率最高的国家之一，该地区的所有议题几乎都是不完整的，一年一度的 APEC 使我们在国家自信上更进一步。”

（三）2014 的北京 APEC：中国主场，中国声音

北京 APEC 会议是中国 2014 年最重要的主场外交。11 月 7 日至 13 日，APEC 第二十二次领导人非正式会议在北京举行，会议通过两份重要成果文件，明确了亚太地区经济合作的发展方向、目标、举措。

会议期间，习近平主席共开展约 80 场双边和多边活动，同 22 位国家元首和政府首脑会谈会见，签署和见证签署 70 多个双边合作协议。李克强总理及其他领导同志也开展了 20 多场相关外交活动。在中方努力下，APEC 会议及相关活动取得丰硕成果，实现了预期目标，各方感到满意，舆论广为赞誉。北京 APEC 会议是中国特色大国外交的成功实践，堪称 APEC 史上最佳。

北京 APEC 会议展现五大特色：一是着力破解亚太国际关系和 APEC 发展的难题。二是培育伙伴精神，建设伙伴关系。三是内容丰富，形式多样。四是中方发挥了引领作用。一年来，中方在 20 多个城市举办了 300 多场 APEC 相关会议，中方倡议占了北京 APEC 上百项成果倡议的一半以上。五是北京 APEC 贴近民众，服务民众。

北京 APEC 会议概括起来有八大成果：一是明确了未来亚太合作的方向与目标；二是做出了启动亚太自贸区进程的重大决定；三是勾画了建设亚太互联互通网络的新蓝图；四是找到了支撑亚太经济发展的新支柱；五是开辟了一系列全球性问题的合作新领域，会议支持中方起草并通过的《APEC 北京反腐败宣言》；六是举办了“加强互联互通伙伴关系”东道主伙伴对话会，邀请了中国周边 7 个国家的领导人及两个国际和地区组织的负责人出席；七是促进了中国与美、俄、韩、泰、印尼等双边关系的新发展；八是广泛宣示中国内外政策，赢得更多国际理解和支持。[①]

三、展望未来，任重道远

2015年是亚太经合组织成立25周年。亚太经合组织的25年，也是亚太发展繁荣的25年，亚太经合组织见证了亚太发展的历史成就，亚太发展也赋予亚太经合组织新的使命。[②]

APEC会议25年来的发展历程并非一帆风顺，特别是近几年的进展开始令人质疑其生命力。APEC本身是一个没有约束力的论坛性质的组织，而且由于成员间的差异过大，经济利益协调的难度也就很大，长期下去，APEC的重心自然会从经济逐渐向其他领域延伸，甚至成为经济和安全、社会等领域并重的合作组织。从发展趋势看，APEC主要面临如下挑战：一是“茂物目标”如何实现？如果发达成员不能如期履行诺言，这将使得APEC面临“信誉危机”的挑战。二是如何加快经济技术合作，使得发展中成员能够真正从中受益？三是日益增加的讨论话题，有些已经超出了APEC的范围，是否会使APEC逐渐远离最初设定的目标？

所有这一切，都是摆在APEC面前新的亟待解决的问题。

当前，世界经济复苏仍面临诸多不稳定不确定因素，对亚太整体经济的发展也带来挑战。如何强化区域经济发展的动力？尤其是在国际金融危机背景下，在国际经济复苏乏力的情况下，如何提振亚太地区的经济发展水平？如何破解区域经济合作碎片化风险？如何促进投资便利化和贸易自由化？如何解决互联互通建设面临的融资瓶颈？这些都是未来APEC发展面临的重大课题。

---

① 《北京APEC：承前启后彪炳史册的盛会》，2014-11-14日，http://news.gmw.cn/2014-11/14/content_13830654.htm.

② 习近平：《深化伙伴关系，共促亚太繁荣——在亚太经合组织第二十三次领导人非正式会议第一阶段会议上的讲话》，2015-11-19，http://news.xinhuanet.com/world/2015-11/19/c_1117201278.htm.

中国主张在新形势下，深入推进区域经济一体化，更新思路，开拓创新，打破桎梏，迎接亚太地区更大范围、更高水平、更深层次的新一轮大开放、大交流、大融合。要打破亚太内部的封闭之门，敞开面向世界的开放之门。[①] 中方对任何有利于亚太区域融合的机制安排都持开放态度，同时认为，有关安排应该建立合作而非对立的关系，倡导开放而非封闭的理念，寻求共赢而非零和的结果，实现一体化而非碎片化的目标。[②]

最为关键的举措就是要在推进茂物目标的同时大力推进亚太自由贸易区进程。亚太自贸区的构想并非中国首创，但在北京 APEC 会议上得到中方高度强调和倡导。这应该是中国推进大周边外交的战略性举措。比较亚太自贸区与美国提出的跨太平洋协作伙伴关系（TPP），亚太自贸区是横跨太平洋两岸、高度开放的一体化安排，视野更广，站位更高，思路更为灵活，惠及国家更多。亚太自贸区的构想在本次会议上得到确认，而且制定了长远的实施路线图。

当然，亚太自贸区的建设是一个宏远蓝图，非短期能够完成，需要各方持续用力，坚定方向。同时也要排除各类干扰，增进战略互信和发展互信，强调安全发展，克服各类传统与非传统安全问题的挑战。强调共同发展，克服发展不平衡带来的利益差异，找到最佳平衡点。还要克服区域内机构庞杂、叠床架屋所带来的机制排异现象，消除贸易保护主义，避免拉帮结派的集团主义，继续强调共同、普遍、渐进、自愿的原则。

面对新形势，我们应该全力推动改革创新，挖掘新的增长点和驱动力，打造强劲、可持续的增长格局。面对新形势，我们应该加快完善基础设施建设，打造全方位互联互通格局。实现亚太全方位互联互通，就是要让脚下之路、规则之路、心灵之路联通太平洋两岸的全体成员，打通融资贵、融资难的瓶颈，

---

① 习近平：《深化伙伴关系，共促亚太繁荣——在亚太经合组织第二十三次领导人非正式会议第一阶段会议上的讲话》，2015-11-19，http://news.xinhuanet.com/world/2015-11/19/c_1117201278.htm.

② 刘华新等：《APEC 进程惠及千万百姓家》，《人民日报》2014 年 11 月 11 日，第 22 版。

就是要加强公私伙伴关系建设，实现联动式发展。按照习主席在北京 APEC 会议上发言强调的四个共同（即共同规划发展愿景，共同应对全球性挑战，共同打造合作平台，共同谋求联动发展），发挥亚太经济体多样性突出的特点，优势互补，扩大联动效应，实现共同发展。[①]

① 习近平：《深化伙伴关系，共促亚太繁荣——在亚太经合组织第二十三次领导人非正式会议第一阶段会议上的讲话》，2015-11-19，http://news.xinhuanet.com/world/2015-11/19/c_1117201278.htm.

第三节　中国与国际秩序构建

中国的发展离不开世界，世界的发展也离不开中国。

中国对世界的影响不断加深。

中国的快速发展得益于全球化与亚洲的整体发展。中国在不断改变自身面貌的同时，也在不断扩大自身对世界的影响。中国要正视这种影响，并应努力将这种影响引导到积极方面，做一个负责任的世界大国。

中国是当代国际体系的参与者、建设者、贡献者。

中国一直在为更加公正合理的国际秩序添砖加瓦，对于国际秩序的核心议题不缺位，不旁观，而是以负责任大国的精神积极参与。中国反对贸易保护主义，致力于营造自由开放的全球贸易环境，推动国际贸易自由化、便利化。中国参与国际经济金融治理，为改革完善现行国际体系发挥了积极作用。中国推动二十国集团布里斯班峰会，公报将中方倡导的经济结构改革作为宏观经济政策协调主要内容，与美国、澳大利亚共同起草并推动峰会核准"二十国集团能源合作原则"，积极参与多边领域的议程设计和规则制定。中国推动金砖国家福塔莱萨峰会，启动筹建开发银行和应急储备安排，为完善全球金融治理做出了新贡献。中国积极参加联合国气候峰会，中美共同发表《气候变化联合声明》，宣布各自2020年后应对气候变化行动目标，在国际上产生巨大示范效应。[①]

① 《盘点2014：中国外交丰收之年——王毅出席2014年国际形势与中国外交研讨会开幕式并发表演讲》，《环球时报》2014年12月25日，第15版。

中国曾是现代国际体制的创建者之一，但也曾长期脱离主流国际体制。随着国际关系和中国对外政策的演变，中国与国际体制之间的关系也发生了相应的变化，由旁观者、对立者到现在成为参与者和建设者，反映了从观念到政策的一系列改革。中国与国际体制之间关系的互动不仅对中国而且对国际关系体制本身都将产生深远的影响。

中国作为人类文明的源起国之一，曾长期占据世界领先地位，这导致了中国的世界中心观的形成。随着历史的演变，一些后起国家打破了原有的国际格局，建起了以西方文明为基础的国际政治、法律和经济体制，中国由一个世界中心国家成为世界边缘国家，从此开始了与国际体制复杂曲折的交往历史。

一、中国对国际体制认识的转变：由对立转向合作

在中国中心论的历史时期，中国决策者并没有国际体制的概念，更不必说思考中国与国际体制的关系。因此，古代中国虽然具有突出的民族自豪感，却缺乏构建国际体制的意识和兴趣，虽然中国拥有当时独一无二的先进文明，但并没有意识到要传播这种文明。

当近代中国屡遭欺凌之后，中国最早的反应就是拒绝外部的一切影响，而保护自身的完整性。但问题在于即使是闭关自守时期，中国也绝不可能摆脱国际社会的影响，一个国家是否能够自立于国际体系之外并不完全由这个国家自己决定了。中国与国际势力的交往就是在这样的强力碰撞下产生的。

近代中国经历了中国的大国地位被国际社会剥夺的过程，中国不得不接受由中心而边缘化的现实。世界体系得到重构，而中国不是这一体系的主要成员。因此，中国人内心深处对国际体制是不认同的，认为它从根本上是制约中国这样的传统大国的，中国要想重新成为大国，必须重建一个新的体制。

当新中国进入国际舞台时，也是在充满怀疑和敌视的目光中谋求合法的有

限的地位而不得，这加深了中国对国际体制的忧虑。

到了改革开放时期，中国逐渐改变了对现存国际体制的看法，充分意识到外部环境与自身发展的重要联系。

自改革开放以来，中国外交开始以更加积极的态度参与现有国际体制的构建与维护。同时尽可能以和平与理性的方式推动不合理的国际秩序的改变，发挥中国作为国际社会倡导和平的一支主要力量的独特作用。

在对待国际体系的问题上，应该从体系互动和制度互动的角度来积极理解中国参与发展战略的意义。

中国重新认识到国际体制对于和平与发展的作用。从冷战历史来看，雅尔塔体系实际上制约了两个冷战大国，使他们之间没有发生过直接冲突。冷战后，越来越多的国际组织强化着国家间的联系，促进着共同发展，制约着国家间的不良行为，还在更大程度上改变着一些对立的观念意识。除了联合国和世界贸易组织之外，其他一些组织，不论是发达国家间的组织，还是区域性的组织，都对制约冲突，促进发展与合作发挥着作用。同时中国认为还可以有更多的新型组织可以有效应对非传统安全问题。

中国对国际体制的积极参与还表现在中国对各类地区组织，尤其是周边的地区组织表现出积极的姿态。中国是上海五国组织之一，也是东盟地区论坛（ARF）的积极参与者，中国还是朝核问题六方会谈和伊核问题六国协调机制的重要成员。这些地区组织和安全机制也可以看作中国融入国际体制的一部分。中国改变了对外关系过分注重双边而轻视多边的做法。值得注意的是，中国对发达国家集团也表现出浓厚的兴趣。中国对西方八国集团的态度也出现由拒绝到合作的变化。当然，中国对于在全球治理中不断兴起的更具有代表性的G20机制给予了更多关注和参与。

由对立排斥到消极对抗，由以我为主到主动接受现有体制的影响和现有体制的重新塑造，反映了中国与国际体制间关系的根本性的变化，这种变化可能不再停留在改良的层面上，而将对中国社会产生深远实质性影响。这种变化将不会只限于经济，而在向社会文化等广度延伸。

经过十几年的努力，中国终于在世纪之交成为世界贸易体制的成员，这一举动意味着中国对国际体制认识实现了更加重要的转变。中国开始面临一个新的问题：如何在现有体制的制约下发展？自改革开放以来，中国在国际关系中已经放弃了革命的方式，而采取了改良的方式，因此，中国只能在现有体制下谋求最大的国家利益，在现有的国际秩序中最大限度地实现发展目标——尽管这个体制对中国并不是平等与合理的。同时尽可能以和平与理性的方式，推动国际秩序向着更加公正、合理的方向改变。

中国从反对现有体制到进入现有体制，这是中国外交纠正实力与政策关系出现的偏差，重归理性主义的正确调整。它标志着改革开放初期强调的“体系共存说”的结束和“体系参与说”的开始。“体系共存”只是改革开放的第一步，实际上还带有隔离的两个体系的思想烙印，“参与体系”则是更进一步。如果说改革开放只是第一步的话，进入现有体制就是关键性的第二步。中国的国际关系理论开始强调“相互依赖”，而突出了“相互”，实际上就反映了对立观的改变。中国终于成为国际社会中的一员，中国的一切与世界息息相关，与世界加深联系的进程不可逆转。中国再也不能回到闭关自守的老路上去，中国的改革开放应该是持久性变革的一部分。中国不再以旁观者的身份与现有的国际体制发生联系，而转变为参与者和共建者；不再是国际机制中被动的一方，而成为其中发挥重要影响的一员。中国要在国际环境的转变中实现自我调整，除了适应以外还谋求积极参与和变革。

二、中国融入国际体制的影响

现在的中国在几个领域均加入了国际体制之中：政治上，中国是联合国和安理会的重要成员，还是一些地区安全组织尤其是亚太地区安全组织的重要参与者；经济上，中国已是 WTO 的成员，同时也是联合国下属的国际货币基金组织和世界银行的重要合作者；军事上，中国是核不扩散机制的重要维护者。

种种事实表明，中国已成为国际社会的重要一员，不是国际社会和现有体制的破坏者，而是参与者和建设者。中国融入现有国际体制后实现了两个身份转变：一是成为维护者，二是成为变革者。

从现有体制的维护者的角度看，中国将会更大程度地受到国际社会的影响。开放的中国越来越关注国际社会的变化，因为中国的内部改革与国际社会密切相关，这使得国际社会对中国的影响空前加大。中国融入国际体系后，接受国际体系制约的程度已经大大超过从前，中国的国家行为和政策将建立在更加有效更加规范的基础之上。中国已经成为国际社会中负责任的大国。

中国因素对国际体制的影响也将加大。融入国际社会是中国扩大自身影响的唯一途径，中国的市场、贸易互动、金融稳定都会对国际社会形成更多影响。中国成为现有国际体制平等有效的一员后，也会对国际规则的制定发挥自身影响。这种影响是体制之外的国家无法达到的。国际社会将认真倾听中国的声音，这在以往的历史中也是前所未有的。不仅如此，中国还将成为组织机制和规则制定与完善的主要参与者和创造者，中国在国际机制中的话语权将得到不断提升。中国作为变革者的意义在于，中国是这种体制的积极参与者，而不会谋求成为单一主导者，中国将与其他国家一起发展和促进现有体制的完善，而不是对现有体制实施彻底的变革或以新的体制取而代之。

中国融入国际体制，显然不再是策略性的举动，而是根本的战略性的措施。中国不可能将融入国际体制建立在利用国际体制的潜规则为自我服务的基础上，只能在享受同等待遇的同时承担相应的责任。尊重国际体制，适应国际体制，在某种程度上是更加开放的体现，意味着中国将向着更加合理、有序的方向发展。

谈论中国与国际体制的关系时，单纯强调中国对国际体制的机遇性或挑战性，实际上都是片面的，因为这仍然是一种把中国与国际体制对立起来的观念。中国要实现软国力的提升，要实现和平崛起，不仅要发展与强化国家关系，更重要的，是成为国际社会负责任的一员。中国要在国际体制中最大限度地发挥自己的影响。

三、中国融入国际体制的政策主张

具体而言，中国应在以下几个方面发挥国际体制的作用：

1. 利用国际制度的影响力，避免中美冲突和东西方冲突。中美之间在国际体制中的不同作用和影响，反映了单极趋向和多极化道路之间的竞争。

中美在国际体制上的分歧已成为体制内的分歧，中国应充分利用国际制度协调原有大国和上升大国的关系的作用，使之不发生对抗与暴力冲突。强化国际制度层面的多边合作可以避免引发中美对抗的两极意识。

中欧对话可以强化欧亚大陆整体性的概念，改变以往制度分割的做法，深化战略相互依存局面。

2. 中国应努力强化体制内影响力。国际体系是国家实力的延伸，中国应靠制度来补充自己的实力。对待国际体制，应注重发展程序上的一致性，强化适应能力，提高设计能力，发挥软实力作用，扩大话语权和操作力度及效率。

针对更多热点问题和国际性难题，中国应主动搭建议事平台，倡导道义制高点，提升中国形象，谋求在制度化建设中发挥先导作用。

3. 推动国际秩序向着更加公正合理的方向发展是中国特色大国外交的重要目标之一。但这并不意味着国际秩序的根本改变，不是另起炉灶，而是推动体制和秩序的更加完善。中国与当今国际体制的关系是良性互动的关系，中国致力于补充与完善现有体制，而不是颠覆现有体制。中国发展得益于国际社会，中国也要为全球发展做出贡献。我们推动共建“一带一路”，设立丝路基金，倡议成立亚洲基础设施投资银行等，目的是支持各国共同发展，而不是要谋求政治势力范围。中国已经加入几乎所有政府间国际组织和400多项国际多边条约，越来越多的中国公民在国际机构中担任要职，中国已成为当今国际秩序和国际体系最重要的参与者和支持者之一。我们没有理由去挑战在战胜法西斯基础上建立的国际秩序，也没有动机去推翻自己全面参与其中的国际体系。中国是现行国际体系的参与者、建设者、贡献者。我们坚决维护以联合国宪章宗旨和原则为核心的国际秩序和国际体系。但与此同时，在现有全球治理机制中，也确实面临着改革，这种改革和完善不是任何单一国家能够完成的，而需要共同完成。

四、中国与国际体制结合还要进行自身变革

评判一个国家现代化程度的一个重要标准，就是看它是否国际化。在加入世界贸易组织（WTO）之后，中国与世界的融合已不可逆转。而现在只是第一步，还应有第二步、第三步。第二步是进行自身变革，第三步则是进入现有体制并在该体制中发挥建设性的影响。

显然，中国进入国际体系的过程是一个相互碰撞、冲突、适应和融合的过程。从中国的角度看，中国必须采取更多积极主动的行动。

中国在进入国际体制的过程中，首先要调整国家内部一些不适应自身发展以及与国际环境不相协调的成分。中国需要在现实选择中增加理性成分，适应中国从中心地位向合作地位的转变，改变中国传统文化中长期形成的大国独尊意识，要解决好历史形成的大国心态和理性务实外交的关系。

在适应转变的过程中，有几个问题值得注意：一是要学会从世界中心地位向追求地区和世界强国地位的转变，以周边事务和地区事务为重点。二是应注意保证义务与权利的平衡。中国在要求发展中国家的权利的同时，也必须积极履行一个最大的发展中国家的义务（比如在对待国际气候变化机制问题上，中国正在积极履行其义务和责任），同时必须规避超越中国发展阶段的一些不利因素。而在可持续发展的问题上，中国又必须有前瞻性的眼光。由此可见，要学会在国际机制的制约下谋求发展，其实并不容易。

现在所谓进入现有体制，实际上是改变对现有体制的对立态度，以新的更为有效的形式加强与现有国际体制的合作。过去是被动适应，现在是主动适应。

五、与国际体制结合的方式应该以我为主

首先应该明确的是，中国需要适应国际体制，而不是等待国际体制为中国改变。虽然中国与国际体制正在形成一种互动的关系，但在现阶段，互动绝不是对等的。虽然加入国际社会为中国提供了一种改变和影响国际社会的契机，但中国需要完成大量的基础工作。因此进入国际体制，很重要的一点就是充分了解现有体制的规则和制约因素，更好地适应和转变自己。

其次，重塑自我、转变与国际体制的关系绝不是丧失自我。这个自我，在一些时候指的是中国的阶段性，另一些时候指的是中国的特殊性。也就是说，要与中国特殊的国情相适应，要保持和发扬中国自身文化精华的持续性。中国传统文明在现代日益展现着特殊的文化价值，比如古人理想中的“大一统观”与“和合观”是可以符合全球化的发展趋势的。继承和发展中国悠久的传统文明，与学习人类社会的一切文明成果可以充分地结合在一起。

更高的目标在于，中国要设法站在前人文明成果的高起点上探索新的道路。这是建设有中国特色社会主义的深刻含义。所谓“新”，也包括制度创新。中国在融入现有体制的过程中，要最终实现制度创新，这个创新将不仅有利于中国的发展，也将有利于国际体制的改造。要使中国走在人类文明的前列，必须把学习人类的先进成果与探索中国自身的前进方向连在一起，在充分积累之后探索新的道路。但这个过程是在与国际体制的良性互动中完成的。

正是在这个基础上，中国与国际体制的关系正在呈现出历史性的转变。中国对国际体制的贡献，将是促进现有体制实现和平的、渐进的、更加合理的变革。因为中国进入国际体制的目标不是停留在求同存异上，而是要多求同少存异，减少或消除分歧。

第三，强化有机结合。中国融入国际体制的方式和进程必须适应中国的国情与需求。改革开放以来，中国坚持从国家的自身特点出发，充分认识到中国发展的阶段性，采用渐进的方式加入国际体制。事实证明，这一方式是成功的。

中国经历了长期的探索发展道路的困惑，终于认定加入现有体制是中国扩大影响和发展自己的有效方式。现实要求中国必须继续深化改革，并把适应国际体制作为改革的目标之一。事实上，我们经济制度的变革就正在改变着几千年来中国的经济结构和传统。

中国对西方世界的态度实际上一直在经历转变，现在正进入一个相对稳定的时期。中国正在进入与现有体制全面合作的阶段，这个阶段对中国是十分有益的。与国际体制的互动不再是策略或权宜之计，而是成为长期坚持的政策。

同时，在中国与国际体制互动的过程中，国际社会对中国的影响将会加大，中国必须认识到这一问题的挑战性和重要性，学会理性地认识和接受国际社会的监督，同时有效地避免其负面影响。比如，中国在不断融入国际秩序的过程中，对国际能源结构、产业结构产生了重要影响，中国的能源政策、产业政策、宏观经济政策和“走出去”战略也对国际经济格局构成了一定的压力。中国对外出口的巨大能力、对资源的高消费、粗放的增长方式，导致中国在融入国际经济秩序过程中存在着与外部世界发生矛盾和冲突的可能性。由于经济规模日益扩大，中国政府的宏观经济调整政策也必然影响世界经济。因此，中国应认真研究中国经济发展过程中对外部世界的影响，积极寻求应对化解之道，为可能发生的矛盾和冲突做好准备。

这不仅是中国改革开放的必然，也是中国发展软实力的更高需要。

过去 30 年，中国已经完成不断融入现有国际体系的进程，并为此承担了相应的责任。正向着积极发挥建设性影响的方向发展。加入 WTO，在联合国发挥作用是第一阶段，下一阶段要在完善和变革现有体系上面下功夫。中国正积极利用各种平台，搭建各种平台，强化和提升已有平台。比如充分参与和推动 G20、中非论坛、中拉论坛、博鳌论坛、亚非合作机制、APEC、上合组织等各种有效国际多边平台，宣讲中国，制定议题，发挥积极影响。最根本的转变是由被动适应转向主动求变。主动性的增强，并不是单边性的增强，而是主动倡导和号召其他国家凝聚共识，携手共进。主动求变，是求合作之变，求公平之变。

第四节　中国的软实力建设

当中国向世界生产商品的时候，我并不认为它是一个大国，当中国能够向世界提供思想产品的时候，我才认为它是一个大国。

——英国前首相撒切尔

习近平主席强调要提升中国的软实力，这是一个相当明智的战略。

——美国软实力概念提出者约瑟夫·奈

一、中国的软实力建设

（一）中国如何在文化上掌握主动

21 世纪可能出现的多极格局，将会对国际关系产生一些重要影响。其一，单边主义将会受到进一步遏制，国际关系民主化趋势将会继续得到加强。随着新兴大国的陆续崛起和美国实力的相对下降，美国将越来越难以压制新兴大国与其分享权力和利益、与其共担世界责任的强烈愿望。这将导致美国单边主义行为的减少和国际关系民主化程度的加强。其二，国际体系继续呈现大国协调和利益牵制下的相对稳定。大国之间的军事冲突因代价高昂而被继续小心弹压，大国之间的相处只能以协调和协商的方式解决。协调和协商主要以利益捆绑、互利共赢、互相交易等方式进行，各大国会尽力采取各种制度和技术方式确保世界秩序在大国协调下的相对稳定。这种变化和趋势会催生或者强化另外一种趋势，即和平主义观念继续深入人心，软实力大行其道。正如美国软实力学者约瑟夫·奈所言："软实力是一种在和平观念与合作精神的基础上发挥国际影响力的权力方式，它主要是通过吸引别国追随而不是强迫别国服从来达到影响其他国家的目的。软实力是一种依靠吸引力而非通过威逼或利诱的手段来实现目标的能力。一个国家的软实力主要来源于其文化、价值观和政策（包括对内政策和对外政策两个方面）。与通过强制和收买手段实现目标的硬实力不同，软实力的大小还依赖于对方的感受。如果一种文化对其他国家的人民没有吸引力，就不会在其他国家的人民中产生软实力；如果一种价值观不被认同，或者政策在他人眼中缺乏合法性，也不会产生软实力。现在，中国正在努力增强文化外交的软实力，而文化正是产生软实力的三个主要来源之一。"①

在新世纪，国际格局的变化将会在大国之间的利益牵制下进行协商和协调。在这种形势下，战争不可取、和平最有利的和平主义观念会继续被确认和激发，和平观念将会继续深入人心。在这种情况下，软实力会继续成为最可行和最有效的影响力方式。由此，世界各国必将竞相提高自己的软实力，将其作为实现政策目标的工具。所以在 21 世纪，软实力竞争将会成为一个突出的特点。围绕着制度建设和制度创新，围绕着文化传播，各国之间将会竞相发展软实力拓展战略，这方面的竞争将会更加引人注目，对一个国家的国家形象和对外影响力产生重要作用。

美国提出的 Smart power（巧实力）的概念，即是在软实力的意义上使用和发挥国际影响力的一种方式。充分借助强大的美国权力所衍生出来的威望和影响实现美国的目的，而不是直接诉诸武力，是新世纪软实力发挥作用的一个基本形式和重要方面。

当前国际形势复杂，在国际上对中国误解之声日盛。如何维护国家形象，如何增强国家软实力，如何在文化竞争中由被动变主动，由劣势转优势，正在

① 约瑟夫·奈:《提升国家软实力是中国明智的战略》,《人民日报》2015 年 02 月 16 日，第 15 版。

成为中国知识精英和各级政府关注的重点。

时下，文化贸易已成大国竞争的焦点，“走出去”仍是紧要之务。

软实力包括观念的作用，既是精神层面，也决定着物质层面，比如规则、制度，秩序之争与物质层面密切相连。观念与物质相互影响。发达国家和新兴市场的发展中国家围绕新一代贸易的投资规则，2015年后的发行规模，2020年后的国际减排机制及网络、深海、极地新疆域规则即将展开新一轮博弈。规则制定是国际秩序主导权的根本，对规则的制定中国责无旁贷。

如果说硬实力强调物质层面的博弈，软实力则强调精神层面的竞争。围绕规则制度竞争的软实力世界大战或软实力冷战已经打响。运用好软实力具有特殊的传播和影响效力，可以延伸或达到硬实力所不及的区域。软实力是跨国的，超越主权的，它可以在不构成主权侵害的情况下扩大影响力，获取硬实力难以企及的成就。

“一带一路”、亚投行、金砖银行等新倡议、新机制的提出，有利于构建更加多元丰富的、以经济规则和新经济秩序为特征的软实力体系。

（二）为什么要文化崛起

美国宗教领袖马丁·路德·金的一段话：“一个国家的繁荣，不取决于它的国库之殷实，不取决于它的城堡之坚固，也不取决于它的公共设施之华丽，而在于它的公民的文明素养，即在于人们所受的教育，人们的远见卓识和品格的高下。这才是真正的利害所在，真正的力量所在。”

老子云：“以道佐人主者，不以兵强天下。”中国要和平发展，必须强化道的力量。这就为软实力发展提出了更高要求，也是软实力发展所必然。

20世纪是美国世纪，其中一个关键因素在于美国以好莱坞为代表的文化产业打赢了一场文化世界大战。随着中国经济的扩展，中国文化的影响力也会增强。

中国在软实力建设上已经是一个后发国家。目前，中国在经济上的输出力影响力大增，可以说具有了举足轻重的世界影响力，但在政治和精神层面的影响力仍相对滞后，与硬实力不相匹配。其实，软实力建设也同硬实力一样，会带来生产力，因此应与经济利益拓展置于同等重点地位。当国家仍面临物质匮乏时，精神需求是第二位的，而当物质生活得到提升之后，精神上的需求就会上升，对于自身形象的重视程度也会加强。国内对国家形象有一种期待，而国际上对中国的国家形象有一种无形的要求。任何一个国家不能成为掠夺性经济动物，否则必然遭到群起而攻之。

同时，中国软实力开发面临不利的外部环境：意识形态和价值观的围剿和渗透，西方软实力在体制机制和规则制定上的先发优势，都对中国的软实力发展带来挑战。如何冲出重围是一个艰巨的任务。在西方的价值同盟之内，是一种拒绝分享的心理，在独占与分享之间，西方仍然渴望独占，尤其是独占资源开发、制度设计、舆论导向、文化霸权等。中国必须以积极建设性参与的心态，以独特而有效的方式化解分歧、偏见与误解，以坦诚之心示人，通过中国传统文化精华的博大影响力，抓住中国日益成为世界舞台中心越来越受到关注的时机，扭转不利局面。

最后，中国需要有所作为。英国诺丁汉大学华裔学者郑永年认为："提倡文化崛起的内部意义在于要为社会成员提供一个新的生活价值取向，一种新的认同感。……对外部来说，文化崛起的缺失更是构成了'中国威胁论'的一种根据。"因此中国需要拥有自己的话语权，体现自己的世界观。在和平时代，人们往往容易沉溺于富裕的物质生活，而丧失精神的追求。正如雅各布·布克哈特在他的《世界历史沉思录》中指出的，在和平年代"人们沉浸于私人生活的安逸之中，他们本来趋于创新的精神沦为个人兴趣的俘虏，从而不可能有任何壮举"。在未来的国家发展进程中，不应只想着利润，只想着健康，还要想着和平，想着为和平投资，这即是软实力建设的深意所在。

总之，软实力的影响力是与国家的强盛连在一起的，国家强盛才能被世人关注，被人关注才能有机会发展和展示自己。在中国的未来发展道路上，中国应成为全面的均衡发展的大国，而应避免走那种片面发展经济的畸形道路，忽视文化建设的国家只能是一个脆弱的国家。

（三）如何发展软实力

1. 内修则外强

二战后，美国经济实力的强大让其在看不见的战场打了一场没有硝烟的文化世界战争，即以好莱坞电影为主干的文化产业输出。虽然美国文化缺乏根基和积淀，但独特的美国快餐文化适应了第二次世界大战后各国百姓求稳求富求安宁求浪漫的社会心理，一举攻破了许多国家的社会心理堡垒。又通过语言教学及文化交流等方式有效地输出其价值观和生活方式，美国世纪由此而来。如今美国的新闻奖和电影奖举世瞩目，甚至成为文化潮流的风向标。

再有，美国文化的独立自省意识强，即使对外政策出现了失误，同样能够成就杰出的艺术。比如包括《战争启示录》、《生于七月四日》、《阿甘正传》、《野战排》等一系列越战题材为背景的影片均具有世界性影响。

放眼软实力发展的环境，中国处于劣势，甚至在某种程度上仍然没有摆脱困境。但中国只要找准方向，同样可以发挥出后发优势来。从发达国家的成就中找差距，从发达国家的教训中找经验，是中国可资借鉴学习的路径之一。

软实力建设不仅是对外的宣传，更重要的是内治。修炼与提高自身道德水准，发展自身道德体系。内不治则外无信。所以软实力建设不仅是对外，更是内在的需要，内修则外强。

然而，中国构建起自身的道德体系的任务任重道远，中国传统的道德体系正受到百年来最大的冲击。

市场经济给中国带来了两大急需解决的问题：一是贫富分化。这个问题正在通过可持续的科学发展观加以解决。二是道德重建。西方在市场经济后，出现了道德问题，但运用宗教道德加以引导。中国在市场经济冲击下，也面临信仰迷失和道德沦丧的现象。中国一些人正丧失道德感、崇高感，许多曾经被反对的东西，比如金钱至上、利益至上，自利主义等，颠覆了一些传统道德价值观，随之而来的代价是传统道德的丧失。

在未来的中国发展建设中，中国要形成自己的世界观、发展观，还要有自己的建设观，自己的道德体系。

如果中国在道德体系上能够得到进一步完善，中国将会让世界更加放心，对中国的作用也会更大。国家形象是中国最重要的无形资产，需要维护与塑造，决不能肆意挥霍，否则，再过 50 年，世人评说中国这个大国仍是“盛名之下，其实难副”。

2. 完善自己影响他人

千乘之国，摄乎大国之间，何以立足?

目前影响中国软实力发展战略的因素有以下几个方面：

其一是标准不一。中国在考量对外战略时，有时以利益追求为导向，有时又以影响力为导向，这两者有时被置于对立面或分割状态。实际上中国的对外战略必须更多从精神与物质追求的复合视角作为依据。

其次是缺少明确的长远规划。国际形势呈现出明显的阶段性，必须审时度势，明确每阶段的任务。不做不可为不必为之事，不避应为可为之举。

其三是方向迷失。文化建设缺乏向前看的创新意识和能力，找不到东西方文化沟通的有效途径，自说自话现象严重。发展软实力不是排斥异己，而是强调东西文化的交融与共同发展。这里的一个关键在于实现对接。对接不是迎合西方偏见，也不是借此推销别人无法接受的东西，而应贯穿西东，实现理性平等的交流。

其四是缺乏对传统文化的提炼与发展。中华文化具有鲜明的独特性，博大精深，如能得到深刻全面的重新梳理和审视，与时俱进，并与时代发展相吻合，必能焕发新的光芒。

软实力不仅仅体现为一些传统技艺，更应包括中国的价值观、千百年来的治国治世智慧、友邻政策、东方式的管理规范、处事原则、良好风范、美好情操等，还包括中国人的日常生活习俗、言谈举止。因此，在软实力建设上要完善自身才能感化别人，要提升才能影响别人。中国在软实力建设上需要解决好正名问题。

名不正则言不顺，言不顺则事不成。误解、偏见和中伤，使中国已非原有之真实中国。一个被中伤、被误解、被妖魔化的中国必须对外部世界做出有效回应，不能停留在清者自清，而要化被动为主动，要反应得当，要有静气，要有宽容之心，同时要言之有理。

只有首先解决好这个问题，才能为软实力发展打下一个良好的基础，才能更好地自立于世界民族之林。

二、如何促进中国与国际社会的良性互动

要促进中国与国际社会的良性互动，就要主动了解他者。现代体系由西方建立，西方具有主导地位，制定了适合于西方逻辑的国际标准，对非西方的文化或文明要么是无知，要么持本能的偏见。

无论是中国实力上升，还是中国出现国内经济困难，无论是中国游客在海外极强的购买力却仍然遭到对中国顾客的无礼与违法，还是中国阅兵，西方媒体整体的迷失，都令中国感觉到一种深深地被误解、被诬蔑和被刺伤的痛楚。当2008年北京正怀着美好的期待准备与世界共享一个盛大体育节日的时候，中国一时间竟被流言与诽谤所包围。为什么中国倡导和谐却传来如此不和谐的声音？为什么当中国不断向世界释放友好的信息却总是遭到冷遇？为什么中国渴望与世界共享发展的时候却总是遭到怀疑？

1. 历史文化的隔离与对立

埋藏于这些表象背后的，是深刻的历史文化的隔离与对立。首先可以从两个概念进行分析。

首先一个是同异之辩。所谓同，乃相似性或同质性，而异，乃差异性、异

质性也。西方人讲认同，讲一律，讲一元化，讲西方价值观、普世性，讲求对差异的排斥，虽然在文化上也讲多元化，但骨子里还是讲求西方文化主导。这就与东方的二元论辩证统一思想发生了根本性的冲突。东方人讲同与异是相对的，不能强求一律，异同是相互依存的，是对立统一体。同与异都是一定条件下的产物，是可以转换的。同与异的问题，是求同存异，还是去异求同，这里涉及的是共存还是势不两立的问题。

再一个是东西之别。这里涉及历史发展中的文化之界的问题。文化上有一个东方学的概念，出生于耶路撒冷的巴勒斯坦裔学者萨义德在他经典名著《东方学》中指出，东方在西方人眼中是一个被西方建构起来的概念，这个概念一开始就是与西方相对立、相比照而出现的。近 300 年来，在西方的殖民统治和文化训导下，东方始终处于从属和被奴役的地位。西方的历史优势导致了欧洲出现了包括沃土和财富在内的天然优势，西方文化被置于中心地位，而东方文化则处于边缘地带。东西之别涉及文化中心与文化从属的区别，涉及西方价值主导还是多元价值共存的问题。表面看主导与被主导由竞争法则决定，实际上东西方之间却受到一种极大的不平等不公正对待。

在西方人眼中，西方代表了先进、主导，而东方始终是落后和附属的。东方意味着落后、附属与服从，东方的宗教不正统，东方的价值观不入流，东方的文化是落伍的，所有这一切意味着东方必须接受西方的启蒙、引导与教化，这样的想法是根深蒂固的，已经成为他们性格和历史文化中的一部分。西方这样的做法和心理并不仅仅针对中国，而是针对整个东方国家。误解中国仍然是误解东方历史的一部分。

2. 错误的认识和态度

西方长期对中国的不友好态度和立场，可以归结为歧视说、偏见说、误解说、无知说、恐惧说等。这些态度归根到底是不能客观、公正、平等地认识和对待中国。

首先是歧视说。西方社会长期以来对东方社会的态度不曾有过改变，它预设了中国是一个愚昧落后的国家，中国的形象与民众的行为只有在落后的标准下才是真实的。从新闻上看，只有符合这一预设前提的报道才能与他们的思维定式相吻合，也才能够让他们相信这是真实的。而与他们思维定式不符的报道他们是很难相信的。

其次是偏见说。偏见的一部分原因缘于西方人骨子里那份傲慢与优越，偏见在他们的言谈举止中随时可见。他们或许受到了误导，但在其社会心理层面，存在着偏听偏信的氛围，西方社会普遍不想不愿认真地了解他们以为仍然是落后的世界，固执地相信那些地方是止步不前的，即使是五十年一百年也不会有什么变化。反过来，媒体的报道既引导又迎合了这种心理，相信只有顺应这种心理才能产生广泛的共鸣。西方的知识精英普遍相信，西方的媒体报道虽然还不够客观中立，但却比中国和其他东方国家的报道客观，西方的制度虽然也不尽完善，但一定比东方国家完善。一些西方人并不真正关心中国，却喜欢指责中国，并不了解中国，却在对中国指手画脚。近代以来的历史使西方社会形成了一种优越心理，保持这种优越心理是维持他们自信的一种重要的基础。因此他们对于其他国家的问题表现出不正常的关注，十分热衷于讨论别国的不足和缺陷，挑别国的错误，夸大别国的问题，不乐见别国的发展，尤其是那些不同发展模式国家的发展。对于别国出现的曲折和困难，西方往往是冷眼旁观或幸灾乐祸。对于与别国相关的事件往往以点代面，以偏概全，有错推定，甚至妄加指责。他们一方面希望永远保持对发展中国家的绝对优势，另一方面又以发达国家的标准，不切实际地指责或要求发展中国家。

这里更为深刻的背景或许在于，西方贬损他人实际上是对自身的重新炒作，通过贬低别国来提升自己，不甘于紫气东来，不甘于被冷落，担心被边缘化，希望始终占据国际政治与经济的中心与主流的地位，希望唤起世人的注意，永葆昔日的吸引力。

还有一个就是无知说。即使中国改革开放近30年，即使世界处于全球化信息化时代，许多人仍然对中国缺乏必要和最基本的了解和关注。2004年，他们不相信中国的神五能够升空并成功着陆，也不相信中国的国际化进展所达到的程度，同样在2004年他们甚至不相信中国球员姚明在NBA能够取得成功，更有甚者，还有人会问中国男人是否仍然扎着长辫或中国人是否以马车为主要交通工具等。对于一个发展中大国，对于一个世界上人口最多的国家的了解无知到这种程度，至少说明了一点，即他们依然抱残守缺地相信中国是一个与他们毫不相关也不需要他们了解的国家。

然后是误解说。由于东方是被臆造的与西方相对比的概念，与此同时，东方又是反衬西方先进、文明与发达的概念，因此东方与西方一开始就被割裂开来而不是一个整体的，进而发展为东方与西方是对立的，彼此是主导与被主导的关系，被主导的东方不仅仅是追求平等，而是摆脱被主导从而取代西方的主导地位，双方的关系不是能够融合的关系，而始终是对立的关系。因此一些西方人缺乏东西方共生共荣的整体观念，即使在全球化时代也是如此。全球化一度被西方理解为西方主导、西方引导的以西统东的浪潮。而且从过去的历史中看，无论是西方国家内部，还是东方与西方之间，都没有摆脱权力政治零和博弈的模式：一个大国的崛起总是伴随着另一个大国或大国集团的衰落。在他们眼中，如果中国真正崛起，就意味着西方真正的衰落。如果中国等新兴国家崛起，就意味着西方的发展模式不再是世界上唯一的普世的和最佳的模式。一些东方国家正在探索的发展模式是对西方主导的发展模式一个极大的冲击，因而他们的本能反应是不能接受，进而表示怀疑和抵制。其实这是一种极大的误解。在当今时代，中国模式、印度模式还有其他国家的发展模式都不是凭空而生的，无一不是吸取人类有益尤其是西方创立的现代社会的发展成果而与本国实践相结合的产物。而且，中国等国也正在吸取以往历史上此消彼长的发展模式的教训，强调共同发展、互助共赢，强调一个国家的发展不以其他国家的衰落为代价为前提。中国不仅在政策上这样设计，实践中也在努力落实。

还有一种是西方对中国的发展有一种担心和恐惧，恐惧什么呢？恐惧中国超过这些西方主流发达国家吗？这不仅是一种捧杀，也是一种无知。以中西方发达程度的比较，以中西方面临的不同问题而言，中国要超过发达国家（这里指的是人均生活水平和幸福指数等，而不是GDP总量），恐怕要百年左右，恐惧者难道不是有点儿杞人忧天吗？这种恐惧还是一种传统优越思维的反映，即西方应该永远保持对中国等发展中国家百年的优势，一旦这种优势缩短为50年或30年，那就有了一种三十年河西三十年河东的恐惧，他们就难以承受了。他们太在意眼前这种优越的生活，无时无刻不在担心这种生活被破坏的后果。这也是来自不同国家的各种“威胁论”在西方国家总能叫座的原因。却原来，西方的优越感是建立于脆弱的心理自信之上的。

许多人都清楚，西方历史上的殖民掠夺有其极不光彩的一页。历史上西方的发达建立于别国不发达的基础之上，或者说西方的发达是以别国的不发达为前提的。时至今日，西方一些国家仍在利用这种先发优势，享受着不公正的待遇。西方制造了一些国家的不发达，却回过头来指责别国的落后；西方人从不发达国家获取廉价劳力从而赢取了巨大的利润，却说这些国家夺走了他们就业的机会；西方将产生污染的企业移向别国，却回过头来说这些国家给世界带来了污染。对于中国的典型事例是，一些国家享受着中国物美价廉的商品，享受着中国发展带来的好处，却在骂中国从事不公平竞争，骂中国损害了他们的利益。当中国在对外政策中庄严承诺中国不搞输出革命，不以意识形态划界，西方却相信他们的价值观是唯一的，而且与中国这样的国家是没有共同性的，制度之间的差异仍然是以相互替代为前提的。只有把他们的制度价值强加于人，强求一律才能罢休，这是典型的一元论思想和帝国思想。

中国还很落后，还有许多需要改进的地方，但西方一些国家高高在上的傲慢做法和歧视态度让人怀疑其行为动机。他们是否真正关心别国的疾苦与进步，还是通过这种指责的过程以满足其优越和傲慢的心理需要？在这里，指责什么、指责谁并不重要，重要的是指责本身。因为他们连基本的事实都不想了解，就可以指鹿为马或信口雌黄，缺乏了基本的严肃态度和道德水准。可笑的是有些人士对此浑然不觉，还以为正在践行某种崇高的历史使命。

中国人讲实事求是，有调查才有发言权。个别西方国家则不然，想当然而理直气壮，认定别国终归是错，或别国是不可能正确的，别国的正确只是偶然和意外，失误和错误以及缺陷才是包括中国在内的这些新兴发展中国家的常态。

西方国家引领了现代工业文明的发展，中国对于西方的成就历来是尊重也是虚心的，对于西方的成果，中国始终抱着真诚学习和借鉴的态度，但这并不能成为西方傲慢的理由。

从历史上看，文化总是与权力相连，文化的影响力伴随着权力的影响力。而在当今时代，文化要体现出自身的价值和魅力，就必须摆脱文化与权力相连的模式。而要让文化自身的吸引力和感召力充分散发出来，折射其自身独特的价值和力量，就必须摆脱强加于人的做法，否则其自身文化的价值也会大打折扣。

3. 面对误解，中国怎么办

中国如何冲破怀疑、对立甚至敌意的包围，这是中国提升国家形象营造和谐环境的机遇与挑战，是一场看不见战线的遭遇战。

我们不能以为沉默是金。当一个国家遭遇到偏见或误解时，沉默不是最好的选择，因为这样有可能加深误解，寻求沟通与理解才是上上策。强化对话不仅仅是交锋与讨价还价，更是沟通、理解与谅解。

我们在对外交往过程中面临的大问题是文本差异，各说各话，自说自话，形成所谓“共在的独白”。

因此，如何实现有效的沟通是化解误解的关键。应把我们的观点转变为他们可以接受的观点，同时增加或扩大共同观点，也就是说，不仅要扩大共同利益，也要扩大共同观点，所谓扩大共识也。其实东西方共享着许多人类共同价值，比如公平、正义、平等、尊严等，所不同的只是实现这些目标的方式和途径。人同此心，心同此理，情感共通，以情动人。

对待诽谤，要据理力争；对待误解，要耐心解释与说明；对待批评，有则改之，无则加勉；对待偏见，要细心说服，沉着应对，保持理性，不怨天尤人，面对现实，努力进取。

应以自己的一言一行努力维护国家形象。面对误解与偏见要据理力争，面对批评更要想一想如何改进不足，面对压力更要反思自己。

三、“中国威胁论”与化解

（一）“中国威胁论”的舆论现象分析

西方舆论主导下的“中国威胁论”由以往的抽象概念和论述，变成了具体的“威胁”，这是对中国国际形象的一个新挑战。

在中国经济融入全球的情况下，传播中国的良好国际形象，已不能完全靠政府行为或者外交部门的努力了。

回顾几十年来的“中国威胁论”，在20世纪90年代和本世纪初，更多的是对中国未来的主观臆测，这些论调多数强调一种概念，一种可能，比较抽象化，如对“红色”“龙”的形象的解释，或者是军事威胁、国家威胁等等。

然而，近来一个新的特点是，西方舆论主导下的“中国威胁论”由以往的抽象概念和论述，变成了具体的“威胁”，如能源威胁、食品和药品威胁，甚至是对个别中国公民在国内或者海外不恰当行为的过分放大。

抽象的“威胁论”，虽然有博取眼球的效应，但对国外老百姓来说，可能是一种噱头，可以看到但却感受不到。也是因为这一点，抽象的“中国威胁论”可以说服政客，但不能说服民众，所以“中国威胁论”虽然很多，但老百姓并不相信中国真的是一种威胁。

但具体的“中国威胁论”却是一个新的挑战。“中国威胁论”具象化不足为怪，是中国经济实力发展，经济活动圈扩大的侧面证明。20年前，无法想象西方会拿中国的食品问题说事儿，而现在“中国制造”的国际化程度之高，在世界范围内涉及领域之广，都是前所未有的。作为一个发展中国家的中国已经与世界息息相关，中国商品已经深入各国社会，成为人们日常生活中的必需品。接触多了，碰撞的频率也就多了，这是“中国威胁论”具象化的前提条件。

“中国威胁论”的具象化最根本的原因，在于一些西方人根深蒂固的“西方优越感”。他们习惯于以“优越心态”看世界，对于后起的发展中国家总是横挑鼻子竖挑眼，他们对中国经济的快速增长暂时还不适应，对中国经济的持续增长和中国商品的空前繁荣一时无法接受，因为他们相信“西方永远第一”。他们对于拥有后发优势的国家，有恐惧、担心、嫉妒，甚至充满偏见，通过这样的有色眼镜，好的成了差的，一些不可避免的差错被夸大其词。其中有些问题西方早已有之，现在仍未杜绝，但他们却对发展中国家提出了高标准、严要求。如日本质检部门的数据显示，从中国进口食品的合格率远高于从欧美进口食品的合格率，但却没有“美国食品威胁”或者“欧洲食品威胁”。

“中国威胁论”的具体化，是当前的一个现实，不会以国人好恶而自动消失。对其充满偏见的一面，我们自然要驳斥之。但“中国威胁论”的具体化，也给了国人一个新的思考命题。在当前中国经济融入全球的情况下，驳斥“中国威胁论”，传播中国的良好国际形象，已不能完全靠政府行为或者外交部门的努力了，而是需要更多民间或者个人的努力。

中国的形象不仅仅是国家部门或驻外使领馆的业务，也是每个中国公民的责任。当前，我国每年有上亿中国公民出境，大量的中国游客、商人、建设者成为外部世界了解中国的活生生的素材。

一些国外的普通老百姓正是通过当地华人，通过唐人街，通过华人旅游者来了解和认识中国的。大量的中国企业不仅向海外带去资金与技术，也通过其产品，影响着外界对中国形象的认知。对于企业而言，产品形象的集合构成了企业的形象，而涉外人士及中国普通百姓个体形象的总和就构成了中国的形象。

对于已经开放的中国，对于举办过2008年奥运会和2010年世博会的中国而言，中国公民的个人行为比以往任何时候，都容易进入国际人士的视野，在一定意义上，他们的言行都是国家形象的构成要素。我们的企业对于西方媒体无中生有、造谣生事的行为，应据理力争，严加驳斥，并通过有效的法律途径加以解决；但对于已经或正在出现的问题，我们也要引以为戒，决不推诿掩饰；对于可能出现的问题要严加杜绝，防患于未然。我们的企业应视企业形象为生命，应视国家形象、企业形象为最大的无形资产，绝不容许肆意挥霍。

一位西方人士曾指出，中国未来发展的最大问题不是经济，而是被扭曲的国家形象。国家形象关系到中国的可持续发展，关系到中国的进一步腾飞。我们当以宽广的心态，变被动为主动，以“批评”为诤言，以“指责”为警示，有则改之，无则加勉，进一步规范自身行为，以有力的事实击退西方的流言，扭转其偏见。长华夏千年古国之民族风尚，以诚信、公平、正义的国家形象屹立于世界民族之林。

中国人看世界应体现“新五观”：

新的竞争观：不把竞争等同于冲突。

新的国际观：克服狭隘的民族利己思想。

新的合作观：合作共赢才能可持续发展。

新的身份观：中国是有全球影响的大国，要发挥自己的影响，同时不逃避责任。

新的发展观：一枝独秀不是春，百花齐放春满园。

寻求共同的目标，而不完全是共同的行为方式，寻求共同的行为准则，而不是共同的价值观，才可以超越差异。中国与西方交往过程中可以超越差异，但是也需要注意到历史发展不同阶段对人们认识的不同影响。中欧论坛上流行一句话：欧洲正生活在未来的阴影下，中国正关注光明的未来。中国在过去欧洲的历史中看到未来，欧洲却从刚刚过去的历史中感到沉重与迷茫。这里面的含义十分复杂。它既是一种不同发展阶段的反映，也似乎隐含着历史宿命论的成分。欧洲人对于欧盟的发展前景并不十分乐观，甚至不如一些中国学者乐观。国际社会与中国都需要彼此重新审视，适应对方的变化。在看待与被看待时，对于中国而言，要有未来观，比一比与其他发达国家的不足，减少盲目自信，头脑发热；对于发达国家而言，要有历史观，要看到中国的发展和变化，要了解中国发展的起点和现实基础，这样就会对中国更有信心。

（二）“中国威胁论”谬在何处

伴随着中国的成长壮大，“中国威胁论”的声音从未消失过。当中国的经济总量成为世界第二时，一股“中国威胁论”的浪潮自美国、日本和欧洲一些国家再度兴起，先是一些欧洲人士指责中国在非洲搞新殖民主义，后有美国政界高官重提“中国军事威胁论”。美国前国家情报总监麦克·麦康乃尔说，中国不仅能对今日美国造成威胁，中国的军事现代化进程还将对未来美国构成威胁。虽然他随后收回了上述讲话，但其影响和用意令人深思。

如果我们做一番深究：中国威胁了谁，中国究竟在哪些方面确确实实地威胁到其他国家的利益，这些问题在“中国威胁论”的提出者是难以找到准确无误的依据的。比如中国国防预算增长等同于中国军事威胁的说法基本上不值一驳。

我们还是从几个方面再来分析一下“中国威胁论”的不实之处：

1. 中国威胁论者缺乏对中国历史文化的了解

回到2000多年前，当时的秦国统一六国，国力强大，却也只是守住中原一隅，建长城而不外侵，反映了内敛自足、固守疆域的思想。余秋雨认为中国文化的一大特色就是不远征。

对中国稍有了解的人士喜欢提中国自汉代以来建立的朝贡体系，说这是“中国霸权”的体现。中国是中央帝国不假，但在朝贡体系中，中国与藩属国交往的原则是“薄来厚往”和“不治主义”，即宗主国不干涉藩属国的内政。这在中外相关典籍是有案可查的。

近代中国遭受外来欺辱，西方据此有人讲中国形成了“弱国心态”和“复仇情结”，但自新中国成立之后，中国一直奉行“人不犯我，我不犯人”的防御原则。有限的几次军事卷入都是在迫不得已情况下的防守反击。中国既没有跨越重洋，也没有在别国的边界陈兵百万。一句话，在新中国的历史上，中国绝没有冒犯和威胁别国。

说到复仇情结，若从1931年的“9·18”事变算起，日本曾侵略中国达14年之久，犯下滔天罪行。纵观中日关系发展进程，中国对于日本所犯战争罪行和错误的历史观从来都是坚决谴责的，但对于中日关系大局从来都是维护的。新中国是一个善于让步、从大局出发的国家，从来不以咄咄逼人的姿态对待别国，无论这些国家是否曾经威胁过中国。

改革开放后，中国也愿意与别国分享和总结中国发展模式的成败，但中国提醒别国学习时要注重自己的国情和特色，中国从不强迫别国接受中国的发展道路，仅此一条便将中国的对外政策与某些大国的对外政策根本区分开来。

中国始终主张多极化，反对一个国家主宰世界事务和推行霸权政策，并不是因为现在的中国还没有主宰世界的能力，所以才提出这一政策，而是因为中国认识到世界事务必须由相互影响和相互制约的多种力量形成的合力来解决和处理。中国主张多极化，也是对未来中国自身的一种警示和制约。

中国是唯一一个在联合国场合公开声明“如果中国搞霸权，世界人民也应反对中国”的国家，也是唯一一个提出不首先使用核武器的核国家。早在20世纪60年代，中国就单方面承诺，不首先使用核武器，不对无核国家和无核武器区使用或威胁使用核武器。中国的军事政策具有鲜明的防卫性质，自敛而谨慎，只是希望保卫自己，绝没有冒犯别人的意味。

由于在对外政策上严格执行不干涉别国内政的政策，因而中国对外政策的意识形态色彩不浓，更多奉行了价值中立的政策。

一些黩武国家热衷于军事竞争，而中国更看重文化和经济领域的良性竞争，世人也许不应忘记被世界军事界奉为圭臬的《孙子兵法》的最高准则是不战而屈人之兵，而不是强制和控制。一些人因为自己信奉武力便认定所有人都将武力奉若神明，这至少是犯了逻辑推理上的错误。

2. 市场竞争不等同于中国威胁

近来对中国最大的指责是中国在非洲搞新殖民主义，这种论调更多是来自欧洲。曾经在非洲大搞殖民主义的欧洲出现这种论调，说穿了，还是与自身利益有关。一些正常的市场竞争或公平的商业行为被渲染为中国威胁，原因在于欧美一些人士在这一区域的市场竞争中不再处于优势或绝对垄断的地位。在商业竞争中，中国并没有另搞一套，依循的是被所有国家公认的市场准则，却遭到了来自非洲以外势力的极大抵制，显然，这是一些人热衷于大搞市场规则的双重标准。如果具有市场竞争力就是威胁，欧美对发展中国家造成实际威胁已经上百年，这是典型的"只许州官放火，不许百姓点灯"，只许发达国家永远处于发达地位，而发展中国家在国际贸易和竞争中永远处于劣势，所谓公平竞争对于发达国家和发展中国家而言从来就不是公平的。

中国一直努力探索独特的互利共赢的发展道路，因为中国知道，历史上以暴力方式实现大国崛起在当今世界是行不通的，这样的国家即使发展起来，在世界民族之林也是站不住脚的。中国不愿重蹈覆辙。而世界上一些国家以其短暂的历史经验猜度有着悠久历史文化底蕴的别国的发展道路，对于中国的努力没有给予充分的重视和估计，原因在于中国的新模式在500年大国发展历史上没有被证明。这是典型的历史先验论。"中国威胁论"是对中国的怀疑和担心，不相信中国会有独特的道路。然而，中国却坚定地走在一条和平发展的新路上，除此之外，别无选择。

3. "中国威胁论"在中国缺乏国内民意基础

中国的老百姓受益于改革，而改革的进程是不可逆的。市场竞争会带来贫富分化等社会问题，但并不必然带来冲突。市场竞争在相互依存加深的背景下完全是可控的良性竞争。自改革开放以来，中国的社会结构已经发生了巨大变化，首先是呈现出多元化特色，沿海城市与内陆城市出现了观念上的差异；其次，中国的中产阶层也正在酝酿形成之中；第三，目前中国特色市场经济发展，私人财富日益增多。中国的外汇储备已经高达4万亿美元。中国从社会主义特色的市场经济以及公平的贸易和商业往来中得到了巨大的收益，中国为什么要舍将保卒、舍本逐末呢？中国的发展道路已被事实证明是正确的，为什么要改变呢？中国人长期受困于军事封锁和局部战争，为此深受其害，这些历史并不久远，中国决不会淡忘这些历史。中国人不喜欢战争和动乱的思想是根深蒂固的。中国人历来厌倦那些强人所难的掠夺与欺诈行为，中国人信奉多劳多得，靠勤奋与智慧获得公平竞争的成功，并将收益中的一部分回馈给国际社会。无论是主动还是被动，中国人不愿伤害别人，坚持隐忍和谨慎从事。

中国的老百姓渴望稳定，只有稳定才能不断发展繁荣，才能使每个人受益。拥有个人资产包括股票和房产等私产的人，拥有稳定而日渐繁荣生活的人越来越多，他们不会希望动荡，更不希望战争。在中国，任何决策者都不得不考虑这一民意基础。

4.“中国威胁论”应该成为过去时

自苏联解体之后，美国即掀起了首轮“中国威胁论”，接着又出现了几波“中国威胁论”的浪潮，近来的“中国威胁论”已经缺乏新闻效应，却对合作与发展造成了直接的负面影响。屈指算来，“中国威胁论”已有十余年，然而中国并没有威胁到美国的利益，更没有威胁到美国的核心利益。中国不仅没有威胁，反而与美国一道，全力共同维护着东亚与世界和平，中美在合作中享受到共同的安全与繁荣。

“中国威胁论”在美国的影响力也是十分有限的。一些人相信这不过是政治游戏的产物之一。各个领域受益于中美贸易的美国是反驳与中国交往是“与狼共舞”的最有力的证据。

有人讲“中国威胁论”是未来时，而“美国威胁论”是现在时。所谓“中国威胁论”的未来时是荒谬的，因为它是建立在过时的冷战现实主义思维的基础之上的。而“美国威胁论”也是美国笃信实力政治的结果。中国不提“美国威胁论”，不是因为中国没有感受到美国咄咄逼人的压力和威胁，而是因为中国相信在传统的安全博弈之外还可能出现新的合作途径，相信增信释疑、趋利避害的努力可以积沙成塔，集腋成裘，以太极推手的方式能够实现化干戈为玉帛。

第五节 如何理解中国新外交

近年来，国内外关于中国外交转型的讨论日益增多，中国外交在“韬光养晦”和“有所作为”之间如何平衡的问题也经常被提及。国外的研究存在一种观点：中国外交正在变得强硬起来，出现一种“过度自信”（assertive）的外交。[①]外界认为，随着中国经济实力的增强，特别是中国从经济危机中快速恢复，原本谨慎、低调、规避责任、搭便车的中国正在寻求一种更加自信、傲慢、反对当前西方规则体系的对外行为，在许多领域提出自身的改革主张和政策建议，并考验着美国的领导能力。[②]那么中国外交是否变得强硬呢？国外是如何认识、界定和理解中国“强硬”外交呢？应该如何理性客观认识中国外交的变化？中国外交的局部调整趋势如何？这些都成为引人关注的问题。

一、外界眼中的中国“强硬”外交

经济危机推动了国际体系转型，国际格局转换加速，中国角色日益重要，中国外交也有所变化。国外研究大多认为，近年来中国外交日益强硬，并分析了中国“强硬”外交的表现与原因。

---

① Michael D. Swaine, “Perceptions of an Assertive China”, *China Leadership Monitor,* No. 32 (Spring 2010), http://carnegieendowment.org/files/CLM32MS1.pdf; Li Ming jiang, “Non-confrontational assertiveness: China's New Security Posture”, *RSIS Commentaries*, No. 8, 2011 16th May, 2011. http://www.eastasiaforum.org/2011/06/04/china-s-new-security-posture-non-confrontational-assertiveness/.

② Michael D. Swaine, “Perceptions of an Assertive China”, *China Leadership Monitor*, No. 32, Spring 2010. http://carnegieendowment.org/files/CLM32MS1.pdf.

（一）中国“强硬”外交的表现

国外关于中国“强硬”外交的表现主要归纳为以下五个方面：

一是多边舞台，中国提出了越来越多鲜明具体的国际主张。随着中国经济实力的不断增强，国际地位的日益提升，中国肩负的国际责任也逐渐加大。这使得中国在国际体系改革、全球治理中的主张更加鲜明具体。如哥本哈根气候大会，中国主动减排，但要求发达国家也履行相应职责，这被外界视为一种强硬表现。在应对经济危机的G20会议中，中国和新兴市场国家一道为推进全球经济复苏出谋划策，与原有的G7存在一些分歧。这引起了一些西方国家的担忧，不仅认为中国所引领的“国家资本主义”模式（也有人认为是“中国模式”）正在向西方自由资本主义发起挑战，还认为中国是趁国际经济危机谋取有利地位。

二是核心利益以守为攻。外界指责中国外交“强硬”的理由之一，便是中国通过界定核心利益，划定红线[①]，在与大国关系的周旋和周边纠纷中变得更加强硬。《中国的和平发展》白皮书将中国的国家核心利益界定为六项：国家主权，国家安全，领土完整，国家统一，中国《宪法》确立的国家政治制度和社会大局稳定，经济社会可持续发展的基本保障。这被外界认为是中国外交“强硬”的重要表现。2010年，针对美国对台军售，中国提出中美关系的发展应该彼此尊重核心利益和重大关切。外界认为中国反应前所未有的强硬，据此认为中国向美国强硬回击，以守为攻，是中国外交强硬的显著标志，是挑战国向霸权国发起行动的前兆。此外，外界还认为中国核心利益界定过于宽泛，很可能以“核心利益”为由进行利益拓展。对中国核心利益的理解不甚清晰还导致外界对中国意图心存疑虑，怀疑中国继续参与国际合作的诚意，担忧中国外交

---

① Michael D. Swaine, “China’s Assertive Behavior, Part One: On ‘Core Interests’”, *China Leadership Monitor*, No. 34. http://carnegieendowment.org/files/CLM34MS_FINAL.pdf.

是否会更加强硬，从而转变为修正主义者。

三是海洋维权寸土不让。外界认为，中国陆海邻国众多，中国的巨大规模和迅速发展使得邻国感到担忧，这一情况因战争的历史包袱、朝贡体系的记忆和一些尚未解决的领土争端而加剧。一些学者将中国的海洋维权行为视为强硬。还有学者认为，不仅是在海洋领域，中国在主权、领土争端等问题上也变得强硬。[①]总之，外界大多认为，与20世纪90年代“韬光养晦”下的谨慎处理周边关系（恢复双边关系，加入多边组织）相比，2009年以来中国在地区关系中变得强硬是毫无疑问的。[②]

四是国防建设加速推进。国外认为中国国防建设速度加快，使用武力意愿增强，威胁使用武力增多。近年来，中国在公布新型武器装备上更加主动坦率，如公布中国拥有航空母舰、歼-20、歼-15等，这被外界认为是中国军力发展过于自信的表现。2015年9月3日的阅兵也被视为“秀肌肉”。颇具讽刺意味的是，西方一些国家和学者经常指责中国军事不透明，而中国主动公开一些军事信息，则又被认为是过于自信或强硬。外界还对中国军队的角色，中国军队与政府之间的关系感到困惑，认为中国军方过于强硬推动了中国对外行为的强硬。[③]

五是经贸纠纷据理力争。加入WTO十多年了，中国对外贸易不断增加，对外投资也明显增多，经贸纠纷也随之增加。利用国际贸易规则维护自身利益无可厚非，但这却很有可能被国外误认为是中国对外强硬的表现之一。如中国企业三一重工遭遇美国以“国家安全”为由的投资拒绝，中国企业因此起诉，

① Dave Finkelstein, “Is China Getting Assertive on Territorial Disputes?”, CSIS Roundtable 28 October 2011— “The South China Sea and U.S.-China-ASEAN Relations”, http://csis.org/files/attachments/111128_Finkelstein_China_Territorial_Disputes.pdf.

② Nick Bisley, “An assertive China rattles the region”, February 24th, 2012, http://www.eastasiaforum.org/2012/02/24/an-assertive-china-rattles-the-region/

③ Michael D. Swaine, “China’s Assertive BehaviorPart Four: The Role of the Military in Foreign Crises”, *China Leadership Monitor*, No. 37. http://www.hoover.org/sites/default/files/uploads/documents/CLM37MS.pdf.

被认为是强硬表现。中国在人民币汇率、稀土管理、知识产权等问题上的维权举措也被视作强硬。[①]

（二）中国外交“强硬”的驱动因素

关于中国外交“强硬”的驱动因素，国外的观点大体可归纳为三点：经济实力增强，转嫁国内矛盾，民族主义高涨。

一是经济实力增强。国外绝大部分研究认为中国变得强硬的重要原因是经济实力增强，并持一种“国强必霸”的逻辑。有学者认为，随着中国经济实力的增强，特别是在中国在经济危机中快速恢复而西方国家复苏乏力的情况下，中国领导人能够更加自信应对西方，西方资本主义也不再神圣，权力转移正朝着向中国有利的方向发展，这使得中国领导人相信自己有权力和实力来捍卫其核心利益，而不再如同以前谨小慎微。[②]

二是转嫁国内矛盾。国外的一些研究认为中国近年来之所以对外变得强硬，这与中国的国内政治有关。为了维持中国共产党的执政地位，中国需要对外“强硬”，以迎合国内民族主义的需求。领导人更替与中国政治精英的利用也被认为是中国对外强硬的重要原因。军队是中国对外“强硬”的重要推手。对同时存在多个海洋权益争端所引发的连锁效应的担忧[③]，也是中国对外强硬的重要原因。

三是民族主义高涨。中国民族主义的高涨促使中国对外强硬。近年来中国的民族主义特别引人关注，国外大多认为随着中国经济实力的增强，国际地位的提升，中国国内民族主义日益膨胀，实力增长助推民族主义，与近200年的

---

① Right Kerry Brown and Loh Su Hsing, “Trying to Read the New ‘Assertive’ China”, Chatham House: Asia Programme Paper: ASPPP 2011/02, January 2011.

② Suisheng Zhao, “China’s New Foreign Policy ‘Assertiveness’. Motivations and Implications”, ISPI Analysis, No. 54 - May 2011.

③ Dave Finkelstein, “Is China Getting Assertive on Territorial Disputes?”, CSIS Roundtable 28 October 2011— “The South China Sea and U.S.-China-ASEAN Relations”.

民族悲情相交织，加之一些媒体推波助澜，更是对外交决策形成了一定的影响。如在钓鱼岛问题上的中国国内反日游行或过激示威活动，已经超出了领土争端本身，变成了民族“复仇”的一种政治思潮。

二、为何中国外交被误读为“强硬”

国外对于中国外交变得强硬存在许多误读的地方。从根本上说，西方认识中国外交存在突出的两大误区：一是关于中国的责任与权益的混淆，二是将中国捍卫自身主权权益视为扩张或实力转变后的政策调整。

外界认为中国外交强硬缺乏有说服力的判断标准，如是否有违国际规则或侵犯别国利益。中国在国际规则允许的范围内采用合法手段维护自身利益，遵循国际准则，表达自身利益诉求，呼吁公平正义，并不等于强硬，也并非蛮横霸道不讲理，外界对中国外交强硬的认识显然存在偏见。只要中国在国际社会表达自身独立主张，或与霸权国美国持不同意见，就将被视作中国强硬的表现。这在哥本哈根气候大会、G20 改革等全球治理问题、利比亚、叙利亚等问题上已得到显著体现。中国实力的增强提升了中国为国际社会办实事的能力，推动国际秩序更加公正合理也是包括中国在内的多数国家的期待。中国提出越来越多的具有更强自主性、针对性和可行性的中国方案，不仅符合中国的国家利益，也推动着国际利益与国家利益之间的相互协调。由此可见，中国表现出更多的主动性、积极性，符合国际社会发展的现实需要，对于改变不合理的国际秩序将会产生深远的正面影响，在这个问题上，中国不是更强硬了，而是需要贡献更多更大。值得注意的是，一些国家在谈论中国应该享有的权益时，往往将中国划入发展中的弱国，而讨论责任时又将中国视为发达的大国，其间的深度不对称折射了一些国家的自私与矛盾心理。

外界误将中国周边维权视为强硬是有失公允的。近年来，由于中国与周边国家的海洋权益争端愈演愈烈，在地区合作中也日益“强硬”，外界分析认为中国的“强硬”外交已引起了本地区的反感，不利于地区合作与稳定。中国的“强硬”外交也促使东盟地区安全合作加强，这将影响未来东亚地区安全形势。与此相关的是外界对中国和平发展能否实现的疑虑也在增加。他们认为中国既然宣称要走和平发展道路，为何又不愿承诺放弃在海洋权益争端、台湾问题上的武力使用。

但是，不要忘了，任何发展道路的选择都不可能以牺牲国家重要利益特别是核心利益为代价。中国维护国家主权等核心利益从不含糊，无论实力强弱，从新中国成立伊始，中国在捍卫国家主权问题上的立场是一贯的，也是坚定不移的。从台湾问题到西藏问题，从中日领土争端到南海风云，中国绝不可能在涉及自身核心利益的问题上退让半步，这已被历史所验证，而并非像一些人认为的中国因实力强大而对外强硬。在关乎主权与尊严的问题上，任何主权国家除了坚定维权外，别无选择，那种指望中国吞下损害主权、发展和安全权益的苦果的企图都是无法得逞的。中国在捍卫主权问题上的坚定不移、毫不妥协，这是国际法赋予主权国家的庄严义务，天经地义，不会因中国的实力强弱而出现任何改变。

事实上，一些涉及中国的主权争议问题是大国霸权强加于中国的畸形产物，是权力政治、冷战思维的遗留恶果，中国从未承认过，并为此一直在据理力争。中国维护的是自身核心利益，属于主权权益的合法范畴。中国并未打着“人权高于主权”的旗号干涉他国内政，侵占他国领土，也没有拉帮结派针对第三国。中国没有越权而只是维权，没有侵权、滥权而只是正当防卫，没有越界而只是捍卫自身合法边境的完整不受侵扰，坚持有理、有利、有节的原则，阻止别国的违法侵权行为。在所有热点问题上，中国都尽可能地保持克制，以最大的努力争取和平解决。中国的维权举措合理合法，理性务实。外界将中国的正当维权视为强硬而要求中国一味妥协让步，而将别国的违法扩权视为正当合理，这样的要求不仅是荒谬无理的，而且是对公正公平的国际秩序的公然挑战。

当前中国周边的热点问题对中国维权构成了严峻挑战。原因有三：一是美国重返亚太造势借力；二是中国日益强大引发周边担忧；三是地区安全互信不足，敏感猜疑增多。周边国家基于权力政治的考虑，认为中国会重走“国强必霸”的老路，因此试图在中国真正强大之前巧取豪夺，打破搁置现状。中国对此不得不被动应对，其目的在于使各方重回搁置状态，共商开发事宜，共促地区稳定。在这些问题上，以合促合与以斗促合，并无目标不同，只是手段相异，其核心都是为了实现互利共赢的局面。随着中国对国际社会融入的加深，海外利益也有所扩大，外交工作面临的局面也更加复杂。在经贸纠纷上，一些中国企业的合法权益被损害，支持中国企业维护自身权益的要求也在增加，对此中国秉持“外交为民”原则，合法合理维权的理念、方式和能力都需要进一步得到提升。

从理论上看，认为中国外交“强硬”是基于权力政治逻辑的滥用。权力政治逻辑是一个国家实力上升必然引发国家对外扩张。但是这里还有一个自相矛盾的说法，按照西方经济学原理，发展过程中的国家出现经济实力下降或经济危机，存在向国外转嫁危机的倾向。依照西方的逻辑，中国无论实力上升还是下降都要对外扩张，这是典型的先验论。先假定中国必然扩张，然后再找出各种蛛丝马迹加以验证，稍有风吹草动就开始捕风捉影。此外，“中国外交强硬论”还存在因果逻辑倒置的谬误。明明是别国在中国周边不断进行系列军演，重返亚太进行所谓再平衡，搅动地区乱局，打破亚太原有合作局面在先，而中国不得不做出相应的合理的反应在后，却被说成中国的政策调整是因，美国等国家被动布局是果。中国的被动反应成为某些国家试图主导地区格局的借口和前提。

“中国外交强硬论”其实是“中国威胁论”的翻版。从“中国威胁论”的演变来看，现在的“中国外交强硬论”已经是第五波了。20 世纪 90 年代苏联解体后，“中国威胁论”就甚嚣尘上，后来由于国际反恐大局的需要，“中国威胁论”有所淡化。而现在随着美国战略东移，西方经济深陷危机，“中国外交强硬论”出台了。可以看出，“中国外交强硬论”并非基于中国 GDP 世界第二才滋生的念头，而是由来已久。“中国外交强硬论”与美国对霸权和既得利益削弱的担心几乎同步，由此可见，“中国外交强硬论”已成为美国霸权护持战略的组成部分。文化上根深蒂固的种族主义色彩是外界对中国怀有偏见的原因之一，歪曲和诋毁中国这样的发展中国家是他们的一贯做法。国际话语权的不对称也是导致舆论偏向发达国家的原因之一。中国别说远未强大到对世界构成威胁的程度，即使中国真正强大了，那也是因为中国坚持了和平发展道路而国际社会也普遍受益于这种发展的结果。中国虽然在发展，但远未强大，中国还存在许许多多的问题需要解决，捧杀中国既反映了外界对中国日益发展的敏感性增强，包容度下降，也折射了他们内心担忧建立在不平等基础上的优势地位可能丧失的历史性恐惧。

认为中国外交强硬还是典型的思维定式使然。中国不再是一个被边缘化的弱国，一个世界第二大经济体的外交政策不可能停留于弱国积贫积弱时期，经济全球化和国际相互依存也不允许中国外交政策囿于原有的画地为牢的状态，仅从国际社会对中国的期待和中国承担的责任，就可以看出这种变化的必要性和必然性。中国外交政策出现转变与调整是顺应时势的正常变化，无须大惊小怪。如果仅用定势思维去理解中国的外交政策，无异于刻舟求剑，无法理解中国从国际体系的参与者到塑造者的转变。随着中国参与国际事务的领域、范围、程度普遍加深，中国的国际影响逐渐加大，国际社会对中国的关注度也大幅上升，中国的影响力甚至被夸大或放大了。概言之，所谓中国强硬是因为外界不适应中国发展所带来的影响力上升的事实，不适应中国外交基于国际形势变化和中国发展需要所做出的适时、适当、合理而渐进的调整的现实。认为中国强硬是国际社会中的一些国家还无法适应中国由弱国外交向强国外交的转变，绝非中国转变太快太突然。他们的心理仍停留于中国弱国外交的状态，习惯于中国弱国外交，而难以适应中国向正常的大国外交的转变。

三、中国"强硬"外交的实质

纵观改革开放以来的中国外交可以看出，中国外交从不走极端，也不片面地强调某一方面而顾此失彼。中国外交一直在和平发展战略的总方针指导下努力做到统筹兼顾，整体布局，注重适度合理与均衡发展，全方位发展与各大国的战略协作伙伴关系。

一是中国国防建设基于防御慑止而非恃强凌弱。自中国的外交战略由维护生存向注重发展转变之后，中国没有片面追求发展军事力量，更没有片面追求远洋军事力量，从未谋取陆上霸权或海上霸权，也没有试图取代别国的主导地位。中国一直按照自己国家发展战略的需要进行与经济发展相适应的军事现代化和科技现代化建设。中国的军力发展并无扩张意愿，更多的是寻求防御前提下的"慑止介入"，以保卫中国的主权与领海安全。航空母舰、舰载机等海军力量的发展也严格限于维护主权和海上权益的需要。当然，中国的"和平发展"并不意味着绝对不使用武力，或者放弃采取军事行动，和平发展是慎武而非禁武，是以武止戈，奉行"人不犯我，我不犯人"的后发制人原则。当前，中国安全形势总体稳定，但不确定因素也在增多，现实和潜在的威胁不容忽视。为了捍卫国家主权、安全和领土完整，保障国家发展利益，中国的防御性国防政策也需要与时俱进，而且随着世界军事变革的加速，中国军力现代化的步伐必然加快。中国的军费增加有其合理性，既要逐步弥补长期投入不足的历史欠账，又要努力缩小中国军事变革与世界新军事变革之间的动态差距。但中国国防建设的加快并不意味着中国对外使用武力的意愿加强。在周边海洋权益争端中，中国并不恃强凌弱，没有使用武力或武力威胁来解决这些争端，而是始终从地区发展大局出发，寻求和平方式来解决争端，绝不做损人利己、以邻为壑的事情。这充分体现了中国维护本国正当权益的坚定意志和顾全大局、从长计议的战略考量。此外，中国的海外军事活动无论是维和行动还是反海盗行动，都经联合国授权，并无武力延伸考虑，经得起历史评判和检验。中国发展阻吓性的军事力量不应加剧中美之间或中国与其他国家的“安全困境”，因为阻吓性的军事力量并不谋求力量延伸，而是旨在阻止霸权国家在中国的主权范围内干预事务。

二是中国积极与他国一道，在推动现有国际体系合理变革之中谋求自身发展和影响力扩大。中国在国际机制层面发挥作用有别于以往其他国家谋求通过军事力量来扩张权力的老路。中国主要寻求在政治上依靠现有国际机制、积极参与制度构建、基于合理方式谋求话语权来发挥更大作用，而不是通过军事扩张来谋求更大的政治影响力，这是中国和平发展道路与传统大国的根本不同。中国承担国际责任要坚持国际利益与国家利益相协调，要推动国际体系向更加公正合理的方向发展，因此中国必须独立自主地提出主张，也包含着中国的庄严承诺。中国承担国际责任需要切实可行，中国不仅是承担国际责任的执行者，还是国际责任的倡议者、协调者，这对于世界和平与发展意义重大。正如邓小平同志所言：中国现在是维护世界和平和稳定的力量，不是破坏力量。中国发展得越强大，世界和平越靠得住。

三是中国始终坚持和平合作与互利共赢。中国不仅在经济领域强调合作，在安全领域也是如此。多年来，中国始终高举非传统安全合作的大旗，强调新安全观，在反恐、防治传染性疾病、应对气候变化、反核扩散等问题上促进各国安全互信与合作，坚持将主要精力放在应对非传统安全问题上，这也清晰地昭示了中国和平发展的选择，因为应对非传统安全不是针对某一个国家，而是必须联合世界各国应对共同威胁。

中国正在向着实现伟大民族复兴的道路上前进，中国梦的实现与其他国家共享繁荣、共享和平的目标紧密相连，不仅需要更加彻底地解决中国自身问题，还与中国在和平稳定繁荣的人类伟业上发挥更大的积极贡献密切相关。中国奉行体系内发展原则，不寻求对外扩张，通过和平发展谋求国家利益，并注重国家利益与人类利益的有机协调，既不搞特殊化，也不讲例外论。中国走和平发展道路需要国际社会的理解与支持，并且，不仅中国需要走和平发展道路，其他国家也都要走和平发展道路，只有各国都走和平发展道路，各国才能共同发展，国与国才能和平相处。[①]为此，中国需要国际社会以更加平和的心态来看待中国的日益强大，学会和中国共处。中国不需要国际社会任何特殊的待遇，中国需要的仅仅是平等相待。平等将使中国和世界建立更多的相互尊敬和信任，从而使中国能更好地与世界共处。[②]

中国一直强调与世界各国发展良性互动关系，而不是对立对抗关系，一直强调化解矛盾而不是激化矛盾，以和平谈判方式来解决分歧，以增加互信的方式来管控危机，没有利用他国危机来谋求一国私利，也决不会以牺牲他国利益来发展自己。中国强调互利共赢的发展，并且诉诸实践。正如习近平总书记在2013年1月28日讲话中所言："世界繁荣稳定是中国的机遇，中国发展也是世界的机遇。和平发展道路能不能走得通，很大程度上要看我们能不能把世界的机遇转变为中国的机遇，把中国的机遇转变为世界的机遇，在中国与世界各国良性互动、互利共赢中开拓前进。"[③]

四、中国外交的发展方向

随着中国改革开放的不断深入发展，中国与国际社会的交往日益加深，互动逐渐密切，议题不断增长，中国外交面临的问题与挑战也越来越多。如何继续贯彻和平发展战略，推动中国持续健康稳定发展和促进国际社会多极化、民主化与和谐化，中国外交的发展需要在确保和平发展的基础上有所调整和优化。

---

① 习近平：《决不牺牲国家核心利益》，2013-01-30，http://news.cntv.cn/2013/01/30/ARTI1359504038874467.shtml.

② 唐世平：《塑造中国的理想安全环境》，北京：中国社会科学出版社，2003年，第249页。

③ 习近平：《决不牺牲国家核心利益》，2013-01-30，http://news.cntv.cn/2013/01/30/ARTI1359504038874467.shtml.

一是延续，坚持和平外交与和平发展道路不动摇。改革开放的发展历程表明，中国的和平合作外交是正确的、可持续的。30多年来，中国实现了改革开放和经济建设为中心的战略变革，由国际体系的旁观者转为国际体系的维护者、建设性和塑造者，形成了中国的发展离不开世界，世界的发展也需要中国的局面。回溯历史，中国没有理由走向霸权道路，也看不到中国实力发展壮大与外交政策强硬之间的逻辑联系。改革开放30多年来，中国的外交工作没有出现重大失误，特别是战略性失误，国内的改革进程没有因为外交领域的失误而被打断。相反，外交工作为国内改革和建设事业创造了良好的外部环境，外交举措有力地促进和推动了中国的经济发展和世界和平。

近年来，作为国际体系和全球治理的参与者、建设者和贡献者，中国不断提出自己的新主张、新倡议、新理念，受到了国际社会的一定认可，也增强了中国的话语权，提升了中国的国际形象。冷战后，顺应日益变化的国际新形势、新格局、新问题，中国不断倡议推动国际格局多极化，促进国际关系民主化，得到了世界多数国家的认可与支持。针对冷战思维作祟，安全对抗不利的国际安全局势，中国有所创建地提出了“互信，互利，平等，协作”的新安全观。应对外界对中国快速发展的猜忌与担忧，中国适时地提出了和平发展的新理念，有利于增信释疑，加深了解，促进互信。与此同时，随着中国对国际社会融入的不断加深，中国也不断肩负起负责任大国的世界使命，提出了“和谐世界”的重要主张。在应对世界金融危机，促进国际体系转型方面，中国不仅表明了自己渐进改革的主张，还提出了新的发展观以飨世界，包含合作发展、协调发展、稳定发展、平衡发展。针对南北差距不断拉大，世界发展不平衡持续加剧，国际政治经济制度改革势在必行的局面，中国主张平衡发展、包容性增长，为促进世界发展提供了新理念、新思路、新模式。此外，为了破解世界大国崛起的分化对抗的悲剧宿命，中国与时俱进地倡导建立新型大国关系，以此推动中美关系的稳定发展，这将有力地促进当前国际体系和平转型，提升全球治理效率。总而言之，随着中国实力的不断增强，国际地位的逐渐提升，全球影响的日益加大，中国对国际体系、全球治理的参与也渐趋积极，不断提出新主张，倡导新理念，宣扬新政策。

30多年的外交实践证明，中国推行的和平外交是有助于中国发展的，方向正确，战略得当，看不到任何证明中国合作外交转向对抗外交或强硬外交的理由。正确的政策没有理由改变，更不会放弃。正如邓小平当年所强调的，路子走对了，政策不会变。要变，也只会变得更好。《十八大报告》重申，中国将继续坚定奉行独立自主的和平外交政策，始终不渝地奉行互利共赢的开放战略。这不是简单的政策宣示，而是中国的必然选择。因而在未来很长时期，中国要继续坚持走和平发展道路，坚持国防建设不动摇，坚持积极主动地融入国际社会不动摇。

二是调整，维护国家权益坚定不移。国际形势的变化要求中国外交在和平外交的总方针指导下进行局部强化和调整，实现和平发展与周边维权相协调，国防发展与军事互信相促进，领土统一与睦邻友好相兼顾。从国际战略大局来看，自2008年全球金融危机以来，国际形势出现了结构性变化，西强东弱的实力对比差距缩小。美国等国基于维护全球经济和政治事务主导权的需要，加大了对中国等国的战略性防范与围堵，中国不得不做出政策调整进行应对。

从周边形势来看，中国政策也不得不做出调整。首先，冷战虽然结束了，但东亚的冷战遗留问题远未解决。中国面临的现实是需要在全球冷战结束后解决东亚的冷战遗留问题。其次，这些问题部分涉及中国的核心利益，属于原则问题，具有一定的刚性。三是历史的经验也表明，在当前形势下，维护中国核心利益问题仅有软实力远远不够。四是中国一直在努力探索这些争议问题的和平解决和合理处置，也付出了巨大的战略耐心和战略忍耐。搁置争议、共同开发正是基于这样的思考，合作共赢的思路也是这种努力的体现。遗憾的是，一些国家将中国的顾全大局视为软弱退让，认为中国为了和平发展，在主权争议问题上将会听之任之，以为中国的和平发展战略有机可乘，误信先下手为强，率先打破了“搁置争议，共同开发”带来的相对稳定局面。对此，中国必须显示维护国家核心利益的决心，不惹事也不怕事，一要夯实内功，加强国防建设；二要划定红线，后发制人；三要刚柔相济，以刚促柔，弹性维权。对于中国而言，捍卫中国领土主权等维权问题已成为当务之急。在这样的情况下，中国不得不适时调整外交政策，强化维权能力和维权措施。

三是优化，推行更加全面平衡的中国外交。随着中国国际角色的转变，海外利益的拓展，中国的外交需要实现进一步优化，主要表现在四个方面：即国际利益与国家利益相互协调，经济与安全相互兼顾，国际国内互动相互和谐，韬光养晦和有所作为更加均衡。

中国奉行体系内崛起的原则，将中国的发展与世界的发展联系在一起。为了推动国际体系转型和全球治理向更加公正、合理的方向发展，中国需要适应国际角色转变的同时，也要更加积极地承担相应的国际责任。为了更好地承担国际责任，实现国际责任与国际利益权责统一，国际利益与国家利益的协调必不可少，从而能够更好地契合中国发展中国家和负责任大国等多重身份。中国外交的主要目的是为国内经济发展谋求稳定和平的安全环境，只有实现经济发展与发展安全的兼顾才能保证政策的持续性，任何经济与安全的分离对中国的发展都是有害的。国际国内互动更加和谐是中国外交发展的必然趋势，随着中国不断融入国际社会，国际国内的互动日益密切，相互影响显著增强，因而更好地协调两者的关系尤为必要。很长时间以来，韬光养晦、有所作为的外交指导方针为中国外交的开展提供了有益指导。坚持韬光养晦，积极有所作为，应该成为中国外交优化的方向。